문법 N제

전형태 편저

해설편

*기출과 겹치지 않는 문제로 **실전력 강화!**
수능 국어 문법(언매) 문제집

megastudy

Part_01 단어 [갈래]

1	⑤	2	③	3	④	4	⑤	5	⑤
6	④	7	⑤	8	②	9	①	10	③
11	④	12	③	13	④	14	②	15	①
16	③	17	②	18	③	19	③	20	②
21	①	22	③	23	③	24	②	25	①
26	⑤	27	④	28	③	29	④	30	⑤
31	②	32	⑤	33	③	34	②	35	②
36	⑤	37	④	38	⑤	39	⑤	40	①
41	⑤	42	②	43	②	44	③	45	①
46	②	47	⑤	48	①	49	①	50	⑤
51	③	52	②	53	①	54	④	55	③
56	①	57	⑤	58	⑤	59	⑤	60	⑤

Part_02 문장 [성분과 종류]

1	①	2	①	3	⑤	4	①	5	④
6	⑤	7	③	8	①	9	⑤	10	②
11	②	12	③	13	①	14	④	15	④
16	③	17	③	18	④	19	⑤	20	④
21	②	22	②	23	②	24	③	25	③
26	⑤	27	②	28	④	29	④	30	④
31	④	32	②	33	③	34	②	35	④
36	②	37	③	38	④	39	①	40	④
41	④	42	④	43	④	44	④	45	④
46	⑤	47	④	48	②	49	⑤	50	⑤
51	⑤	52	②	53	④	54	①	55	③
56	④	57	①	58	⑤	59	④	60	⑤
61	④	62	①	63	②	64	⑤	65	④

Part_03 단어 [형성과 관계]

1	③	2	④	3	④	4	②	5	⑤
6	⑤	7	⑤	8	①	9	④	10	②
11	③	12	④	13	⑤	14	⑤	15	⑤
16	⑤	17	③	18	⑤	19	⑤	20	①
21	②	22	③	23	④	24	⑤	25	④
26	①	27	②	28	⑤	29	②	30	①
31	①	32	①	33	②	34	②	35	④
36	①	37	③	38	①	39	③	40	④
41	⑤	42	⑤	43	②	44	①	45	③
46	①	47	④	48	④	49	②	50	④
51	④	52	⑤	53	②	54	⑤	55	⑤
56	⑤	57	②	58	③	59	①	60	②
61	③	62	③	63	④	64	②	65	⑤
66	②	67	⑤	68	①	69	③	70	⑤
71	⑤	72	②	73	③	74	②	75	⑤

Part_04 문장 [표현]

1	③	2	②	3	①	4	②	5	⑤
6	⑤	7	③	8	⑤	9	③	10	①
11	⑤	12	④	13	⑤	14	③	15	③
16	③	17	③	18	④	19	②	20	⑤
21	⑤	22	①	23	①	24	①	25	④
26	③	27	②	28	②	29	④	30	②
31	③	32	③	33	③	34	②	35	⑤
36	④	37	②	38	⑤	39	③	40	①
41	⑤	42	④	43	⑤	44	⑤	45	⑤
46	④	47	⑤	48	②	49	③	50	⑤
51	⑤	52	①	53	④	54	④	55	③
56	②	57	③	58	④	59	①	60	③
61	④	62	⑤	63	④	64	③	65	④
66	③	67	⑤	68	⑤	69	⑤	70	⑤
71	⑤	72	④	73	⑤	74	③	75	⑤
76	③	77	③	78	⑤	79	④	80	③
81	③	82	①	83	②	84	⑤		

Part_05 음운 변동과 발음 규정

1	③	2	④	3	③	4	④	5	③
6	④	7	⑤	8	②	9	④	10	③
11	③	12	②	13	①	14	③	15	④
16	①	17	②	18	⑤	19	⑤	20	②
21	①	22	④	23	④	24	①	25	⑤
26	④	27	②	28	⑤	29	③	30	②
31	④	32	②	33	④	34	①	35	②
36	②	37	①	38	④	39	③	40	①
41	④	42	④	43	④	44	①	45	③
46	③	47	④	48	⑤	49	④	50	②
51	③	52	⑤	53	④	54	⑤	55	⑤
56	①	57	③	58	④	59	③	60	②
61	⑤	62	④	63	②	64	⑤	65	⑤
66	②	67	③	68	⑤	69	③	70	②
71	②	72	④	73	③	74	④	75	③
76	①	77	②	78	④	79	②	80	④
81	⑤	82	④	83	①	84	④	85	④
86	③	87	⑤	88	①	89	⑤	90	②
91	③	92	⑤	93	②	94	④	95	②
96	③	97	②	98	③	99	②	100	④
101	③	102	①	103	①	104	④	105	③
106	②	107	④	108	④	109	⑤	110	⑤

Part_06 중세 국어

1	⑤	2	②	3	③	4	④	5	②
6	⑤	7	②	8	④	9	③	10	④
11	③	12	③	13	③	14	④	15	②
16	⑤	17	①	18	④	19	④	20	③
21	③	22	②	23	⑤	24	④	25	③
26	③	27	②	28	②	29	④	30	⑤
31	⑤	32	④	33	③	34	①	35	④
36	②	37	③	38	②	39	④	40	⑤
41	①	42	⑤	43	②	44	②	45	①
46	④	47	③	48	③	49	⑤	50	⑤
51	③	52	④	53	②	54	②	55	②
56	④	57	②	58	③	59	③	60	②
61	③	62	②	63	①				

Part_07 지문형

1	②	2	④	3	⑤	4	④	5	①
6	⑤	7	⑤	8	③	9	④	10	④
11	④	12	②	13	③	14	④	15	③
16	④	17	④	18	④	19	④	20	③
21	②	22	⑤	23	③	24	④	25	②
26	①	27	④	28	③	29	③	30	③
31	④	32	①	33	③	34	②	35	③
36	③	37	⑤	38	①	39	③	40	②
41	⑤	42	②	43	⑤	44	④	45	①
46	④	47	③	48	⑤	49	③	50	④
51	④	52	⑤	53	⑤	54	⑤	55	③
56	②	57	②	58	⑤	59	③	60	③

1. ⑤

정답 설명

(라)에서 b의 '-겠-'은 내일의 상황을 추측한 것이므로 미래의 일을 추측하고 있다고 볼 수 있지만, a의 '-겠-'은 '지금쯤'이라는 표현을 사용한 것으로 보아 현재의 상황을 추측한 것임을 알 수 있으므로 적절하지 않다.

오답 설명

① (가)의 '있는'과 '없는'에 쓰인 '-는'은 모두 꽃향기의 현재 상태에 대해 나타내는 것이다.
② (나)에서 a의 '먹은'은 과거에 이미 '먹다'라는 행위가 끝났음을 나타내며, b의 '먹는'은 '먹다'라는 행위가 진행 중임을 나타내므로 적절하다.
③ (다)의 '돌아오다'에 과거 시제 선어말 어미 '-았-'이 결합되었으므로, a의 '가다가 돌아왔다'와 b의 '갔다가 돌아왔다'는 모두 과거에 이루어진 행위에 해당된다.
④ (다)에서 a의 '가다가 돌아왔다'는 '가다'라는 동작이 중단되고 '돌아오다'라는 동작으로 바뀜을 나타내므로 목적지까지 가지 않고 중간에 중단한 것을 의미한다. b의 '갔다가 돌아왔다'는 '가다'에 과거 시제 선어말 어미 '-았-'이 쓰인 것으로 볼 때 목적지에 도착한 후 '돌아오다'라는 행위가 일어난 것을 의미한다.

2. ③

정답 설명

'들어가겠다며'의 '-겠-'은 주체인 동생의 의지를 나타내기 위해서 사용되었고(ⓒ), '차가워지겠지'의 '-겠-'은 조금 뒤에 바닷물이 차가워지리라는 미래의 일에 대한 추측을 나타내기 위해서 사용되었으며(㉠), '있겠다고'의 '-겠-'은 '내'가 멀리까지 갈 수 있는 능력이 있음을 나타내기 위해 사용되었다(ⓒ).

3. ④

정답 설명

ⓒ, @의 '-ㄴ지'는 각각 '힘들다', '괜찮으시다'라는 것에 대한 막연한 의문이 있는 채로 그것을 뒤에 나오는 사실이나 판단과 관련짓는 연결 어미이므로, 붙여 써야 한다.
ⓑ의 '지'는 강아지가 집을 나갔을 때로부터 지금까지의 동안을 나타내는 의존 명사이므로 띄어 써야 한다.

오답 설명

㉠ '그를 만난지도 꽤 오래되었다.'(X) → '그를 만난 지도 꽤 오래되었다.'(O) : 이 문장에서 '지'는 어떤 일이 있었던 때로부터 지금까지의 동안을 나타내는 의존 명사이므로 앞말과 띄어 써야 한다.
ⓒ '헤어진지 10년은 된 것 같구나.'(X) → '헤어진 지 10년은 된 것 같구나.'(O) : 이 문장에서 '지'는 어떤 일이 있었던 때로부터 지금까지의 동안을 나타내는 의존 명사이므로 앞말과 띄어 써야 한다.
ⓔ '외모만으로는 그가 총각인 지 알 수가 없다.'(X) → '외모만으로는 그가 총각인지 알 수가 없다.'(O) : 이 문장에서 '총각인지'는 '총각이다'라는 것에 막연한 의문이 있는 채로 그것을 뒤에 오는 판단(알 수가 없다)과 관련짓는 연결

어미 '-ㄴ지'가 결합한 형태이므로 붙여 써야 한다.

4. ⑤

정답 설명

㉠의 실질 형태소는 '날, 흐리-, 풀, 눕-'으로 총 4개이고, ㉡의 실질 형태소는 '저, 넓-, 밭, 갈-, 있-, 사람, 이, 마을, 오래, 살-'로 총 10개이다. 따라서 ㉠의 실질 형태소 개수보다 ㉡의 실질 형태소 개수가 6개 더 많다.

오답 설명

㉠	날	이	흐리-	-고	풀	이	눕-	-는-	다
자립 / 의존	자립	의존	의존	의존	자립	의존	의존	의존	의존
실질 / 형식	실질	형식	실질	형식	실질	형식	실질	형식	형식

㉡	저	넓-	-은	밭	을	갈-	-고	있-	-는	사람	은	이	마을	에	오래	살-	-았-	-다
자립 / 의존	자립	의존	의존	자립	의존	의존	의존	의존	의존	자립	의존	자립	자립	의존	자립	의존	의존	의존
실질 / 형식	실질	실질	형식	실질	형식	실질	형식	실질	형식	실질	형식	실질	실질	형식	실질	실질	형식	형식

① ㉠은 '날, 이, 흐리-, -고, 풀, 이, 눕-, -는-, 다' 총 9개의 형태소로 이루어져 있다.
② ㉡의 의존 형태소는 '넓-, -은, 을, 갈-, -고, 있-, -는, 은, 에, 살-, -았-, -다'로 총 12개로, ㉡의 의존 형태소의 개수가 ㉠의 의존 형태소의 개수보다 많다.
③ ㉠의 형식 형태소는 '이, -고, 이, -는-, -다'로 5개이며, ㉡의 형식 형태소는 '-은, 을, -고, -는, 은, 에, -았-, -다'로 총 8개이다.
④ ㉡의 자립 형태소는 '저, 밭, 사람, 이, 마을, 오래'로 총 6개이고, ㉠의 자립 형태소는 '날, 풀'로 총 2개이다.

5. ⑤

정답 설명

'개에게 먹이를 줘서 짖지 않게 해라.'의 '줘서'는 기본형 '주다'의 활용형이다. '주어서'가 축약되어 이중 모음화된 것으로 어간의 '우'가 탈락하지 않았으므로 불규칙 활용이 아닌 규칙 활용의 예이다.

오답 설명

① '짐을 잔뜩 실어 보냈다.'의 '실어'는 기본형 '싣다'의 활용형이다. 어간 '싣-'의 'ㄷ'이 모음 어미 '-어' 앞에서 'ㄹ'로 변하는 'ㄷ' 불규칙 활용의 예이다.
② '길에서 책을 주워 가방에 넣었다.'의 '주워'는 기본형 '줍다'의 활용형이다. 어간 '줍-'의 'ㅂ'이 모음 어미 '-어' 앞에서 반모음 'ㅜ'로 변하여 '주워'가 되는 'ㅂ' 불규칙 활용의 예이다.
③ '밥을 지어 부모님을 봉양하다.'의 '지어'는 기본형 '짓다'의 활용형이다. 어간 '짓-'의 'ㅅ'이 모음 어미 '-어' 앞에서 탈락하는 'ㅅ' 불규칙 활용의 예이다.
④ '그 사람과는 성격이 달라 같이 일하기 힘들다.'의 '달라'는 기본형 '다르다'의 활용형이다. 어간의 '르'가 모음 어미 '-아' 앞에서 'ㄹㄹ'로 바뀐 '르' 불규칙 활용의 예이다.

6. ④

정답 설명

주격 조사 '이/가'의 경우, 앞말에 받침이 있으면 '이', 받침이 없으면 '가'가 붙는다. 즉 앞 음절의 음운론적 조건에 따라 형태가 달라지는 것이다. 그러나 ⓔ에서 '민수가'의 '가'는 주격 조사, '형이'의 '이'는 보격 조사이므로 적절하지 않다.

오답 설명

① '가'는 주격 조사로 체언 뒤에 붙어 체언이 문장에서 주어 자격을 지님을 나타내고, '을'은 목적격 조사로 체언 뒤에 붙어 체언이 문장에서 목적어 자격을 지님을 나타낸다.
② '만'은 다른 것으로부터 제한하여 어느 것을 한정함을 나타내는 보조사이고, '도'는 이미 어떤 것이 포함되고 그 위에 더함의 뜻을 나타내는 보조사이다.
③ '까지와는'은 조사 '까지', '와', '는'이 한꺼번에 결합한 형태이다.
⑤ '이다'는 마치 용언처럼 어미와 결합하여 활용을 하는 서술격 조사이다. 여기서도 '이다'는 어미 '-야'와 결합하여 '이야'로 활용하고 있다.

7. ⑤

정답 설명

'나는 단 음식보다 매운 음식을 좋아한다.'에서 ⓓ(단)은 '꿀이나 설탕의 맛과 같다.'라는 의미의 형용사 '달다'가 관형사형 전성 어미 '-(으)ㄴ'과 결합한 것이고, ⓔ(매운) 역시 '고추나 겨자와 같이 맛이 알알하다.'라는 의미의 형용사 '맵다'가 관형사형 전성 어미 '-(으)ㄴ'과 결합한 것이다. 따라서 둘 다 ⓐ의 어미와 결합하여 활용이 불가능한 형용사에 해당한다.

오답 설명

① ⓛ, ⓒ은 ⓐ와 결합하여 활용할 수 있는 동사이며, ⓗ, ⓔ은 ⓐ와 결합하여 활용할 수 없는 형용사이다. 따라서 ⓗ과 ⓛ, ⓛ과 ⓔ은 형태는 같지만 품사가 다르다는 것을 알 수 있다.
② ⓗ은 '가구가 큰다, 가구가 크는구나, 가구가 크는, 가구가 커라, 가구가 크자'가 모두 불가능하므로 형용사이다.
③ ⓛ은 '사람이 자라서 어른이 되다.'의 뜻으로 움직임의 의미가 있으므로 동사이다. 즉, ⓗ의 예문과 비교해 보면 ⓗ의 '커서'는 큰 상태를 의미하는 반면, ⓛ의 '커서'는 커 가는 과정이나 움직임의 의미를 내포하고 있음을 알 수 있다.
④ ⓒ은 '물건을 일정한 곳에 걸거나 매어 놓다.'의 의미로 동사이다. 따라서 '단다, 다는구나, 다는, 달아라, 달자' 등과 같이 활용할 수 있다.

8. ②

정답 설명

ⓛ '누구'는 불특정한 대상을 가리키는 것이 아니라 잘 모르는 대상인 '그'를 특정하고 있으므로 부정칭이 아닌 미지칭이다.

오답 설명

① ⓗ '어디'는 잘 모르는 곳을 가리키는 미지칭이다.
③ ⓒ '언제'는 잘 모르는 때를 가리키는 미지칭이다.
④ ⓔ '아무'는 대상을 특정하지 않았으므로 부정칭이다.
⑤ ⓜ '당신'은 앞에 나온 명사 '할아버지'를 다시 가리키는 재귀칭이다.

9. ①

정답 설명

'그 사람을 언제부터 좋아했어요?'에서 '그 사람을'과 '언제부터'의 자리를 바꿀 수 있다는 것은 '언제'를 대명사로 판단하는 근거가 될 수 없다. ⓗ이 대명사인 이유는 수많은 시간 표현 명사, 예컨대 '(중학교) 시절', '(열 시간) 전', '어제' 등을 '언제'가 대신 가리킬 수 있고 "언제가 좋겠니?"에서처럼 격 조사도 붙을 수 있기 때문이다. 또 ⓛ은 "친구가 언제 시험을 보니?"와 같이 어순을 바꾸어 써도 성립하며, 이 경우에도 '언제'는 '보니'를 꾸며 주는 부사이다.

오답 설명

② 형용사는 현재 시제 평서형에서 '-다'를 쓰지만 동사는 '-ㄴ다/-는다'를 쓴다. 따라서 ⓒ은 형용사이고 ⓔ은 동사임을 알 수 있다. 또한 의미적으로도 ⓒ은 밝은 상태를 표현하므로 형용사이지만, ⓔ은 밝아지는 움직임을 표현하므로 동사이다.
③ ⓜ은 '일'을 꾸며 주는 지시 관형사이다. 한편, ⓗ은 격 조사가 붙어 있으므로 체언이고 그중에서도 명사를 대신해서 쓰였으므로 대명사이다.
④ ⓢ은 감정을 나타내는 감탄사이고 ⓞ은 동사 '들려서'를 수식하고 있으므로 부사이다.
⑤ 어떤 대상의 이름을 나타내면서 격 조사가 결합될 수 있는 특성을 가진 품사는 명사이다. ⓚ은 '시간이 상당히 지나는 동안'이라는 의미를 가진 명사이며, 격 조사 없이 관형어의 기능을 하고 있다. 참고로, 체언 또는 명사절이 뒤에 있는 체언을 꾸미는 관형어로 기능하기 위해서는 관형격 조사 '의'와 결합해야 하므로, 해당 예문은 '한참(의) 뒤에'와 같이 관형격 조사가 생략된 형태로 볼 수 있다. 한편, ⓚ은 동사인 서술어 '바라보았다'를 꾸며 주고 있으므로 부사이다.

10. ③

정답 설명

13개 형태소 : 금성/은/저녁/의/서/쪽/하늘/에서/보-/-ㄹ/수/있-/-다
8개의 실질 형태소 : 금성, 저녁, 서, 쪽, 하늘, 보, 수, 있
5개의 문법 형태소 : 은, 의, 에서, -ㄹ, -다
6개의 자립 형태소 : 금성, 저녁, 서, 쪽, 하늘, 수
7개의 의존 형태소 : 은, 의, 에서, 보-, -ㄹ, 있-, -다

11. ④

정답 설명

'나'가 환호한 이유는 대표 팀이 4강에 진출했기 때문이다. 따라서 이 예문의 '에'는 원인 혹은 이유를 나타내는 '에'이다. 한편 할머니께서 고생하시는 것은 무릎 관절염 때문이다. 따라서 이 예문의 '으로'는 원인 혹은 이유를 나타내는 '으로'이다. 즉, 여기서의 '에'와 '으로'는 모두 원인 혹은 이유의 의미를 나타내는 것이다.

오답 설명

① '에'는 단위를 나타내고, '로'는 원인 혹은 이유의 뜻을 나타낸다.
② '에'는 원인 혹은 이유의 뜻을 나타내지만, '로'는 자격이나 신분의 뜻을 나타낸다.
③ '에'는 기준이 되는 지점의 뜻을 나타내고, '로'는 변화된 결과의 뜻을 나타낸다.
⑤ '에'는 목표나 목적, 대상의 뜻을 나타내고, '으로'는 방식 혹은 방법의 뜻을 나타낸다.

12. ③

> **정답 설명**
>
> '것'과 같은 의존 명사를 수식하는 관형사의 경우 생략이 불가능하다. 또한 '어떤 사물이 제 기능을 다 하거나 수명이 다하다.'라는 의미를 가진 '되다'는 부사어를 필수적으로 요구하는데, 이와 같이 의미상 부사어를 필수적으로 요구하는 서술어의 경우 이를 수식하는 부사를 생략할 수 없다.

> **오답 설명**
>
> ① '이 두 새'는 지시 관형사 - 수 관형사 - 성상 관형사의 순서로 나열되어 있는데, 관형사들이 각각 바로 뒤에 오는 말을 수식하는 것이 아니라 이들은 모두 체언 '신발'을 수식하고 있다. 즉 지시 관형사 - 수 관형사 - 성상 관형사의 순서를 바꾸면 어색해지는 것일 뿐, 지시 관형사가 수 관형사를 수식하고 있기 때문이 아니다.
>
> ② 관형사는 체언만을 수식하는 반면, 부사는 용언 이외에 문장 전체, 다른 수식언, 예외적으로 명사 등도 수식한다. '오른'은 관형사로서 체언 '무릎'을 수식하고, '바로'는 체언 수식 기능을 하는 부사로서 체언 '무릎'을 수식하고 있으므로 선지의 내용은 적절하지 않다.
>
> ④ 부사 '빨리'는 보조사 '도'와 결합하여 쓰일 수 있지만, '빨리도'는 용언 '간다'를 수식하는 부사어로 쓰였으므로 부사가 보조사와 결합하여 관형어로 기능할 수 있다는 선지의 내용은 적절하지 않다.
>
> ⑤ '온갖'은 관형사이며 〈보기〉에서 알 수 있듯이 보조사 '도'와 격 조사 '의' 모두와 결합할 수 없다. 따라서 관형사는 격 조사와 보조사 모두와 결합이 불가능하다.

13. ④

> **정답 설명**
>
> (가)의 '어디'는 '모르는 것'을 가리키고 있으므로 미지칭 대명사이고, (나)의 '어디'는 특별히 어떤 하나를 '정한 것이 아니'기 때문에 부정칭 대명사에 해당한다. 〈보기 2〉의 ⑩ '누구'는 부정칭 대명사이다. 특별히 어떤 한 사람을 가리키는 것이 아니기 때문이다. 따라서 ⑩이 (나)와 유사하다.

> **오답 설명**
>
> ① 〈보기 2〉의 ㉠ '저'는 1인칭 대명사이다. 이 글에서는 발화자인 자기 자신을 가리키고 있다.
>
> ② 〈보기 2〉의 ㉡ '저희'는 1인칭 대명사이다. 이 글에서는 발화자가 청자를 높이고 자기 자신을 낮추어 표현하기 위해 '저희'를 사용하였다.
>
> ③ 〈보기 2〉의 ㉢ '당신'은 재귀 대명사이다. 이 글에서는 앞에 나온 '아버지'를 가리킨다.
>
> ⑤ 〈보기 2〉의 ㉤ '여러분'은 2인칭 대명사이다. 이 글에서는 화자의 발표 내용을 듣는 청중을 가리킨다.

14. ②

> **정답 설명**
>
> **실질 형태소** : 첫(관형사 어근), 눈(명사 어근), 내리-(동사 어근), 사람(명사 어근), 낮(명사 어근), 산(명사 어근), 가-(동사 어근)
>
> **형식 형태소** : 이(조사), -자(어미), -들(접미사), 은(조사), 한-(접두사), 에(조사), 으로(조사), -았-(어미), -다(어미)
>
> **자립 형태소** : 첫, 눈, 사람, 낮, 산
>
> **의존 형태소** : 이, 내리-, -자, -들, 은, 한-, 에, 으로, 가-, -았-, -다

'내리자'는 두 개의 형태소로 이루어져 있다.

> **오답 설명**
>
> ① '첫눈'은 두 개의 형태소로 이루어져 있다.
>
> ③ '사람들은'은 세 개의 형태소로 이루어져 있다.
>
> ④ '한낮'은 두 개의 형태소로 이루어져 있다.
>
> ⑤ '갔다'는 세 개의 형태소로 이루어져 있다.

15. ①

> **정답 설명**
>
> 동사, 형용사, 서술격 조사는 활용을 하지만, 명사는 활용을 하지 않는다. ㉠~㉤ 중 [A]에 들어갈 수 있는 말은 ㉠ '바다'이다. 활용을 하는 말 중, 명사에 붙여 쓸 수 있는 말은 서술격 조사이므로 [B]에 들어갈 수 있는 말은 ㉤ '였다'이다. 동사와 형용사 중, 현재 시제 선어말 어미 '-ㄴ-/-는-'이 결합할 수 있는 말은 동사이다. ㉣ '몰아치던'의 기본형 '몰아치다'는 '몰아친다'와 같이 현재형 어미와 결합할 수 있으나, ㉡ '아름답지만(기본형 : 아름답다)'과 ㉢ '매섭게(기본형 : 매섭다)'는 형용사로 현재 시제 선어말 어미와 결합할 수 없다. 따라서 [C]에 들어갈 수 있는 말은 ㉣ '몰아치던'이다.

16. ③

> **정답 설명**
>
> '푸르-'가 어미 '-어'와 결합할 때, 어미 '-어'가 '-러'로 형태가 바뀌게 되므로('러' 불규칙), 어간의 형태가 아닌 어미의 형태에 변화가 생기는 경우에 해당한다.

> **오답 설명**
>
> ① ㄱ의 '웃-'이 어미 '-은', '-어'와 결합했을 때 '웃은'과 '웃어'가 되는데, 둘 모두에서 어간(웃-)과 어미(-은, -어) 각각의 형태가 그대로 유지된다. 즉, '웃다'는 규칙 활용을 하는 용언에 해당한다.
>
> ② ㄴ의 '짓-'이 어미 '-은', '-어'와 결합하면 '지은'과 '지어'가 되는데, 어간 '짓-'의 형태가 '지-'로 바뀌므로 어간의 형태에 변화가 생김을 알 수 있다.
>
> ④ ㄹ의 '하-'는 어미 '-아/-어'와 결합하면 '하여'가 되는데, 어간 '하-'의 형태에는 변화가 없지만, 어미 '-아/-어'의 형태는 '-여'로 바뀜을 알 수 있다.
>
> ⑤ ㅁ의 '하얗-'이 어미 '-아'와 결합하면 '하얘'가 되는데, 어간 '하얗-'의 형태와 어미의 '-아'의 형태가 모두 바뀜을 알 수 있다.

17. ②

> **정답 설명**
>
> '다르다 「2」'의 '다른'은 '딴'과 뜻이 같지 않은 별개의 말이므로, 서로 바꾸어 쓸 수 없다. '딴'과 바꾸어 쓸 수 있는 '다른'은 형용사가 아닌 관형사이다.

> **오답 설명**
>
> ① '다르다'의 어간 '다르-'는 '다르고', '다르니', '다르므로'와 같이 여러 종류의 어미와 번갈아 결합하여 쓰일 수 있으므로, '다르다'는 관형사 '다른'과 달리 활용이 가능함을 알 수 있다.
>
> ③ '딴'과 '다른'은 둘 다 관형사이므로 형태가 늘 일정하여 활용하지 못한다.
>
> ④, ⑤ '다른'과 '딴'은 관형사로서 형태가 늘 일정하며, 항상 체언을 수식하는 기능을 하기 때문에 어미와 결합하여 서술어의 기능을 수행하지 않는다.

18. ③

정답 설명

㉠은 체언이 '모음'으로 끝나서 뒤에 주격 조사 '가'가 왔고, ㉢은 체언이 '자음'으로 끝나서 뒤에 주격 조사 '이'가 왔다. 즉 ㉠, ㉢에서 체언이 양성 모음인지 음성 모음인지와 뒤에 오는 주격 조사의 형태는 상관이 없다.

오답 설명

① ㉠에서는 '무엇이 어찌하다'의 '무엇이'에 해당하는 '친구가'가 주어이다.
② ㉡에서는 주격 조사 '가'가 생략되고, 그 자리에 보조사 '는'이 붙었다.
④ ㉣에서는 '옛날 추억'이라는 체언 구실을 하는 구(명사구)에 주격 조사 '이'가 붙었다.
⑤ ㉤에서 초등학교를 같이 가보기로 약속한 주체는 '나'와 '친구'라는 것을, 맥락을 통해 알 수 있다. 따라서 주어(나와 친구가)를 유추할 수 있는 경우이므로 생략하여 표현하였다.

19. ③

정답 설명

두 예문의 '너희'는 모두 일반적인 2인칭 대명사로 쓰인 경우이다. 참고로 '너희'는 재귀 대명사로 쓰이지 않는다.

오답 설명

① 첫 번째 문장의 '저'는 일반적인 1인칭 대명사이고, 두 번째 문장의 '저'는 앞서 나온 체언인 '소년'을 다시 가리키는 재귀 대명사이다.
② 첫 번째 문장의 '저희'는 일반적인 1인칭 대명사이고, 두 번째 문장의 '저희'는 앞서 나온 체언인 '동생들'을 다시 가리키는 재귀 대명사이다.
④ 첫 번째 문장의 '당신'은 일반적인 2인칭 대명사이고, 두 번째 문장의 '당신'은 앞서 나온 체언인 '할머니'를 다시 가리키는 재귀 대명사이다.
⑤ 첫 번째 문장의 '제'는 일반적인 1인칭 대명사이고, 두 번째 문장의 '제'는 앞서 나온 체언인 '꼬마'를 다시 가리키는 재귀 대명사이다.

20. ②

정답 설명

〈보기 1〉에서 말하는 사람의 심리적인 태도를 나타내는 양태 부사는 대부분 문장 부사라고 하였다. ㉠의 '깊이'는 '들어갔다'를 꾸며 주는 것이고, ㉡의 '조용히'는 '들어왔다'를 꾸며 주는 것이다. ㉢의 '과연'에는 지희가 그의 청혼을 받아들일지를 매우 궁금하게 여기는 심리적 태도가 표현되어 있으므로, '과연'은 문장 전체를 꾸며 주는 부사이다. ㉣의 '아주'는 '귀한'을, ㉤의 '일찍'은 '일어나서'를 수식한다. ㉥의 '모름지기'에는 사람은 부끄러움을 알아야 한다는 사실의 당위성을 강조하려는 사람의 심리적 태도가 표현되어 있으므로, '모름지기'는 문장 전체를 꾸며 주는 부사이다. 그러므로 문장 부사는 ㉢, ㉥이다.

21. ①

정답 설명

〈보기〉에서 관형사가 여러 개 이어질 때에는 대체로 그중 체언에 대해 더 중심적인 정보에 가까운 관형사가 체언에 가깝게 위치한다고 했으므로 '이'에 비해 '새'가, '그'에 비해 '세'가 체언에 대해 더 중심적인 정보에 가까움을 알 수 있다.

오답 설명

② 성상 관형사는 사물의 성질이나 상태를 꾸며 주는 관형사이다. '새, 헌'은 각각 '옷, 집'의 성질이나 상태를 꾸며 주므로 성상 관형사이다.
③ 수 관형사는 수량이나 수 개념을 나타내 주는 관형사이다. '세, 두'는 각각 '사람, 집'의 수량을 나타내 주므로 수 관형사이다.
④ 관형사는 조사와 결합할 수 없으며 형태가 변하지 않는다. ㉠, ㉡, ㉢에서 사용된 관형사를 보면 조사와 결합하지 않고 형태가 변하지 않는다는 것을 알 수 있다.
⑤ 지시 관형사는 어떤 대상을 가리키는 관형사이다. ㉠, ㉡, ㉢에서 '이, 그, 저'는 '옷, 사람, 집'이라는 대상을 각각 가리키고 있으므로 지시 관형사이다.

22. ③

정답 설명

'어찌 생각하면'의 '어찌'는 '어떠한 관점으로'라는 의미를 지닌 부사이고, '나도 어찌 그런'의 '어찌'는 '어떠한 이유로'라는 의미를 지닌 부사이다. 따라서 ③은 '품사의 통용'을 뒷받침할 수 있는 예로 적절하지 않다.

오답 설명

① '오늘 밤은 달이 밝다.'에서 '밝다'는 '불빛 따위가 환하다.'의 의미를 지닌 '형용사'이다. '벌써 날이 밝는다.'에서 '밝다'는 '밤이 지나고 환해지며 새날이 오다.'의 의미를 지닌 '동사'이다.
② '나는 소문으로만 들었을 뿐이다.'에서 '뿐'은 '다만 어떠하거나 어찌할 따름이라는 뜻을 나타내는 말로 '의존 명사'이다. '이제 내가 믿을 것은 오직 실력뿐이다.'에서 '뿐'은 '그것만이고 더는 없음'의 의미를 지니는 '보조사'이다.
④ '내일에 대한 기대와 희망을 잃지 말자.'에서 '내일'은 '다가올 앞날'을 의미하는 '명사'이다. '오늘은 이만하고 내일 다시 작업을 이어갑시다.'에서 '내일'은 '오늘의 바로 다음 날에'라는 의미를 지닌 '부사'이다.
⑤ '이 책이 시리즈물의 첫째 권이다.'에서 '첫째'는 '순서가 가장 먼저인 차례의'라는 뜻의 '관형사'이다. '무엇보다도 신발은 첫째로 발이 편해야 한다.'에서 '첫째'는 '무엇보다도 앞서는 것'이라는 뜻의 '명사'이다.

23. ③

정답 설명

'고향인데'는 명사 '고향' 뒤에 서술격 조사 '이다'의 연결형 '인데'가 붙은 형태이다. '고향인데' 뒤에 고향에 대한 설명이 이어지고 있으므로, 대상과 관련된 상황을 미리 말하는 연결 어미 '-ㄴ데'를 사용한 것이다. 따라서 '고향인데'로 붙여 써야 한다.

오답 설명

① 해당 문장의 '데'는 책을 사는 '일'이나 '것'을 말하는 의존 명사이므로 '사는 데'로 띄어 써야 한다.
② 해당 문장의 '-데'는 뒤 문장에 이어지는 '외투를 입고 나가라.'라는 제안을 하기 위해 '외투'와 관련된 상황을 앞 문장에서 말하고 있는 연결 어미이므로 '추운데'로 붙여 써야 한다.
④ 해당 문장의 '지'는 고등학교를 졸업한 후부터 지금까지의 동안을 나타내는 의존 명사이므로 '졸업한 지'로 띄어 써야 한다.
⑤ 해당 문장의 '-지'는 막연한 의문이 있는 채로 뒤 문장의 사실과 관련시키고 있는 연결 어미이므로 '부지런한지'로 붙여 써야 한다.

24. ②

> **정답 설명**
>
> 이형태는 하나의 형태소가 다른 형태로 쓰이는 경우를 말한다. '부딪혔다'의 접미사 '-히-'는 피동 접미사이고, '부딪쳤다'의 접미사 '-치-'는 강세 접미사이다. 즉, '-히-'와 '-치-'는 의미와 역할이 다른 별개의 형태소이므로 이형태라고 볼 수 없다.

> **오답 설명**
>
> ① '-아라'는 끝음절의 모음이 'ㅏ, ㅗ'인 동사 어간에 붙는 명령형 종결 어미이고, '-어라'는 그 외의 동사 어간 뒤에 붙는 명령형 종결 어미이다. 따라서 이 둘은 앞말의 음운적 환경에 따라 이형태의 관계를 이룬다고 할 수 있다.
> ③ '이고'는 받침이 있는 체언 뒤에, '고'는 받침이 없는 체언 뒤에 위치하여 둘 이상의 사물을 같은 자격으로 이어 주는 접속 조사이다. 따라서 이 둘은 앞말의 음운적 환경에 따라 이형태의 관계를 이룬다고 할 수 있다.
> ④ '-려고'는 받침 없는 동사 어간, 'ㄹ' 받침인 동사 어간 또는 어미 '-으시-' 뒤에 붙어서 어떤 행동을 할 의도나 욕망을 가지고 있음을 나타내는 연결 어미이며, '-으려고'는 'ㄹ'을 제외한 받침 있는 동사 어간 뒤에 붙어서 어떤 행동을 할 의도나 욕망을 가지고 있음을 나타내는 연결 어미이다. 따라서 이 둘은 앞말의 음운적 환경에 따라 이형태의 관계를 이룬다고 할 수 있다.
> ⑤ '-었-'은 끝음절의 모음이 'ㅏ, ㅗ'가 아닌 용언의 어간 뒤나 '이다'의 어간 뒤에 붙어서, '-았-'은 끝음절의 모음이 'ㅏ, ㅗ'인 용언의 어간 뒤에 붙어서 사건이나 행위가 이미 일어났음을 나타내는 과거 시제 선어말 어미이다. 따라서 이 둘은 앞말의 음운적 환경에 따라 이형태의 관계를 이룬다고 할 수 있다.

25. ①

> **정답 설명**
>
> '너'는 '듣는 이가 친구나 아랫사람일 때, 그 사람을 가리키는 말'인 2인칭 대명사이다. 그러나 '너 여기서 뭐 하니?'에서 ㉠(너)은 서술어 '하니'가 가리키는 동작의 주체이므로 문장 성분으로는 주어이다. 따라서 ㉠의 문장 성분을 관형어로 분석한 선지의 내용은 적절하지 않다.

> **오답 설명**
>
> ② '뭐'는 '무어'의 준말로, 품사는 대명사이다. 또한 '너 여기서 뭐 하니?'에서 ㉡(뭐)은 서술어 '하니'가 가리키는 동작의 대상이 되므로 문장 성분은 목적어이다.
> ③ '저'는 '말하는 이와 듣는 이로부터 멀리 있는 대상을 가리킬 때 쓰는 말로 품사는 관형사이다. 또한 '저 사람이 새치기를 했다'에서 ㉢(저)은 체언 '사람'을 수식하는 기능을 하므로 문장 성분은 관형어이다.
> ④ '하다'는 '사람이나 동물, 물체 따위가 행동이나 작용을 이루다.'를 뜻하는 말로 품사는 동사이다. 또한 '저 사람이 새치기를 했다.'에서 ㉣(했다)은 주어 '저 사람이'의 동작을 나타내고 있으므로 문장 성분은 서술어이다.
> ⑤ '곱다'는 '상냥하고 순하다.'를 뜻하는 형용사이다. 또한 '철수는 마음씨가 정말 곱다.'에서 ㉤(곱다)은 주어 '마음씨가'의 성질을 나타내고 있으므로 문장 성분은 서술어이다.

26. ⑤

> **정답 설명**
>
> 어간에 현재 시제 선어말 어미 '-는-/-ㄴ-', 혹은 현재 시제를 나타내는 관형사형 전성 어미 '-는'이 결합할 수 있으면 동사이고, 결합할 수 없으면 형용사이다. 이때, ㉤ '빛나다'의 어간 '빛나-'는 모음으로 끝나기 때문에 어미 '-는다'가 아닌

'-ㄴ다'로 활용한다. 따라서 '빛난다'와 같이 활용할 수 있으므로 '동사'이다.

> **오답 설명**
>
> ① '두다'는 '일정한 곳에 놓다.'라는 의미의 '동사'이다.
> ② '되다'는 '다른 것으로 바뀌거나 변하다.'라는 의미의 '동사'이다.
> ③ '무겁다'는 '힘이 빠져서 움직이기 힘들다.'라는 의미의 '형용사'이다.
> ④ '괜찮다'는 '별로 나쁘지 않고 보통 이상이다.'라는 의미의 '형용사'이다.

27. ④

> **정답 설명**
>
> (2)-ㄴ '제가요 지금 바빠서요 미안해요.', (3)-ㄴ '그렇게 해 주시면요 정말 감사하겠습니다.'에서 '요'는 종결 어미에 결합하여 청자에게 존대의 뜻을 더해 주는 기능을 하는 보조사이다. 즉, 문장을 종결시키는 기능을 하는 종결 어미가 쓰인 것이 아니므로, '요'가 항상 문장을 종결하는 기능을 한다고 볼 수 없다.

> **오답 설명**
>
> ① (1), (2), (3)에서 각각 'ㄱ'과 'ㄴ'을 비교해 보면, 보조사 '요'가 결합하지 않아도 문장이 성립함을 알 수 있다.
> ② (1), (2)를 통해 보조사 '요'가 해체 종결 어미 뒤에 결합하고 있음을 알 수 있다.
> ③ (1), (2)에서 'ㄱ'과 'ㄴ'의 비교를 통해 보조사 '요'는 청자에게 존대의 뜻을 나타내고 있음을 알 수 있다.
> ⑤ 보조사 '요'가 (3)-ㄴ에서 연결 어미 '-면' 뒤에, (2)-ㄴ에서는 주어 '제가' 뒤에 결합한 것을 알 수 있다.

28. ③

> **정답 설명**
>
> 관형사 '저'는 관형사 '새'를 수식하는 것이 아니라 '책'이라는 명사를 수식하고 있다. 〈보기 1〉에 따르면 관형사는 체언을 수식하므로 선지의 내용은 적절하지 않다. 참고로 관형사는 또 다른 관형사를 수식할 수 없다.

> **오답 설명**
>
> ① 수 관형사 '한'이 의존 명사 '명'을 수식하고 있다.
> ② 부사 '더욱'이 부사 '자주'를 수식하고 있다.
> ④ 〈보기 1〉에서 부사는 관형사에 비하여 위치의 이동이 자유로운 편이라고 했기 때문에 문장 내에서 '다행히'의 위치를 옮겨도 자연스러운 문장이 됨을 알 수 있다.
> ⑤ 〈보기 1〉에서 부사는 관형사와 달리 보조사와 결합하는 경우가 있다고 했기 때문에 '무척'이라는 부사에 보조사 '이나'가 결합함을 알 수 있다.

29. ④

> **정답 설명**
>
> ㉣의 '정말'은 형용사 '맛있게를 꾸미고 있다. '맛있게'는 형용사 '맛있다'의 어간 '맛있-'에 부사형 전성 어미 '-게'가 붙은 형태로, 품사는 형용사이고 문장 성분은 부사어에 해당한다. 따라서 부사가 또 다른 부사를 수식한다고 볼 수 없다. 부사가 또 다른 부사를 수식하는 경우로는 '그는 매우 빨리 걷는다.'에서의 '매우'를 예로 들 수 있다.

① ㉠의 '과연'은 문장 전체(혹은 절 전체)를 꾸며 주는 문장 부사이다.
② ㉡의 '저리 잘 안'은 '지시 부사+성상 부사+부정 부사'의 순서로 결합한 것이다. '잘 저리 안', '안 잘 저리'와 같이 쓸 수 없으므로, 이 경우 정해진 순서가 있음을 알 수 있다.
③ ㉢의 '빨리만'은 부사 '빨리'에 보조사 '만'이 결합한 형태이다.
⑤ ㉤의 '및'은 단어와 단어를 이어 주는 접속 부사이다.

30. ⑤

㉡, ㉢의 '에서'와 '께서'는 모두 주격 조사이다. ㉡의 '에서'는 '(단체를 나타내는 명사 뒤에 붙어) 앞말이 주어임을 나타내는 격 조사'로, '구청에서'가 주어의 역할을 하도록 한다. 이와 같은 용례로는 '우리 학교에서 이번 대회의 우승을 차지했다.'가 있다. 또한 ㉢의 '께서'는 '(사람을 나타내는 체언 뒤에 붙어) 그 대상을 높임과 동시에 그 대상이 문장의 주어임을 나타내는 격 조사'로, '어머니께서'가 주어의 역할을 하도록 한다.

① ㉠의 '나와 동생'은 도서관에 간 주체로서, 주어 역할을 하고 있다. 따라서 보조사 '은'은 주격 조사 '이'가 생략된 자리에 쓰인 것이다.
② ㉡의 '을'과 '를'은 모두 목적격 조사이다. '을'은 자음으로 끝나는 체언 뒤에 붙고, '를'은 모음으로 끝나는 체언 뒤에 붙는다. 따라서 같은 문법적 기능을 하는 조사가 앞말의 음운 환경에 따라 다른 형태로 나타난 것이다.
③ ㉢의 '께서'는 주체 높임을 나타내는 주격 조사 '이/가'의 높임말로, 앞말에 대한 존대의 의미를 더해 준다.
④ ㉣의 '만큼은'은 보조사 '만큼'과 보조사 '은'이 함께 쓰인 것이다. 이를 통해 조사는 두 개 이상 연속하여 쓸 수 있음을 알 수 있다.

31. ②

'어두운 방'의 '어둡다'는 '빛이 없어 밝지 아니하다.'의 의미를 나타내는 형용사이고, '수학에 어둡다'의 '어둡다'는 '어떤 분야에 대하여 잘 알지 못하다.'의 의미를 나타내는 형용사이다. 즉, '어두운 방'의 '어두운'과 '수학에 어둡다.'의 '어둡다'는 같은 형용사이지만 다의어 관계에 있다.

① '밝구나.'의 '밝다'는 밝은 상태를 나타내는 형용사, '밝는구나.'에서의 '밝다'는 날이 환해지는 과정을 나타내는 동사이다. 형용사에는 현재 시제 선어말 어미 '-ㄴ-/-는-'이 결합할 수 없으므로, '밝는구나'에서 어간 '밝-'에 현재 시제 선어말 어미 '-는-'이 결합한 것을 통해 동사임을 확인할 수 있다.
③ '앞일을 멀리 내다보다.'에서의 '멀리'는 '내다보다'를 수식하는 부사이다. 한편 '멀리서'의 '멀리'는 부사격 조사 앞에 나오는 명사이다. 이때, '멀리서'의 '서'는 부사격 조사 '에서'의 준말이다.
④ '잘못이야.'에서 '잘못'은 서술격 조사 '이다'와 붙어 쓰인 명사이다. 한편 '잘못 전하는'에서 '잘못'은 동사 '전하는'을 수식하는 부사이다.
⑤ '언제부터지?'의 '언제'는 잘 모르는 때를 가리키는 지시 대명사이다. 한편 '언제 한번 만나자.'의 '언제'는 '만나자'를 수식하는 부사이다.

32. ⑤

ⓐ의 '그거'는 A가 말한 내용에 등장하는 '빵'을 가리키므로 ㉡의 예에 해당한다. ⓑ의 '거기는' A와 B가 '어제' 공유한 경험을 통해 알 수 있는 내용을 가리키므로 ㉢의 예에 해당한다. ⓒ의 '이거'는 청자인 A가 대화의 장면에서 눈으로 볼 수 있는 대상을 가리키므로 ㉠의 예에 해당한다. ⓓ의 '그것'은 A가 말한 내용에 등장하는 '중간고사 범위'를 가리키므로 ㉡의 예에 해당한다. ⓔ의 '저기'는 청자인 A가 대화의 장면에서 눈으로 볼 수 있는 대상을 가리키므로 ㉠의 예에 해당한다.

33. ③

'그녀의 죽음은 우리 모두에게 충격이었다.'에서 '죽음'은 관형어 '그녀의'의 수식을 받고 있으므로 명사임을 알 수 있다. 반면 '*백두산의 높음은 누구나 아는 사실이다.'에서 '높음'은 관형어 '백두산의'의 수식을 받지 못하므로 명사가 아님을 알 수 있다. 참고로 '백두산이 높음은 누구나 아는 사실이다.'에서 '높음'은 '백두산'에 대해 서술하고 있으므로(백두산이 높다.) 용언 '높다'의 어간 '높-'에 명사형 전성 어미 '-음'이 결합한 용언의 명사형임을 알 수 있다.

① '죽음'의 경우 명사를 만드는 접미사 '-음'이 결합한 것이고, '높음'의 경우 명사 구실을 하게 하는 명사형 어미 '-음'이 결합한 것이다. 이때, 접사 '-음'과 어미 '-음'의 형태가 같으므로 '-음'이 결합했다는 사실만으로 '죽음'과 '높음'의 차이를 알기는 어렵다.
② 명사나 용언의 명사형 모두 문장을 구성하는 성분으로 사용될 수 있으므로 이를 통해 '죽음'과 '높음'의 차이를 알기는 어렵다.
④ '죽음'의 기본형 '죽다'가 동사이고, '높음'의 기본형 '높다'가 형용사임에 따라 사전 등재 여부가 달라진다고 볼 수 없다. 형용사 '젊다'에 접사 '-음'이 붙은 '젊음' 또한 사전에 등재되어 있다.
⑤ '죽음'과 '높음' 모두 실질적 의미를 가지고 있으므로 적절하지 않다.

34. ②

(나)에 사용된 종결 어미 '-아라'와 '-어라'는 명령의 뜻을 나타내는 하나의 형태소가, 앞말의 모음이 양성 모음인지 음성 모음인지에 따라 다른 형태로 실현된 것이다. 즉, 음운 환경에 따라 다른 형태로 실현되는 이형태 관계이다. 따라서 앞말의 품사에 따라서 의미와 기능이 동일한 종결 어미가 다른 형태로 실현되는 예로 보기 어렵다. 또한, '앉다'와 '걷다'는 모두 동사로 품사가 같음을 확인할 수 있다.

① (가)에서 종결 어미에 따라 상대 높임이 달리 실현됨을 확인할 수 있다.
③ (다)에서 용언을 활용할 때 어간에 종결 어미가 결합하지 않고는 온전한 문장이 될 수 없음을 확인할 수 있다.
④ (라)에서 종결 어미의 종류에 따라 진술, 의문, 감탄 등의 의미가 실현됨을 확인할 수 있다.
⑤ (마)에서 종결 어미 '-느냐', '-다' 뒤에 각각 조사 '가'와 '고'가 결합했음을 확인할 수 있다.

35. ②

> **정답 설명**

〈보기〉를 통해 '-던지'는 막연한 의문이 있는 채로 그것을 뒤 절의 사실과 관련시킬 때, '-든지'는 선택의 의미를 나타내는 경우에 사용됨을 알 수 있다. ②의 문장은 주말에 할 수 있는 여러 일 중에서 정원을 가꾸는 일을 포함하여 무엇이든 해야겠다는 의미이므로 '-든지'가 사용되는 것이 적절하다.

> **오답 설명**

①, ③, ④, ⑤의 문장에 사용된 '-던지'는 막연한 의문이 있는 채로 그것을 뒤 절의 사실과 관련지을 때 나타나고 있으므로 적절하게 사용되었다.

36. ⑤

> **정답 설명**

'생각만으로도 놀라워라.'의 '놀라워라'에는 명령형 어미가 아니라 감탄의 뜻을 나타내는 종결 어미가 쓰였다. 즉 해당 문장의 '놀라워라'는 적절한 표현이다. '놀라워져라'의 경우 명령형 어미가 사용된 예이므로 이와 같이 고쳐 쓰는 것은 적절하지 않다.

> **오답 설명**

① '기쁘다'는 형용사이므로 청유형 어미가 결합하는 것이 부적절하다. 따라서 '기뻐하자'로 고쳐 쓰는 것이 자연스럽다.
② '새롭다'는 형용사이므로 청유형 어미가 결합하는 것이 부적절하다. 따라서 '새로워지자'로 고쳐 쓰는 것이 자연스럽다.
③ '아름답다'는 형용사이므로 청유형 어미가 결합하는 것이 부적절하다. 따라서 '아름다워지자'로 고쳐 쓰는 것이 자연스럽다.
④ '예쁘다'는 형용사이므로 명령형 어미가 결합하는 것이 부적절하다. 따라서 '예뻐져라'로 고쳐 쓰는 것이 자연스럽다.

37. ④

> **정답 설명**

위 문장의 '에게'는 '색연필'이라는 물건의 소속이 '너'임을 나타내므로 ㉠의 의미로 쓰였고, 아래 문장의 '에게'는 '물리다'라는 행동을 일으키는 대상이 '개'임을 나타내므로 ㉡의 의미로 쓰였다.

> **오답 설명**

① 위 문장의 '에게'는 '돈'이라는 물건의 소속이 '철수'임을 나타내므로 ㉠의 의미로 쓰였고, 아래 문장의 '에게'는 '보내다'라는 행동이 미치는 대상이 '언니'임을 나타내는 '에게「2」'의 의미로 쓰였다.
② 위 문장의 '에게'는 '알리다'라는 행동이 미치는 대상이 '친구들'임을 나타내는 '에게「2」'의 의미로 쓰였고, 아래 문장의 '에게'는 '놀리다'라는 행동을 일으키는 대상이 '삼촌'임을 나타내므로 ㉡의 의미로 쓰였다.
③ 위 문장의 '에게'는 '재고품'이라는 물건의 소속이 '우리'임을 나타내므로 ㉠의 의미로 쓰였고, 아래 문장의 '에게'는 '주다'라는 행동이 미치는 대상이 '너'임을 나타내는 '에게「2」'의 의미로 쓰였다.
⑤ 위 문장의 '에게'는 '주다'라는 행동이 미치는 대상이 '돼지'임을 나타내는 '에게「2」'의 의미로 쓰였고, 아래 문장의 '에게'는 '돈'이라는 물건의 소속이 '나'임을 나타내므로 ㉠의 의미로 쓰였다.

38. ④

> **정답 설명**

㉠은 주어에 대한 서술성을 가지고, 어미 활용이 가능하지만 '다른다'와 같이 현재형을 가질 수 없다는 점에서 형용사임을 알 수 있다. 반면 ㉡은 주어에 대한 서술성을 가지지 않으며, 형태 변화를 할 수 없다는 점에서 관형사임을 알 수 있다. ㉮(바른 : 오른쪽을 이를 때 쓰는 말)는 주어에 대한 서술성을 가지지 않으므로 관형사이며, ㉯는 주어 '인사성이'에 대한 서술성을 가지므로 형용사이다. 한편 ㉰는 주어에 대한 서술성을 가지지 않으므로 관형사이며, ㉱는 주어 '회사 사정이'에 대한 서술성을 가지므로 형용사이다. 따라서 ㉠과 품사가 동일한 단어는 ㉯와 ㉱이고, ㉡과 품사가 동일한 단어는 ㉮와 ㉰이다.

39. ⑤

> **정답 설명**

해당 문장의 '이'는 바로 앞에서 이야기한 대상인 '검은별무늿병'을 가리키는 말이며, 뒤의 명사 '병'을 수식하고 있는 관형사이므로 ㉤의 예로 적절하다.

> **오답 설명**

① 해당 문장의 '이'는 말하는 이에게 가까이 있는 '사과'들 중 하나를 가리키는 말로, 명사 '사과'를 수식하는 관형사에 해당한다. 따라서 ㉠의 예가 아닌 ㉣의 예로 적절하다.
② 해당 문장의 '이'는 복수 접미사 '-들' 앞에 쓰여 '이 사람'을 가리키는 데 사용되고 있으므로, ㉡의 예가 아닌 ㉢의 예로 적절하다.
③ 해당 문장의 '이'는 바로 앞에서 이야기한 '노력하는 사람은 실패하지 않아.'라는 말을 가리키는 말로, '점'을 수식하는 관형사에 해당한다. 따라서 ㉢의 예가 아닌 ㉤의 예로 적절하다.
④ 해당 문장의 '이'는 말하는 이가 생각하고 있는 대상인 '지금 기분'을 가리키는 말이면서, 조사 '보다'와 결합하였으므로 관형사가 아닌 대명사에 해당한다. 따라서 ㉣의 예가 아닌 ㉠의 예로 적절하다.

40. ①

> **정답 설명**

'밝다'는 '불빛 따위가 환하다.' 등의 의미를 나타낼 때는 형용사이지만, '밤이 지나고 환해지며 새날이 오다.'라는 의미를 나타낼 때는 동사이다. '여름에는 날이 일찍 밝는다.'에서는 동사로서의 '밝다'가 쓰인 것이므로 현재 시제를 나타내는 '밝는다'라는 표현을 사용할 수 있다.

> **오답 설명**

② '걸맞다'는 '두 편을 견주어 볼 때 서로 어울릴 만큼 비슷하다.'라는 의미를 나타내는 형용사이다. 따라서 〈보기〉에 따르면 현재 시제를 나타내는 관형사형으로는 '걸맞는'이 아닌 '걸맞은'이 적절하다.
③ '건강하다'는 형용사이므로 〈보기〉에 따르면 명령형 '건강하십시오'는 적절하지 않으며, '건강하시기 바랍니다'가 적절하다.
④ '행복하다'는 형용사이므로 〈보기〉에 따르면 목적의 뜻을 나타내는 어미 '-(으)러'와의 결합은 적절하지 않다.
⑤ '힘들다'는 형용사이므로 〈보기〉에 따르면 현재 시제를 나타내는 관형사형으로는 '힘드는'이 아닌 '힘든'이 적절하다.

41. ⑤

정답 설명

해당 문장은 '집에 도착하는 그 즉시 편지를 쓸 것'임을 나타내고 있으므로, '대로
¹「3」'이 아니라 '대로¹「2」'에 해당하는 예문이다.

오답 설명

① '대로¹'은 형식적으로 자립성을 가져 앞말과 띄어 쓰지만 반드시 관형어의 수
식을 받아야 하는 의존 명사이다.
② '대로¹⁰'은 조사이므로 반드시 체언 등의 뒤에 붙어서만 사용될 수 있다.
③ '대로¹'의 앞에는 '들은', '동이 트는', '틈나는'과 같은 관형어가 오고, '대로¹⁰'의
앞에는 주로 '법', '것'과 같은 체언이 온다.
④ '너는 너대로 나는 나대로 일을 진행하자.'에서 '대로'는 체언 뒤에 붙는 조사
이므로 '대로¹⁰'에 해당한다. 따라서 '너대로', '나대로'와 같이 붙여 쓰는 것이
적절하다.

42. ②

정답 설명

㉮ '세'는 단위를 나타내는 의존 명사인 '판'과 함께 쓰이고 있으므로 수 관형사이
다.
㉠ '오'는 단위를 나타내는 의존 명사인 '개월'과 함께 쓰이고 있으므로 수 관형사
이다.
㉢ '두'는 단위를 나타내는 의존 명사인 '켤레'와 함께 쓰이고 있으므로 수 관형사
이다.
㉣ '팔'은 단위를 나타내는 의존 명사인 '년'과 함께 쓰이고 있으므로 수 관형사이
다.

오답 설명

㉡ '십이다'에서 '십'이 서술격 조사인 '이다'와 함께 쓰이고 있으므로 수사이다.
㉤ '하나'는 단위를 나타내는 의존 명사와 함께 쓰이지 않으므로 수사이다.
㉥ '셋째로'에서 '셋째'가 부사격 조사 '로'와 함께 쓰이고 있으므로 수사이다.

43. ②

정답 설명

해당 문장에서 '그가 가리키는 내용은 앞에서 이미 이야기한 '지금 출발하자는
의견'이므로 ㉡의 예로 적절하다.

오답 설명

① 해당 문장의 '그'는 A의 질문에 자신의 확실하지 않은 기분을 가리키고 있는
관형사이므로 ㉤의 예이다.
③ 해당 문장의 '그'는 말하는 이(B)와 듣는 이(A)가 아닌 제3자를 가리키고 있
다. 이는 앞에서 A가 이야기한 '김○○'을 가리키는 대명사이므로 ㉠의 예이
다.
④ 해당 문장의 '그'는 듣는 이(B)에게 가까이 있는 대상인 '가방'을 가리키는 관
형사이므로 ㉢의 예이다.
⑤ 해당 문장의 '그'는 A가 앞에서 이미 이야기한 대상인 '김 씨'를 가리키는 관
형사이므로 ㉣의 예이다.

44. ③

정답 설명

'운동화 열 켤레가 있다.'의 '열'은 '켤레'를 수식하고, '아무 종이나 가져오너라.'의
'아무'는 '종이'를 수식한다. 관형어는 일반적으로 수식 대상인 체언 앞에 위치하
며, 다른 위치로 이동하면 비문이 된다.

오답 설명

① ㉠은 수사와 관형사, ㉡은 대명사와 관형사, ㉢은 동사와 형용사, ㉣은 부사
와 감탄사로 쓰이므로, 모두 둘 이상의 품사로 쓰임을 알 수 있다.
② '열을 셀 때까지 나와라.'의 '열을'은 수사 '열'에 목적격 조사 '을'이 결합해 목
적어로 쓰인 것이다. 이를 통해 ㉠에 조사가 결합하면 ㉠이 수사로 쓰임을
알 수 있다. 또한 '아직 아무도 안 왔다.'의 '아무도'는 대명사 '아무'에 보조사
'도'가 결합해 주어로 쓰인 것이다. 이를 통해 ㉡에 조사가 결합하면 ㉡이 대
명사로 쓰임을 알 수 있다.
④ '새벽이 밝는다.'의 '밝는다'는 '밝다'에 현재 시제 선어말 어미 '-는-'이 결합되
어 있으므로 동사로 쓰인 것임을 알 수 있다. 하지만 '햇불이 밝다.'의 '밝다'
에는 현재 시제 선어말 어미 '-는-'이 결합할 수 없으므로, 이때 '밝다'는 형
용사로 쓰인 것임을 알 수 있다.
⑤ '가만, 저게 무슨 소리지?'와 같이 ㉣이 감탄사로 쓰일 때에는 문장 속의 다른
성분에 얽매이지 않는 독립어로 쓰인다.

45. ①

정답 설명

'올해도 어김없이 대청소를 하는 날이 올 것이다.'와 '나에게는 분명히 필요 없을
것이다.'에 쓰인 '것'은 말하는 이의 전망이나 추측, 또는 주관적 소신 따위를 나
타내고 있으므로 ㉣에 해당한다. 한편 '나는 대청소를 할 때 낡은 것을 모두 버
릴 예정이다.'와 '엄마는 아직 멀쩡한 것을 왜 버리려고 하는지 모르겠다고 말씀
하시겠지만,'에 쓰인 '것'은 사물을 추상적으로 이르고 있으므로 ㉠에 해당한다.

46. ②

정답 설명

'굉장히'는 '굉장-', '-히'로 형태소를 나눌 수 있는데, 이때 '굉장-'은 형용사 '굉장
하다'의 어근이므로 의존 형태소이자 실질 형태소이고 '-히'는 부사를 파생하는
접사이므로 의존 형태소이자 형식 형태소이다. 부사 '다시'는 자립 형태소이자 실
질 형태소로, 형태소 하나로 단어를 이루고 있다. 따라서 '굉장히'는 실질 형태소
한 개와 형식 형태소 한 개의 조합으로 구성되어 있지만, '다시'는 실질 형태소이
자 자립 형태소인 형태소 하나만으로 구성되어 있으므로 선지의 내용은 적절하지
않다.

오답 설명

① '땀을'은 '땀', '을'로 형태소를 나눌 수 있는데, 이때 '땀'은 자립 형태소이자 실
질 형태소이고 '을'은 조사이므로 의존 형태소이자 형식 형태소이다. '집에서'
는 '집'과 '에서'로 형태소를 나눌 수 있는데, 이때 '집'은 자립 형태소이자 실
질 형태소이고 '에서'는 조사이므로 의존 형태소이자 형식 형태소이다. 따라서
'땀을'과 '집에서'는 모두 실질 형태소 한 개와 형식 형태소 한 개로 구성되었
으므로, 적절한 선지이다.
③ '우리는'은 '우리', '는'으로 형태소를 나눌 수 있는데, 이때 '우리'는 자립 형태
소이자 실질 형태소이고 '는'은 조사이므로 의존 형태소이자 형식 형태소이다.
'씻고'는 '씻-'과 '-고'로 형태소를 나눌 수 있는데, 이때 '씻-'은 동사 어간이

므로 의존 형태소이자 실질 형태소이고 '-고'는 어미이므로 의존 형태소이자 형식 형태소이다. 따라서 '우리는'과 '씻고'는 모두 실질 형태소 한 개와 형식 형태소 한 개로 구성되었으므로, 적절한 선지이다.

④ '모이기로'는 '모으-', '-이-', '-기', '로'로 형태소를 나눌 수 있는데, 이때 '모으-'는 동사 어간이므로 의존 형태소이자 실질 형태소이다. '-이-'는 접사, '-기'는 어미, '로'는 조사이므로 모두 의존 형태소이자 형식 형태소에 해당한다. 참고로, '모이다'는 '모으다'의 피동사로, 이때 '-이-'는 피동 접사이다. 따라서 '모이기로'는 자립 형태소 없이 의존 형태소 네 개로 구성되었으므로, 적절한 선지이다.

⑤ '했다'는 '하-', '-였-', '-다'로 형태소를 나눌 수 있는데, 이때 '하-'는 동사 어간이므로 의존 형태소이자 실질 형태소이다. '-였-'은 과거 시제 선어말 어미, '-다'는 종결 어미이므로 의존 형태소이자 형식 형태소이다. 따라서 '했다'는 실질 형태소 한 개와 형식 형태소 두 개로 구성되었으므로, 적절한 선지이다. 참고로, '하-' 뒤에 오는 어미 '-아/-어'는 '-여'로 변하는 '여' 불규칙으로 인해 '하였다'로 활용된다.

47. ⑤

ⓜ의 '사람'과 같은 자립 명사가 단위를 나타내는 기능을 할 때는 홀로 쓰이지 않고 수량을 나타내는 말들과 함께 쓰인다. 하지만 '이번 시간에는 학생 세 사람이 오기로 했습니다.'에서 '사람'은 보격 조사가 아닌 주격 조사와 결합하여 주어의 기능을 수행하기 때문에 제시된 선지의 내용은 적절하지 않다.

① '제주도'와 같은 고유 명사는 특정한 사람이나 사물을 다른 것들과 구별하기 위해 고유의 이름을 붙인 것으로, 특정성과 유일성을 지닌다. 즉, 고유 명사는 특정한 하나의 대상을 지칭하는 것이므로, '-들'이라는 복수 접미사와 결합할 수 없다. 참고로, '*모든 제주도'와 같이 복수를 나타내는 관형사와도 함께 쓰일 수 없다.

② '한라산'과 같은 고유 명사는 유일한 하나의 대상만을 지칭하는 것이므로, '어느'와 같이 여러 개 중에 선택하는 의미를 지닌 관형사와 함께 쓰일 수 없다.

③ '앉은 채로'와 같이 의존 명사 '채'가 관형어 '앉은'과 쓰일 때는 문장이 자연스럽게 성립하나, '*채로'처럼 관형어 없이 단독으로 쓰일 때는 문장이 성립하지 않음을 알 수 있다. 이는 의존 명사가 반드시 관형어와 함께 쓰여야 함을 나타내는 것이다.

④ '것'과 같은 의존 명사는 앞에 언급된 말을 대용하는 기능을 나타내기도 하는데, 제시된 예문에서는 '여기 과일이 잔뜩 있는데'의 '과일'을 다시 지칭하여 나타냄을 알 수 있다. 즉, '그중 맛있는 과일을 골라 먹어라.'의 문장과 '그중 맛있는 것을 골라 먹어라.'를 비교해 보면, '것'이 앞에 언급된 '과일'을 다시 지칭하는 대용의 기능을 하고 있음을 알 수 있다.

48. ①

㉠에서 '말이'의 '이'는 주격 조사이다. 이 문장에서 보어는 '사실이' 하나이다.

② '아빠'와 같이 앞 체언의 끝 음절이 모음으로 끝나면 '가'가 쓰이고, '거짓'과 같이 앞 체언의 끝 음절이 자음으로 끝나면 '이'가 쓰인다.

③ 보격 조사는 '이, 가'로, 해당 문장은 본래 '그녀가 원래 나쁜 사람이 아니었다.'의 형태였다. 그러나 격 조사는 생략이 가능하기 때문에 '이'를 생략하고 보조사 '은'을 사용한 것이다. 이처럼 보격 조사가 생략되고 보조사가 결합한

체언도 보어의 역할을 할 수 있다.

④ ⓔ에서 보어 역할을 하는 '배가 고픈 것'은 관형절 '배가 고픈'과 의존 명사 '것'이 결합된 형태이다.

⑤ ⓜ에서 첫 번째 문장의 '얼음이'는, '되다' 앞에서 보격 조사 '이'가 사용된 것이므로 보어로 취급되지만 두 번째 문장의 '얼음으로'는, '되다'가 반드시 필요로 하는 성분임에도 불구하고 부사격 조사 '으로'가 사용되었기 때문에 보어가 아닌 부사어로 취급됨을 알 수 있다.

49. ①

㉠의 '바로'는 용언 '있다'를 수식하는 것이 아니라, '바로'에 후행하는 명사 '옆'을 수식하고 있다. 이는 부사가 일반적으로 용언이나 다른 부사, 문장 전체를 수식하던 것에 더하여, 체언을 수식하는 역할도 함을 보여 준다. 따라서 ㉠은 부사 '바로'가 체언을 수식할 수 있음을 보여 주는 것이므로, 선지의 내용은 적절하지 않다.

② ㉡에서 '많이'라는 부사 뒤에 '많이도', '많이는'과 같이 '도, 는' 등의 보조사가 결합한 것을 통해 부사가 보조사와 결합하여 쓰일 수 있음을 알 수 있다.

③ ㉢에서 '별로'는 '-지 않았다'와 같이 부정 표현과 어울려 쓰일 때 자연스럽고, 부정 요소가 없는 문장에 쓰일 때는 어색함을 알 수 있다. 따라서 '별로'와 같은 특정 부사는 부정 표현과 어울려 쓰여야 하는 제약이 있음을 알 수 있다.

④ ㉣에서 '설마'는 문장 전체를 수식하는 부사로, '설마 그 사람이 우리를 정말 잊었겠느냐?'와 같이 의문문의 문장 유형에서는 자연스럽지만 '*설마 그 사람이 우리를 정말 잊었다.'와 같이 평서문의 문장 유형에서는 어색함을 알 수 있다. 따라서 '설마'는 의문문의 문장과 쓰여야 하는 제약이 있음을 알 수 있다.

⑤ ㉤에서 '확실히'는 '그는 든든한 사람이다.'라는 문장 전체를 수식하는 부사로, '그는 확실히 든든한 사람이다.'와 같이 문장 내에서 위치 이동이 비교적 자유로움을 알 수 있다. 반면, '그는 매우 든든하다.'의 서술어 '든든하다'를 꾸미는 성분 부사 '매우'는 '*매우 그는 든든하다.'와 같이 문장 내에서 위치를 이동할 경우 문장 부사와 달리 부자연스러움을 알 수 있다.

50. ⑤

㉠과 ㉡의 '다른'은 모두 '당장 문제 되거나 해당되는 것 이외의'라는 뜻을 지닌 말로, 각각 후행하는 명사 '일', '곳'을 수식하고 있다는 점에서 관형사임을 알 수 있다. 따라서 ㉠과 ㉡은 같은 형태의 단어가 같은 기능을 나타내므로, 품사 통용의 예라고 볼 수 없다. 참고로, 형용사 '다르다'의 활용형인 '다른'은 관형사 '다른'과 달리 서술성을 지닌다는 점에서 구분할 수 있다. 형용사의 활용형 '다른'이 사용된 용례로 '성격이 다른 사람하고는 함께 사는 것이 쉽지 않다.'가 있다.

① ㉠의 '어제'는 '오늘의 바로 하루 전날'을 나타내는 말로, 주격 조사 '가'와 결합하여 쓰이는 점을 통해 명사임을 알 수 있다. 반면, ㉡의 '어제'는 ㉠의 '어제'와 달리 격 조사와 결합하지 않으며 후행하는 용언 '끝내다'를 수식하고 있다는 점에서 부사임을 알 수 있다. 따라서 ㉠과 ㉡은 같은 형태의 단어가 두 가지 이상의 기능을 나타내므로, 품사 통용에 해당한다.

② ㉠의 '이기적'은 '자기 자신만의 이익만을 꾀하는 것'을 나타내는 말로, 부사격 조사 '으로'와 결합하여 쓰이는 점을 통해 명사임을 알 수 있다. 반면, ㉡의 '이기적'은 ㉠의 '이기적'과 달리 조사와 결합하지 않으며 후행하는 체언 '행동'

을 수식하고 있다는 점에서 관형사임을 알 수 있다. 따라서 ㉠과 ㉡은 같은 형태의 단어가 두 가지 이상의 기능을 나타내므로, 품사 통용에 해당한다.

③ ㉠의 '밝게는' '불빛 따위가 환하다.'를 나타내는 말로, 현재 시점을 기준으로 한 상태나 성질을 나타내는 형용사이다. 반면, ㉡의 '밝기는' '밤이 지나고 환해지며 새날이 오다.'를 나타내는 말로, '날이 밝고 있는' 상황의 변화를 전제한다는 점에서 동사임을 알 수 있다. 따라서 ㉠과 ㉡은 같은 형태의 단어가 두 가지 이상의 기능을 나타내므로, 품사 통용에 해당한다. 참고로, '밝게는' 형용사 '밝다'의 어간 '밝-'에 부사형 전성 어미 '-게'가 붙은 것이고, '밝기도' 는 동사 '밝다'의 어간 '밝-'에 명사형 전성 어미 '-기'가 붙은 후 보조사 '도' 가 결합된 것이다.

④ ㉠의 '보다'는 '어떤 수준에 비하여 한층 더'를 나타내는 말로, 후행하는 용언 '나아지려는'을 수식하고 있다는 점에서 부사임을 알 수 있다. 반면, ㉡의 '보다'는 "서로 차이가 있는 것을 비교하는 경우, 비교의 대상이 되는 말에 붙어 '~에 비해서'의 뜻을 나타내는 격 조사"로, 체언의 바로 뒤에 결합하여 쓰이는 점을 통해 조사임을 알 수 있다. 따라서 ㉠과 ㉡은 같은 형태의 단어가 두 가지 이상의 기능을 나타내므로, 품사 통용에 해당한다.

51. ③

정답 설명

㉡에서 '에'는 체언에 결합하여 부사어의 자격을 부여하는 부사격 조사에 해당하므로, 문법적인 의미를 나타내는 형식 형태소이자 홀로 쓰일 수 없는 의존 형태소임을 알 수 있다. 그런데, ㉡에서 '흔들 뿐'의 '뿐'은 관형어의 꾸밈을 받는 의존 명사에 해당하므로, 자립 형태소이다. 이때, 의존 명사가 문장에서 홀로 쓰이지 못하고 항상 관형어를 요구하는 것은 통사적인 측면일 뿐, 형태론적으로는 의존 명사 역시 '명사'에 해당하므로 자립 형태소에 해당한다. 참고로, 국어에서 의존 형태소에 해당하는 것은 용언의 어간과 어미, 조사, 접사이다. 따라서 선지의 내용은 적절하지 않다.

오답 설명

① ㉠의 '구운'은 용언 어간 '굽-'에 관형사형 어미 '-(으)ㄴ'이 결합한 것으로, 형태소는 '굽-', '-(으)ㄴ'으로 분석된다. 이때, '구운'의 형태는 'ㅂ' 불규칙 용언인 '굽다'의 어간 '굽-'이 모음으로 시작하는 어미 앞에서 '구우-'로 바뀐 것이다. 따라서 실질 형태소 '굽-'과 형식 형태소 '-(으)ㄴ'으로 나눌 수 있다.

② ㉠의 '에게는' 어떤 행동이 미치는 대상을 나타내는 부사격 조사로, '에'와 '게'로 나눌 경우 '에게'의 뜻이 사라지므로 '에게' 자체가 뜻을 가진 최소의 단위(형태소)임을 알 수 있다.

④ ㉡의 '다다라'는 용언 어간 '다다르-'에 연결 어미 '-아'가 결합한 것이므로, 형태소는 '다다르-', '-아'로 분석된다. 이때, 실질 형태소는 '다다르-'이고, 형식 형태소는 '-아'이다. 한편, ㉢의 '아파서'는 용언 어간 '아프-'에 연결 어미 '-아서'가 결합한 것이므로, 형태소는 '아프-', '-아서'로 분석된다. 이때, 실질 형태소는 '아프-'이고, 형식 형태소는 '-아서'이다. 따라서 ㉡의 '다다라'와 ㉢의 '아파서'는 모두 실질 형태소 한 개와 형식 형태소 한 개로 분석된다.

⑤ ㉠의 '줬다'는 용언 어간 '주-'에 과거 시제 선어말 어미 '-었-', 종결 어미 '-다'가 결합한 것이므로, 형태소는 '주-', '-었-', '-다'로 분석된다. 한편 ㉢의 '했다'는 용언 어간 '하-'에 과거 시제 선어말 어미 '-였-', 종결 어미 '-다'가 결합한 것이므로, 형태소는 '하-', '-였-', '-다'로 분석된다. 이때 과거 시제 선어말 어미 '-었-'과 '-였-'은 반드시 어간과 결합해야 하는 의존 형태소이며, 실질적인 의미를 가지지 않고 문법적 기능을 가진 형식 형태소이므로 선지의 내용은 적절하다.

52. ②

정답 설명

'나는 그녀의 순수한 웃음을 떠올렸다.'에서 '웃음'은 동사 어근 '웃-'에 명사 파생 접사 '-음'이 붙은 것으로, 파생 명사에 해당한다. 이때 '웃음'이 관형어의 수식을 받는 점, 서술성을 지니지 않는 점을 통해 파생 명사임을 알 수 있다. 따라서, 명사형 어미 '-(으)ㅁ'이 붙어 용언을 명사처럼 기능하게 하는 역할을 하고 있다는 선지의 내용은 적절하지 않다.

오답 설명

① '고양이는 조용히 앉아 있었다.'에서 연결 어미 '-아'는 본용언 '앉다'와 보조 용언 '있다'를 이어 주는 보조적 연결 어미로, 고양이가 조용히 앉는 동작이 이미 완료되었음을 나타내고 있다.

③ ㉠에서 '읽는구나.'의 종결 어미 '-는구나'는 국어의 상대 높임법 체계에서 해라체에 해당하는 감탄형 종결 어미이고, ㉡에서 '읽습니까?'의 종결 어미 '-습니까'는 국어의 상대 높임법 체계에서 하십시오체에 해당하는 의문형 종결 어미이다. 따라서 종결 어미가 용언 어간에 결합하여 상대 높임법을 표현하는 동시에 감탄이나 의문의 문장 유형을 형성하므로 선지의 내용은 적절하다.

④ ㉠의 '올해 안에 꼭 미술 작품을 완성하겠다.'에서 선어말 어미 '-겠-'은 용언 어간에 결합하여 '미술 작품을 완성'하고자 하는 주체의 의지를 나타낸다. 반면, ㉡의 '모레쯤이면 택배가 도착하겠구나.'에서 선어말 어미 '-겠-'은 용언 어간에 결합하여 미래 사건이나 상황에 대한 추측을 나타낸다.

⑤ ㉠의 '형은 하교 후 집에 오자마자 다시 나갔습니다.'에서 선어말 어미 '-았-'은 용언 어간에 결합하여 형이 집에 오자마자 다시 나갔다는 과거 사건을 진술하는 기능을 한다. 반면, ㉡의 '가을이 되니 공원에 코스모스가 잔뜩 피었어.'에서 선어말 어미 '-었-'은 용언 어간에 결합하여 과거 공원에 코스모스가 잔뜩 핀 상황이 현재까지 지속되고 있음을 나타낸다.

53. ①

정답 설명

㉠의 '크다'는 '동식물이 몸의 길이가 자라다.'라는 뜻으로, 주체가 자라는 작용을 과정적으로 나타내는 동사에 해당한다. 참고로, '크다'가 형용사로 쓰일 때는 '키가 크다.', '실망이 크다.' 등과 같이 현재 시점에서의 성질이나 상태를 나타낼 때이다. 따라서 선지의 내용은 적절하지 않다.

오답 설명

② ㉡의 '붉다'는 '빛깔이 핏빛 또는 익은 고추의 빛과 같다.'라는 뜻으로, '붉은 상태'를 나타내는 형용사에 해당한다. 이때, '붉은'은 '붉다'에 관형사형 어미 '-은'이 결합하여 현재 시제를 표시하고 있으므로, 선지의 내용은 적절하다.

③ ㉢의 '비싸다'는 '물건값이나 사람 또는 물건을 쓰는 데 드는 비용이 보통보다 높다.'라는 뜻으로, 현재 시점에서의 성질이나 상태를 나타내는 형용사에 해당한다. 이때, '비싸다는 *비싸자', '*비싸라'와 같이 청유형, 명령형 어미와 결합할 수 없으므로 선지의 내용은 적절하다.

④ ㉣의 '늦다'는 '정해진 때보다 지나다.'라는 뜻으로, 주체의 움직임이나 작용이 정해진 때보다 늦었음을 들어 상태 변화를 나타내는 동사에 해당한다. 이때, '늦는다'와 같이 현재 시제 선어말 어미 '-ㄴ-/-는-'과 결합하여 쓰이는 점을 통해 동사임을 추론할 수 있다. 형용사는 기본형이 이미 현재 시점에서의 상태를 전제하고 있으므로, 현재 시제 선어말 어미 '-ㄴ-/-는-'이 결합할 수 없다. 참고로, '늦다'가 형용사로 쓰일 때는 '시계가 오 분 늦게 간다.', '박자가 늦다.' 등과 같이 성질이나 상태를 나타낼 때이다.

⑤ ㉤의 '있다'는 '사람이나 동물이 어느 곳에서 떠나거나 벗어나지 아니하고 머

물다.'라는 뜻으로, 주체의 움직임이나 작용을 표시하는 동사에 해당한다. 이때, '있다'는 '있어라', '있자'와 같이 명령형, 청유형 어미와 결합할 수 있으므로 선지의 내용은 적절하다. 참고로, '있다'가 형용사로 쓰일 때는 '기회가 있다', '날지 못하는 새도 있다.'와 같이 상태를 나타낼 때이다.

54. ④

정답 설명

'입어 보았다'는 '입다'에 '보다'가 결합한 것으로, 이때의 '보다'는 본래의 의미가 유지되지 않고 어떤 행동을 시험 삼아 함을 나타내는 말로 쓰인다는 점에서 보조 용언으로 쓰였음을 알 수 있다. 〈보기 1〉을 참고하면, '입어서 보다'와 같은 형태가 되면 '백화점에 가서 바지를 입어서 (거울로) 봤다.'처럼 의미 변화가 일어나므로 '-서'와 같은 요소가 삽입될 수 없고, '보다'의 의미가 유지되지 않으므로, '입어 보다'는 본용언과 보조 용언이 결합한 구성임을 알 수 있다. 따라서 '입다'와 '보다' 모두 본용언에 해당한다는 선지의 내용은 적절하지 않다.

오답 설명

① '잊어 먹었다'는 '잊다'에 '먹다'가 결합한 것으로, '먹다'의 본래의 의미가 유지되지 않고 앞말의 행동을 강조하는 기능을 한다는 점에서 '먹다'가 보조 용언으로 쓰였음을 알 수 있다. 〈보기 1〉을 참고하면, '*잊어서 먹다'와 같은 형태가 성립하지 않고 '먹다'의 의미가 유지되지 않으므로, '잊어 먹다'는 본용언과 보조 용언이 결합한 구성임을 알 수 있다.

② '만들어 팔았다'는 '만들다'에 '팔다'가 결합한 것으로, '만들다'와 '팔다'의 본래 의미가 각각 유지되고 있다는 점에서 모두 본용언에 해당함을 알 수 있다. 〈보기 1〉을 참고하면, '만들어서 팔았다'와 같은 형태가 성립하고 '팔다'의 의미가 유지되고 있으므로, '만들어 팔았다'는 본용언과 본용언이 결합한 구성임을 알 수 있다.

③ '먹어 버렸다'는 '먹다'에 '버리다'가 결합한 것으로, '버리다'의 본래의 의미가 유지되지 않고 앞말이 나타내는 행동이 이미 끝났음을 표현해 준다는 점에서 '버리다'가 보조 용언으로 쓰였음을 알 수 있다. 〈보기 1〉을 참고하면, '먹어서 버렸다'와 같은 형태가 되면 '순댓국을 먹고 (쓰레기통에) 버렸다.'처럼 의미 변화가 일어나므로 '-서'와 같은 요소가 삽입될 수 없고, '버리다'의 의미가 유지되지 않으므로, '먹어 버렸다'는 본용언에 보조 용언이 결합한 구성임을 알 수 있다.

⑤ '써 보냈다'는 '쓰다'에 '보내다'가 결합한 것으로, '쓰다'와 '보내다'의 본래 의미가 각각 유지되고 있다는 점에서 모두 본용언에 해당함을 알 수 있다. 〈보기 1〉을 참고하면, '써서 보냈다'와 같은 형태가 성립하고 '보내다'의 의미가 유지되고 있으므로, '써 보냈다'는 본용언과 본용언이 결합한 구성임을 알 수 있다.

55. ③

정답 설명

'도착하셨겠더구나'는 '도착하-', '-시-', '-었-', '-겠-', '-더-', '-구나'로 분석할 수 있다. 이때, '-시-'는 높임의 뜻을, '-었-'은 과거 시제의 의미를, '-겠-'은 추측의 의미를, '-더-'는 과거 회상의 뜻을 더하는 선어말 어미에 해당한다. '-구나'는 감탄의 종결 어미에 해당한다. 즉, '도착하셨겠더구나'는 선어말 어미 네 개와 종결 어미(어말 어미) 한 개로 구성된다. 따라서 선어말 어미 세 개와 어말 어미 한 개가 쓰였다는 선지의 내용은 적절하지 않다.

오답 설명

① '오셨다'는 '오-', '-시-', '-었-', '-다'로 형태소를 분석할 수 있다. 이때 '-시-'는 높임의 뜻을 더하는 선어말 어미이고, '-었-'은 과거 시제의 의미를 더

하는 선어말 어미, '-다'는 문장을 평서형으로 끝맺는 종결 어미이다. 따라서 '오셨다'에는 선어말 어미 두 개와 어말 어미 한 개가 쓰였으므로, 선지의 내용은 적절하다.

② '먹던'은 '먹-', '-던'으로 형태소를 분석할 수 있다. 이때 '-던'은 용언 어간에 붙어 체언 '빵'을 수식하는 용언의 관형사형으로 기능할 수 있게 하는 전성 어미이므로, 선지의 내용은 적절하다.

④ '오지 않았다'는 '오-', '-지', '않-', '-았-', '-다'로 분석할 수 있다. 이때 '-지'는 용언 '오다'와 '않다'를 이어 주는 보조적 연결 어미이고, '-았-'은 과거 시제의 의미를 더하는 선어말 어미, '-다'는 문장을 평서형으로 끝맺는 종결 어미이다. 따라서 '오지 않았다'에는 선어말 어미와 종결 어미 그리고 보조적 연결 어미가 한 개씩 쓰였으므로, 선지의 내용은 적절하다.

⑤ '끝내고서'는 '끝내-', '-고서'로 분석할 수 있다. 이때, '-고서'는 문장과 문장을 종속적으로 이어 주는 종속적 연결 어미에 해당한다. 즉, '끝내고서'는 선어말 어미 없이 종속적 연결 어미가 한 개 쓰였으므로, 선지의 내용은 적절하다.

56. ①

정답 설명

'펐다'는 용언 어간 '푸-'에 과거 시제 선어말 어미 '-었-', 종결 어미 '-다'가 결합한 것이다. '푸다'는 자음으로 시작하는 어미와 결합할 때는 '푸다, 푸고, 푸면' 등과 같이 규칙적으로 활용하지만, 모음으로 시작하는 어미와 결합할 때는 '푸- + -어 〉 퍼'와 같이 어간의 모음 'ㅜ'가 탈락하는 불규칙 활용을 보인다. 같은 음운 환경인 '주다'의 경우, '주- + -어 〉 주어(줘)'와 같이 어간의 모음 'ㅜ'가 탈락하지 않으므로, '푸다'가 불규칙 활용임을 알 수 있다. 따라서 '푸다'는 어간이 바뀌는 '우' 불규칙에 해당하는 용언이므로, ⓐ에 해당하는 예로 적절하다.

오답 설명

② '컸다'는 용언 어간 '크-'에 과거 시제 선어말 어미 '-었-', 종결 어미 '-다'가 결합한 것이다. '크다'는 자음으로 시작하는 어미와 결합할 때는 '크다, 크고, 크면' 등과 같이 규칙적으로 활용하며, 모음으로 시작하는 어미와 결합할 때는 '크- + -어 〉 커'와 같이 어간의 모음 'ㅡ'가 탈락하는 양상을 보인다. 그런데 용언의 어간 'ㅡ'는 '-아/어'로 시작하는 어미 앞에서 항상 탈락한다는 점에서 어간의 'ㅡ' 탈락은 규칙 활용에 해당하므로, '컸다'는 ⓐ, ⓑ, ⓒ 어디에도 해당하지 않는다.

③ '지었다'는 용언 어간 '짓-'에 과거 시제 선어말 어미 '-었-', 종결 어미 '-다'가 결합한 것이다. '짓다'는 자음으로 시작하는 어미와 결합할 때는 '짓다, 짓고'와 같이 규칙적으로 활용하지만, 모음으로 시작하는 어미와 결합할 때는 '짓- + -어 〉 지어'와 같이 어간의 받침 'ㅅ'이 탈락하는 불규칙 활용을 보인다. 같은 음운 환경인 '벗다'의 경우, '벗- + -어 〉 벗어'와 같이 어간의 받침 'ㅅ'이 탈락하지 않으므로, '짓다'가 불규칙 활용임을 알 수 있다. 따라서 '짓다'는 어간이 바뀌는 'ㅅ' 불규칙에 해당하는 용언이므로, ⓑ가 아닌 ⓐ에 해당한다.

④ '까매'는 용언 어간 '까맣-'에 연결 어미 '-아'가 결합한 것이다. '까맣다'는 자음으로 시작하는 어미와 결합할 때는 '까맣다, 까맣고' 등과 같이 규칙적으로 활용하지만, 모음으로 시작하는 어미와 결합할 때는 '까맣- + -아 〉 까매'와 같이 어간 받침 'ㅎ'이 탈락하고 어미 '-아'의 형태도 변하는 불규칙 활용을 보인다. 따라서 '까맣다'는 어간과 어미가 모두 바뀌는 'ㅎ' 불규칙에 해당하는 용언이므로, ⓑ가 아닌 ⓒ에 해당한다.

⑤ '이르러'는 용언 어간 '이르-'에 연결 어미 '-어'가 결합한 것이다. '이르다'는 자음으로 시작하는 어미와 결합할 때는 '이르다, 이르고, 이르면' 등과 같이 규칙적으로 활용하지만, 모음으로 시작하는 어미와 결합할 때는 '이르- + -어 〉 이르러'와 같이 어미가 '-어'에서 '-러'로 변하는 불규칙 활용을 보인다.

따라서 '이르다'는 어미가 바뀌는 '러' 불규칙에 해당하는 용언이므로, ⓒ가 아닌 ⓑ에 해당한다.

57. ⑤

정답 설명

'몰라'는 용언 어간 '모르-'에 연결 어미 '-아'가 결합한 것이다. '모르다'는 모음으로 시작하는 어미와 결합할 때 '모르- + -아 〉 몰라'와 같이 어간의 '르'가 모음 어미 앞에서 'ㄹㄹ' 형태로 변하는 '르' 불규칙 활용을 보인다. 즉, '몰라'는 어간의 'ㅡ'가 탈락하는 '잠그- + -아 〉 잠가'와는 다른 형태로 활용함을 알 수 있다.

오답 설명

① '들러'는 용언 어간 '들르-'에 연결 어미 '-어'가 결합한 것으로, '들르- + -어 〉 들러'와 같이 어간 말의 'ㅡ'가 탈락하는 형태로 활용함을 알 수 있다.
② '떠서'는 용언 어간 '뜨-'에 연결 어미 '-어서'가 결합한 것으로, '뜨- + -어서 〉 떠서'와 같이 어간 말의 'ㅡ'가 탈락하는 형태로 활용함을 알 수 있다.
③ '따라'는 용언 어간 '따르-'에 연결 어미 '-아'가 결합한 것으로, '따르- + -아 〉 따라'와 같이 어간 말의 'ㅡ'가 탈락하는 형태로 활용함을 알 수 있다.
④ '기뻐'는 용언 어간 '기쁘-'에 연결 어미 '-어'가 결합한 것으로, '기쁘- + -어 〉 기뻐'와 같이 어간 말의 'ㅡ'가 탈락하는 형태로 활용함을 알 수 있다.

58. ⑤

정답 설명

Ⓐ의 '한테'는 어떤 행동이 미치는 대상임을 나타내는 부사격 조사로, '에게'의 구어적 표현이다. 보조사는 체언에 붙어 어떤 특별한 의미를 더해 주며 문장 내의 다른 성분 뒤에도 결합할 수 있다는 특징을 지니는데, Ⓐ의 '한테'는 다른 성분 뒤에는 결합할 수 없으므로 보조사가 아님을 알 수 있다. 따라서 선지의 내용은 적절하지 않다. 참고로 보조사에는 '은, 는, 도, 만, 까지' 등이 있다.

오답 설명

① ㉠의 '에서'는 '도서관'이 나연과 유진이 만나는 처소의 부사어임을 나타내는 부사격 조사이다. 일반적으로 국어에서 '에서'는 앞말에 부사어의 자격을 부여하는 부사격 조사로 쓰이지만, 간혹 '에서'가 주격 조사로 쓰이기도 한다. 이러한 경우가 바로 ㉣에 해당한다. ㉣의 '에서'는 단체를 나타내는 무정 명사에 붙어 앞말이 주어임을 나타내는 주격 조사로 쓰였다. 따라서 ㉠과 ㉣은 동일한 형태의 조사 '에서'가 쓰였지만, 문장 성분은 서로 다름을 알 수 있다.
② ㉡의 '거기'는 앞에서 이미 이야기한 곳을 가리키는 지시 대명사이다. 국어에서 대명사는 대용의 기능을 하는데, 대용 표현이란 담화에서 언급된 말, 혹은 뒤에서 언급될 말을 대신하는 표현을 말한다. 따라서 ㉡은 앞서 나연의 발화에 언급된 '도서관'을 다시 가리키는 지시 대명사로, 대용 표현으로 쓰였음을 알 수 있다.
③ ㉢의 '자기'는 앞에서 이미 말하였거나 나온 바 있는 사람을 도로 가리키는 삼인칭 대명사로, 주로 앞서 언급된 주어를 다시 가리키는 재귀칭으로 쓰인다. 따라서 ㉢은 앞서 언급된 주체 '은주'를 다시 가리키는 재귀칭 대명사로 쓰였음을 알 수 있다.
④ ㉤의 '여기'와 ㉥의 '거기'는 모두 '도서관 근처에 새로 생긴 분식집'을 지칭하는데, 같은 대상을 지시하는 대명사가 화자에 따라 다른 표현으로 쓰이고 있음을 알 수 있다. 국어에서 대명사는 어떤 대상을 대신해서 가리키는 것으로, 상황에 따라 대상을 가리키는 표현이 달라지는 상황 의존성을 가진다. 따라서 ㉤과 ㉥은 모두 동일한 대상을 지시하는 대명사이지만, 상황에 따라 대명사의 형태가 달라짐을 알 수 있다.

59. ⑤

정답 설명

〈보기 1〉에서 '있다'가 소재나 상태의 유지라는 의미를 지닐 때는 동사에, 소유나 존재의 의미를 지닐 때는 형용사에 가깝다고 하였다. ㉠('이모에게 아들 같은 강아지가 한 마리 있다.')의 '있다'는 소유나 존재의 의미에 가깝게 제시되고 있으므로, 형용사로 분류할 수 있다. '*강아지가 한 마리 있어라. / *강아지가 한 마리 있자.'와 같이 '있다'가 명령형, 청유형 어미와의 결합이 어색함을 통해서도 형용사임을 추론할 수 있다. ㉡('그때 그 사람은 독특한 매력이 있었다.')의 '있다' 또한 소유나 존재의 의미에 가깝게 제시되고 있으므로, 형용사로 분류할 수 있다. 이때도 '*매력이 있어라. / *매력이 있자.'와 같이 명령형, 청유형 어미와의 결합이 어색함을 통해 형용사임을 추론할 수 있다.
반면, ㉢('내가 저녁에 데리러 갈 테니까 기다리고 있어라.')의 '있다'는 소재나 상태의 유지의 의미로 쓰이고 있으므로, 동사로 분류할 수 있다. 또한 제시된 예문에서 이미 명령형 어미 '-어라'와 결합하여 쓰였다는 점에서 동사임을 알 수 있다. ㉣('시간이 늦어서 무서우니 우리 같이 있자.')의 '있다'도 소재의 의미로 쓰이고 있고, 해당 예문에서 청유형 어미 '-자'와 결합하여 쓰였다는 점에서 동사임을 알 수 있다. ㉤('선생님은 우리에게 떠들지 말고 있으라고 했다.')의 '있다' 역시 상태의 유지라는 의미로 쓰이고 있으므로, 동사에 해당한다. 이때도, '떠들지 말고 있어라. / 떠들지 말고 있자.'와 같이 명령형, 청유형 어미와 결합하여 쓰일 수 있으므로 동사임을 알 수 있다. 따라서, ⓐ에는 ㉢, ㉣, ㉤이 해당하며, ⓑ에는 ㉠, ㉡이 해당한다.

60. ⑤

정답 설명

㉤에서 서술격 조사 '이다'는 명사 '다행'과 결합하여 서술어를 이루고 있는데, 이때 '이다'는 선행 요소인 체언에 의존적인 속성을 가지므로 선행 요소와 결합하여 하나의 단어처럼 쓰임을 알 수 있다. 즉, 서술격 조사 '이다'는 동사나 형용사처럼 자립하여 쓰이지 못하고, 선행 요소의 의미에 의존하여 쓰이므로 선지의 내용은 적절하지 않다.

오답 설명

① ㉠에서 '중학생이다.', '중학생이니?'는 서술격 조사의 어간 '이-'에 종결 어미 '-다' 혹은 '-니'가 붙은 쓰임을 보여 준다. 이는 형태가 고정되어 변하지 않는 일반적인 조사와 달리, 서술격 조사 '이다'는 동사나 형용사처럼 어미를 취해 활용하기 때문이다. 참고로, 서술격 조사 '이다'는 예외적으로 '이고', '이며'와 같이 용언처럼 활용할 수 있다는 점에서 어간 '이-'와 어미 '-다'로 나눌 수 있다.
② ㉡에서 '이번에 먹을 음식은 한식이다.'의 부정이 '이번에 먹을 음식은 한식이 아니다.'와 같이 '아니다'를 취한 구문으로 실현되고 있음을 알 수 있다. 이는 '먹다 / 먹지 않다 / 안(못) 먹다'와 같이 일반적으로 부사나 보조 용언을 취해 부정 구문으로 실현되는 일반적인 동사나 형용사와 달리, 서술격 조사 '이다'는 '아니다'의 어휘를 통해 부정 구문을 형성함을 보여 준다.
③ ㉢에서 '노력이었다.', '넘어서이다.'는 서술격 조사 '이다'가 체언 '노력'뿐만 아니라 '-어서'와 같은 연결 어미 뒤에도 결합할 수 있음을 보여 준다.
④ ㉣에서 '은행나무이다.', '은행나무다.'는 서술격 조사 '이다'의 일부가 모음으로 끝나는 체언 뒤에서 생략될 수 있음을 보여 준다. 이는 일반적인 동사나 형용사와 달리 어간의 일부가 생략되는 예외적인 현상으로 볼 수 있으므로, 선지의 내용은 적절하다.

Part _02 문장 [성분과 종류]

1. ①

정답 설명

ⓐ는 주어인 '요점은'과 서술어인 '노력하자'가 서로 호응하지 않으므로 ㉠의 사례로 적절하다. 서술어 '노력하자'와 호응하는 주어는 '우리'이므로 주어인 '요점은'과 호응하는 서술어 '것이다'를 추가하는 것이 올바른 표현이다. ⓑ는 서술어인 '만들었다'에 호응하는 목적어(예 : 식사 시간을)가 누락되어 있으므로 ㉡의 사례로 적절하다. ⓒ는 서술어인 '기다리다가'에 호응하는 목적어(예 : 신랑을)가 누락되어 있으므로 ㉡의 사례로 적절하다. ⓓ는 서술어인 '동행하였다'에 호응하는 필수적 부사어(예 : 친구와)가 누락되어 있으므로 ㉢의 사례로 적절하다. ⓔ는 서술어 '기대기도 한다'에 호응하는 필수적 부사어(예 : 사람에게)가 누락되어 있으므로 ㉢의 사례로 적절하다.

2. ①

정답 설명

〈사전〉을 참고하면 '그는 체육 시간에 친구들과 공을 가지고 놀았다.'에서 '놀다'는 '놀이나 재미있는 일을 하며 즐겁게 지내다.'의 의미로 쓰인 것이다. 〈사전〉의 문형 정보에 따르면 '놀다[1]「1」'은 주어 이외에 다른 문장 성분을 요구하지 않기 때문에 한 자리 서술어임을 알 수 있다.

3. ⑤

정답 설명

(가)는 관형어, (나)는 부사어이다. 관형어는 '국가의'처럼 체언에 관형격 조사가 결합한 형태로 나타나기도 하며, 부사어는 '며느리로'처럼 체언에 부사격 조사가 결합한 형태로 나타나기도 한다. 따라서 관형어와 부사어 모두 조사를 포함할 수 있다.

오답 설명

① 관형어는 체언만을 수식하나, 부사어는 부사어, 관형어, 서술어 등 다양한 성분을 수식한다.
② 관형어는 바로 뒤에 오는 단어(체언)를 수식하나, 부사어는 '아무쪼록'과 같이 문장 전체를 수식하기도 한다.
③ 부사어 중에는 '며느리로'처럼 문장에서 서술어가 필수적으로 요구하는 '필수적 부사어'가 있다. 관형어의 경우에도 의존 명사 앞에서 의존 명사를 수식하는 관형어의 경우 생략이 불가능하나, 해당 〈보기〉에서는 이와 관련된 예시를 확인할 수 없다. 평가원에서 제시한 〈보기〉는 슈퍼 갑이다. 이를 반드시 유념하며 문제를 풀이하자.
④ 관형어가 부사어를 수식하는 경우는 없으나, '아주 새'처럼 부사어 '아주'가 관형어 '새'를 수식하는 경우는 있다.

4. ①

정답 설명

㉠의 '아기가 곤히 잠을 잔다.'가 ㉢에서 '곤히 잠을 자는'으로 안겨 체언 '아기'를 수식하고 있다. ㉠이 관형사형 전성 어미 '-는'의 활용으로 ㉢에 관형절로 안기는 과정에서 주어인 '아기가'가 생략되었다.

5. ④

정답 설명

'이유가 된'은 동사 '되다'에 관형사형 전성 어미 '-ㄴ'이 결합하여 형성된 관형절이다. 그러나 서술어 '되다/아니다' 앞에 오면서 '보충해 주는 역할'을 하는 ㉣의 '이유가'는, 주어가 아닌 '보어'이다.

오답 설명

① ㉠은 '그 말을 사용할'이라는 관형절의 수식을 받는다. 그리고 '수조차(가)'로 주격 조사 '가'가 생략된 채 문장에서 주어 역할을 하고 있다.
② ㉡은 '그'라는 관형어의 수식을 받는다. 그리고 '사랑은 아픔을 낮게 하기보다는'에서 주어 역할을 하고 있다.
③ ㉢의 '아아'는 감격하거나 탄식을 할 때 내는 소리인 '감탄사'로, 해당 문장에서 독립어 역할을 하고 있다.
⑤ ㉤은 '내가 살아야 할 이유가 된'이라는 관형절의 수식을 받으며, '그대는 차츰 내가 살아갈 미래와 교대되었다.'라는 문장 전체의 주어이다.

6. ⑤

정답 설명

'먹구름이 가득했지만 비는 오지 않았다.'의 '-지만'은 '-지마는'의 준말로, 대등적 연결 어미이다. 따라서 해당 예문은 '대등하게 이어진 문장'으로 볼 수 있다. 이는 앞 절과 뒤 절의 의미가 대등한 관계이므로 '비는 오지 않았지만 먹구름이 가득했다.'와 같이 쓸 수 있다는 점에서도 알 수 있다.

오답 설명

① '이번 경기에 지더라도 정당하게 싸워야 한다.'는 '-더라도'라는 종속적 연결 어미가 쓰였으므로 '종속적으로 이어진 문장'이다.
② '차라리 굶을지언정 더 이상 구걸은 못하겠다.'는 '-(으)ㄹ지언정'이라는 종속적 연결 어미가 쓰였으므로 '종속적으로 이어진 문장'이다.
③ '이 소설은 읽을수록 새로운 감동을 준다.'는 '-(으)ㄹ수록'이라는 종속적 연결 어미가 쓰였으므로 '종속적으로 이어진 문장'이다.
④ '윗물이 맑아야 아랫물도 맑다.'는 '-아야/어야'라는 종속적 연결 어미가 쓰였으므로 '종속적으로 이어진 문장'이다.

7. ③

정답 설명

㉢의 목적어 '잠도'는 체언 '잠' 뒤에 격 조사가 아닌 보조사 '도'가 붙은 것이다. 또한 '격 조사'는 체언이 일정한 자격을 갖도록 해 주는 조사로, 목적격 조사가 아닌 다른 격 조사가 붙어 목적어로 쓰일 수는 없다.

오답 설명

① ㉠의 목적어 '밥을'은 체언 '밥' 뒤에 목적격 조사 '을'이 붙은 것이다.
② ㉡의 목적어 '책'은 체언 '책' 뒤에 목적격 조사 '을'이 생략된 것이다.
④ ㉣의 목적어 '운동만을'은 체언 '운동' 뒤에 보조사 '만'과 목적격 조사 '을'이 함께 붙은 것이다.
⑤ ㉤의 목적어 '즉석식품만은'은 체언 '즉석식품' 뒤에 목적격 조사가 생략된 채 보조사 '만'과 보조사 '은'이 연속해서 붙은 것이다.

8. ①

정답 설명

(가)의 ㉠에서 쓰인 부사어 '선명하게'는 서술어가 필수적으로 요구하는 부사어가 아니다. 그러므로 '칠판의 글씨가 보인다.'와 같이 부사어를 생략해도 의미 전달에 문제가 없다. 그러나 (가)의 ㉡에서 쓰인 부사어 '어른으로'는 서술어가 필수적으로 요구하는 부사어이다. 그러므로 '그 아이가 보였다.'와 같이 부사어를 생략하면 서술어가 다른 의미로 변하게 된다. 따라서 (가)-㉠의 '보인다'는 한 자리 서술어이고, (가)-㉡의 '보였다'는 필수 부사어를 요구하는 두 자리 서술어이다.

오답 설명

② (나)의 ㉠에서 '녹지로'를 생략하면 '황무지를 만들었다.'가 되어 원래의 '황무지를 녹지로 만들었다.'와 전혀 다른 의미가 된다. 따라서 '녹지로'는 필수 부사어임을 알 수 있다. 그러나 (나)의 ㉡에서 '밀가루로'는 생략되어도 서술어의 의미가 바뀌지 않으므로 필수 부사어가 아니다.

③ (나)의 ㉠에서 목적어와 부사어의 순서를 바꾸면 '녹지로 황무지를 만들었다.'가 되어 문장의 의미가 변하지만, (나)의 ㉡에서는 목적어와 부사어의 순서를 바꾸어 '빵을 밀가루로 만들었다.'로 써도 의미 변화가 없다.

④ (다)의 ㉠은 주어 '우리는', 목적어 '국어와 수학을', 서술어 '공부했다'로 이루어진 문장이다. (다)의 ㉡은 주어 '민호는', 부사어 '수지와(필수 부사어)', '극장에서(부사어)', 서술어 '만났다'로 이루어진 문장이다.

⑤ (다)의 ㉡에서 '수지와'는 서술어 '만나다'가 꼭 필요로 하는 필수적 부사어이지만, (다)의 ㉢에서 '동생과'는 서술어 '놀다'가 꼭 필요로 하는 필수적 부사어가 아니다.

9. ⑤

정답 설명

(나)에서 ㉢은 ㉣에 목적어 역할을 하는 명사절로 안겨 들어갔으나, (다)에서 ㉢은 ㉤에 관형어 역할을 하는 관형절로 안겨 들어갔다. (나)의 목적어는 필수 성분이지만, (다)의 관형어는 필수 성분이 아니다.

오답 설명

① ㉠의 주어는 '민희가'인데 ㉠이 ㉡에 관형절로 안길 때 ㉠의 주어 '민희가'가 생략되었다. (가)의 '마음씨가'는 ㉠의 서술절 속의 주어이지 ㉠ 전체의 주어가 아니다.

② (나)의 명사절 '아빠가 케이크를 사 오시기'에는 ㉢의 주어 '아빠가'가 생략되지 않은 채 나타나 있다.

③ (다)에서 ㉢이 관형절 '아빠가 사 오신'으로 안기면서 목적어 '케이크를'이 생략되었다. 관형절의 꾸밈을 받는 명사가 '케이크'이기 때문이다.

④ (가)의 '마음씨가 착한'은 ㉠에 관형사형 어미 '-ㄴ'이 결합된 관형절이고 (다)의 '아빠가 사 오신'은 ㉢에 관형사형 어미 '-ㄴ'이 결합된 관형절이다. 두 관형사형 어미의 형태는 같지만, '착한'은 형용사의 현재 시제를, '사 오신'은 동사의 과거 시제를 나타낸다.

10. ②

정답 설명

'어둠이 오기'라는 명사절은 뒤에 있는 명사 '전'을 수식하므로, 문장에서 관형어의 기능을 한다.

오답 설명

① '그는 어떠하다'의 문장에서 '어떠하다'의 자리는 서술어의 자리이다. '키가 아주 크다'라는 서술절은 안은문장의 주어 '그는'과 호응하고 있으므로 서술어로 기능한다.

③ 인용의 부사격 조사 '고'는 '집에 간다'라는 앞의 내용이 인용된 것임을 나타내는 표지이다. 인용절 '집에 간다'는 '말했다'라는 용언을 수식하는 역할을 하므로 부사어로 기능한다.

④ '아름다운'은 어간 '아름답-'에 관형사형 전성 어미 '-은'이 결합하여 실현된 관형절로서 명사 '바다'를 수식하고 있으므로 관형어로 기능한다.

⑤ '그가 집에 가도록'은 어간 '가-'에 부사형 전성 어미 '-도록'이 결합하여 실현된 부사절로서 '조치했다'라는 용언을 수식하고 있으므로 부사어로 기능한다. 여기서 '-도록'은 표준국어대사전에 연결 어미로 등재되어 있으나, 학교 문법에서는 부사형 전성 어미로 인정하고 있다.

11. ②

정답 설명

〈보기〉는 문장 구조가 비슷해 보이는 ㉠과 ㉡을 각각 홑문장, 안은문장으로 나누는 과정에 대한 탐구이다. ㉠은 서술어를 제외한 다른 어절을 생략하면 주어나 보어와 같은 필수적인 성분이 빠져 문장이 성립되지 않는 데 비해, ㉡은 동일한 방식으로 문장을 나누면 본래 문장과는 다른(ⓑ) 뜻을 지닌 두 문장으로 나뉜다는 것을 알 수 있다. '넓다'의 주어는 '마당이'이며, '마당이 넓다'가 '집이'의 서술어(ⓒ) 역할을 하는 절인 것이다. 따라서 이를 통해 ㉠은 홑문장(ⓐ), ㉡은 안은문장임을 알 수 있다.

12. ③

정답 설명

'채'는 부사격 조사 '로'가 붙거나 '채' 자체로 문장의 서술어인 '들어오다'를 수식할 수 있는 부사성 의존 명사이다.

오답 설명

① '것'은 '이, 을, 이다' 등 다양한 조사가 붙어 여러 가지 문장 성분으로 쓰일 수 있으므로 보편성 의존 명사라 할 수 있다.

② '따름'은 서술격 조사 '이다'가 붙어 서술어의 기능을 하는 서술성 의존 명사이다.

④ '대로'는 뒤에 오는 '전화해라'라는 서술어를 수식하는 부사성 의존 명사이다.

⑤ '명'은 사람의 수를 세는 단위로 단위성 의존 명사이다.

13. ①

정답 설명

㉠에서 '엄마와'를 생략하면 '*그녀는 닮았다.'와 같이 비문법적인 표현이 된다. 따라서 '엄마와'는 생략할 수 없는 필수적 부사어이다.

오답 설명

② ㉡에서 '안'의 위치를 바꿔 보면 '*그는 안 밥을 먹었다.'와 같이 비문법적인 표현이 된다. 따라서 부정의 의미를 갖는 '안'이라는 부사어는 그 말이 수식하는 서술어(먹었다) 앞으로 위치가 고정되는 것을 알 수 있다.

③ ㉢에서 '아이에게'를 생략하면 '*아빠가 용돈을 주었다.'와 같이 비문법적인 표현이 된다. 즉 아빠가 용돈을 '누구에게' 주었는지가 불명확해진다. 따라서 '아

이에게'라는 부사어는 문장을 구성하는 데 꼭 필요한 부사어이다.

④ ⓔ에서 '겨우'라는 부사어는 '하나'라는 체언을 수식한다. 그러나 '지금까지 하나를 겨우 만들었다는 거야?'처럼 위치를 이동하면 '만들다'라는 동사를 수식하게 된다. 이를 통해 부사어가 위치를 이동하면 수식하는 성분이 바뀔 수 있음을 알 수 있다.

⑤ ⓜ에서 '및'은 단어를 이어 주는 부사어로 문장 안에서 위치를 이동하면 '*경제 문화가 및 발달해야 선진국이다.'와 같이 비문법적인 표현이 된다. 이를 통해 단어를 이어 주는 부사어는 위치 이동이 자유롭지 않을 알 수 있다.

14. ④

> **정답 설명**

'오랜만에 나간 모임의 분위기가 참으로 밝았다.'에서 '밝다'는 '주어(분위기가)'를 필요로 하는 한 자리 서술어이다.

> **오답 설명**

① '그는 엉뚱한 곳에 딴눈을 팔았다.'에서 '팔다'는 '주어, 부사어, 목적어'를 필요로 하는 세 자리 서술어이다.

② '선거 관리 위원회는 투표 결과를 발표하였다.'에서 '발표하다'는 '주어, 목적어'를 필요로 하는 두 자리 서술어이다.

③ '종수는 어제 아이들 방을 예쁜 벽지로 발랐다.'에서 '바르다'는 '주어, 목적어, 부사어'를 필요로 하는 세 자리 서술어이다.

⑤ '그녀는 어려서부터 온 데를 돌아다녀서 견문이 넓고 세상 물정에 밝았다.'에서 '밝다'는 '주어, 부사어'를 필요로 하는 두 자리 서술어이다.

15. ④

> **정답 설명**

ⓐ의 '-려고'는 앞 문장과 뒤 문장을 '목적'의 의미 관계로 이어 주는 기능을, ⓒ의 '-으니'는 앞 문장과 뒤 문장을 '원인'의 의미 관계로 이어 주는 기능을 하는 종속적 연결 어미(ⓛ)이다. ⓑ의 '-지'는 본용언에 보조 용언인 '않으려고요.'를 이어 주는 기능을, ⓓ의 '-고'는 본용언에 보조 용언인 '있었는데'를 이어 주는 기능을 하는 보조적 연결 어미(ⓒ)이다. ⓔ의 '-고'는 앞 문장과 뒤 문장을 '나열'의 의미 관계로 이어 주는 기능을 하는 대등적 연결 어미(ⓖ)이다.

16. ③

> **정답 설명**

ⓒ을 간접 인용절로 바꾸면 '질문이 있다'가 된다. 이와 같이 직접 인용절을 간접 인용절로 바꿀 때, 상대 높임 표현 '-습니다'는 예사 표현 '-다'로 바뀌게 된다.

> **오답 설명**

① ⓐ : '집에 가기'라는 명사절 뒤에 부사격 조사 '에'가 붙어서, '집에 가기에'가 문장 전체에서 부사어 역할을 하고 있다.

② ⓛ : '나는 따뜻한 차를 마셨다.'는 관형절을 안은문장이다. 관형절 '따뜻한'의 주어가 관형절이 수식하는 명사인 '차'와 중복되어 생략된 것이다. 이처럼 한 문장이 다른 문장 속에 관형절로 안길 때 두 문장에 중복된 단어가 있으면, 관형절에서 그 단어가 포함된 문장 성분이 생략되기도 한다.

④ ⓔ : '형과 달리'는 부사화 접사 '-이'가 사용된 부사절로, 용언 '잘한다'를 꾸며 주는 부사어 역할을 하고 있다. 이때, 전체 문장의 서술어 '잘하다'는 주어와 목적어만을 필요로 하므로, 필수적인 성분에 해당하지 않는 ⓔ을 문장에서

생략하여도 문장의 어법에 어긋나지 않는다.

⑤ ⓜ : '진달래가 빛깔이 곱다.'는 서술절 '빛깔이 곱다'가 안겨 있는 문장이다. '빛깔이 곱다.'는 문장에서 주어 '진달래가'에 대한 서술어 역할을 하고 있다.

17. ③

> **정답 설명**

이어진문장이나 안은문장 중에는 중복된 성분이 없어도 두 문장을 결합할 수 있는 경우가 있다. ㄱ의 경우에는 중복된 성분 '너는'이 문장의 결합 과정에서 생략되었지만, ㄹ의 경우 '땀이 났다'가 부사형 어미 '-도록'과 결합하여 '달렸다'를 수식할 때 중복된 성분이 나타나지 않는다.

> **오답 설명**

① ㄱ은 '너는 밥을 먹어라.'와 '너는 빵을 먹어라.'가 어미 '-든지'를 통해 '선택'의 의미 관계로 연결되었고, ㄴ은 '나는 도서관에 갔다.'와 '나는 집을 나섰다.'가 어미 '-려고'를 통해 '목적'의 의미 관계로 연결되었다.

② ㄱ의 경우 두 문장의 순서를 바꾸었을 때 의미상 큰 변화가 없으나, ㄴ의 경우 문장의 순서를 바꾸었을 때 주어가 목적으로 한 행동이 무엇인지가 달라지므로 의미가 크게 변화한다.

④ ㄷ은 관형어처럼 명사 '행인'을 꾸미는 역할을 하고 있고, ㄹ은 부사어처럼 서술어 '달렸다'를 꾸미는 역할을 하고 있다.

⑤ ㄷ의 안긴문장의 주어와 안은문장의 주어는 모두 '행인'으로 같으며, ㄹ의 안긴문장의 주어와 안은문장의 주어는 각각 '땀이'와 '나는'으로 다르다.

18. ④

> **정답 설명**

ㄱ, ㄷ, ㅁ은 대등하게 이어진 문장(ⓐ)이고, ㄴ, ㄹ은 종속적으로 이어진 문장(ⓑ)이다.

나. ㄷ을 통해, '대등하게 이어진 문장'에서는 앞 절이 뒤 절 속으로 이동했을 때 동일한 의미를 가지지 않는다는 것을 알 수 있다. ㄹ을 통해, '종속적으로 이어진 문장'에서는 앞 절이 뒤 절 속으로 이동해도 의미상 큰 차이가 없다는 것을 알 수 있다.

라. ㅁ을 통해, '대등하게 이어진 문장'에서는 앞 절과 뒤 절의 서술어가 동일하면 앞 절의 서술어를 생략할 수 있음을 알 수 있다.

> **오답 설명**

가. ㄱ, ㄴ에서 '대등하게 이어진 문장', '종속적으로 이어진 문장' 모두 앞 절과 뒤 절의 주어가 일치하지 않는 경우가 있다는 것을 알 수 있다.

다. ㄴ을 통해, '종속적으로 이어진 문장'에서는 앞 절과 뒤 절의 자리를 바꾸면 의미상 차이가 발생한다는 것을 알 수 있다. 반면 ㄱ을 통해, '대등하게 이어진 문장'에서는 앞 절과 뒤 절의 자리를 바꾸어도 의미상 차이가 없음을 알 수 있다.

19. ⑤

> **정답 설명**

ㅁ의 '세'는 의존 명사 '마리'를 수식하는 수 관형사이므로, 관형사가 관형어로 쓰인 사례에 해당한다. 체언이 관형격 조사가 생략된 채 관형어로 쓰이는 사례로는 '아침 식사'와 '학교 운동장'의 '아침', '학교'를 들 수 있다.

오답 설명

① ㄱ의 '새'는 관형사가 관형어로 쓰인 경우이다.
② ㄴ의 '남의'는 명사 '남'에 관형격 조사 '의'가 결합한 형태가 관형어로 쓰인 것이다.
③ ㄷ의 '작은'은 용언(형용사) '작다'의 어간 '작-'에 관형사형 전성 어미 '-(으)ㄴ'이 결합한 형태가 관형어로 쓰인 것이다.
④ ㄹ의 '내가 다닌'은 '내가 (학교에) 다니다.'에 관형사형 전성 어미 '-ㄴ'이 결합한 관형절이 관형어로 쓰인 것이다.

20. ④

정답 설명

ㄹ은 '보내다'가 '상대편에게 자신의 마음가짐을 느끼어 알도록 표현하다.'의 의미로 쓰인 사례이다. 이때의 '보내다'는 주어, 목적어, 부사어를 필수적으로 요구하는 세 자리 서술어이다.

오답 설명

① ㄱ에서는 '보내다'가 '사람이나 물건 따위를 다른 곳으로 가게 하다.'의 의미로 쓰였다. 이때의 '보내다'는 주어, 목적어, 부사어를 필수적으로 요구하는 세 자리 서술어이다.
② ㄴ에서는 '보내다'가 '놓아주어 떠나게 하다.'의 의미로 쓰였다. 이때의 '보내다'는 주어, 목적어를 필수적으로 요구하는 두 자리 서술어이다.
③ ㄷ에서는 '보내다'가 '시간이나 세월을 지나가게 하다.'의 의미로 쓰였다. 이때의 '보내다'는 주어, 목적어를 필수적으로 요구하는 두 자리 서술어이다.
⑤ ㅁ에서는 '보내다'가 '운동 경기나 모임 따위에 참가하게 하다.'의 의미로 쓰였다. 이때의 '보내다'는 주어, 목적어, 부사어를 필수적으로 요구하는 세 자리 서술어이다.

21. ②

정답 설명

'돌다 [2]'는 주어와 부사어를 필수적으로 요구하는 두 자리 서술어이다. 〈보기〉에서 문형 정보가 '【…에】【…에서】'와 같이 제시된 것은 서술어가 부사격 조사 '에' 또는 '에서'와 결합한 필수적 부사어를 요구한다는 의미이다.

오답 설명

① '돌다 [1]'은 주어만을 필수적으로 요구하는 한 자리 서술어이다. 주어를 요구하지 않는 서술어는 없으므로, 주어는 문형 정보의 필수 성분에 표기되지 않는다.
③ '돌다 [2]'와 '돌다 [3]'은 모두 주어와 부사어를 필수적으로 요구하는 두 자리 서술어이다. '돌다 [2]'가 요구하는 부사어에는 부사격 조사 '에'나 '에서'가 사용되고, '돌다 [3]'이 요구하는 부사어에는 부사격 조사 '으로'가 사용된다.
④ '돌다 [3]'이 주어 이외에 필수적으로 요구하는 성분은 부사어이고, '돌다 [4]'가 주어 이외에 필수적으로 요구하는 성분은 목적어이다. 그러나 '돌다 [3]'과 '돌다 [4]'는 모두 두 자리 서술어로 서술어의 자릿수는 동일하다.
⑤ '달이 지구를 돈다.'에서의 '돈다'는 '무엇의 주위를 원을 그리면서 움직이다.'라는 의미로 쓰인 것이므로, '돌다 [4]'의 용례로 추가할 수 있다.

22. ②

정답 설명

제시된 문장에서 '다니다'와 '다르다'는 주어와 부사어를 필수적으로 요구하는 두 자리 서술어이다. 따라서 '병원에'와 '예전과'는 필수적 부사어에 해당한다.

오답 설명

① 제시된 문장에서 '닮다'는 부사어를 필수적으로 요구하는 서술어이므로 '아버지와'는 필수적 부사어에 해당한다. 그러나 '울리다'는 부사어를 필수적으로 요구하는 서술어가 아니므로 '장난으로'는 필수적 부사어에 해당하지 않는다.
③ 제시된 문장에서 '빌리다'는 부사어를 필수적으로 요구하는 서술어이므로 '은행에서'는 필수적 부사어에 해당한다. 그러나 '크다'는 부사어를 필수적으로 요구하는 서술어가 아니므로 '작년보다'는 필수적 부사어에 해당하지 않는다.
④ 제시된 문장에서 '빠지다'는 부사어를 필수적으로 요구하는 서술어이므로 '샛길로'는 필수적 부사어에 해당한다. 그러나 '꺾다'는 부사어를 필수적으로 요구하는 서술어가 아니므로 '결승에서는' 필수적 부사어에 해당하지 않는다.
⑤ 제시된 문장에서 '선물하다'는 '남에게 어떤 물건 따위를 선사하다.'의 의미로, 부사어를 필수적으로 요구하는 서술어이다. 따라서 '친구에게'는 필수적 부사어에 해당한다. 그러나 '놀다'는 부사어를 필수적으로 요구하는 서술어가 아니므로 '친구들과'는 필수적 부사어에 해당하지 않는다.

23. ②

정답 설명

ⓒ의 주어는 '보고서가'이고 ⓒ의 주어는 '내가'이므로 동일하지 않다. ⓗ의 생략된 주어는 '대표가'이고 ⓜ의 주어는 '우리가'이므로 역시 동일하지 않다.

오답 설명

① ⓒ이 수식하는 명사 '보고서'는 주격 조사 '가'와 결합하였고, ⓜ이 수식하는 명사 '대표'는 목적격 조사 '를'과 결합하였다.
③ ⓒ과 ⓗ은 체언 '보고서', '대표'를 수식하는 관형절이므로 생략되어도 ㉠과 ㉣이 온전한 문장으로 성립할 수 있다.
④ ⓛ은 '내가 쓴 보고서가 잘못되었다.'라는 문장이 명사형 어미 '-음'과 결합하여 명사절이 된 것이다. ⓜ은 '우리가 학생들의 의사를 잘 대변하는 대표를 선출하다.'라는 문장이 명사형 어미 '-기'와 결합하여 명사절이 된 것이다.
⑤ ⓛ과 ⓜ은 목적격 조사 '을/를'과 결합하여 각각 ㉠과 ㉣의 목적어 역할을 하고 있다.

24. ③

정답 설명

성수 : ㅁ에서 안긴문장은 '그녀가 쓴'인데 안긴문장에서 생략된 부분은 목적어에 해당하는 '소설을'이다. 따라서 안긴문장의 부사어와 안은문장의 주어가 공통되기 때문에 안긴문장의 부사어를 생략하였다는 진술은 적절하지 않다.
정호 : ㅂ의 안긴문장은 '뺨에 흐르는'으로, 원래 문장은 '눈물이 뺨에 흐르다.'이다. 이는 안긴문장의 '주어(눈물이)'가 안은문장의 '목적어(눈물을)'와 중복되어 생략된 것이다.
영우 : ㅅ의 안긴문장은 '길을 가던'으로, 원래 문장은 '친구가 길을 가다.'이다. 이는 안긴문장의 '주어(친구가)'가 안은문장의 '목적어(친구를)'와 같이 생략된 것이다.

수혜 : ㄱ에서는 앞 절과 뒤 절의 주어가 모두 '민지는'으로 중복되므로 뒤 절의
주어가 생략된 것이다.

소정 : ㄴ에서는 앞 절과 뒤 절의 목적어가 모두 '고양이를'이기 때문에 뒤 절의
목적어가 생략된 것이다.

민수 : ㄷ에서는 '아침마다'라는 부사어와 '이를'이라는 목적어가 공통되기 때문에
뒤 절의 부사어, 목적어가 생략되었다. 이를 통해 공통되는 성분이 여러 개인
경우에 여러 개가 생략될 수 있음을 알 수 있다.

우현 : ㄹ에서 서술어 '빌리려고'와 '갔다'의 주어는 공통적으로 '나는'이다. 따라서
'나는'을 '도서관에' 앞에 써도 자연스럽다.

25. ③

ⓜ과 ⓑ에는 모두 '저 사람이 진범임'이라는 명사절이 안겨 있다. ⓜ의 안은문장
에서는 주격 조사 '이'와 함께 쓰여 주어의 기능을 하고 있다. 한편 ⓑ의 안은문
장에서는 명사절이 보조사 '은'과 함께 쓰였으나 '틀림없다'에 대응하는 주어가 '저
사람이 진범임'이므로, 주격 조사가 생략된 자리에 보조사가 붙은 경우로 보는
것이 적절하다. 따라서 ⓜ과 ⓑ의 명사절은 둘 다 주어의 기능을 하고 있음을 알
수 있다.

① ㉠은 '주어+보어+서술어'로 이루어진 홑문장이며, ㉡은 서술절 '얼굴이 변했
다.'가 안겨 있는 겹문장이다.

② ㉢과 ㉣에는 모두 '눈이 오다.'가 명사절 '눈이 오기'로 안겨 있다. ㉢과 달리
㉣의 명사절에는 목적격 조사 '를'이 결합했다. 참고로 ㉢의 명사절 '눈이 오
기'는 관형격 조사가 생략된 채 체언 '전'을 수식하는 관형어 역할을 하고 있
다.

④ ㉥에 인용절로 안긴 '내가 늦었다.'는 목적어가 원래 없는 문장이다. 반면 ㉦
에 관형절로 안긴 '내가 (소식을) 모르는'에는 목적어가 생략되어 있다.

⑤ ㉧과 ㉨에는 모두 '이 문제를 풀다.'가 명사절 '이 문제를 풀기'로 안겨 있다.
㉧은 주격 조사 '가'가 생략된 문장으로, '이 문제를 풀기(가) 어렵다.'와 같이
명사절이 안은문장의 주어 기능을 하고 있다. ㉨은 목적격 조사 '를'이 생략된
문장으로, '이 문제를 풀기(를) 바란다.'와 같이 명사절이 안은문장의 목적어
기능을 한다.

26. ⑤

나정 : ⓜ의 '재로'는 부사어이고 ⓑ의 '재가'는 보어이다. 문장에서 각각 '재로'와
'재가'가 생략되면 비문이 되므로 '재로'와 '재가'는 필수적인 문장 성분임을 알
수 있다.

유정 : ㉠의 '흔쾌히'는 부사로서 용언 '기부해'를 꾸며 주는 부사어로 쓰였으나,
ⓔ의 '모든'은 관형사로서 체언 '후배'를 꾸며 주는 관형어로 쓰였다. 관형사는 문
장에서 관형어로만 쓰인다.

민정 : ㉠은 명사 '산타클로스'를 꾸며 주는 관형절이다. 또한 '빨간'은 '옷이 빨갛
다.'라는 문장이 '옷'을 수식하는 관형절로 안기면서, 중복되는 '옷'이 생략되어
'빨간'의 형태가 된 것이다. ㉠에서 '빨간'은 명사 '옷'을 꾸며 주는 관형어이다.

희정 : ㉡은 '서울에'에서 부사격 조사 '에'가 생략된 형태로 용언 '사는'을 수식하
는 부사어이다. ㉢은 명사에 부사격 조사 '와'가 붙어 용언 '비슷해서'를 수식
하는 부사어로 쓰였다.

수정 : '비슷하다'는 주어와 부사어를 요구하는 두 자리 서술어이다. 주어의 비교
대상이 의미상으로 필요하므로, ㉢의 '씀바귀와'는 필수적 부사어이다. 그러나
'가다'는 함께 가는 사람이 의미상으로 필요한 것이 아니다. 따라서 ㉣의 '현
지와'는 필수적 부사어가 아니다.

27. ②

전체 문장을 분석해 보면, '이 지역의 주민들은 말했다.'에 '사람 살기 좋은 세상
이 오기 바란다'가 인용절로 안긴 구조이다. '사람 살기 좋은 세상이 오기 바란
다.'에는 '사람 살기 좋은 세상이 오다.'가 명사절로 안겨 있고, '사람 살기 좋은
세상이 오다.'에는 '사람 살기 좋다.'가 관형절로 안겨 있다. '사람 살기 좋다.'는
'사람(이) 살다.'가 '~(에) 좋다.'에 명사절로 안겨 있는 문장이다. '사람'은 명사절
'사람(이) 살기'의 주어로, 주격 조사 '이'가 생략된 채 쓰였다.

① '이'는 관형사로서 명사 '지역'을 꾸며 주는 관형어 역할을 한다. '사람 살기 좋
은'은 '사람(이) 살기(에) 좋다'라는 문장에 관형사형 전성 어미 '-은'이 결합하
여 관형절을 이룬 것으로, 명사 '세상'을 꾸며 주는 관형어 역할을 한다.

③ '사람 살기 좋은 세상이 오기'는 목적격 조사 '를'이 생략된 것으로, '바란다고'
의 목적어에 해당한다. 이는 '사람 살기 좋은 세상이 오다.'라는 문장이 명사
형 어미 '-기'와 쓰여 명사절로 안긴 것이다.

④ '주민들은'은 서술어 '말했다'의 주체이므로 주어이다. 따라서 보조사 '은'이 주
격 조사가 생략된 자리에 쓰였음을 알 수 있다.

⑤ '사람 살기 좋은 세상이 오기 바란다'가 간접 인용격 조사 '고'와 함께 인용절
로 안겨 있다.

28. ④

㉣에서 '-고자'는 '의도'나 '목적'의 의미로 문장을 연결하는 어미이므로, 앞 절과
뒤 절의 주어가 동일해야 한다는 제약이 존재한다. 따라서 앞 절과 뒤 절의 주어
가 다른 경우에는 평서형 종결 어미가 아니라 다른 종결 어미를 사용하더라도 문
장이 성립하지 않는다.

① 대등하게 이어진 문장은 선행절과 후행절의 내용이 독립적이므로 자리를 바꾸
어도 의미상 큰 차이가 없다.

② 종속적으로 이어진 문장은 의미상 원인, 조건 등의 의존적인 의미를 가지기
때문에 앞 절을 뒤 절의 안으로 이동시킬 수 있다. ㉡의 앞 절인 '봄이 오면'
을 뒤 절 중간으로 이동시킨 '그녀를 봄이 오면 만나기로 했다.'가 원래 문장
과 의미상 큰 차이가 없는 것을 통해 ㉡이 종속적으로 이어진 문장임을 확인
할 수 있다.

③ 재귀칭 대명사는 한 번 나온 명사를 다시 가리킬 때 쓰이는 인칭 대명사이다.
이때, 대등적으로 이어진 문장은 각각의 문장의 독립성이 인정되므로 뒤 절의
요소를 앞 절에서 재귀칭 대명사로 나타내기 어렵다.

⑤ ㉢과 같이 '-더라도'라는 연결 어미는 과거 시제 선어말 어미 '-었/았-'과는
결합하지만, 미래 시제 선어말 어미 '-겠-'과는 결합하지 못한다.

29. ④

정답 설명

ㄷ과 ㄹ 모두 주어가 생략된 안긴문장이 쓰였다. ㄷ은 '지훈이는 ~를 원했다.'에 '지훈이가 고향에 돌아가다.'가 명사절로 안기면서, 중복되는 주어 '지훈이가'가 생략되고 '고향에 돌아가기'의 형태가 된 것이다. 한편 ㄹ은 '주형이가 걸음을 멈추었다.'에 '주형이가 길을 가다.'가 관형절로 안기면서, 중복되는 주어인 '주형이가'가 생략된 채 '길을 가던'의 형태로 안긴 것이다.

오답 설명

① '코가(주어) 길다(서술어)'라는 서술절이, 안은문장의 주어 '코끼리는'의 서술어 역할을 하고 있다.
② 관형절 '그녀가 동은이를 사위로 삼은'의 서술어 '삼다'는 주어, 목적어, 부사어를 요구하는 세 자리 서술어이므로 '사위로'는 필수적 부사어에 해당한다.
③ '(지훈이가) 고향에 돌아가다.'라는 문장에 명사형 어미 '-기'가 결합한 명사절 '고향에 돌아가기'는 목적격 조사 '를'과 결합하여 안은 문장의 목적어 역할을 하고 있다.
⑤ 직접 인용은 큰따옴표("")와 함께 직접 인용격 조사 '라고'를 쓰고, 간접 인용은 간접 인용격 조사 '고'를 사용한다.

30. ④

정답 설명

'과연'은 특정한 성분을 수식하는 성분 부사어가 아닌, '그는 머리가 좋다.'라는 문장 전체를 수식해 주는 문장 부사어이다. 문장 부사어는 '그는 과연 머리가 좋다'처럼 문장 내에서 비교적 이동이 자유롭다.

오답 설명

① '매우'라는 부사가 '푸르다'라는 용언을 수식하고 있다는 점에서 부사가 부사어로 쓰였음을 알 수 있다.
② '아름답게'는 '아름답다'라는 용언에 '-게'라는 부사형 전성 어미가 결합하여 활용된 형태이다. 이러한 용언의 활용형이 '피었다'라는 용언을 수식하고 있으므로 부사어로 쓰였음을 알 수 있다.
③ '그러나'는 앞 문장과 뒤 문장을 이어 준다는 점에서 접속 부사어라 할 수 있다.
⑤ '삼다'는 주어, 목적어, 부사어를 필수적으로 요구하는 세 자리 서술어이다. '친구로'가 빠지면 문장이 자연스럽지 않다는 점에서 '친구로'는 필수적 부사어라 할 수 있다.

31. ④

정답 설명

(나)-ㄱ의 '만들다'는 '무엇이 되게 하다.'의 의미로 주어, 목적어, 부사어를 필수적으로 요구하는 세 자리 서술어이다. 따라서 (나)-ㄱ의 부사어 '속국으로'는 필수적 부사어이다. 반면, (나)-ㄴ의 '만들다'는 '규칙이나 법, 제도 따위를 정하다.'라는 의미로, 주어와 목적어만을 요구하는 두 자리 서술어이다. 따라서 부사어 '자세하게'는 생략하여도 문장의 성립에 지장이 없다.

오답 설명

① '되다'는 주어와 보어 혹은 주어와 부사어를 필수적으로 요구하는 두 자리 서술어이다. (가)-ㄱ은 주어와 보어, (가)-ㄴ은 주어와 부사어가 쓰인 문장이다.
② (가)-ㄱ의 '물이'는 보격 조사 '이'가 쓰인 보어, (가)-ㄴ의 '물로'는 부사격 조

사 '로'가 쓰인 부사어이다.
③ (나)-ㄱ에서는 명사 '이웃'이 관형격 조사가 생략된 채 명사 '나라'를 수식하는 관형어로 쓰였다. (나)-ㄴ에서는 명사 '동아리'가 관형격 조사가 생략된 채 명사 '회칙'을 수식하는 관형어로 쓰였다. (나)-ㄷ에서는 '지금까지 모은'이라는 관형절이 명사 '글'을 수식하는 관형어로 쓰였다.
⑤ (나)-ㄷ에서 '모은'을 꾸미는 부사어 '지금까지'는 생략해도 문장의 성립에 지장이 없으므로 필수적 부사어가 아니다. 반면 부사어 '책으로'는 '만들었다'가 요구하는 필수적 부사어이다.

32. ②

정답 설명

'영희는 빵을 생각한다.'의 '생각하다'는 '어떤 사람이나 일 따위에 대하여 기억하다.'라는 뜻을 지니며, 주어와 목적어를 필수적으로 요구하는 두 자리 서술어이다. 반면 '희영이는 명수를 악마로 생각한다.'의 '생각하다'는 '어떤 일에 대한 의견이나 느낌을 가지다.'라는 뜻을 지니며, 주어와 목적어, 부사어를 필수적으로 요구하는 세 자리 서술어이다. 따라서 ②에 쓰인 '생각하다'는 형태가 동일한 서술어라도 문맥에 따라 필수적으로 요구되는 문장 성분이 다른 경우에 해당한다.

오답 설명

① '교통질서가 바르게 서다.'의 '서다'는 '질서나 체계, 규율 따위가 올바르게 있게 되거나 짜이다.'의 뜻을 지니며, '차렷 자세로 서다.'의 '서다'는 '사람이나 동물이 발을 땅에 대고 다리를 쭉 뻗으며 몸을 곧게 하다.'라는 뜻을 지닌다. 모두 주어만을 필수적으로 요구하는 한 자리 서술어이다.
③ '마당의 닭들이 모이를 쪼아 먹었다.'의 '먹다'는 '음식 따위를 입을 통하여 배 속에 들여보내다.'라는 뜻을 지니며, '철수는 공포 영화로 인해 겁을 먹었다.'의 '먹다'는 '겁, 충격 따위를 느끼게 되다.'라는 뜻을 지닌다. 모두 주어와 목적어를 필수적으로 요구하는 두 자리 서술어이다.
④ '그의 얼굴에 깊은 흉터가 생겼다.'의 '생기다'와 '억 주변에 새로운 가게가 생겼다.'의 '생기다'는 모두 '없던 것이 새로 있게 되다.'라는 뜻을 지니며, 주어와 부사어를 필수적으로 요구하는 두 자리 서술어이다.
⑤ '형은 이번 일로 큰 손해를 입었다.'의 '입다'는 '(도움, 손해 따위와 같은 말을 목적어로 하여) 받거나 당하다.'라는 뜻을 지니며, '형은 이번에도 낡은 양복을 입었다.'의 '입다'는 '옷을 몸에 꿰거나 두르다.'라는 뜻을 지닌다. 모두 주어와 목적어를 필수적으로 요구하는 두 자리 서술어이다.

33. ③

정답 설명

'우리부터'와 '아침부터'는 생략하여도 문장이 성립하지만, '의견에'와 '개방하는 것에'를 생략하면 문장이 성립하지 않으므로 서술어 '찬성하다'의 문형 정보는 【…에】가 되어야 한다. '찬성하다'는 주어와 부사어(【…에】)를 필수적으로 요구하는 두 자리 서술어이다.

오답 설명

① '서울로'와 '팀으로'가 필수적인 문장 성분이므로 적절하다. '가다'는 주어와 부사어(【…(으)로】)를 필수적으로 요구하는 두 자리 서술어이다.
② '금과'와 '솜털과도'를 생략하면 문장의 의미가 성립하지 않는다는 점을 통해, 서술어 '같다'가 【…와/과】의 문형 정보를 지닌다는 것을 알 수 있다.
④ '우유를'과 '차를'은 생략할 수 없는 필수적인 문장 성분이므로, 서술어 '마시다'가 【…을/를】의 문형 정보를 지닌다는 것을 알 수 있다.

⑤ '깃발을', '정상에'와 '머리에', '비녀를'을 생략하면 문장의 의미가 성립하지 않는다. 이를 통해 서술어 '꽂다'가 【…을/를 …에】의 문형 정보를 가진다는 것을 알 수 있다.

34. ②

정답 설명

ⓒ의 '듣던'은 용언의 관형사형(듣- + -던)으로, '대로'라는 의존 명사를 수식하는 관형어이다. ⓔ의 '짙푸른'은 용언의 관형사형(짙푸르- + -ㄴ)으로, '바다'라는 명사를 수식하는 관형어이다.

오답 설명

① ㉠은 부사 '모두'가 '쏟아서'를 수식하고 있으므로 부사가 부사어로 쓰인 경우이다. ㉡은 관형사 '모든'이 '친구들'을 수식하고 있으므로 관형사가 관형어로 쓰인 경우이다.
③ ㉢의 '일행의'는 명사 '일행'에 관형격 조사 '의'가 결합하여 명사 '눈앞'을 수식하는 관형어로 쓰인 경우이다.
④ ㉣은 '(그녀가) (일을) 처음 겪다.'라는 문장이 관형절로 안겨 명사 '일'을 수식하는 관형어로 쓰인 것이다.
⑤ ㉤은 부사 '너무'에 보조사 '나'와 '도'가 순차적으로 결합하여 '당황하여'를 수식하는 부사어로 쓰인 경우이다.

35. ④

정답 설명

ㄱ. ⓐ : '유동 인구가(주어) 많은(서술어)'이 관형절로 안겨 있다.
ㄹ. ⓓ : 서울교통공사 관계자의 말인 "오전에 인파가 몰릴 때 빚어지는 사고는 출근길 혼잡을 초래한다."가 인용절로 안겨 있다.
ㅁ. ⓓ : "오전에 인파가 몰릴 때 빚어지는 사고는 출근길 혼잡을 초래한다."는 전체 문장에 인용절로 안겨 있다. 그리고 이 인용절은 다음과 같은 세 문장으로 분석할 수 있다. 1) ~사고는 출근길 혼잡을 초래한다. 2) 사고가 ~때 빚어진다. 3) 오전에 인파가 몰리다.

오답 설명

ㄴ. ⓑ : '출·퇴근 시간에 탑승객이 많다.'에서 '탑승객이'는 주어이고, '많다'는 서술어이므로 해당 문장은 주어 1개, 서술어 1개가 쓰인 홑문장이다. ㄴ은 문장에서 서술어 역할을 하는 서술절을 뜻하는 것이므로, ⓑ에 대한 설명으로 적절하지 않다.
ㄷ. ⓒ는 이어진문장으로, 다음과 같이 두 문장으로 나눌 수 있다. 1) 탑승객이 1호선이나 4호선 등으로 노선을 바꾸다. 2) 지하철역이 혼잡해진다. 여기에 쓰인 '-면서'는 '종속적 연결 어미'이므로, 이 문장은 대등한 관계로 이어진 문장이 아니라 종속적으로 이어진 문장이다. 참고로 '이나'는 접속 조사에 해당한다.

36. ②

정답 설명

가. ㄱ의 안긴문장 '우리가 읽던'은 '우리가 책을 읽다.'라는 문장이 '아버지도 책을 고르셨다.'에 안기면서 중복되는 목적어 '책을'이 생략되었다. ㄴ의 안긴문장 '이번 주말에 볼'은 '우리가 이번 주말에 영화를 보다.'라는 문장이 '우리는 영화를 골랐다.'에 안기면서 중복되는 주어 '우리가', 목적어 '영화를'이 생략되었다.

라. ㄱ의 안긴문장 '읽던'의 관형사형 어미 '-던'은 과거 시제를, ㄴ의 안긴문장 '볼'의 관형사형 어미 '-ㄹ'은 미래 시제를 나타낸다.

오답 설명

나. ㄴ의 안은문장, 안긴문장의 주어는 모두 '우리는'이다. 그러나 ㄱ의 안은문장의 주어는 '아버지도'이고, 안긴문장의 주어는 '우리가'이다.
다. ㄱ, ㄴ의 안긴문장은 모두 안은문장의 목적어로 쓰인 명사 '책', '영화'를 수식한다.

37. ③

정답 설명

'주어 + 서술어' 구성이 문장의 서술어로 쓰이는 것을 서술절이라고 한다. 서술절을 안은 문장은 ㄴ과 ㄷ이다. ㄱ~ㅁ의 문장을 모두 분석하면 아래와 같다.
ㄱ : 명사절 '서양 고전 문학을 읽기(명사형 전성 어미 '-기')'가 '~는 힘들어.'의 주어로 안겨 있다.
ㄴ : 서술절 '조심성이 없다.'가 안은문장의 주어 '세원이는'의 서술어로 안겨 있다.
ㄷ : 서술절 '마음이 정말 많이 넓구나.'가 안은문장의 주어 '세민이는'의 서술어로 안겨 있다.
ㄹ : 명사절 '지후가 떡을 좋아함(명사형 전성 어미 '-ㅁ')'이 '~을 난 이제야 알았네.'의 목적어로 안겨 있다.
ㅁ : 관형절 '기분이 좋아진(관형사형 전성 어미 '-ㄴ')'이 '지원이'를 수식하는 관형어로 안겨 있다.

오답 설명

① ㄱ에는 부사어가 없다. ㄷ에서는 부사어 '정말', '많이'가 쓰였지만, 부사절은 아니다. '절'은 '주어 + 서술어' 구조를 취해야 한다.
② ㄱ의 명사형 전성 어미는 '-기', ㄹ의 명사형 전성 어미는 '-ㅁ'이므로, 동일한 형태의 어미가 명사절을 만든 것은 아니다.
④ ㅁ에서는 관형절 '기분이 좋아진'이 주어 '지원이'를 수식하고 있지만, ㄴ에는 관형절이 없다.
⑤ ㄹ에서는 안긴문장 '지후가 떡을 좋아함'이 목적격 조사 '을'과 함께 목적어로 쓰였지만, ㅁ에서는 절이 아닌 명사 '노래'가 목적어로 쓰였다.

38. ④

정답 설명

이어진문장 ㄱ~ㅁ을 앞 절과 뒤 절로 나누어 보면('/' 표시) 아래와 같다.
ㄱ. 여름이 와서 / 날씨가 덥다. (원인)
ㄴ. 물을 마시려고 / 컵을 꺼냈다. (목적)
ㄷ. 여기는 높지만 / 저기는 낮다. (대조)
ㄹ. 학교에 가는데 / 옛 친구를 봤다. (상황)
ㅁ. 나는 숙제를 하고 / 동생은 그림을 그린다. (나열)
앞 절이 뒤 절 안으로 들어가도 자연스러운 ㄱ, ㄴ, ㄹ은 모두 '종속적으로 이어진 문장'에 해당한다. ㄷ과 ㅁ은 '대등적으로 이어진 문장'으로 (나)로 바꾸었을 때 비문이 된다. 따라서 '종속적으로 이어진 문장'이 아닌 '대등적으로 이어진 문장'은 앞 절이 뒤 절 안으로 들어갈 수 없음을 알 수 있다.

오답 설명

① 뒤 절에 목적어가 있는지 여부는 영향을 미치지 않는다. ㄱ을 보면 뒤 절에

목적어가 없어도 이동이 가능하고, ㅁ을 보면 뒤 절에 목적어가 있어도 이동
이 불가능하다는 것을 알 수 있다.
② ㄱ을 보면 주어가 달라도 이동 가능하다는 것을 알 수 있다.
③ ㄷ을 보면 앞 절과 뒤 절의 의미가 대조될 경우에는 이동이 불가능하다는 것
을 알 수 있다.
⑤ 이동 가능한 ㄱ, ㄴ, ㄹ 중 ㄴ과 ㄹ에만 앞 절과 뒤 절 모두 두 자리 서술어
가 쓰였다. 또, ㅁ을 통해 두 자리 서술어가 쓰였어도 이동이 불가능하다는
것을 알 수 있다. 즉 서술어의 자릿수는 관계가 없다.

39. ①

정답 설명

㉠은 가정이나 양보의 뜻을 나타내는 연결 어미 '-아도'를 통해 앞 절과 뒤 절이
종속적으로 이어진 문장이다. 대조의 관계로 대등하게 이어진 문장으로는 '절약은
부자를 만드나, 절제는 사람을 만든다.(-나)', '호랑이는 죽어서 가죽을 남기지만,
사람은 죽어서 이름을 남긴다.(-지만)' 정도를 들 수 있다.

오답 설명

② ㉡은 연결 어미 '-고'를 통해 앞 절과 뒤 절이 나열의 관계로 대등하게 이어
진 문장이다.
③ ㉢은 연결 어미 '-으면'을 통해 앞 절과 뒤 절이 조건의 관계로 종속적으로
이어진 문장이다.
④ ㉣은 연결 어미 '-려고'를 통해 앞 절과 뒤 절이 의도의 관계로 종속적으로
이어진 문장이다.
⑤ ㉤은 연결 어미 '-아서'를 통해 앞 절과 뒤 절이 원인이나 근거의 관계로 종
속적으로 이어진 문장이다.

40. ④

정답 설명

'가족을 희망도 없이 기다리기'라는 명사절 안에 '희망도 없다.'라는 문장이 부사
파생 접미사 '-이'로 인해 부사절로 안겨 있으므로, 이를 홑문장으로 볼 수 없다.
명사절 안의 부사절 '희망도(주어) 없이(서술어)'는 서술어 '기다리기'를 수식하고
있다.

오답 설명

① 관형사형 전성 어미 '-ㄴ'이 쓰인 '전쟁으로 흩어진'이 '가족'을 수식하고 있으
므로 관형절이 맞다.
② 하나의 문장이 절이 되어 다른 문장에 안길 때, 이와 같이 공통된 문장 성분
은 생략된다.
③ '가족을 희망도 없이 기다리기'는 명사형 전성 어미 '-기'가 쓰인 명사절이다.
⑤ 한 문장 안에 관형절, 명사절, 부사절 등 다양한 절이 안겨 있다.

41. ④

정답 설명

㉮는 서술절 '맛이 좋다.'의 주어 '맛이'와 전체 문장의 주어 '물은'의 2개의 주어
를 가지고 있다. 반면 ㉯는 '물이'라는 주어 하나를 가지고 있다. 이때 '냉장고에
있던'이라는 관형절의 주어는 생략되었다. '얼음이'는 보격 조사 '이'가 결합한 보
어이다.

오답 설명

① ㉮는 '맛이(주어) 좋다(서술어)'가 전체 문장의 주어 '물은'의 서술어로 기능하
고 있으므로 서술절을 안은 문장으로 볼 수 있다. ㉯는 관형절을 안은 문장
으로, '물이 냉장고에 있다.'가 관형절로 안기면서 중복되는 '물이'가 생략된
'냉장고에 있던(관형사형 전성 어미 '-던')'의 형태가 된 것이다. 따라서 ㉮,
㉯ 모두 홑문장이 아니다.
② ㉮는 서술절을 안은 문장이고 ㉯는 관형절을 안은 문장이다. 따라서 ㉮와 ㉯
모두 겹문장이다.
③ ㉮는 서술절을 안은 문장으로 적절하지만, ㉯는 명사절이 아닌 관형절을 안은
문장으로 적절하지 않다.
⑤ '좋다'는 주어만을 요구하는 한 자리 서술어이며, '되다'는 주어와 보어 혹은
부사어를 요구하는 두 자리 서술어이다.

42. ③

정답 설명

㉠은 '눈이(주어) 가장(부사어) 예쁘다(서술어)'라는 절이 주어 '영희는'의 서술어로
기능하고 있는 문장이다. 이처럼 하나의 절이 서술어 역할을 하는 문장을 '서술절
을 안은 문장'이라고 한다. ㉡에는 '우리가(주어) 운동을(목적어) 하다(서술어)'라는
문장이 명사형 전성 어미 '-기'로 활용된 명사절이 쓰였다. 이 명사절은 부사격
조사 '에'와 함께 쓰여 서술어 '늦었다'를 수식하는 부사어 역할을 하고 있다.

오답 설명

① ㉠에는 부사 '가장'이 형용사 '예쁘다'를 수식하는 부사어로 쓰였다. ㉡에는 부
사 '너무'가 부사어로 쓰였고, 명사절 '우리가 운동을 하기' 뒤에 부사격 조사
'에'가 붙어 부사어로 쓰였다. 따라서 ㉠과 ㉡ 모두에 부사어가 있다.
② ㉠은 '눈이 가장 예쁘다.'라는 서술절을 안은 문장이고, ㉡은 '우리가 운동을
하기'라는 명사절을 안은 문장이다.
④ ㉠에는 부사절로 안긴 문장이 없고, ㉡에도 관형절로 안긴 문장이 없다.
⑤ ㉠의 안긴문장은 '눈이 가장 예쁘다.'로 목적어가 없으며, ㉡의 안긴문장은 '우
리가 운동을 하기'로 목적어 '운동을'을 가지고 있다.

43. ⑤

정답 설명

㉯ '나는 그녀가 진술한 내용이 사실과 다름없음을 잘 알고 있다.'는 '나는 ~을
잘 알고 있다.', '내용이 사실과 다름없다.', '그녀가 (내용을) 진술하다.'로 이루어
져 있다. 이때, '내용이 사실과 다름없다.'는 명사절로 안겨 있으며, '그녀가 (내용
을) 진술하다.'는 관형절로 안겨 있다. 따라서 ㉯에서 관형절로 안긴 문장에는 '내
용을'이라는 목적어가 생략되어 있다.

오답 설명

① ㉮ '나무가 잘 자라도록 물과 거름을 충분히 주었다.'는 '(나는) 물과 거름을
충분히 주었다.', '나무가 잘 자라다.'로 이루어져 있다. 이때 '나무가 잘 자라
다.'는 부사절로 안겨 있다. ㉮의 안은문장은 전체 문장의 주어가 생략된 채
제시되어 있다. 임의로 복원하면 '(나는) 물과 거름을 충분히 주었다.', '(내 동
생은) 물과 거름을 충분히 주었다.' 등의 형태가 될 것이다.
② ㉮의 안긴문장은 '나무가 잘 자라다.'이다. 안긴문장 내부에는 생략된 문장 성
분이 없다.
③ ㉮에는 '나무가 잘 자라다'가 부사절로 안겨 있다. 즉 ㉮에는 1개의 안긴문장

이 있다. ㉯에는 '그녀가 (내용을) 진술하다.', '내용이 사실과 다름없다.'라는
총 2개의 안긴문장이 있다.
④ ㉯에서 '내용이 사실과 다름없다.'가 명사절로 안겨 있고, 명사절로 안긴 문장
에 생략된 문장 성분은 없다.

44. ④

정답 설명

'어쩔 줄 몰랐다.'에서 '어쩔 줄(을)'은 목적어로 기능하고 있다.

오답 설명

① (1)-ㄴ을 통해 '데'가 단독으로 쓰일 수 없음을 확인할 수 있다. 의존 명사 '데'
는 그 앞에 '의지할'과 같은 관형어가 있어야 문장에서 쓰일 수 있다.
② 의존 명사 중에는 '데'처럼 관형사형 전성 어미의 제약이 없는 것이 있는 반
면, '지'처럼 제약이 심한 것이 있다. 참고로 '어떤 일이 있었던 때로부터 지
금까지의 동안'을 나타내는 의존 명사 '지'는 앞에 관형사형 전성 어미 '-(으)
ㄴ'만을 취할 수 있다.
③ 의존 명사 '나위'는 주로 '-(으)ㄹ 나위 없다.'의 구성으로 쓰인다.
⑤ '너만큼'의 '만큼'은 부사격 조사이고 '노력한 만큼'의 '만큼'은 의존 명사이다.

45. ④

정답 설명

'방문을 잠갔다.'와 '밖으로 나갔다.'는 시간의 순서에 따라 배열되어 있어 앞 문장
과 뒤 문장의 순서를 바꿀 경우 문장의 의미가 달라진다. 따라서 ㉠의 적절한 사
례이다.

오답 설명

①, ②, ③, ⑤ 인과 관계나 시간적 순서와 무관한 문장들을 나열하고 있으므로
앞뒤 문장의 순서를 바꾸어도 문장이 성립한다.

46. ⑤

정답 설명

㉢에는 부사어의 역할을 하는 부사절 '자신도 모르게'가 있으나, ㉣에는 목적어의
역할을 하는 안긴문장이 없다. ㉣의 안긴문장 '추위에 떠는'은 관형어의 역할을,
'얼른 안으로 들어오라'는 인용 부사격 조사 '고'와 함께 쓰여 부사어의 역할을 하
고 있다.

오답 설명

① ㉠에는 명사절 '떠나온 고향에 다시 돌아가기'와 그 안에 안긴 관형절 '떠나온'
이 있고, ㉢에는 관형절 '궁지에 몰린'과 부사절 '자신도 모르게'가 있다.
② ㉡의 '내가 고른'과, ㉣의 '추위에 떠는'은 관형어의 역할을 하는 관형절이다.
③ ㉠의 명사절 '떠나온 고향에 다시 돌아가기' 속에는 부사어 '고향에', '다시'가
있고, ㉣의 인용절 '얼른 안으로 들어오라' 속에는 부사어 '얼른', '안으로'가
있다.
④ ㉡의 관형절 '내가 고른' 속에는 목적어 '선물을'이 생략되어 있고, ㉢의 관형
절 '궁지에 몰린' 속에는 주어 '그녀가'가 생략되어 있다.

47. ④

정답 설명

㉣에는 부사어의 역할을 하는 부사절 '내가 길을 잘 찾도록'이 있지만, ㉡에는 부
사절이 없다. ㉡에는 '그녀가 시장에서 만난'이라는 관형절과 '인정이 많다.'라는
서술절이 존재한다.

오답 설명

① ㉠과 ㉡에 쓰인 관형절 '내가 좋아하던', '그녀가 시장에서 만난'의 서술어인 '좋
아하던(좋아하다)', '만난(만나다)'은 목적어를 필요로 하는 서술어이다. 하지만
관형절 안에 목적어가 존재하지 않는다. 해당 관형절이 꾸미고 있는 '작가', '사
람'이 안긴문장의 목적어이므로 중복되는 관형절의 목적어가 생략된 것이다.
② ㉠과 ㉢에서는 각각 '내가 좋아하던', '나와 함께하기를 바라는'이라는 관형절
이 관형어의 역할을 한다.
③ ㉡의 관형절인 '그녀가 시장에서 만난'에는 부사어 '시장에서'가 들어 있으며,
㉢의 명사절인 '나와 함께하기'에는 부사어 '나와'가 들어 있다.
⑤ ㉠의 안은문장의 주어는 '동생은'인데, 명사절 '내가 좋아하던 작가가 얼른 오
기'의 주어는 '작가가'이다. 명사절 안의 관형절 '내가 좋아하던'의 주어는 '내
가'이므로 안은문장의 주어와 안긴문장의 주어가 일치하지 않는다. ㉣의 안은
문장의 주어는 '친구는'인데, 부사절 '내가 길을 잘 찾도록'의 주어는 '내가'이
므로 안은문장의 주어와 안긴문장의 주어가 일치하지 않는다.

48. ②

정답 설명

ㄱ은 '나는 [도서관에 가던] 친구를 만났다.'의 구조로 이루어져 있다. '나는 친구
를 만났다.'라는 문장 안에 '(친구가) 도서관에 갔다.'라는 문장이 관형절로 안겨
'친구'를 수식하고 있는 것이다. 관형절 '도서관에 가던'에 주어 '친구가'가 생략되
어 있음을 확인할 수 있다.
ㄷ은 '[청바지를 입은] 동생은 [등에 땀이 흥건하도록] 뛰었다.'의 구조로 이루어져
있다. '동생은 뛰었다.'라는 문장 안에 '(동생이) 청바지를 입었다.'라는 문장이 관
형절로 안겨 '동생'을 수식하고 있고, '등에 땀이 흥건했다.'라는 문장이 부사절로
안겨 '뛰었다'를 수식하고 있는 것이다. 관형절 '청바지를 입은'과 부사절 '등에 땀
이 흥건하도록'에는 목적어가 생략되어 있지 않다. 생략된 성분은 관형절의 주어
'동생이'이다.

오답 설명

① ㄱ에는 체언을 수식하는 관형절 '도서관에 가던'이 존재한다. ㄴ은 '[눈치 빠
른] 그는 [그녀가 천재임]을 금방 알아챘다.'의 구조로 이루어져 있다. '그는 ~
을 금방 알아챘다.'라는 문장 안에 '눈치가 빠르다.'라는 문장이 관형절로 안겨
'그'를 수식하고 있고, '그녀가 천재이다.'라는 문장이 명사절로 안겨 목적어로
쓰이고 있는 것이다. 따라서 ㄴ에는 체언을 수식하는 관형절 '눈치 빠른'이 존
재하므로 해당 선지의 진술은 적절하다.
③ ㄴ에는 목적어 기능을 하는 명사절 '그녀가 천재임'이 존재한다. ㄹ은 '상호는
[{그가 산} 책이 {두께가 얇다}]고 말했다.'의 구조로 이루어져 있다. '상호는 ~
고 말했다.'라는 문장 안에 '그가 산 책이 두께가 얇다.'라는 문장이 인용절로
안겨 있는 것이다. 또한 인용절에는 '책이 (어떠하다).'라는 문장 안에 '그가 (책
을) 사다.'라는 문장이 관형절로 안겨 '책'을 수식하고 있고, '두께가 얇다.'라는
문장이 서술절로 안겨 서술어의 역할을 하고 있다. 따라서 ㄹ에는 서술어 기능
을 하는 서술절 '두께가 얇다.'가 존재하므로 해당 선지의 진술은 적절하다.
④ ㄷ에는 관형어 기능을 하는 관형절 '청바지를 입은'과 부사어 기능을 하는 부

사절 '등에 땀이 흥건하도록'이 존재한다.
⑤ ㄹ의 인용절 '그가 산 책이 두께가 얇다.'에는 '그가 산'이라는 관형절이 존재한다.

49. ⑤

정답 설명

'저', '두', '헌'은 모두 관형사로, 문장 안에서 체언 '집'을 수식하는 관형어로 사용되었다. 이렇게 관형사 세 개가 연속적으로 쓰일 때는 대체로 특정한 대상을 가리키는 지시 관형사(저), 사물의 수나 양을 나타내는 수 관형사(두), 사람이나 사물의 모양, 상태, 성질을 나타내는 성상 관형사(헌) 순으로 나타난다.

오답 설명

① '온'은 '전부의'의 의미를 지닌 관형사로, 문장 안에서 뒤의 체언 '힘'을 수식하는 관형어로 사용되었다.
② '영희의'는 명사 '영희'에 관형격 조사 '의'가 결합한 것으로, 문장 안에서 뒤의 체언 '연락'을 수식하는 관형어로 사용되었다.
③ '우리가 돌아온'은 '우리가 돌아오다.'라는 문장에 관형사형 전성 어미가 결합된 관형절로, 문장 안에서 뒤의 체언 '사실'을 수식하는 관형어로 사용되었다.
④ ㉠과 ㉡의 '두'는 각각 뒤의 체언 '개'와 '아이'를 수식하고 있는 관형어이다. 이때 자립 명사 '아이'를 수식하는 ㉡의 '두'는 생략할 수 있지만, 의존 명사 '개'를 수식하는 ㉠의 '두'는 생략할 수 없다. 의존 명사는 반드시 앞에 수식해 주는 관형어를 필요로 하기 때문이다.

50. ⑤

정답 설명

ⓐ는 '이것이 몽둥이이다.' + '우리가 (몽둥이로) 멧돼지를 잡았다.'로 나누어진다. 안긴문장에서 생략된 '몽둥이로'는 부사어에 해당한다. ⓑ는 '어제 나는 친구와 만났다.' + '(친구가) 그 소실가를 안다.'로 나누어진다. 안긴문장에서 생략된 '친구가'는 주어에 해당한다. ⓒ는 '형은 가방을 탐낸다.' + '내가 (가방에) 이름을 적어 놓았다.'로 나누어진다. 안긴문장에서 생략된 '가방에'는 부사어에 해당한다. ⓓ는 '남자가 우리 아버지이다.' + '(남자가) 양복을 입다.'로 나누어진다. 안긴문장에서 생략된 '남자가'는 주어에 해당한다. ⓔ는 '음식의 위생은 더욱 중요하다.' + '아이들이 (음식을) 먹는다.'로 나누어진다. 안긴문장에서 생략된 '음식을'은 목적어에 해당한다. 따라서 ⓑ, ⓓ는 주어가 생략되는 경우(㉠)로, ⓔ는 목적어가 생략되는 경우(㉡)로, ⓐ, ⓒ는 부사어가 생략되는 경우(㉢)로 분류할 수 있다.

51. ⑤

정답 설명

제시된 예문에서 '출전하다'는 '싸우러 나가다.', '시합이나 경기 따위에 나가다.'의 의미로, 주어를 제외하고 부사어 '【…에】'를 필수로 요구하는 두 자리 서술어이다. 즉, '*그는 장교로 출전한 적이 있다.', '*그 선수가 대표로 출전한다.'와 같이 부사어 '【…에】'가 생략되면 문장이 성립하지 않는다.

오답 설명

① 제시된 예문에서 '만들다'는 '허물이나 상처 따위를 생기게 하다.'의 의미로, 주어를 제외하고 목적어 '【…을】'을 필수로 요구하는 두 자리 서술어이다. 이때 '그는 (유리에) 흠집을 만들었다.', '그는 (그녀의 가슴에) 상처를 만들었다.'에서 볼 수 있듯이, 부사어 '【…에】'는 생략되어도 문장의 성립에 영향을 주지 않는다.

② 제시된 예문에서 '닦다'는 '거죽의 물기를 훔치다.', '때, 먼지 녹 따위의 더러운 것을 없애거나 윤기를 내려고 거죽을 문지르다.'의 의미로, 주어를 제외하고 목적어 '【…을】'을 필수로 요구하는 두 자리 서술어이다. 이때 '엎질러진 우유를 (깨끗하게) 닦았다.', '아무 말 없이 구두만 (정성스럽게) 닦았다.'에서 볼 수 있듯이, 부사어 '【…게】'는 생략되어도 문장의 성립에 영향을 주지 않는다. 참고로, '아무 말 없이 구두만 정성스럽게 닦았다.'에서 '구두만'은 목적격 조사 '를'이 생략되고 보조사 '만'이 붙은 목적어이다.

③ 제시된 예문에서 '부르다'는 '말이나 행동 따위로 다른 사람의 주의를 끌거나 오라고 하다.'의 의미로, 주어를 제외하고 목적어 '【…을】'을 필수로 요구하는 두 자리 서술어이다. 이때 '아버지는 아이를 (손짓으로) 계속 불렀다.', '그는 자기를 (큰 소리로) 부르는 소리를 들었다.'에서 볼 수 있듯이, 부사어 '【…으로】'는 생략되어도 문장의 성립에 영향을 주지 않는다.

④ 제시된 예문에서 '빌리다'는 '남의 도움을 받거나 사람이나 물건 따위를 믿고 기대다.'의 의미로, 주어를 제외하고 목적어 '【…을】'을 필수로 요구하는 두 자리 서술어이다. 이때 '일손을 (힘들게) 빌려서 그 일을 처리했다.', '그녀는 (지혜롭게) 친구의 힘을 빌렸다.'에서 볼 수 있듯이, 부사어 '【…게】'는 생략되어도 문장의 성립에 영향을 주지 않는다.

52. ②

정답 설명

㉡에서 '회장으로서'는 체언 '회장'에 지위나 신분 또는 자격을 나타내는 부사격 조사 '으로서'가 결합하여 형성된 부사어이다. 이때, 서술어 '다하다'는 '어떤 일을 완수하다.'의 의미로, 주어 외에 목적어를 필수로 요구한다. 즉, '*그녀는 회장으로서 다하였다.'와 같이 목적어가 생략되면 문장이 성립하지 않지만, '그녀는 의무를 다하였다.'와 같이 부사어 '회장으로서'는 생략되어도 문장에 영향을 주지 않으므로 '회장으로서'라는 부사어는 필수 성분이 아님을 알 수 있다.

오답 설명

① 일반적으로 국어에서 부사는 문장 전체, 문장의 서술어, 다른 부사 등 다양한 문장 성분을 꾸며 주는데, 예외적으로 체언을 수식하기도 한다. ㉠에서 '바로'는 '다름이 아니라 곧'의 의미를 지닌 부사에 해당한다. 이때, '바로'는 '너'라는 명사를 수식하는 부사어로, '내게 가장 소중한 사람'이 '너'임을 강조하고 있다.
③ ㉢에서 '설마'는 문장 전체를 수식하는 부사어로, '지금 설마 나를 피하는 것은 아니겠지?', '지금 나를 설마 피하는 것은 아니겠지?', '지금 나를 피하는 것은 설마 아니겠지?'와 같이 문장 내에서 위치 이동이 상대적으로 자유롭다. 이처럼 문장 전체를 수식하는 부사어는 문장 내 위치 이동이 비교적 자유롭다.
④ ㉣에서 '저녁밥을 먹기에는'은 '저녁밥을 먹기'라는 명사절에 부사격 조사 '에'와 보조사 '는'이 결합하여 형성된 부사어이다.
⑤ ㉤에서는 관형절 '지문을 감식한'의 꾸밈을 받는 명사 '결과'가 부사격 조사 '로'가 생략된 형태로 부사어로 쓰이고 있다.

53. ④

정답 설명

㉠의 '넓은'은 형용사 '넓다'에 관형사형 어미 '-(으)ㄴ'이 결합한 것으로, 현재 시제를 나타낸다. 반면, ㉡의 '읽은'은 동사 '읽다'에 관형사형 어미 '-(으)ㄴ'이 결합한 것으로, 과거 시제를 나타낸다. 따라서 ㉠과 ㉡에는 모두 관형사형 어미 '-(으)ㄴ'이 쓰인 것은 맞지만, 형용사 어간에 결합한 '-(으)ㄴ'은 현재의 의미를, 동사 어간에 결합한 '-(으)ㄴ'은 과거의 의미를 나타내므로, 선지의 내용은 적절하지 않다.

오답 설명

① '푸른'은 '(하늘이) 푸르다.'라는 문장이 관형절로 안긴 것이다. 그리고 안긴문장이 수식하는 체언 '하늘'과 안긴문장의 주어 '하늘이'가 중복되므로 안긴문장의 주어가 생략된 형태로 쓰였다. 이때, '푸른'은 후행하는 체언 '하늘'을 수식하므로 관형어의 역할을 함을 알 수 있다.

② '고향 친구'는 본래 '고향(의) 친구'와 같이 관형격 조사 '의'가 결합한 형태이다. 제시된 예문에서는 관형격 조사 '의'가 생략된 채 체언 '고향'이 '친구'를 수식하는 관형어의 역할을 하고 있다.

③ '그녀의 슬픔'은 체언에 관형격 조사가 결합한 형태 '그녀의'가 후행하는 파생 명사 '슬픔'을 수식하는 구성이다. 이때 체언에 결합한 관형격 조사 '의'가 생략되면 '*그녀 슬픔'과 같이 문장이 성립하지 않는다. 따라서 체언에 관형격 조사가 결합한 형태가 '슬픔'과 같은 파생 명사를 수식할 때는 관형격 조사가 생략되기 어려움을 알 수 있다.

⑤ 관형어는 일반적으로 문장 내에서 생략될 수 있는 수의적 성분에 해당한다. ㉠의 '그의'는 관형어인데, 해당 예문에서 '나는 시를 좋아했다.'와 같이 관형어 '그의'가 생략되어도 문장이 성립함을 알 수 있다. 한편, ㉡의 '그를 본'은 관형절로, 의존 명사 '적'을 수식하고 있다. 의존 명사는 문장에서 관형어 없이 쓰일 수 없으므로, 해당 예문에서 관형절 '그를 본'은 생략될 수 없다.

54. ①

정답 설명

㉠에는 관형절 '그가 결혼했다는'과 부사절 '뒤늦게'가 안겨 있다. 이때, '그가 결혼했다는'은 '그가 결혼했다.'라는 문장에 관형사형 전성 어미 '-는'이 결합해 명사 '소식'을 꾸며 주고, '뒤늦게'는 '(들은 것이) 뒤늦다.'라는 문장에 부사형 어미 '-게'가 결합해 서술어 '들었다'를 꾸며 주고 있다. 즉, ㉠에는 관형어의 역할을 하는 안긴문장이 있다. 한편, ㉡에는 명사절 '그 자리에서 도망가기는 이미 늦었음'이 쓰였고, 이 명사절 안에 '그 자리에서 도망가기'라는 명사절이 안겨 있다. 이때, '그 자리에서 도망가기'는 '(내가) 그 자리에서 도망가다.'라는 문장에 명사형 전성 어미 '-기'가 결합한 것으로, 명사절 내에서 주어 역할을 하고 있다. 그리고 '그 자리에서 도망가기는 이미 늦었음'은 '그 자리에서 도망가기는 이미 늦었다.'라는 문장에 명사형 전성 어미 '-(으)ㅁ'이 결합한 것으로 안은문장의 목적어 역할을 하고 있다. 여기에서 '그'라는 관형어가 체언 '자리'를 꾸며 주고 있으므로 선지의 진술은 적절하다.

오답 설명

② ㉠의 '뒤늦게'는 '(들은 것이) 뒤늦다.'라는 문장이 부사형 전성 어미 '-게'와 결합해 용언을 꾸며 주므로, 부사절임을 알 수 있다. 한편, ㉡에서는 '그 자리에서 도망가기는 이미 늦었음', '그 자리에서 도망가기'와 같이 두 개의 명사절이 쓰였을 뿐, 서술절은 쓰이지 않았다.

③ ㉠의 '그가 결혼했다는'은 '그가 결혼했다고 하는'이 줄어든 것으로, 이때의 '-다고'는 어미 '-다'에 인용격 조사 '고'가 결합한 형태이다. 따라서 '그가 결혼했다'라는 간접 인용절이 안긴 것을 알 수 있다. 한편, ㉡에는 명사절이 쓰였을 뿐, 관형절은 안겨 있지 않다.

④, ⑤ ㉠의 안긴문장은 관형절 '그가 결혼했다는'과 부사절 '뒤늦게'이다. 이때 '그가 결혼했다는'이라는 안긴문장은 주어와 서술어로 구성되어 있으며, '뒤늦게'는 주어가 생략된 채 제시되고 있다. 한편, ㉡에서 '그 자리에서 도망가기'라는 명사절은 원래 문장 '(내가) 그 자리에서 도망가다.'와 비교했을 때 주어가 생략된 채 부사어와 서술어로만 구성되어 있음을 알 수 있다. '그 자리에서 도망가기는 이미 늦었음'이라는 명사절 역시 주어와 부사어, 서술어로 구

성되어 있다.

55. ③

정답 설명

㉢의 안긴문장은 '그녀가 나를 사랑했다는'이다. 이는 '그녀가 나를 사랑했다.'가 관형사형 전성 어미 '-는'과 결합하여 형성된 관형절로, 후행하는 명사 '말'을 수식하는 관형어의 기능을 하고 있다.

오답 설명

① ㉠의 안긴문장은 '음악적 재능이 있었다.'이다. 즉, '음악적 재능이'가 주어, '있었다'가 서술어로 구성된 것이므로 ㉠의 안긴문장이 서술절로 쓰이고 있다는 선지의 진술은 적절하다.

② ㉡의 안긴문장은 '돈 없이'이다. 이는 '돈(이) 없다.'라는 문장이 부사 파생 접미사 '-이'와 결합해 형성된 부사절로, 서술어 '견뎌야 한다.'를 수식하는 부사어의 기능을 하고 있다.

④ ㉣의 안긴문장은 '그녀가 잘못을 숨기고 있음'이다. 이는 '그녀가 잘못을 숨기고 있다.'가 명사형 전성 어미 '-(으)ㅁ'과 결합해 형성된 명사절로, 목적격 조사 '을'이 붙어 안은문장의 목적어로 쓰이고 있다.

⑤ ㉤의 안긴문장은 '비가 내리기'이다. 이는 '비가 내리다'가 명사형 전성 어미 '-기'와 결합해 형성된 명사절로, 조사와 결합하지 않고 의존 명사 '전'을 수식하는 관형어로 쓰이고 있다.

56. ④

정답 설명

㉣의 '쌓다'는 '물건을 차곡차곡 포개어 얹어서 구조물을 이루다.'의 의미라고 하였으므로, 주어 외에 '…을'이라는 성분을 필수적으로 요구함을 추론할 수 있다. '*그는 쌓아 길을 뚫었다.'와 같이 '축대를'을 생략하면 문장이 불명확해지므로, 문장이 성립하지 않는다. 따라서 ㉣의 '쌓다'는 주어와 목적어를 요구하는 두 자리 서술어이다.

오답 설명

① ㉠의 '쓰다'는 '어떤 일을 하는 데에 재료나 도구, 수단을 이용하다.'라는 의미라고 하였으므로, 주어 외에 '…에 …을'이라는 성분을 필수적으로 요구함을 추론할 수 있다. '*농부가 쓴 결과 수확량이 늘었다.'와 같이 '농사에'와 '퇴비를'을 생략하면 문장이 성립하지 않는다. 따라서 ㉠의 '쓰다'는 주어, 부사어, 목적어를 요구하는 세 자리 서술어이다.

② ㉡의 '쓰다'는 '어떤 일에 마음이나 관심을 기울이다.'라는 의미라고 하였으므로, 주어 외에 '…에게(에) …을'이라는 성분을 필수적으로 요구함을 추론할 수 있다. '*선생님, 일부러 쓰지 않으셔도 됩니다.'와 같이 '제게(저에게)'와 '마음을'을 생략하면 문장이 성립하지 않는다. 따라서 ㉡의 '쓰다'는 주어, 부사어, 목적어를 요구하는 세 자리 서술어이다.

③ ㉢의 '쓰다'는 '몸의 일부분을 제대로 놀리거나 움직이다.'라는 의미라고 하였으므로, 주어 외에 '…을'이라는 성분을 필수적으로 요구함을 추론할 수 있다. '*그는 교통사고로 쓰지 못한다.'와 같이 목적어 '(한쪽) 다리를'을 생략하면 문장이 성립하지 않는다. 따라서 ㉢의 '쓰다'는 주어와 목적어를 요구하는 두 자리 서술어이다.

⑤ ㉤의 '쌓다'는 '밑바탕을 닦아서 든든하게 마련하다.'의 의미라고 하였으므로, 주어 외에 '…을'이라는 성분을 필수적으로 요구함을 추론할 수 있다. '*그는 몇 년째 집에서 쌓고 있었다.'와 같이 '(학문의) 기초만'을 생략하면 문장이 성

립하지 않는다. 따라서 ⑩의 '쌓다'는 주어와 목적어를 요구하는 두 자리 서술어이다. 참고로, '기초만'은 목적격 조사 '을'이 생략되고 보조사 '만'이 결합한 형태이다.

57. ①

정답 설명

㉠은 '우리는 그제야 안심했고 뒤늦게 언니가 왔다.'와 같이 앞뒤 절의 순서를 바꾸면 원래 문장의 의미와 달라진다. 이를 통해 일반적으로 대등적 연결 어미로 쓰이는 '-고'가 해당 예문에서는 앞뒤 절의 시간적 선후 관계를 나타내는 종속적 연결 어미 '-고'의 기능을 하고 있음을 알 수 있다. 따라서 ㉠은 앞뒤 절의 순서를 바꿀 수 없으므로, 종속적으로 이어진 문장이다.

오답 설명

② ㉡은 '그 열매는 달지만 고통을 인내하는 시간은 쓰다.'와 같이 앞뒤 절의 순서를 바꿔도 의미상 큰 차이가 없다. 이때 '-지만'은 대등적 연결 어미로, 앞뒤 절이 대조의 의미 관계로 연결됨을 나타낸다. 따라서 ㉡에서는 앞뒤 절이 독립적인 관계를 이루므로, 대등하게 이어진 문장이다.

③ ㉢은 '여기까지 쉬지 않고 달려오려고 그 사람을 만났다.'와 같이 앞뒤 절의 순서를 바꾸면 문장의 의미가 변화함을 알 수 있다. 이때 '-려고'는 종속적 연결 어미로, 앞 절이 뒤 절의 목적이나 의도가 됨을 나타낸다. 따라서 ㉢은 앞뒤 절의 의미가 독립적이지 못하므로, 종속적으로 이어진 문장이다.

④ ㉣은 '그가 캐나다로 혼자 여행을 떠나면 겨울이 될 것이다.'와 같이 앞뒤 절의 순서를 바꾸면 문장의 의미가 변화함을 알 수 있다. 이때 '-면'은 종속적 연결 어미로, 앞 절이 뒤 절의 조건이 됨을 나타낸다. 따라서 ㉣은 앞 절의 조건이 먼저 일어나야 뒤 절의 결과가 이루어지므로, 시간적 선후 관계를 이루는 종속적으로 이어진 문장이다.

⑤ ㉤은 '*집으로 가는 비행기가 뜨지 못해서 갑자기 태풍이 왔다.'와 같이 앞뒤 절의 순서를 바꾸면 문장이 성립하지 않는다. 이때 '-아서'는 종속적 연결 어미로, 앞 절이 뒤 절의 원인이나 이유가 됨을 나타낸다. 따라서 ㉤은 앞뒤 절의 시간적 선후 관계가 정해져 있어 서로 순서를 바꿀 수 없으므로, 종속적으로 이어진 문장이다.

58. ③

정답 설명

해당 예문에서는 명사구 '그녀의 머리가 좋다는 말'이 서술어 '아니었군'의 주어로 쓰이고 있다. '거짓이'는 서술절의 주어가 아니라, 서술어 '아니었군'이 요구하는 문장 성분 중 하나인 보어로 쓰인 것이다.

오답 설명

① 해당 예문에서는 단체를 나타내는 무정 명사 '우리나라'에 '에서'가 결합하여 서술어 '개발했다'의 주어로 쓰이고 있다.

② 해당 예문에서는 높임의 의미를 가지는 명사 '선생님'에 높임의 주격 조사 '께서'가 결합하여 주어로 쓰이고 있다. 이때 높임의 대상이 되는 주어에 대응하여 주체를 높이는 높임 어휘 '계시다'가 사용되었으므로, '선생님께서'가 주어로 쓰였음을 알 수 있다.

④ ㉠에서 대명사 '자기'는 선행하는 주어 '민주'를 다시 가리키는 재귀칭의 기능을 하고 있다. 한편, ㉡은 주어가 일인칭으로 나타날 땐 '자기'를 쓰기 어려움을 보여 준다.

⑤ ㉠의 '이 영화를 보거라.', ㉡의 '이 영화를 보면 참 슬프다.'는 모두 주어가

생략되어 있다. ㉠과 같이 명령문이 쓰일 때는 명령문의 주어는 항상 이인칭으로 나타나므로 생략되어도 문장 성립에 영향을 주지 않으며, ㉡과 같이 '슬프다, 기쁘다, 싫다' 등과 같은 말하는 이가 스스로의 느낌이나 감정 등의 심리를 서술하는 심리 형용사가 쓰이면 주어가 일인칭이므로 생략되어도 문장 성립에 영향을 주지 않는다.

59. ④

정답 설명

㉣은 '비가 많이 오다.'라는 문장에 명사형 전성 어미 '-기'가 붙어 형성된 명사절이다. 그리고 이 명사절이 의존 명사 '때문'을 수식하고 있다. 따라서 명사절이 조사와 결합하지 않고 관형어의 역할을 하고 있음을 알 수 있다.

오답 설명

① ㉠은 '그는 장차 큰일을 할 사람이다.'라는 문장에 명사형 전성 어미 '-(으)ㅁ'이 붙어 형성된 명사절로, 주격 조사 '이'와 결합하여 서술어 '틀림없다'의 주어 역할을 하고 있다.

② ㉡은 '좋은 소식이 들려오다.'라는 문장에 명사형 전성 어미 '-기'가 붙어 형성된 명사절로, 목적격 조사 '를'과 결합하여 서술어 '기다렸다'의 대상이 되는 목적어 역할을 하고 있다.

③ ㉢은 '홀로 전 세계를 여행하다.'라는 문장에 명사형 전성 어미 '-기'가 붙어 형성된 명사절로, 서술격 조사 '이다'와 결합하여 문장에서 주어 '그녀의 목표는'에 대응하는 서술어 역할을 하고 있다.

⑤ ㉤은 '그녀가 이 축제를 주도한 학생이다.'라는 문장에 명사형 전성 어미 '-기'가 붙어 형성된 명사절로, 조사 '를'과 결합하지 않고 서술어 '바란다'의 대상이 되는 목적어 역할을 하고 있다.

60. ⑤

정답 설명

'가르치다'는 '상대편이 아직 모르는 일을 알도록 일러 주다.'의 의미로, 사람을 가리키는 유정 명사를 주어와 부사어로 요구한다. '*산은 바위에게 도덕을 가르쳤다.'의 '산', '바위'와 같이 무정 명사가 주어나 부사어로 쓰이면 문장이 성립하지 않는다. 이때, '가르치다'는 주어와 부사어, 목적어를 필수로 요구하는 세 자리 서술어이므로 선지의 내용은 적절하지 않다.

오답 설명

① '걷다'는 '다리를 움직여 바닥에서 발을 번갈아 떼어 옮기다.'의 의미로, '사람, 동물'과 같은 유정 명사를 주어로 요구한다. '*산이 살금살금 걷는다.'와 같이 무정 명사가 주어로 오면 문장이 성립하지 않는다. 이때, '걷다'는 주어만을 요구하는 한 자리 서술어이므로 선지의 내용은 적절하다.

② '다물다'는 '입술이나 그처럼 두 쪽으로 마주 보는 물건을 꼭 맞대다.'의 의미로, '입, 입술'과 같은 특정한 신체 부위를 목적어로 요구한다. '*아이는 눈을 꼭 다물었다.'와 같이 '눈'은 '감다'라는 서술어와 어울릴 뿐, '다물다'와는 사용되기 어렵다. 이때, '다물다'는 주어와 목적어를 필수로 요구하는 두 자리 서술어이므로 선지의 내용은 적절하다.

③ '존경하다'는 '남의 인격, 사상, 행위 따위를 받들어 공경하다.'의 의미로, 존경하는 대상이 되는 사람을 가리키는 유정 명사를 목적어로 요구한다. '*사람들은 명예를 존경한다.'의 '명예'와 같이 추상 명사가 올 때는 문장이 성립하지 않는다. 이때, '존경하다'는 주어와 목적어를 필수로 요구하는 두 자리 서술어이므로 선지의 내용은 적절하다.

정답과 해설   27

④ '입다'는 '옷을 몸에 꿰거나 두르다.'의 의미로, '옷'과 관련된 특정한 종류의 명사만을 목적어로 요구한다. '*날이 추워서 양말을 입었다.'의 '양말'과 같이 '옷'과 관련되지 않은 다른 종류의 명사가 올 때는 문장이 성립하지 않는다. 이때, '입다'는 주어와 목적어를 필수로 요구하는 두 자리 서술어이므로 선지의 내용은 적절하다. 참고로, '양말'은 '신, 버선, 양말 따위를 발에 걸다.'라는 의미의 동사 '신다'와 어울린다.

61. ④

정답 설명

⑧에서 '어렸을 때 같이 놀았던'은 후행하는 명사 '친구'를 수식하는 관형절로, 원래 문장으로 되돌리면 '어렸을 때 (친구와) 같이 놀았다.'이다. 즉, 관형절이 수식하는 명사와 동일한 성분인 부사어 '친구와'가 생략되어 있으므로 관계 관형절임을 알 수 있다.

오답 설명

① ㉠에서 '영주가 작곡한'은 후행하는 명사 '노래'를 수식하는 관형절로, 원래 문장으로 되돌리면 '영주가 (노래를) 작곡하다.'이다. 즉, 관형절이 수식하는 명사와 동일한 성분인 목적어 '노래를'이 생략되어 있으므로 관계 관형절임을 알 수 있다.

② ㉡에서 '나는 그녀와 함께 밥을 먹은'은 후행하는 명사 '기억'을 수식하는 관형절로, 원래 문장으로 되돌리면 '나는 그녀와 함께 밥을 먹다.'이다. 이때 '나는 그녀와 함께 밥을 먹다.'라는 내용과 관형절의 수식을 받는 명사 '기억'은 내용상 동격을 이루며, 관형절로 안긴 문장 내에 생략된 문장 성분이 없다는 점에서 동격 관형절임을 알 수 있다.

③ ㉢에서 '그들이 다음 주에 결혼한다는'은 후행하는 명사 '소식'을 수식하는 관형절로, 원래 문장으로 되돌리면 '그들이 다음 주에 결혼한다.'이다. 이때, '그들이 다음 주에 결혼한다.'라는 내용과 관형절의 수식을 받는 명사 '소식'이 내용상 동격을 이루며, 관형절로 안긴 문장 내에 생략된 문장 성분이 없다는 점에서 동격 관형절임을 알 수 있다.

⑤ ㉤에서 '이번에 선출된'은 후행하는 명사 '의원장'을 수식하는 관형절로, 원래 문장으로 되돌리면 '이번에 (의원장으로) 선출되다.'이다. 즉, 관형절이 수식하는 명사와 동일한 성분인 부사어 '의원장으로'가 생략되어 있으므로 관계 관형절임을 알 수 있다.

62. ①

정답 설명

직접 인용절과 간접 인용절은 인칭, 시간 표현, 지시 표현에서 화자의 관점에 따라 차이가 발생한다. 제시된 예문에서 '서윤'은 '어제' 화자에게 "모레 이곳에 우리끼리 오자."라고 말한 것이므로, 현재 화자의 시점인 '오늘'을 기준으로 판단하면 "모레"는 '내일'(㉠)이 된다. 또한, 화자의 시점을 기준으로 '서윤'이 있는 곳은 '제주도'이지만, 화자의 위치는 '제주도'가 아님을 추론할 수 있다. 따라서 "이곳에"는 현재 화자의 위치를 고려하면 "그곳에"(㉡)가 된다. 마지막으로 화자의 시점에서 화자가 오는 것이 아니라 그곳으로 가는 상황이므로, "오자"는 "가자"(㉢)로 바뀐다. 즉, ㉠은 '내일', ㉡은 '그곳에', ㉢은 '가자'가 되므로, 해당 예문을 간접 인용절로 바꾸면 '어제 제주도로 떠난 서윤이는 나에게 내일 그곳에 우리끼리 가자고 말했다.'가 된다.

63. ②

정답 설명

㉮ [자료]에서 ㉮의 '서울은 인구가 매우 많다.'는 주어와 서술어가 두 번 나타나므로, 겹문장임을 알 수 있다. 안은문장의 주어는 '서울은', 서술어는 '인구가 매우 많다'이다. 이때, '인구가 매우 많다'는 '인구가(주어) + 많다(서술어)'로 구성되며, 안은문장의 주어 '서울은'에 대응하는 서술어로 기능하므로 서술절임을 알 수 있다. 따라서 ㉮는 ⓑ에 해당하는 예문이다.

㉯ [자료]에서 ㉯의 '저 사람은 아들도 똑똑하다.'는 주어와 서술어가 두 번 나타나므로, 겹문장임을 알 수 있다. 안은문장의 주어는 '저 사람은', 서술어는 '아들도 똑똑하다'이다. 이때, '아들도 똑똑하다'는 '아들도(주어) + 똑똑하다(서술어)'로 구성되며, 안은문장의 주어 '저 사람은'에 대응하는 서술어로 기능하므로 서술절임을 알 수 있다. 따라서 ㉯는 ⓑ에 해당하는 예문이다.

오답 설명

㉰ [자료]에서 ㉰의 '그는 말도 없이 유학을 떠나 버렸다.'는 주어와 서술어가 두 번 나타나므로, 겹문장임을 알 수 있다. 안은문장의 주어는 '그는', 서술어는 '떠나 버렸다'이고, 안긴문장의 주어는 '말도', 서술어는 '없이'로 나타난다. 이때, '말도 없이'는 '말도 없다'라는 문장에 부사 파생 접미사 '-이'가 결합하여 부사절을 형성한 것으로, 안은문장의 서술어 '떠나 버렸다'를 수식하는 부사어로 기능하고 있다. 따라서 ㉰는 ⓒ에 해당하는 예문이다.

㉱ [자료]에서 ㉱의 '우리 마을에서 그 일은 연례행사가 되었다.'는 주어 '그 일은'과 서술어 '되었다'와 같이 주어와 서술어가 한 번만 나타나므로, 홑문장임을 알 수 있다. 참고로, '우리'는 관형어, '마을에서'는 부사어, '연례행사가'는 보어에 해당한다. 따라서 ㉱는 ⓐ에 해당하는 예문이다.

64. ⑤

정답 설명

㉤에서 '가져가십시오'의 '-십시오'는 하십시오체의 명령형을 나타낸다. '*눈이 내릴 것 같아서 우산을 가져가십시오.'가 성립하지 않는 것을 통해, 연결 어미 '-아서/어서'가 명령문과 결합할 수 없음을 알 수 있다. 이때, '-아서/어서'는 앞 절이 뒤 절의 원인이나 이유가 됨을 나타내는 연결 어미로, '눈이 내릴 것 같아서 우산을 가져가느냐?', '눈이 내릴 것 같아서 우산을 가져간다.'와 같이 주로 의문문이나 평서문과 결합하여 쓰인다. 따라서 '-아서'가 평서문과는 어울리지 못한다는 선지의 설명은 적절하지 않다.

오답 설명

① ㉠에서 '떠났으면서'가 성립하지 않는 것을 통해, 연결 어미 '-면서'가 과거 시제 선어말 어미 '-았-'과 결합하지 못함을 알 수 있다. 이때, '-면서'는 앞 절과 뒤 절이 동시에 일어난다는 의미를 나타내는 연결 어미이므로, '*떠났으면서 / *떠나겠으면서' 등과 같이 시제 선어말 어미와 결합하기 어렵다.

② ㉡에서 '*그는 동생을 만나고자 동생은 도서관으로 갔다.'가 성립하지 않는 것을 통해, 연결 어미 '-고자'는 앞 절과 뒤 절의 주어가 같아야 함을 알 수 있다. 이때, '-고자'는 앞 절이 뒤 절의 목적이나 의도가 됨을 나타내는 연결 어미이므로, 앞 절과 뒤 절의 주어가 다르면 문장이 성립하기 어렵다.

③ ㉢에서 '학생이려고'가 성립하지 않는 것을 통해, 연결 어미 '-려고'가 체언에 서술격 조사 '이다'가 붙은 서술어에는 결합하지 못함을 알 수 있다. 이때 '-려고'는 어떤 행동을 할 의도나 욕망을 가지고 있음을 나타내는 연결 어미이므로, 형용사나 서술격 조사에는 결합하지 않고 동사와만 결합한다.

④ ㉣에서 '그는 노래를 안 듣느라'가 성립하지 않는 것을 통해, 연결 어미 '-느라'가 부정 요소 '안'과 함께 쓰이지 못함을 알 수 있다. 이때, '-느라'는 앞 절이 뒤 절의 원인이나 이유가 됨을 나타내는 연결 어미이다.

65. ④

정답 설명

ⓔ은 '비가 내리다 + 눈이 오다'의 문장이 연결 어미 '-거나'를 통해 대등하게 이어진 문장이다. 이때, '비가 내리거나 눈이 오다'는 명사형 전성 어미 '-기'와 결합하여 명사절로 쓰이고 있으며, 이 명사절은 '기다렸다'의 목적어(주성분)로 기능하고 있으므로 제시된 선지는 적절하지 않다.

오답 설명

① ㉠은 '(~가) 물고기를 구하다 + (~가) 나무에 올라가다'의 문장이 연결 어미 '-러'를 통해 종속적으로 이어진 문장이다. 이때, '물고기를 구하러 나무에 올라가다'는 명사형 전성 어미 '-기'와 결합하여 명사절로 기능하고 있으므로, 제시된 선지는 적절하다.

② ㉡은 '이 집의 정원이 넓다 + (정원이) 마음에 든다'의 문장이 연결 어미 '-어서'를 통해 종속적으로 이어진 문장이다. 이때, '이 집의 정원이 넓어서 마음에 든다'는 간접 인용절의 조사 '고'와 결합하여 인용절로 기능하고 있으므로, 제시된 선지는 적절하다.

③ ㉢은 '날씨가 춥다 + (몸이) 얼다'의 문장이 연결 어미 '-어서'를 통해 종속적으로 이어진 문장이다. 이때 '날씨가 추워서 (몸이) 얼다'는 관형사형 전성 어미 '-(으)ㄴ'과 결합하여 후행하는 명사 '몸'을 수식하는 관형어로 기능하고 있으므로, 제시된 선지는 적절하다.

⑤ ㉤은 '(~가) 공원을 조성하다 + (~가) 조형물을 설치하다'의 문장이 연결 어미 '-고'를 통해 대등하게 이어진 문장이다. 이때, '공원을 조성하고 조형물을 설치하다'는 관형사형 전성 어미 '-는'과 결합하여 후행하는 명사 '정책'을 수식하는 관형절로 기능하고 있으므로, 제시된 선지는 적절하다.

---

1. ③

정답 설명

'시험이 내일모레로 눈앞에 다가왔다.'에서 '눈앞'은 '눈으로 볼 수 있는 아주 가까운 곳'의 의미가 아니라, '아주 가까운 장래'를 의미한다. 따라서 기존 의미를 벗어나 새로운 의미를 획득한 ⓒ(융합 합성어)으로 보는 것이 적절하다.

오답 설명

① '손가락'은 '손의 가락'이라는 의미로 '손'이 '가락'을 수식하는 관계이므로 ㉠(종속 합성어)에 해당한다.

② '쌀밥'은 '쌀로 지은 밥의 의미로 '쌀'이 '밥'을 수식하는 관계이므로 ㉠에 해당한다.

④ '아들딸'은 '아들'과 '딸'을 아울러 이르는 말로, 두 성분이 대등한 관계를 이루고 있으므로 ⓛ(대등 합성어)에 해당한다.

⑤ '종이호랑이'는 '종이'와 '호랑이'의 의미를 그대로 결합한 것이 아니라, '겉보기에는 힘이 셀 것 같으나 사실은 아주 약한 것'을 이르는 말이다. 따라서 기존 의미를 벗어나 새로운 의미를 획득한 ⓒ에 해당한다.

2. ④

정답 설명

'뜬소문'은 용언의 어간 '뜨-'에 관형사형 어미 '-(으)ㄴ'이 결합하여 명사 어근 '소문'을 수식하고 있으므로 ㉠(통사적 합성어)에 해당한다.

오답 설명

① '뾰족구두'는 부사 어근 '뾰족'이 명사 어근 '구두'를 수식하고 있다. 일반적인 문장 구조에서는 부사가 용언을 수식하고 관형사가 체언을 수식한다. '뾰족구두'는 이러한 일반적인 문장 구조를 따르지 않는 비통사적 합성어이다.

② '꺾쇠'는 '꺾다'의 어간 '꺾-'에 명사 '쇠'가 결합한 합성어이다. 이는 용언이 체언을 수식하는 관계인데, 용언의 어간이 관형사형 어미와 결합하지 않고 명사와 직접 결합하고 있으므로 비통사적 합성어이다.

③ '깨물다'는 '깨다'와 '물다'의 어간 '깨-', '물-'이 결합한 합성어이다. 용언의 어간과 어간이 연결 어미 없이 직접 결합하고 있으므로 비통사적 합성어이다.

⑤ '붙잡다'는 '붙다'와 '잡다'의 어간 '붙-', '잡-'이 결합한 합성어이다. 용언의 어간과 어간이 연결 어미 없이 직접 결합하고 있으므로 비통사적 합성어이다.

3. ④

정답 설명

'바닷가'와 '우물가'는 각각 '바다'와 '가', '우물'과 '가'라는 어근끼리의 결합으로 이루어진 ⓛ(합성어)에 해당한다. '가'는 '경계에 가까운 바깥쪽 부분'의 뜻을 나타내는 명사 어근이다.

오답 설명

① '하늘'은 더 이상 나눌 수 없는, 하나의 어근으로 이루어진 ㉠(단일어)이다.

② '새신랑'과 '구름다리'는 '새+신랑', '구름+다리'로 나뉘는데, 이때 '새'와 '신랑', '구름'과 '다리'는 각각 어근이므로 ⓛ에 해당한다.

③ '뛰놀다'와 '오가다'는 각각 '뛰-'와 '놀-', '오-'와 '가-'라는 어근끼리의 결합으로 이루어진 ⓛ이다.
⑤ '먹히다'는 '먹다'의 피동사로, 어근 '먹-'에 피동의 의미를 갖는 접미사 '-히-'가 결합하였으므로 ⓒ(파생어)에 해당한다.

4. ②

정답 설명

'형은 아침 일찍 서울로 갔다.'의 '가다'는 '한 곳에서 다른 곳으로 장소를 이동하다.'의 의미이고, '그녀는 어제 만난 남자에게 무척 호감이 갔다.'의 '가다'는 '관심이나 눈길 따위가 쏠리다.'의 의미이다. 둘 다 '가다'라는 하나의 표제어 안에 속하므로, ㉠(동음이의어)이 아닌 ㉡(다의어)의 예문이다.

오답 설명

① '선물을 예쁜 포장지에 싸서 준비해라.'의 '싸다'는 '물건을 안에 넣고 보이지 않게 씌워 가리거나 둘러 말다.'의 의미의 동사이다. '물건 값이 싸서 손님이 많구나.'의 '싸다'는 '물건 값이나 사람 또는 물건을 쓰는 데 드는 비용이 보통보다 낮다.'의 의미의 형용사이다. 따라서 ㉠의 예로 적절하다.
③ '동생이 실수로 그릇을 깼다.'의 '깨다'는 '단단한 물체를 쳐서 조각이 나게 하다.'의 의미이고, '그 선수가 결국 세계 기록을 깼다.'의 '깨다'는 '어려운 장벽이나 기록 따위를 넘다.'의 의미이다. 둘 다 '깨다'라는 하나의 표제어 안에 속하므로, ㉡의 예문으로 적절하다.
④ '번화가에 가게를 새로 냈다.'의 '내다'는 '가게 따위를 새로 차리다'의 의미이고, '아들이 본가 근처에 살림을 따로 냈다.'의 '내다'는 '살림, 세간 따위를 따로 차리게 하다.'의 의미이므로 ㉡의 예문으로 적절하다.
⑤ '거실에 놓을 의자를 이웃집에서 얻었다.'의 '얻다'는 '거저 주는 것을 받아 가지다.'의 의미이고, '내가 그토록 바라던 며느리를 얻었다.'의 '얻다'는 '사위, 며느리, 자식, 남편, 아내 등을 맞다.'의 의미이므로 ㉡의 예문으로 적절하다.

5. ⑤

정답 설명

'할머니 품에 아기를 안기다.'에서 '안기다'는 '안다'의 사동사이다. '안기다'는 본래 동사 '안다'의 어근 '안-'에 사동 접사 '-기-'가 결합한 형태이다. 따라서 '안기다'의 어간은 '안기-'이고, 어근은 '안-'이다.

오답 설명

① '입다'의 어간과 '입히다'의 어근은 '입-'으로 같은 형태이다.
② '들어가다'는 어근 '들-'과 어근 '가-'가 결합한 합성어이다.
③ '앞서다'는 '앞서고, 앞서지, 앞서며' 등으로 활용하므로 어간은 '앞서-'이다. 의미상 중심이 되는 어근은 '앞', '서-'이다.
④ '날개', '덮개'는 어근 '날-', '덮-'에 '그러한 행위를 하는 간단한 도구'의 뜻을 더하고 품사를 명사로 만드는 접미사 '-개'가 결합한 파생어이다.

6. ⑤

정답 설명

'오르막길'은 어근 '오르-'에 '그렇게 된 곳'이라는 뜻을 더하는 접사 '-막'이 결합된 '오르막'과 '길'이 합쳐져 이루어진 합성어이다. 접사 '-막'이 포함되어 있지만 '오르막길'을 직접 구성 요소로 나누면 두 개의 어근 '오르막'과 '길'로 나뉘므로 파생어가 아니라 합성어이다.

오답 설명

① '짓밟히다'는 어근 '짓밟-'에 접미사 '-히-'가 결합된 파생어이다. 또한 '짓밟-'은 접두사 '짓-'과 어근 '밟-'으로 구분할 수 있다. 따라서 '짓밟히다'는 두 개의 접사가 들어 있는 파생어가 맞다.
② '버드나무'는 '버들'과 '나무'가 결합된 합성어이며 '버들'과 '나무'는 모두 어근에 해당하므로 올바른 설명이다.
③ '되돌리다'에 포함된 접두사 '되-'와 '되감다'에 포함된 접두사 '되-'는 모두 '도로'의 뜻을 더해 주는 접두사이므로 올바른 설명이다.
④ '비빔밥'은 어근 '비비-'에 접사 '-ㅁ'이 결합한 '비빔'이 명사 어근 '밥'과 합쳐져 이루어진 합성어이다. '웃음꽃' 역시 어근 '웃-'에 접사 '-음'이 결합한 '웃음'이 명사 어근 '꽃'과 합쳐져 이루어진 합성어이므로 올바른 설명이다.

7. ⑤

정답 설명

'그것을 굳이 문제 삼을 것 없다.'라는 문장에서 '삼다'는 '무엇을 무엇이 되게 하거나 여기다.'라는 의미로 사용되었으므로, 삼다02의 「3」의 용례가 아닌 「2」의 용례로 추가해야 한다.

오답 설명

① 삼다01과 삼다02는 별개의 표제어로 수록되었고, 그 의미가 전혀 연관성이 없으므로 동음이의 관계이다.
② 삼다01은 [삼아, 삼으니] 등으로 활용되고, 삼다02도 [삼아, 삼으니] 등으로 활용되므로, 둘 다 어간이나 어미의 형태 변화 없이 활용되는 규칙 활용을 한다고 볼 수 있다.
③ 삼다01은 주어와 목적어를 요구하는 두 자리 서술어이고, 삼다02는 주어와 목적어 외에 【…으로】라는 필수적 부사어를 추가로 요구하는 세 자리 서술어이다.
④ 삼다02의 「1」은 '어떤 대상과 인연을 맺어 자기와 관계있는 사람으로 만들다.'라는 의미로 '친구의 딸을 며느리로 삼다. = 친구의 딸을 며느리로 정하다.'의 경우처럼 '여럿 가운데 선택하거나 판단하여 결정하다.'를 의미하는 '정하다'와 유사한 의미로 사용될 수 있다.

8. ①

정답 설명

'만큼'은 의존 명사와 조사 두 가지 품사로 쓰이는데, '사랑한 만큼'에서 '만큼'은 '사랑한'이라는 관형어의 꾸밈을 받는 의존 명사이다. 따라서 제41항이 아닌 제42항에 따라 띄어 써야 한다.

오답 설명

② '한'은 수 관형사이며 '그루'는 단위를 나타내는 의존 명사이므로 제42항에 따라 띄어 써야 한다.
③ '숨어 버렸다'는 본용언과 보조 용언의 결합 형태이다. 그러므로 제47항에 따라 띄어 씀을 원칙으로 하되 붙여 써도 된다.
④ '떠내려고 말았다'의 '떠내려가다'는 '뜨- + -어 + 내리- + -어 + 가- + -다'로 분석할 수 있는 합성어이다. 그러므로 제47항 '다만'의 두 번째 조항에 따라 뒤에 이어 나오는 보조 용언 '말았다'와 띄어 써야 한다.
⑤ '듯'은 의존 명사이고, '도'는 조사이다. 그러므로 제41항에 따라 두 단어를 붙여 쓰고, 제42항에 따라 앞말인 '올'과 띄어 써야 한다.

9. ④

정답 설명

이르다1과 이르다3은 【…에】, 【…보다/-기에】와 같이 부사어를 필요로 하는 두 자리 서술어이다. 그러나 이르다2의 경우, 【…에게 …을】처럼 목적어와 부사어를 요구하는 세 자리 서술어이거나 【…을】처럼 목적어를 필요로 하는 두 자리 서술어이므로 선지의 설명은 적절하지 않다.

오답 설명

① 이르다1은 [일러]로 활용되는 이르다2, 이르다3과 달리 [이르러]로 활용된다.
② '타이르다'는 '잘 깨닫도록 일의 이치를 밝혀 말해 주다.'의 의미를 갖고 있기 때문에 이르다2 ㉡의 유의어라 할 수 있다.
③ 이르다1, 이르다2는 움직임을 나타내는 동사, 이르다3은 상태나 성질을 나타내는 형용사이다.
⑤ 해당 예문의 '이르다'는 '어떤 장소에 닿다.'라는 뜻이므로 이르다1 ㉠에 해당하는 예문으로 추가할 수 있다.

10. ②

정답 설명

'들어서다'는 '밖에서 안쪽으로 옮겨 서다.', '들어오다'는 '일정한 지역이나 공간의 범위와 관련하여 그 밖에서 안으로 이동하다.'라는 의미로, 모두 '들다1' ㉠의 뜻을 살리고 있다.

오답 설명

① 하나의 표제어 안에서 다의 관계를 형성할 때 중심적 의미와 주변적 의미로 나누며, 번호가 앞선 것이 중심적 의미, 뒤의 것이 주변적 의미에 해당한다. '들다1', '들다2'와 같이 표제어 번호가 별개인 것은 동음이의 관계이다.
③ '전국에 풍년이 들다.'에서 쓰인 '들다'는 '어떤 일이나 기상 현상이 일어나다.'의 의미를 갖기 때문에 '들다1' ㉡의 용례로 추가할 수 없다.
④ '올리다'는 '위쪽으로 높게 하거나 세우다.'의 의미를 갖고 있기 때문에 '들다2' ㉠의 유의어로 적절하지 않다. 만약 '역기를 들다.', '손을 들다.'에 쓰인 '들다'의 의미가 제시되어 있다면 '올리다'를 유의어로 볼 수 있다.
⑤ '들다1'의 속담은 '들다'와 '나다'의 반의 관계를 이용한 것이 맞지만, '들다2'의 속담에 쓰인 '나다'는 '일을 마치고 나니'와 같이 앞말이 뜻하는 행동을 끝내어 이루었음을 나타내는 보조 용언이므로 반의 관계를 이용한 것이 아니다.

11. ③

정답 설명

'붓다1', '붓다2'의 경우, 활용 형태가 '부어, 부으니, 붓는'으로 제시되고 있으므로 'ㅅ' 불규칙 활용을 하는 동사임을 알 수 있다. '붇다'의 경우, 활용 형태가 '불어, 불으니, 붇는'으로 제시되고 있으므로 'ㄷ' 불규칙 활용 동사로 볼 수 있다.

오답 설명

① '붓다1', '붓다2'는 별개의 표제어로 수록되었고, 그 의미가 전혀 연관성이 없으므로 동음이의 관계이다.
② '붓다1'과 달리 '붓다2'는 【…에/에게 …을】에 해당하는 문장 성분이 더 필요함을 확인할 수 있다.
④ '붓다2 「1」'의 '액체나 가루 따위를 다른 곳에 담다.'의 의미를 고려할 때, '따르다'와 유의 관계에 있는 것으로 볼 수 있다.

⑤ 문장의 맥락을 고려할 때, '불은'은 '물에 젖어서 부피가 커지다.'의 의미이므로 '붇다 「1」'의 용례로 적절하다.

12. ④

정답 설명

'검붉다'는 어근 '검-'과 어근 '붉-'이 결합한 합성어이다. 이때 '검붉고', '검붉으니' 등의 활용형을 고려하면 어간이 '검붉-'임을 알 수 있다.

오답 설명

① '치솟다'는 어근 '솟-'에 접두사 '치-'가 결합한 것이다. '치솟아', '치솟은' 등의 활용형을 고려하면 어간이 '치솟-'임을 알 수 있다.
② '잡히다'는 어근 '잡-'에 피동 접사 '-히-'가 결합한 것이다. '잡히고', '잡히니' 등의 활용형을 고려하면 어간이 '잡히-'임을 알 수 있다.
③ '설익다'는 어근 '익-'에 접두사 '설-'이 결합한 것이다. '설익은', '설익어서' 등의 활용형을 고려하면 어간이 '설익-'임을 알 수 있다.
⑤ '날아가다'는 어근 '날-'과 어근 '가-'가 결합한 합성어이다. '날아가니', '날아가고' 등의 활용형을 고려하면 어간은 '날아가-'임을 알 수 있다.

13. ⑤

정답 설명

'달리기'는 동사 어근 '달리-'에 명사 파생 접사 '-기'가 결합하여 만들어진 명사이고, '세우기'는 '세우다'라는 동사의 활용형으로, 어간 '세우-'에 명사형 전성 어미 '-기'가 결합한 형태이다. 〈보기〉에서 '달리기'는 관형어 '꾸준한'의 수식을 받지만, '세우기'는 관형어가 아닌 부사어 '조속히'의 수식을 받는 것을 확인할 수 있다. 일반적으로 관형어는 체언을 수식하고 부사어는 용언을 수식한다. 따라서 이를 통해 '달리기'는 사전에서 찾을 수 있는 명사이지만, '세우기'는 '세우다'의 활용형이므로 사전에서 찾을 수 없음을 알 수 있다.

오답 설명

① '달리기'의 '-기'는 파생 접사이고, '세우기'의 '-기'는 명사형 전성 어미이다. 파생 접사와 명사형 전성 어미의 형태가 같으므로, 어간에 '-기'를 결합했다는 점만으로는 둘의 차이를 확인하기 어렵다.
② 제시된 예문에서 목적어를 취하는 것은 '달리기'가 아니라 '세우기'이다. 사전에 명사로 등재된 '달리기'는 서술성이 없으므로 목적어를 취할 수 없다.
③ '달리기'는 주동사 '달리다'와, '세우기'는 '서다'의 사동인 '세우다'와 관련이 있다. 그러나 이것을 근거로 결론의 내용을 도출할 수는 없다.
④ '달리기'와 '세우기'는 모두 조사와 결합하여 각각 목적어와 부사어로 쓰이고 있다. 그러나 조사의 결합 유무와 문장 성분의 종류를 근거로 '세우기'가 명사가 아니라 동사의 활용형이라고 결론지을 수는 없다.

14. ⑤

정답 설명

'우짖는'은 '울- + 짖- + -는'으로 분석할 수 있다. 이때 '울-', '짖-'은 어근, '-는'은 어미이므로, ◎은 어근, ☆은 어미를 가리킨다. '되묻고는 '되- + 묻- + -고'로 분석할 수 있다. 이때 '되-'는 접사, '묻-'은 어근, '-고'는 어미에 해당한다. '밀치는'은 '밀- + 치- + -는'으로 분석할 수 있다. '밀-'은 어근, '치-'는 접사, '-는'은 어미이므로 '되묻고'의 '되-', '밀치다'의 '치-'를 통해 ◇은 접사를 가리킨다는 것을 알 수 있다. '짓밟히며'는 '짓- + 밟- + -히- + -며'로 분석할 수 있는데, '접사+어근+접사+어미'의 결합이므로, 이를 주어진 기호로 나타내면 '◇+◎+◇+☆'이 된다.

15. ③

> **정답 설명**
>
> '출생 연도'는 붙여 쓰지 않고 띄어 썼다. 이를 통해 '출생 연도'는 하나의 단어가 아니며 '출생'과 '연도'의 두 단어가 나란히 쓰인 것임을 알 수 있다. 이때 '연도'의 '연'은 단어의 첫머리에 오기 때문에 두음 법칙을 적용하여 적는다. 반면 합성어 '남녀'의 '녀'는 이미 두음 법칙이 적용된 자립 명사에 해당하지 않고, 단어의 첫머리가 아닌 둘째 음절에 오므로 두음 법칙을 적용하지 않는다.

16. ⑤

> **정답 설명**
>
> '읽다'는 '누가 무엇을 읽다.'라는 능동문에서 사용되고, 접미사 '-히-'가 붙어 '읽히다'로 파생되면 '무엇이 누구에게 읽히다.'라는 피동문으로 바뀌거나 '누가 누구에게 무엇을 읽히다.'와 같이 사동문으로 바뀌어 문장 구조가 변한다. 그러나 '읽다'와 '읽히다' 모두 동사이므로 품사에는 변화가 일어나지 않는다. 따라서 '읽히다'를 품사와 문장 구조가 모두 변하는 @로 분류하는 것은 적절하지 않다.

> **오답 설명**
>
> ① '파랗다'의 품사는 형용사이며, 접두사 '새-'에 의해 파생된 '새파랗다'의 품사 역시 형용사이다. 따라서 품사와 문장 구조에 변화가 없으므로 ⊙의 예로 적절하다.
> ② '달리다'의 품사는 동사이며, 접미사 '-기'에 의해 파생된 '달리기'의 품사는 명사이다. 따라서 동사에서 명사로 품사의 변화가 있으므로 ⓒ의 예로 적절하다.
> ③ '지우다'의 품사는 동사이며, 접미사 '-개'에 의해 파생된 '지우개'의 품사는 명사이다. 따라서 동사에서 명사로 품사의 변화가 있으므로 ⓒ의 예로 적절하다.
> ④ '열다'는 '누가 무엇을 열다.'라는 능동문에서 사용되고, 접미사 '-리-'가 붙어 '열리다'로 파생되면 '무엇이 누군가에게 열리다.'라는 피동문으로 바뀌어 문장 구조가 변한다. 따라서 ⓒ의 예로 적절하다.

17. ③

> **정답 설명**
>
> '마소'는 '말'과 '소'가 결합한 합성어로, '말'의 'ㄹ'이 탈락하여 형태 변화를 보인다. 하지만 '마소'는 '말과 소를 아울러 이르는 말'로 의미 변화는 없다. 따라서 ⊙의 예로 적절하다.

> **오답 설명**
>
> ① '어제오늘'은 '어제'와 '오늘'이 결합한 단어로, 형태 변화를 보이지 않는다. 하지만 '어제오늘'은 '아주 최근이나 요 며칠 사이를 이르는 말'이므로 의미 변화는 있다.
> ② '안팎'은 '안'과 '밖'이 결합한 단어로, 형태 변화를 보인다. 또한 '사람의 안팎'으로 쓰일 경우에는 '마음속의 생각과 겉으로 드러나는 행동'이라는 뜻으로 쓰이므로 의미 변화도 있다.
> ④ '서너'는 '세'와 '네'가 결합한 단어로, 형태 변화를 보인다. 하지만 '서너'는 '그 수량이 셋이나 넷임을 나타내는 말'이므로 의미 변화는 없다.
> ⑤ '소나무'는 '솔'과 '나무'가 결합한 단어로, '솔'의 'ㄹ'이 탈락하여 형태 변화를 보인다. 하지만 의미 변화는 없다.

18. ⑤

> **정답 설명**
>
> (ㅁ)에서 '-이'는 접사이고, '-게'는 어미이다. 그런데 '짧게', '얕게'는 성립하지만 '짧이', '얕이'는 성립하지 않는 것을 통해 접사가 결합할 수 있는 어근에 대한 제약이 어미보다 크다는 것을 알 수 있다.

> **오답 설명**
>
> ① (ㄱ)에서 접사 '-꾼'은 명사 어근 뒤에 온 것이고, 접사 '덧-'은 동사 어근 앞에 온 것이다.
> ② (ㄴ)에서 접사 '-음'은 어근의 품사를 동사나 형용사에서 명사로 바꾸는 기능을 하며, 접사 '-하-'는 어근의 품사를 명사에서 동사나 형용사로 바꾸는 기능을 한다.
> ③ (ㄷ)에서 접사 '군-'은 어근 '말'의 의미를 한정하는 기능을 한다.
> ④ (ㄹ)에서 접사 '-다랗-'은 어미 '-다'에 선행한다.

19. ⑤

> **정답 설명**
>
> '볶음밥'의 직접 구성 요소는 '볶음'과 '밥'이다. 그리고 '볶음'은 다시 어근 '볶-'과 명사 파생 접미사 '-음'으로 분석할 수 있는 파생어이며, '밥'은 단일어이다. 따라서 '볶음밥'은 단일어와 파생어로 이루어진 '눈높이'와 유사한 단어 형성 구조를 지닌다고 볼 수 있다.

> **오답 설명**
>
> ① '불고기'는 단일어 '불'과 단일어 '고기'로 분석할 수 있는 합성어이다.
> ② '시누이'는 접사 '시-'와 단일어 '누이'로 분석할 수 있는 파생어이다.
> ③ '겁쟁이'는 단일어 '겁'과 접사 '-쟁이'로 분석할 수 있는 파생어이다.
> ④ '헛손질'은 접사 '헛-'과 파생어 '손질'로 분석할 수 있는 파생어이다.

20. ①

> **정답 설명**
>
> '물걸레'는 '물에 축여서 쓰는 걸레'라는 의미로, '물'이 '걸레'에 종속되는 관계를 지닌 채 결합된 종속 합성어이다.

> **오답 설명**
>
> ② '태풍으로 도시는 쑥밭이 되었다.'에서의 '쑥밭'은 '매우 어지럽거나 못 쓰게 된 모양을 비유적으로 이르는 말'이다. 결합된 어근 '쑥'과 '밭'이 본래의 뜻을 잃어버리고 새로운 의미를 나타내므로 '쑥밭'은 융합 합성어이다.
> ③ '국그릇'은 '국을 담는 그릇'이라는 의미로, '국'이 '그릇'에 종속되는 관계를 지닌 채 결합된 종속 합성어이다.
> ④ '주고받다'는 '주다'와 '받다'가 대등한 자격으로 결합된 대등 합성어이다.
> ⑤ '유럽 전역에서 르네상스가 꽃피었다.'에서의 '꽃피다'는 '어떤 일이 발전하거나 번영하다.'라는 뜻을 지닌다. 결합된 어근 '꽃'과 '피다'가 본래의 뜻을 잃어버리고 새로운 의미로 사용되고 있으므로 '꽃피다'는 융합 합성어이다.

21. ②

> **정답 설명**
>
> '길다'와 '짧다'는 두 단어 사이에 중간 개념이 존재하는 '반대 관계'에 놓인 단어

들이다. '길지도 짧지도 않은' 상태가 존재할 수 있기 때문이다. 따라서 '모순 관계'가 성립되지 않는다.

오답 설명

① '남자'와 '여자'는 두 단어 사이에 공통되는 의미 요소가 있으면서 오직 한 개의 의미 요소가 상반되는 경우에 해당하므로 반의 관계에 해당한다.
③ '춥다'와 '덥다'는 '춥지도 덥지도 않은' 상태가 존재할 수 있으므로 반의 관계 중 반대 관계에 놓인다.
④ '(몸을 곧게 하여) 서다'와 '(시계가) 서다'는 다의 관계에 있으며, 각각의 의미에 따라 반의 관계에 있는 단어가 '앉다'와 '가다'로 달라짐을 확인할 수 있다. 이처럼 하나의 단어가 다의어라면 여러 개의 반의어가 나타날 수 있다.
⑤ '부모'와 '자식'은 상대 관계가 성립되는 단어들이다.

22. ③

정답 설명

'부치다¹'은 【…을 …에/에게】【…을 …으로】라는 문형 정보로 보아, 문형 정보가 【…에/에게】인 '부치다²'와는 달리 목적어를 필수적으로 요구한다는 점을 알 수 있다.

오답 설명

① '부치다¹'과 '부치다²'는 별개의 표제어로서 서로 뜻이 다르고 발음만 같은 단어는 동음이의어에 해당한다.
② '회부하다'는 '물건이나 사건 따위를 어떤 대상이나 과정으로 돌려보내거나 넘기다.'라는 의미를 가지며, '표결에 회부하다', '재판에 회부하여'라는 말이 가능한 점으로 미루어 볼 때, '부치다²「2」「1」'의 유의어로 사용될 수 있음을 알 수 있다.
④ '부치다²'와 달리 '부치다¹'은 둘 이상의 의미를 갖는다는 점에서 다의어에 해당한다.
⑤ '그는 여행 계획을 비밀에 부친 채 침묵을 지켰다.'에서 '부치다'는 '어떤 일을 거론하거나 문제 삼지 아니하는 상태에 있게 하다.'라는 의미를 지니므로 '부치다²「2」「2」'의 용례로 적절하다.

23. ④

정답 설명

'천만리'는 작은 수가 큰 수보다 앞에 놓인 합성어로, (d)가 아닌 (b)의 구체적 사례가 된다. (d)의 구체적인 사례로는 '주종(주인과 부하를 아울러 이르는 말)', '금은(금과 은을 아울러 이르는 말)' 등을 들 수 있다.

오답 설명

① '어제'는 '오늘'보다 시간적으로 앞선다.
② '여섯'은 '일곱'보다 작은 수이다.
③ '여기'는 '저기'보다 말하는 이에게 가깝다.
⑤ '잘'은 긍정이고, '잘못'은 부정이다.

24. ⑤

정답 설명

'먹이'의 파생 접미사 '-이'는 동사를 명사로, '높이'의 파생 접미사 '-이'는 형용사를 부사로 바꾸어 새로운 단어를 만드는 역할을 수행하지만, '먹고'와 '높고'에서의

어미 '-고'는 단지 활용형을 만들 수 있을 뿐 새로운 단어를 만들지는 못한다.

오답 설명

① '먹이'의 파생 접미사 '-이'는 품사를 동사에서 명사로 바꾸어 주고, '높이'의 파생 접미사 '-이'는 품사를 형용사에서 부사로 바꾸어 주지만, 어미는 품사를 새롭게 바꾸어 주지 못한다.
② 어미는 그 의미가 일정하지만 파생 접미사는 결합되는 어근에 따라 그 의미가 일정하지 않은 경우가 있다. 예를 들어 '높게, 깊게, 짧게, 작게'에서 어미 '-게'는 그 의미가 모두 같지만, '털갈이, 재떨이, 구두닦이'의 파생 접미사 '-이'는 그 의미가 각각 다르다. '털갈이'의 '-이'는 '~하는 일'의 의미를 나타내고, '재떨이'의 '-이'는 '~하는 도구'를 나타내며, '구두닦이'의 '-이'는 '~하는 사람'을 나타낸다.
③ 파생 접미사와 결합된 말은 새로운 단어로서 사전에 등재되지만, 어미와 결합된 활용형은 사전에 등재되지 않는다.
④ '낮게, 얕게, *낮이, *얕이'에서 알 수 있듯이 어미는 어간과의 결합이 자유로운 반면, 파생 접미사는 그 결합에 제약이 있다. (* : 비문법적 표현.)

25. ④

정답 설명

'파도가 높게 쳤다.'의 '높게'는 '아래에서 위까지의 길이가 길다.'라는 중심적 의미로 사용되고 있고, '그 집의 천장은 굉장히 높다.'의 '높다' 역시 중심적 의미로 사용되고 있다. 따라서 이는 〈보기〉의 다의어의 의미 확장에 해당하는 것으로 볼 수 없으므로, ㉠~㉢의 경우에 해당하지 않는다.

오답 설명

① 생물에 쓰이던 말이 무생물에도 쓰이는 경우(㉠)에 해당한다.
②, ⑤ 구체적인 것을 가리키던 말이 추상적인 것에도 쓰이는 경우(㉡)에 해당한다.
③ 공간과 관련된 말이 시간과 관련된 말로도 쓰이는 경우(㉢)에 해당한다.

26. ①

정답 설명

'-기¹'의 용례인 '잠들기를 바랐다.'에서 '잠들기도', '잠들기만'과 같이 '-기¹'의 뒤에는 보조사가 올 수 있다. 또한 '-기²'의 용례인 '굵기 조절이 가능하다.'에서 '굵기도', '굵기만'과 같이 '-기²'의 뒤에도 보조사가 올 수 있으므로 선지의 설명은 적절하지 않다.

오답 설명

② '-기¹'의 용례인 '달리기'와 '잠들기'는 과거 시제 선어말 어미 '-었-'을 활용해 각각 '달리었기', '잠들었기'로 표현할 수 있다. 그러나 '-기²'는 선어말 어미가 뒤에 붙을 수 없기 때문에 선어말 어미를 활용한 시제 표현이 불가능하다.
③ '-기¹'의 '달리기'는 제시된 용례의 주어 '그는'의 서술어로 기능하는 반면에 '-기²'의 '달리기'는 운동의 종류로서 '달리기'를 지칭하는 명사이므로 주어 '그녀는'의 서술어로 기능하지 않는다.
④ '-기¹'은 명사형 전성 어미로 어간의 품사를 바꾸지 않는다. 반면에 '-기²'는 명사 파생 접미사로서 원래 단어의 품사를 명사로 바꾼다.
⑤ 표제어란 사전에 등재되는 단어를 말한다. 명사형 전성 어미인 '-기¹'이 결합한 '달리기'는 용언 '달리다'의 명사형이며 용언의 활용형 중 하나일 뿐이므로 사전에 실리지 못한다. 반면, 명사 파생 접미사인 '-기²'가 결합한 '달리기'는 새롭게 형성된 단어로, 사전에 명사로 등재된다.

27. ②

> **정답 설명**
>
> ㉠의 접미사 '-이'는 형용사 '높다'의 어근 '높-'에 결합하여 명사 '높이'를 파생하며, ㉧의 접미사 '-이-'는 형용사 '높다'의 어근 '높-'에 결합하여 동사 '높이다'를 파생한다. 따라서 ㉠과 ㉧의 접미사 모두 단어의 품사를 바꾸어 주므로 선지의 내용은 적절하지 않다.

> **오답 설명**
>
> ① ㉠의 '높이'는 관형어 '파도의'의 수식을 받고 목적격 조사 '를'과 함께 쓰였으므로 명사이며, ㉡의 '높이'는 용언 '뛰었다'를 수식하고 있으므로 부사이다.
> ③ ㉢의 '-다랗-'은 형용사 '높다'의 어근 '높-'에 결합하여 '높다랗다'를 파생하는데, '높다랗다' 역시 형용사이다. 또한, ㉣의 '드-'는 형용사 '높다'의 어근 '높-' 앞에 결합하여 '드높다'를 파생하는데 '드높다' 역시 형용사이다.
> ④ ㉤의 '드높이다'는 '드- + 높- + -이- + -다'로 분석되는데, 이때 '드-'는 접두사이며 '-이-'는 접미사이다.
> ⑤ ㉤의 '드높이다'와 ㉧의 '높이다'에 쓰인 '-이-'는 '드높다', '높다'에 사동의 의미를 더해 주는 사동 파생 접미사이다.

28. ⑤

> **정답 설명**
>
> '알아보다'는 동사의 연결형 '알아'와 동사의 어간 '보-'가 결합한 합성어이다. 이러한 결합 형태는 국어 문장의 구성 방식에 부합하므로 '알아보다'는 통사적 합성어에 속한다.

> **오답 설명**
>
> ① '밀대'는 동사 어간 '밀-'과 명사 '대'가 결합한 합성어이다. 어간이 어미 없이 바로 명사에 연결되는 단어 배열법은 국어의 문장 구성에서 일반적이지 않으므로 '밀대'는 비통사적 합성어이다.
> ② '이른바'는 동사의 관형사형 '이른'과 의존 명사 '바'가 결합한 합성어이다. 이는 국어의 문장 구성 방식에 부합하므로 '이른바'는 통사적 합성어에 속한다.
> ③ '곁눈'은 명사 '곁'과 명사 '눈'이 결합한 합성어이다. 이는 국어의 문장 구성 방식에서 흔히 나타나는 단어 배열법이므로 '곁눈'은 통사적 합성어에 속한다.
> ④ '풀어지다'는 동사의 연결형 '풀어'와 동사의 어간 '지-'가 결합한 합성어이다. 이러한 결합 형태는 국어 문장의 구성 방식에 부합하므로 '풀어지다'는 통사적 합성어에 속한다.

29. ②

> **정답 설명**
>
> '치솟다'는 파생어로, '치-(접두사) + 솟-(어근) + -다(어말 어미)'로 분석되므로 어근은 '솟-'이다. '치솟고, 치솟으니'와 같이 활용하므로 어간은 '치솟-'이다.

> **오답 설명**
>
> ① '눕히다'는 파생어로, 형태소를 분석하면 '눕-(어근) + -히-(사동 접사) + -다(어말 어미)'이다. '눕히고, 눕히니, 눕혀'와 같이 활용하므로 어근은 '눕-'이고 어간은 '눕히-'이다.
> ③ '얕보다'는 합성어로, 형태소를 분석하면 '얕-(어근) + 보-(어근) + -다(어말 어미)'이다. '얕보고, 얕보니, 얕보아'와 같이 활용하므로 어근은 '얕-', '보-'이고 어간은 '얕보-'이다.

> ④ '꿇다'는 단일어로, 형태소를 분석하면 '꿇-(어근) + -다(어말 어미)'이다. '꿇고, 꿇으니, 꿇어서'와 같이 활용하므로 어간 역시 '꿇-'임을 알 수 있다.
> ⑤ '잡히다'는 파생어로, 형태소를 분석하면 '잡-(어근) + -히-(접사) + -다(어말 어미)'이다. '잡히고, 잡히니, 잡혀'와 같이 활용하므로 어근은 '잡-' 어간은 '잡히-'이다. '바로잡다'는 합성어로, 형태소를 분석하면 '바로(어근) + 잡-(어근) + -다(어말 어미)'이다. '바로잡고, 바로잡으니, 바로잡아'와 같이 활용하므로 어근은 '바로', '잡-'이고 어간은 '바로잡-'이다.

30. ①

> **정답 설명**
>
> '첫눈'은 자립 형태소 '첫(관형사)'과 자립 형태소 '눈(명사)'으로 나눌 수 있으므로 하나의 형태소가 아니다. 즉, 자립 형태소는 '첫', '눈', '사람', '낮', '산' 5개이다.

> **오답 설명**
>
> ② 용언의 어간은 실질 형태소이면서 의존 형태소로, ㉠에 쓰인 '내리-', '가-'가 이에 해당한다.
> ③ ㉠에 쓰인 접사는 복수의 접미사 '-들'과 '한창'이라는 뜻을 더해 주는 접두사 '한-'의 2개이며, 모든 접사는 어근 없이 단독으로 쓰일 수 없는 의존 형태소이자 형식 형태소이다.
> ④ 어미는 단독으로 쓰일 수 없는 의존 형태소이자 형식 형태소이다. ㉠에 쓰인 어미는 '-자', '-았-', '-다' 3개이다.
> ⑤ ㉠에 쓰인 조사는 주격 조사 '이', 보조사 '은', 부사격 조사 '에', '으로' 4개이며, 모든 조사는 문법적인 의미를 지니는 형식 형태소이다.

31. ①

> **정답 설명**
>
> '밤낮'은 명사 '밤'과 명사 '낮'의 결합으로 이루어진 합성 부사로, '밤과 낮을 가리지 않고 늘'이라는 의미를 가지고 있다. 주어진 문장에서 용언 '놀'을 수식하고 있으므로 ㉠의 예로 적절하다.

> **오답 설명**
>
> ② '봄비'는 '봄(명사)'과 '비(명사)'의 결합으로 이루어진 합성 명사이다.
> ③ '곧잘'은 '곧(부사)'과 '잘(부사)'의 결합으로 이루어진 합성 부사이다.
> ④ '잘못'은 '잘(부사)'과 '못(부사)'의 결합으로 이루어진 합성 부사이다.
> ⑤ '한바탕'은 '한(관형사)'과 '바탕(명사)'의 결합으로 이루어진 합성 부사이다.

32. ①

> **정답 설명**
>
> '구경꾼'은 명사 어근 '구경'과 접미사 '-꾼'으로 이루어진 파생 명사로, 접미사가 결합하기 전과 결합한 후의 품사가 명사로 같다. '쌓이다'는 동사 어근 '쌓-'과 접미사 '-이-'로 이루어진 파생 동사로, 접미사가 결합하기 전과 결합한 후의 품사가 동사로 같다. '가위질'은 명사 어근 '가위'와 접미사 '-질'로 이루어진 파생 명사로, 접미사가 결합하기 전과 결합한 후의 품사가 명사로 같다.
> 반면에 '걸음'은 동사 어근 '걷-'과 접미사 '-음'으로 이루어진 파생 명사로, 접미사가 결합한 후 품사가 동사에서 명사로 바뀌었다. '먹이'는 동사 어근 '먹-'과 접미사 '-이'로 이루어진 파생 명사로, 접미사가 결합한 후 품사가 동사에서 명사로 바뀌었다. '많이'는 형용사 어근 '많-'과 접미사 '-이'로 이루어진 파생 부사로, 접미사가 결합한 후 품사가 형용사에서 부사로 바뀌었다.

33. ②

정답 설명

'뒤엉키다'는 '마구 엉키다.'라는 뜻이므로 '뒤-「2」'가 아닌 '뒤-「1」'의 용례로 추가할 수 있다.

오답 설명

① '덧신'은 '겹쳐 신는 신'이라는 뜻이므로 '덧-「1」'의 용례로 추가할 수 있다.
③ '군말'은 '쓸데없는 말'이라는 뜻이므로 '군-「1」'의 용례로 추가할 수 있다.
④ 〈보기〉의 사전 정보에 의하면 '뒤-'는 동사만을 어근으로 취하고 있으며, '군-'은 명사만을 어근으로 취하고 있다. 반면 '덧-'은 명사 혹은 동사 앞에 붙을 수 있으므로, 둘 이상의 품사를 어근으로 취할 수 있다는 설명은 적절하다.
⑤ 〈보기〉에 용례로 제시된 단어들은 모두 접사 결합 전과 접사 결합 후의 품사가 바뀌지 않은 파생어들이다. 일반적으로 접두사는 단어의 품사를 바꾸지 않는다.

34. ②

정답 설명

'-들'은 셀 수 있는 명사나 대명사 뒤에 붙어 복수의 뜻을 더하는 접미사이다. 접미사는 홀로 쓰일 수 없는 의존 형태소이자 문법적인 의미를 나타내는 형식 형태소이다.

오답 설명

① '이'는 주격 조사이므로 홀로 쓰일 수 없는 의존 형태소이자 문법적인 의미를 나타내는 형식 형태소이다.
③ '마음'은 명사이므로 홀로 쓰일 수 있는 자립 형태소이자 실질적인 의미를 지닌 실질 형태소이다.
④ '생기-'는 동사의 어간으로, 어미와 결합해야만 쓰일 수 있는 의존 형태소이자 구체적인 동작의 의미를 지닌 실질 형태소이다.
⑤ '이다'는 체언 뒤에 붙어 서술어의 자격을 부여하는 서술격 조사이다. 조사는 의존 형태소이자 문법적인 의미를 나타내는 형식 형태소이다.

35. ④

정답 설명

〈보기〉의 설명에서 '-적'이 붙은 말이 용언이나 문장 전체, 부사어, 관형어를 수식한다면 부사로 판단할 수 있다고 하였다. ⓒ은 '저렴하게'라는 부사어를 수식하고, ⓔ은 '식사를 집에서 해야'라는 문장을 수식하므로 모두 부사이다.

오답 설명

㉠은 명사 '관점'을 수식하고 있으므로 관형사이다. ⓒ은 부사격 조사 '으로'가 결합되어 있고, ⓜ은 서술격 조사 '이다'의 활용형 '인(어간 '이-' + 관형사형 전성 어미 '-ㄴ')'이 결합되어 있으므로 모두 명사이다.

36. ①

정답 설명

㉠의 '보기'는 명사절 '경기장에서 결승전을 보기'의 서술어로, 생략된 주어 '내가'를 취하는 동사이다. 서술성이 있으므로 이때의 '-기'는 명사형 어미이다. ⓒ의 '그리움'은 관형절 '고향에 대한'의 수식을 받는 명사로 서술성이 없다. 따라서 이

때 '-ㅁ'은 명사 파생 접미사이다.

오답 설명

② ㉠의 '범인이었음'은 명사절 '그가 범인이었음'의 서술어로, 주어 '그가'를 취하는 동사이다. 서술성이 있으므로 이때의 '-(으)ㅁ'은 명사형 어미이다. ⓒ에서 '달리기'의 주어는 '토끼는'이고, 부사어 '빨리'의 수식을 받으므로 이때 '-기'는 명사형 어미이다.
③ ㉠의 '치기'는 명사절 '테니스 치기'의 서술어로, 생략된 주어 '우리 아버지가'를 취하는 동사이다. 서술성이 있으므로 이때의 '-기'는 명사형 어미이다. ⓒ의 '끊음'은 명사절 '담배를 끊음'의 서술어로, 생략된 주어 '형님이'를 취하는 동사이다. 즉 '끊음'은 서술성을 가지고 있으므로, 이때 '-(으)ㅁ'은 명사형 어미이다.
④ ㉠의 '그림'은 관형어 '전원적인'의 수식을 받으므로 명사이다. 따라서 이때 '-ㅁ'은 명사 파생 접미사이다. ⓒ의 '말하기' 또한 관형어 '공손한'의 수식을 받으므로 이때 '-기'는 명사 파생 접미사이다.
⑤ ㉠의 '걸음'은 관형어 '급한'의 수식을 받으므로 명사이다. 따라서 이때 '-(으)ㅁ'은 명사 파생 접미사이다. ⓒ의 '꿈' 또한 관형어 '이상한'의 수식을 받고 있으므로 이때 '-ㅁ'은 명사 파생 접미사이다.

37. ③

정답 설명

'눈가리개'는 어근('눈')에 어근+접미사('가리-'+'-개')가 결합된 합성어이므로 ㉠의 예이다. '비빔밥'은 어근+접미사('비비-'+'-ㅁ')에 어근('밥')이 결합된 합성어이므로 ⓒ의 예이다. '나들이'는 어근+어근('나-'+'들-')에 접미사('-이')가 결합된 파생어이므로 ⓒ의 예이다.

오답 설명

'바닷물고기'는 어근('바다')과 어근+어근('물'+'고기')이 결합된 합성어이므로 ㉠, ⓒ, ⓒ 중 어디에도 속하지 않는다. '찜질'은 어근+접미사('찌-'+'-ㅁ')에 접미사('-질')가 결합된 파생어이므로 ㉠, ⓒ, ⓒ 중 어디에도 속하지 않는다.

38. ①

정답 설명

표제어 옆에 제시된 [다루어(다뤄), 다루니]는 용언의 활용 양상을 나타낸다. '다뤄'는 용언 어간 '다루-'에 연결 어미 '-어'가 결합한 활용형인 '다루어'에서 이중 모음화('ㅜ + ㅓ 〉 ㅝ')가 일어난 것이다. 용언의 활용에서 일어나는 이중 모음화는 우리말 전반에서 일어나는 일반적인 양상이므로, 규칙 활용에 속한다. 또한 '다루니'는 용언의 어간과 어미의 형태가 변하지 않았으므로 규칙 활용에 속한다. 따라서 [다루어(다뤄), 다루니]를 통해 '다루다'는 규칙 활용을 하는 용언임을 알 수 있다.

오답 설명

② 【 】 안에는 해당 서술어가 필수적으로 요구하는 문장 성분이 제시된다. 다만, 주어는 모든 서술어가 요구하는 필수 성분이므로, 사전 정보에 따로 표시하지 않는다. 즉 주어는 【 】 안에 제시되지 않는다. 따라서 [1]은 주어와 목적어를 필요로 하는 두 자리 서술어, [2]는 주어와 목적어, 부사어를 필요로 하는 세 자리 서술어이다.
③ '모든 신문에서 남북 회담을 특집으로 다루고 있다.'에서 '다루다'는 '어떤 것을 소재나 대상으로 삼다.'라는 [2]-ⓒ의 의미에 해당한다.

④ 하나의 표제어에 제시된 여러 의미들은 해당 단어가 다의어임을 나타낸다. 반면, 동음이의어는 소리만 같고 의미는 전혀 다른 별개의 단어이므로, 각각의 표제어로 등재된다. 〈보기〉에서는 '다루다'라는 하나의 표제어에 [1], [2]와 같이 여러 의미가 제시되어 있으므로 '다루다'는 다의어임을 알 수 있다.

⑤ 전성 어미는 용언이 문장 내에서 특정 품사의 역할을 수행하도록 해 주지만, 품사를 바꾸지는 못하며 새로운 단어를 형성할 수도 없다. 따라서 어미에 의한 용언의 활용형은 사전에 따로 등재되지 않으며, 기본형인 '-다'의 형태만 등재된다.

39. ③

정답 설명

'딱성냥'에서 '딱'은 '단단한 물건이 부러지거나 서로 부딪치는 소리 또는 그 모양'을 뜻하는 부사이다. 우리말에서 명사를 수식하는 것은 관형사이므로, '딱성냥'은 부사가 명사를 수식하는 구조로 결합된 비통사적 합성어이다.

오답 설명

① '강물'은 '강(명사)+물(명사)'로 통사적 합성어이다.
② '다시없다'는 '다시(부사)+없다(형용사)'로, 부사가 용언을 수식하는 구조의 통사적 합성어이다.
④ 용언의 어간은 반드시 어미와 함께 쓰여야 한다. '덮그물'은 용언 어간 '덮-'이 관형사형 전성 어미 없이 명사 '그물'을 수식하는 구조이므로, 비통사적 합성어이다.
⑤ '헐뜯다'는 '집 따위의 축조물이나 쌓아 놓은 물건을 무너뜨리다.'라는 의미를 가진 용언 어간 '헐-'이 연결 어미 없이 용언 '뜯다'에 결합한 것이므로, 비통사적 합성어이다.

40. ④

정답 설명

'지새도록'은 '해나 달이 서쪽으로 넘어가다.'라는 의미의 동사 '지다'의 어간 '자-'와 '날이 밝아 오다.'라는 의미의 동사 '새다'의 어간 '새-'가 결합하고, 여기에 어미 '-도록'이 붙은 것이다. 따라서 '지새도록'은 두 개의 실질 형태소와 한 개의 형식 형태소로 분석하는 것이 적절하다.

오답 설명

① '형사'는 명사이므로, 실질/자립 형태소이다. '는'은 조사이므로, 형식/의존 형태소이다.
② '밤'은 명사이므로, 실질/자립 형태소이다. '계속'은 부사이므로, 실질/자립 형태소이다.
③ '사건을'의 '을'은 조사로, 문법적인 의미를 가지고 있는 형식 형태소이며 자립성이 없어 '사건'과 같은 단어와 결합하여 사용되므로 의존 형태소이다.
⑤ '조사하고'는 명사 '조사'에 접사 '-하-'와 어미 '-고'가 결합된 형태이므로 하나의 실질 형태소와 두 개의 형식 형태소로 구성되어 있다고 분석할 수 있다.

41. ⑤

정답 설명

'깎아지르다'는 용언의 활용형 '깎아-'에 용언 '지르다'가 결합한 단어로, 이는 통사적 합성어 중 용언의 활용형과 용언이 결합한 ⓒ의 예에 해당한다. 연결 어미

'-아'가 생략되지 않았으므로 ⓜ에 들어갈 말로 적절하지 않다.

오답 설명

① '건널목'은 용언의 활용형 '건널-'에 명사 '목'이 결합한 단어이다. 용언의 활용형과 명사가 결합한 통사적 합성어에 해당하므로 ㉠에 들어갈 말로 적절하다.
② '뛰어가다'는 용언의 활용형 '뛰어-'에 용언 '가다'가 결합한 단어이다. 용언의 활용형과 용언이 결합한 통사적 합성어에 해당하므로 ⓒ에 들어갈 말로 적절하다.
③ '본받다'는 명사 '본'과 용언 '받다'가 결합한 단어로, '본을 받다'에서 조사가 생략된 단어이다. 명사와 용언 사이의 조사가 생략된 통사적 합성어에 해당하므로 ⓒ에 들어갈 말로 적절하다.
④ '산들바람'은 부사 '산들'과 명사 '바람'이 결합한 단어이다. 부사와 명사가 결합한 비통사적 합성어에 해당하므로 ⓔ에 들어갈 말로 적절하다.

42. ⑤

정답 설명

'군고구마'는 '굽다'의 활용형 '구운'의 준말 '군'과 '고구마'를 결합한 합성어로 앞말(군)이 뒷말(고구마)의 의미를 한정하는 구조의 ㉠(종속 합성어)'이며, '마소'는 '말'과 '소'가 결합하여 둘을 대등하게 이르는 말이므로 'ⓒ(대등 합성어)'이다.

오답 설명

① '논밭'은 '논'과 '밭'을 대등하게 이르는 말이므로 ⓒ이고, '밤낮' 역시 '밤'과 '낮'을 대등하게 이르는 말이므로 ⓒ이다.
② '물만두'는 '만두'의 한 종류를 이르는 말로, 앞말이 뒷말의 의미를 한정하는 ㉠이며, '홍고추' 역시 '고추'의 한 종류를 이르는 말로, 앞말이 뒷말의 의미를 한정하는 ㉠이다.
③ '함박눈'은 '눈'의 한 종류를 이르는 말로, 앞말이 뒷말의 의미를 한정하는 ㉠이며, '덮밥' 역시 '밥'의 한 종류를 이르는 말로, 앞말이 뒷말의 의미를 한정하는 ㉠이다.
④ '앞뒤'는 '앞'과 '뒤'를 대등하게 이르는 말이므로 ⓒ이며, '봄비'는 '비'의 한 종류를 이르는 말로, 앞말이 뒷말의 의미를 한정하는 ㉠이다.

43. ②

정답 설명

㉮ '손잡이'는 '손으로 어떤 것을 열거나 들거나 붙잡을 수 있도록 덧붙여 놓은 부분'을 뜻하는 단어로, '사물'의 의미를 지닌다.
㉯ '털갈이'는 '짐승이나 새의 묵은 털이 빠지고 새 털이 남'을 뜻하는 단어로, '행위'의 의미를 지닌다.
㉰ '재떨이'는 '담뱃재를 떨어 놓는 그릇'을 뜻하는 단어로, '사물'의 의미를 지닌다.
㉱ '턱걸이'는 '철봉을 손으로 잡고 몸을 올려 턱이 철봉 위까지 올라가게 하는 운동' 등을 뜻하는 단어로, '행위'의 의미를 지닌다.
㉲ '쥐불놀이'는 '정월 대보름의 전날에 논둑이나 밭둑에 불을 붙이고 돌아다니며 노는 놀이'를 뜻하는 단어로, '행위'의 의미를 지닌다.

44. ①

정답 설명

〈보기〉에 따르면 본래 뜻으로부터 멀어져 특수한 뜻으로 쓰일 때는 한 단어(복합어)로 굳어진다고 하였다. 따라서 본래의 뜻에서 멀어져서 특별 수당을 비유적으

로 표현할 때는 복합어 '떡값'을, 본래의 뜻인 떡의 가격을 뜻할 때는 구인 '떡 값'을 써야 한다.

오답 설명

② 맏언니가 아닌 언니를 이르는 '작은언니'에서 '작은'은 '길이, 넓이, 부피 따위 가 비교 대상이나 보통보다 덜하다.'라는 뜻을 가진 '작다(小)'의 본래 의미로 부터 멀어졌으므로, 하나의 복합어를 이룬 사례이다.
③ '집안'은 '집 내부'를 나타내는 본래의 의미로부터 멀어져 '가문'의 뜻으로 쓰이 므로, 하나의 복합어를 이룬 사례이다.
④ 겁이 많은 사람의 마음을 뜻하는 '새가슴'은 '새의 가슴'을 나타내는 본래 의미 로부터 멀어졌으므로, 하나의 복합어를 이룬 사례이다.
⑤ 시험 삼아 시도한다는 뜻을 나타내는 '한번'은 실제 횟수를 나타내는 본래의 의미로부터 멀어졌으므로, 하나의 복합어를 이룬 사례이다.

45. ③

정답 설명

'불성실'의 접두사 '불-'은 명사 '성실' 앞에 붙었으므로 주로 체언 앞에 오는 ㉠과 유사하다.

오답 설명

① 관형사는 주로 체언(명사, 대명사, 수사) 앞에 위치하는데, 접두사 '드-'는 형 용사 앞에 위치하므로 ㉠과 다르다.
② 관형사는 주로 체언(명사, 대명사, 수사) 앞에 위치하는데, 접두사 '휘-'는 동 사 앞에 위치하므로 ㉠과 다르다.
④, ⑤ '한-'과 '풋-'은 일부 명사 앞에서만 쓰이는 경우이므로, 비교적 여러 가지 말을 두루 꾸민다는 ㉡과 다르다.

46. ①

정답 설명

명사 '나들이'는 동사 '나다'의 어근 '나-'와 동사 '들다'의 어근 '들-'이 결합한 합 성 동사 '나들다'의 어근 '나들-'에 명사 파생 접미사 '-이'가 결합해 형성된 파생 어이다.

오답 설명

② 부사 '집집이'는 명사 어근 '집'과 명사 어근 '집'이 결합한 합성 명사 '집집'에 부사 파생 접사 '-이'가 결합해 형성된 파생어이다.
③ 명사 '여닫이'는 동사 '열다'의 어근 '열-'과 동사 '닫다'의 어근 '닫-'이 결합한 합성어 '여닫다'의 어근 '여닫-'에 명사 파생 접사 '-이'가 결합해 형성된 파생 어이다.
④ '불꽃놀이'는 명사 어근 '불'과 명사 어근 '꽃'이 결합한 합성 명사 '불꽃'에, 동 사 어근 '놀-'과 명사 파생 접미사 '-이'가 결합한 파생 명사 '놀이'와 결합한 합성어이다.
⑤ '꽃목걸이'는 동사 어근 '걸-'과 명사 파생 접미사 '-이'가 결합한 파생 명사 '걸이'에 명사 어근 '목'을 결합해 합성 명사 '목걸이'를 만든 후, 여기에 명사 어근 '꽃'을 결합해 형성된 합성어이다.

47. ⑤

정답 설명

'남다르다'는 명사 '남'과 용언 '다르다'가 조사 '과'가 생략된 채 결합한 통사적 합 성어이다.

오답 설명

① '새날'은 관형사 '새'와 명사 '날'이 결합한 통사적 합성어이다.
② '작은집'은 용언 '작다'의 관형사형 '작은'과 명사 '집'이 결합한 통사적 합성어 이다.
③ '날아가다'는 용언 '날다'의 연결형 '날아'와 용언 '가다'가 결합한 통사적 합성 어이다.
④ '접칼'은 용언 '접다'의 어간 '접-'이 어미가 생략된 채 명사 '칼'과 결합한 비통 사적 합성어이다.

48. ④

정답 설명

〈보기〉에 의하면 ㉠은 관형어의 수식을 받는 명사이고, ㉡은 부사어의 수식을 받 는 동사로서 주어를 취하는 서술어로 쓰인다. '잠'은 부사어 '깊게'의 수식을 받고, 생략된 주어 '나는'을 취하므로 동사의 어간 '자-'에 명사형 어미 '-(으)ㅁ'이 결합 된 활용형으로 볼 수 있다. 따라서 '잠'의 품사는 동사로, ㉡과 동일하다.

오답 설명

① '웃음'이 주어 '그녀가'를 취하고 부사어 '환하게'의 수식을 받고 있다는 점에서 동사의 어간 '웃-'에 명사형 어미 '-(으)ㅁ'이 결합된 활용형임을 알 수 있다. 따라서 '웃음'의 품사는 동사로 ㉡과 동일하다.
② '깊음'은 주어 '강이'를 취하는 서술어이며, 부사어 '예상보다'의 수식을 받으므 로 형용사의 어간 '깊-'에 명사형 어미 '-(으)ㅁ'이 결합된 활용형임을 알 수 있다. 이때 '깊음'의 품사는 형용사로, 명사인 ㉠과 품사가 다르다.
③ '싸움'은 주어를 취하지 못하며, 관형어 '격렬한'의 수식을 받고 있다. 따라서 '싸움'의 품사는 명사인 ㉠과 동일하다.
⑤ '춤'에 호응하는 주어가 없고, 관형어 '멋진'의 수식을 받고 있으므로 '춤'의 품 사는 명사인 ㉠과 동일하다.

49. ②

정답 설명

〈보기〉에 '손[01]'의 하위 항목으로 「1」, 「2」, 「3」의 뜻이 제시되어 있다. 이 중 「1」에 제시된 '사람의 팔목 끝에 달린 부분.'이 가장 기본적인 중심적 의미이며, 「2」, 「3」은 여기서 파생된 주변적 의미이다. 이를 통해 '손[01]'이 기본 의미에서 파생된 여러 가지 의미를 지닌 다의어임을 알 수 있다.

오답 설명

① 반의 관계가 성립하기 위해서는 그 단어들이 서로 공통되는 의미 요소들을 가 지면서 한 가지의 의미 요소에서만 차이를 보여야 한다. 가령 반의 관계인 '처녀'와 '총각'의 경우 '사람', '미혼'이라는 공통되는 의미 요소를 가지면서 동 시에 각각 '여자', '남자'라는 성별 요소에서만 차이를 보인다. 하지만 '다리[01] 「2」'와 '손[01]「1」'은 차이를 보이는 의미 요소가 많으므로 반의 관계에 해당하 지 않는다.
③ '다리[01]「1」'과 '다리[01]「2」'는 '다리[01]'이라는 하나의 단어가 가지고 있는 여러 의

미에 해당한다. '다리01「1」'의 의미에서 '다리01「2」'의 의미가 파생된 것이므로, '다리01「1」'과 '다리01「2」'는 다의 관계를 가진다고 볼 수 있다. 반면 '손01'과 '손02'는 단어의 형태(소리)는 같으나 의미의 관련성이 없는 동음이의 관계이다.

④ '손01'과 '손02'는 의미적으로 관련성이 없으며, 사전에 별도의 표제어로 등재되어 있다는 점에서 단어의 형태(소리)는 같으나 의미가 다른 동음이의 관계임을 알 수 있다.

⑤ '다리01「1」'과 '다리01「2」'는 '다리01'이라는 하나의 단어가 가지고 있는 여러 의미에 해당하는 다의 관계이다. '다리01「1」'의 의미에서 '다리01「2」'의 의미가 파생된 것으로, 의미의 관련성이 있다.

50. ④

정답 설명

㉠ '옷'과 '의복'은 뜻이 비슷한 단어들의 관계이므로 유의 관계에 해당한다.
㉣ '상의'와 '하의'는 서로 반대되는 의미를 나타내므로 반의 관계에 해당한다.
㉤ '반바지'는 '바지'의 하위어이므로 상하 관계에 해당한다.

오답 설명

㉡ '서점'과 '책방'은 뜻이 비슷한 단어들의 관계이므로 유의 관계에 해당한다.
㉢ 반의 관계는 공통된 속성을 가지면서 한 가지 속성만 다를 때 성립된다. '바지'와 '치마'는 각각 옷의 종류일 뿐, 서로 반대되는 말로 볼 수 없으므로 반의 관계에 해당하지 않는다. 또한 두 단어가 비슷한 의미를 지니거나 상위어-하위어 관계를 보이지도 않으므로 유의 관계, 상하 관계에도 해당하지 않는다.

51. ④

정답 설명

㉣의 '4차 산업'과 ㉤의 '체력'은 모두 추상적인 대상이다. 그러나 ㉣의 '4차 산업'은 '육성하다'와 어울려 쓰일 수 있지만, ㉤의 '체력'은 '육성하다'와 어울려 쓰이지 않는다.

오답 설명

① ㉠의 '꽃'에 대한 예문에는 '기르다'와 '키우다'에 'O'가 되어 있다. 따라서 식물이 목적어일 때 '키우다'와 '기르다'는 서로 대체될 수 있음을 알 수 있다.
② ㉡의 '강아지'라는 목적어에 대해 '기르다'와 '키우다'에 'O'가 되어 있다. 따라서 '기르다'와 '키우다' 모두 동물을 목적어로 취할 수 있는 타동사임을 알 수 있다.
③ ㉢의 '아기'에 대해 '기르다', '키우다', '양육하다' 모두에 'O'가 되어 있다. 따라서 이러한 경우에는 '기르다', '키우다', '양육하다' 모두 서로 대체될 수 있음을 알 수 있다.
⑤ '기르다', '키우다'가 식물, 동물, 사람, 추상적인 대상을 목적어로 취하는 데 비해 '양육하다'는 사람만을 목적어로 취한다는 점에서 '양육하다'는 '기르다', '키우다'와 다른 양상을 보인다.

52. ③

정답 설명

'벗다'는 '사람이 자기 몸 또는 몸의 일부에 착용한 물건을 몸에서 떼어 내다.'를 뜻한다. '옷'이나 '장갑' 등을 몸에서 떼어 내는 의미를 나타낼 때는 모두 '벗다'

는 단어를 사용할 수 있다. 하지만 '벗다'와 반의 관계에 있는, 착용한다는 의미를 나타내는 동사는 '(옷을) 입다, (장갑을) 끼다, (모자를/안경을) 쓰다, (목도리를) 두르다, (신발을) 신다' 등으로 다양하다. ㉠에 들어가기 적합한 반의어로는 '장갑'과 호응하는 '벌어진 사이에 무엇을 넣고 죄어서 빠지지 않게 하다.'라는 의미의 '끼다'가 있다. 또한 ㉡에는 '벗다'와 반의 관계를 이루며 '모자 따위를 머리에 얹어 덮다.', '얼굴에 어떤 물건을 걸거나 덮어쓰다.'의 의미를 가지는 '쓰다'가 사용된 예문이 들어가야 한다. ③의 '미세 먼지 때문에 마스크를 썼다.'의 경우 '얼굴에 어떤 물건을 걸거나 덮어쓰다.'의 의미를 가지는 '쓰다'가 사용된 예문이다.

오답 설명

① '풀다'는 '묶이거나 감기거나 얽히거나 합쳐진 것 따위를 그렇지 아니한 상태로 되게 하다.'의 의미로, '벗다'와 반의 관계에 있지 않으므로 ㉠에 들어갈 말로 적절하지 않다. 또한, ㉡에는 '모자 따위를 머리에 얹어 덮다.', '얼굴에 어떤 물건을 걸거나 덮어쓰다.'의 의미를 가지는 '쓰다'가 들어가야 한다. 따라서 '혀로 느끼는 맛이 한약이나 소태, 씀바귀의 맛과 같다.'의 의미를 지닌 '쓰다'가 사용된 '입에 쓴 약이 몸에 좋다.'는 ㉡에 들어갈 말로 적절하지 않다.
② '풀다'는 '묶이거나 감기거나 얽히거나 합쳐진 것 따위를 그렇지 아니한 상태로 되게 하다.'의 의미로, '벗다'와 반의 관계에 있지 않으므로 ㉠에 들어갈 말로 적절하지 않다. '모자 따위를 머리에 얹어 덮다.'의 의미를 지닌 '쓰다'가 사용된 '머리에 면사포를 쓴 신부가 입장했다.'는 ㉡에 들어갈 말로 적절하다.
④ '끼다'는 '장갑과 호응하여 ㉠에 들어갈 말로 적절하나, '머릿속의 생각을 종이 혹은 이와 유사한 대상 따위에 글로 나타내다.'의 의미를 지닌 '쓰다'가 사용된 '영희는 조그마한 수첩에 일기를 쓴다.'는 ㉡에 들어갈 말로 적절하지 않다.
⑤ '넣다'는 '한정된 공간 속으로 들게 하다.'의 의미로, '장갑'과 호응하지 않으므로 ㉠에 들어갈 말로 적절하지 않다. 또한 '어떤 일을 하는 데에 재료나 도구, 수단을 이용하다.'의 의미를 지닌 '쓰다'가 사용된 '빨래할 때 세제를 많이 쓰면 환경에 좋지 않다.'는 ㉡에 들어갈 말로 적절하지 않다.

53. ②

정답 설명

㉠ ⓐ의 '꺼내다'는 '속이나 안에 들어 있는 물건 따위를 손이나 도구를 이용하여 밖으로 나오게 하다.'의 의미이며, ⓑ의 '꺼내다'는 '마음속의 생각 따위를 말로 드러내 놓기 시작하다.'의 의미로 서로 의미상 연관이 있다. 따라서 ㉠의 '꺼내다'는 다의어이다.
㉡ ⓐ의 '치다'는 '천둥이나 번개 따위가 큰 소리나 빛을 내면서 일어나다.'의 의미이며, ⓑ의 '치다'는 '손이나 손에 든 물건으로 세게 부딪게 하다.'의 의미로 서로 의미상 연관이 없다. 따라서 ㉡의 '치다'는 동음이의어이다.
㉢ ⓐ의 '거칠다'는 '나무나 살결 따위가 결이 곱지 않고 험하다.'의 의미이며, ⓑ의 '거칠다'는 '행동이나 성격이 사납고 공격적인 면이 있다.'의 의미로 서로 의미상 연관이 있다. 따라서 ㉢의 '거칠다'는 다의어이다.
㉣ ⓐ의 '타다'는 '불씨나 높은 열로 불이 붙어 번지거나 불꽃이 일어나다.'의 의미이며, ⓑ의 '타다'는 '바닥이 미끄러운 곳에서 어떤 기구를 이용하여 달리다.'의 의미로 서로 의미상 연관이 없다. 따라서 ㉣의 '타다'는 동음이의어이다.

54. ⑤

> **정답 설명**
>
> '두다'가 문법적 의미로 확장되어 쓰이는 경우 앞말이 뜻하는 행동을 끝내고 그 결과를 유지함을 나타내며, 그 용례로 '불을 켜 두고 잠이 들었다.', '기계는 세워 두면 녹이 슬어요.', '편지를 써 둔 지가 오래되었는데 아직 부치지 않았다.' 등을 들 수 있다. 해당 문장에서 '두다'는 '가져가거나 데려가지 않고 남기거나 버리다.'라는 어휘적 의미로 사용되었다.

> **오답 설명**
>
> ① 해당 문장에서 '주다'는 어휘적 의미가 아니라 앞 동사의 행위가 다른 사람의 행위에 영향을 미침을 나타내는 문법적 의미로 사용되었다.
>
> ② 해당 문장에서 '오다'는 어휘적 의미가 아니라 어떠한 기준점으로 가까워지면서 계속 진행됨을 나타내는 문법적 의미로 사용되었다.
>
> ③ 해당 문장에서 '놓다'는 어휘적 의미가 아니라 앞말이 뜻하는 행동을 끝내고 그 결과를 유지함을 나타내는 문법적 의미로 사용되었다.
>
> ④ 해당 문장에서 '가다'는 어휘적 의미가 아니라 어떠한 기준점에서 멀어지면서 계속 진행됨을 나타내는 문법적 의미로 사용되었다.

55. ⑤

> **정답 설명**
>
> '명예'는 'ㄷ', 'ㅈ'으로 시작하는 명사가 아니므로 '불-'이 결합되어 '불명예'로 파생된다. '하얗다'는 첫음절의 초성이 'ㅎ'이고 중성이 양성 모음 'ㅏ'이므로 '새-'가 결합되어 '새하얗다'로 파생된다. '말갛다'는 첫음절의 초성이 울림소리이고 중성이 양성 모음 'ㅏ'이므로 '샛-'이 결합되어 '샛말갛다'로 파생된다. '허옇다'는 첫음절의 초성이 'ㅎ'이고 중성이 음성 모음 'ㅓ'이므로 '시-'가 결합되어 '시허옇다'로 파생된다.

> **오답 설명**
>
> ① '균형'은 'ㄷ', 'ㅈ'으로 시작하는 명사가 아니므로 '불-'이 결합되어 '불균형'으로 파생된다. '까맣다'는 첫음절의 초성이 된소리이고 중성이 양성 모음 'ㅏ'이므로 '새-'가 결합되어 '새까맣다'로 파생된다. '멀겋다'는 첫음절의 초성이 울림소리이고 중성이 음성 모음 'ㅓ'이므로 접두사 '싯-'이 결합되어 '싯멀겋다'로 파생된다.
>
> ② '노랗다'는 첫음절의 초성이 울림소리이고 중성이 양성 모음 'ㅗ'이므로 접두사 '샛-'이 결합되어 '샛노랗다'로 파생된다.
>
> ③ '빨갛다'는 첫음절의 초성이 된소리이고 중성이 양성 모음 'ㅏ'이므로 접두사 '새-'가 결합되어 '새빨갛다'로 파생된다.
>
> ④ '까맣다'는 첫음절의 초성이 된소리이고 중성이 양성 모음 'ㅏ'이므로 접두사 '새-'가 결합되어 '새까맣다'로 파생된다.

56. ⑤

> **정답 설명**
>
> '어서들'의 경우 부사어 '어서'에 '들'이 결합되어 있으며, 그 문장의 생략된 주어('너희들' 등)가 복수임을 나타내고 있으므로 보조사(ㄴ)로 쓰인 예이다. '-들'이 복수의 뜻을 더하는 접미사(ㅁ)로 쓰이는 경우에는 셀 수 있는 명사나 대명사 뒤에 결합하는데, 그 예문으로 "그가 순식간에 사람들에게 둘러싸였다."를 들 수 있다.

> **오답 설명**
>
> ① '공책, 신문, 지갑 들을'의 '들'은 열거한 둘 이상의 사물 모두를 가리키므로 의존 명사로 쓰인 적절한 예이다.
>
> ② '보고들'의 경우 연결 어미 '-고'에 '들'이 결합되어 있으며, 그 문장의 생략된 주어('너희들' 등)가 복수임을 나타내고 있으므로 보조사(ㄴ)로 쓰인 적절한 예이다.
>
> ③ '주인 없이 여기저기 돌아다니는 개'를 뜻하는 '들개'의 '들-'은 '야생으로 자라는'의 뜻을 더하고 있으므로 접두사(ㄷ)로 쓰인 적절한 예이다.
>
> ④ '까다롭게 굴거나 잔소리를 하거나 하여 남을 못살게 굴다.'를 뜻하는 '들볶다'의 '들-'은 '마구', '몹시' 등의 뜻을 더하고 있으므로 접두사(ㄹ)로 쓰인 적절한 예이다.

57. ②

> **정답 설명**
>
> '노름'이 용언 '놀다'의 어간에 '-음'이 붙어서 파생된 명사인 것은 맞으나, 그 의미가 '도박'과 같아 어간 '놀다'의 뜻과 멀어졌으므로 제19항의 '다만' 조항에 따라 원형을 밝히지 않고 '노름'으로 적고 있는 것이다.

> **오답 설명**
>
> ① '먹이'는 용언 '먹다'의 어간에 '-이'가 붙어서 파생된 명사이므로 제19항 1의 예로 제시할 수 있다.
>
> ③ '많이'는 용언 '많다'의 어간에 '-이'가 붙어서 파생된 부사이므로 제19항 3의 예로 제시할 수 있다.
>
> ④ '익히'는 용언 '익다'의 어간에 '-히'가 붙어서 파생된 부사이므로 제19항 4의 예로 제시할 수 있다.
>
> ⑤ '너머'는 용언 '넘다'의 어간에 '-어'가 붙어서 파생된 명사이므로 제19항 [붙임]의 예로 제시할 수 있다.

58. ③

> **정답 설명**
>
> '닦아만 두었다'는 앞말인 본용언 '닦아'에 보조사 '만'이 붙어 보조 용언 '두었다'와 띄어 써야 하는 경우이므로 ⓐ(앞말에 조사가 붙거나)에 해당한다. '덤벼들어 보아라'는 앞말인 본용언 '덤벼들어'가 합성 용언으로, ⓑ(앞말이 합성 용언인 경우)에 해당하므로 보조 용언 '보아라'와 띄어 써야 하는 경우이다.
>
> 참고로, 합성 용언은 어근과 어근이 결합하여 형성된 합성어의 품사가 동사나 형용사인 경우를 말한다.

> **오답 설명**
>
> ① '집어넣어 두어라'는 앞말인 본용언 '집어넣어'가 합성 용언이므로 ⓐ가 아닌, ⓑ에 해당한다. '매달아 놓았다'는 앞말인 본용언 '매달아'가 합성 용언이어서 보조 용언 '놓았다'와 띄어 써야 하는 경우가 맞다.
>
> ② '올 듯은 하다'는 본용언에 조사가 붙은 경우가 아니라, 보조 용언 '듯하다'의 중간에 보조사 '은'이 들어가 '올 듯은 하다'와 같이 띄어 써야 하는 경우이므로 ⓐ에 해당되지 않는다. '다시없을 듯하다'는 앞말인 본용언 '다시없을'이 합성 용언이어서 보조 용언 '듯하다'와 띄어 써야 하는 경우가 맞다.
>
> ④ '알아는 둘게'는 앞말인 본용언 '알아'에 보조사 '는'이 붙어 보조 용언 '둘게'와 띄어 써야 하는 경우이다. '물어만 보고 갔다'는 본용언 '물어'에 보조사 '만'이 붙어 보조 용언 '보고'와 띄어 쓴 경우이므로 ⓑ가 아닌 ⓐ에 해당된다.

⑤ '깊어만 간다'는 앞말인 본용언 '깊어'에 보조사 '만'이 붙어 보조 용언 '간다'와 띄어 써야 하는 경우이다. '잘난 체를 한다'는 본용언에 조사가 붙는 경우가 아니라, 보조 용언 '체하다'의 중간에 보조사가 들어간 경우이므로 ⓑ에 해당하지 않는다.

59. ①

명사 '어머니'에 접사 '시-'가 붙어 명사 '시어머니'가 되었으므로, 품사와 문장 구조에 변화가 없는 ㉠의 예로 적절하다.

② 동사 '돌다'의 어간 '돌-'에 접사 '-리-'가 붙어 동사 '돌리다'가 되면 '팽이가 돌다.'라는 문장이 '내가 팽이를 돌리다.'와 같이 바뀌므로, 파생어의 사용으로 문장 구조가 달라지는 ㉢의 예이다.

③ 동사 '울다'의 어간 '울-'에 접사 '-음'이 붙어 명사 '울음'이 되므로, 파생어가 되어 품사가 달라지는 ㉡의 예이다.

④ 형용사 '넓다'의 어간 '넓-'에 접사 '-히-'가 붙어 동사 '넓히다'가 되면 '길이 넓다.'라는 문장이 '시에서 길을 넓히다.'와 같이 바뀌므로, 파생어가 되어 품사가 달라지면서 문장 구조도 달라지는 ㉣의 예이다.

⑤ 명사 '손'에 접사 '맨-'이 붙어 명사 '맨손'이 되므로 품사와 문장 구조에 변화가 없는 ㉠의 예이다.

60. ②

'발을'은 '발'이라는 명사에 '을'이라는 조사가 결합한 형태로, '을'은 반드시 다른 말에 붙어서만 쓰일 수 있는 의존 형태소이자 체언을 목적어로 기능하게 하는 문법적인 의미만을 나타내는 형식 형태소이다. 하지만 '발'은 문장에서 혼자 쓰일 수 있는 자립 형태소이자 '사람이나 동물의 다리 맨 끝부분'이라는 실질적인 의미를 지니고 있는 실질 형태소이다. 그러므로 '발'과 '을'이 모두 의존 형태소라는 선지의 내용은 적절하지 않다.

① '갑자기'는 부사로, 문장에서 혼자 쓰일 수 있는 자립 형태소이자 '미처 생각할 겨를도 없이 급히'라는 실질적인 의미를 지니고 있는 실질 형태소이다.

③ '어머'는 감탄사로, 문장에서 혼자 쓰일 수 있는 자립 형태소이자 '깜짝 놀랄 때 내는 소리'라는 실질적인 의미를 지니고 있는 실질 형태소이다.

④ '하다'는 동사로, 어간 '하-'는 혼자 쓰일 수 없는 의존 형태소이자 '(인용 조사 없이 발화를 직접 인용하는 문장 뒤에 쓰여) 인용하는 기능을 나타내는 말'이라는 실질적인 의미를 지니고 있는 실질 형태소이다.

⑤ '-다'는 어말 어미로, 반드시 어간이나 선어말 어미에 붙어서만 쓰일 수 있는 의존 형태소이자 문장 종결을 나타내는 문법적인 의미만을 나타내는 형식 형태소이다.

61. ③

㉢은 '휘- + [날- + -리- + -다]'로 분석할 수 있다. 이때, '날리다'는 어근 '날-'에 접사 '-리-'가 결합한 파생어이고, '날리다'와 결합한 '휘-'는 접두사이다. 따라서 '휘날리다'는 '날리다'라는 파생어에 접사 '휘-'가 붙어 새롭게 형성된 단어이

므로, 그 직접 구성 요소 중 하나가 파생어인 파생어이다.

① ㉠은 '말 + [다투- + -ㅁ]'으로 분석할 수 있다. 이때, '다툼'은 어근 '다투-'에 명사 파생 접사 '-ㅁ'이 결합한 파생어이고, '다툼'과 결합한 '말'은 어근이다. 따라서 '말다툼'은 '다툼'이라는 파생어에 어근 '말'이 붙어 새롭게 형성된 단어이므로, 그 직접 구성 요소 중 하나가 파생어인 합성어이다.

② ㉡은 '[집 + 안] + 일'로 분석할 수 있다. 이때, '집안'은 어근 '집'과 어근 '안'이 결합한 합성어이고, '집안'과 결합한 '일' 역시 어근에 해당한다. 따라서 '집안일'은 '집안'이라는 합성어에 어근 '일'이 붙어 새롭게 형성된 단어이므로, 그 직접 구성 요소 중 하나가 합성어인 합성어이다.

④ ㉣은 '드- + [높- + -이- + -다]'로 분석할 수 있다. 이때, '높이다'는 어근 '높-'에 사동 접사 '-이-'가 결합한 파생어이고, '높이다'와 결합해 어휘적 의미를 더하는 '드-'는 접두사이다. 따라서 '드높이다'는 '높이다'라는 파생어에 접사 '드-'가 붙어 새롭게 형성된 단어이므로, 그 직접 구성 요소 중 하나가 파생어인 파생어이다. 참고로, '드높이다'는 '드높다'라는 단어가 이미 존재하고 있음을 들어 '[드- + 높-] + -이- + -다'로 분석하기도 한다. 이 경우에도 마찬가지로 접사 '드-'와 어근 '높-'이 결합한 파생어에 사동 접사 '-이-'가 붙어 새로운 단어를 형성한 것이다. 따라서 그 직접 구성 요소 중 하나가 파생어인 파생어이다.

⑤ ㉤은 '[열- + 닫-] + -이'로 분석할 수 있다. 이때, '여닫-'은 어근 '열-'과 어근 '닫-'이 결합한 합성어 '여닫다'에서 온 것이고, '여닫-'과 결합한 '-이'는 명사를 파생하는 접사이다. 따라서 '여닫이'는 '여닫-'이라는 합성어에 명사 파생 접사 '-이'가 붙어 새롭게 형성된 단어이므로, 그 직접 구성 요소 중 하나가 합성어인 파생어이다.

62. ③

'군식구'는 '군- + 식구'로 분석할 수 있다. 이때, '군-'은 '가외로 더한', '덧붙은'의 뜻을 더하는 접두사이므로, '군식구'는 접사 '군-'과 어근 '식구'가 결합한 ⓑ (파생어)에 해당한다.

① '오른손'은 '오른 + 손'으로 분석할 수 있다. '오른'은 오른쪽을 이를 때 쓰는 말을 나타내는 관형사로, 하나의 어근으로 구성된 단일어이다. 이는 어근 '오른'과 어근 '손'이 결합한 것이므로, '오른손'은 ⓐ(합성어)에 해당한다.

② '남달랐다'의 기본형 '남다르다'는 '남 + 다르다'로 분석할 수 있다. 이는 어근 '남'과 어근 '다르-'가 결합한 것이므로, ⓐ에 해당한다.

④ '헛디뎠다'의 기본형 '헛디디다'는 '헛- + 디디다'로 분석할 수 있다. 이는 하나의 어근으로 구성된 단일어 '디디다'에 접사 '헛-'이 결합한 것이므로, ⓑ에 해당한다.

⑤ '드날렸다'의 기본형 '드날리다'는 '드- + 날리다'로 분석할 수 있다. 이는 어근 '날-'에 접사 '-리-'가 결합된 파생어 '날리다'에 접사 '드-'가 결합한 것이므로, ⓑ에 해당한다.

63. ④

'거울삼다'는 '남의 일이나 지나간 일을 보아 본받거나 경계하다.'라는 뜻의 동사로, '거울(로) 삼다'와 같이 그 구성 요소가 부사어와 서술어의 관계를 지니고 있다. 따라서 '거울삼다'는 ⓑ가 아니라 ⓒ에 해당하는 합성 용언이다.

오답 설명

① '동트다'는 '동쪽 하늘이 훤하게 밝아 오다.'라는 뜻의 동사로, '동(이) 트다'와 같이 그 구성 요소가 주어와 서술어의 관계를 지니고 있다. 따라서 '동트다'는 ⓐ에 해당하는 예문으로 적절하다.

② '철들다'는 '사리를 분별하여 판단하는 힘이 생기다.'라는 뜻의 동사로, '철(이) 들다'와 같이 그 구성 요소가 주어와 서술어의 관계를 지니고 있다. 따라서 '철들다'는 ⓐ에 해당하는 예문으로 적절하다.

③ '혼내다'는 '윗사람이 아랫사람의 잘못에 대하여 호되게 나무라거나 벌을 주다.'라는 뜻의 동사로, '혼(을) 내다'와 같이 그 구성 요소가 목적어와 서술어의 관계를 지니고 있다. 따라서 '혼내다'는 ⓑ에 해당하는 예문으로 적절하다.

⑤ '가로놓다'는 '가로질러 놓다.'라는 뜻의 동사로, '가로(로) 놓다'와 같이 그 구성 요소가 부사어와 서술어의 관계를 지니고 있다. 따라서 '가로놓다'는 ⓒ에 해당하는 예문으로 적절하다.

64. ②

정답 설명

'멋쟁이'는 어근 '멋-'에 접사 '-쟁이'가 붙어 명사가 된 것으로, '멋있거나 멋을 잘 부리는 사람'이라는 뜻을 나타낸다. 이는 어간에 '-이'가 붙어서 명사가 된 것이 아니다. 한편, '다듬이'는 어간 '다듬-'에 '-이'가 붙어서 명사로 된 것으로, 그 어간의 뜻과 멀어지지 않았으므로 원형을 밝혀 적은 것에 해당한다. 따라서 '멋쟁이'는 ⓐ의 '다듬이'를 표기할 때 적용된 규칙을 따른 것이라고 보기 어렵다.

오답 설명

① '살림살이'는 어간 '살-'에 '-이'가 붙어 명사가 된 것으로, '살림을 차려서 사는 일'의 뜻을 나타낸다. 이때, '살림살이'는 그 어간의 뜻과 멀어지지 않았으므로 원형을 밝혀 적고 있음을 알 수 있다. 한편, '땀받이'는 어간 '받-'에 '-이'가 붙어서 명사가 된 것으로, '땀을 받아 내려고 입는 속옷'의 의미를 나타낸다. '땀받이' 역시 그 어간의 뜻과 멀어지지 않았으므로 원형을 밝혀 적고 있음을 알 수 있다. 따라서 '살림살이'는 ⓐ의 '땀받이'를 표기할 때 적용된 규칙을 따른 것이다.

③ '실없이'는 어간 '실없-'에 '-이'가 붙어 부사가 된 것으로, '말이나 하는 짓이 실답지 못하게.'의 뜻을 나타낸다. 이때, '실없이'는 그 어간의 뜻과 멀어지지 않았으므로 원형을 밝혀 적고 있음을 알 수 있다. 한편, '굳이'는 어간 '굳-'에 '-이'가 붙어서 부사가 된 것으로, '단단한 마음으로 굳게.'의 뜻을 나타낸다. '굳이' 역시 그 어간의 뜻과 멀어지지 않았으므로 원형을 밝혀 적고 있음을 알 수 있다. 따라서 '실없이'는 ⓐ의 '굳이'를 표기할 때 적용된 규칙을 따른 것이다.

④ '어렴풋이'는 '-하다'가 붙을 수 있는 어근 '어렴풋-'에 '-이'가 붙어 부사가 된 것으로, '기억이나 생각 따위가 뚜렷하지 아니하고 흐릿하게.'의 뜻을 나타낸다. 이때, '어렴풋이'는 그 어근의 원형을 밝혀 적고 있음을 알 수 있다. 한편, '깨끗이'는 '-하다'가 붙을 수 있는 어근 '깨끗-'에 '-이'가 붙어서 부사가 된 것으로, '사물이 더럽지 않게.'의 의미를 나타낸다. '깨끗이' 역시 그 어근의 원형을 밝혀 적고 있으므로 '어렴풋이'는 ⓑ의 '깨끗이'를 표기할 때 적용된 규칙을 따른 것이다.

⑤ '일찍이'는 부사 '일찍'에 '-이'가 붙어서 부사가 된 것으로, '일정한 시간보다 이르게.'의 뜻을 나타낸다. 이때, '일찍이'는 부사에 '-이'가 붙어서 뜻을 더하는 경우이므로, 부사의 원형을 밝혀 적고 있음을 알 수 있다. 한편, '더욱이'는 부사 '더욱'에 '-이'가 붙어서 부사가 된 것으로, '그러한 데다가 더.'의 의미를 나타낸다. '더욱이' 역시 부사의 원형을 밝혀 적고 있으므로 '일찍이'는 ⓑ의 '더

욱이'를 표기할 때 적용된 규칙을 따른 것이다.

65. ③

정답 설명

'산들바람'은 부사 '산들'에 명사 '바람'이 결합한 합성어이다. 그런데, 국어의 일반적인 문장 구성 방식에 따르면 부사는 용언을, 관형사는 체언을 수식한다. 하지만 '산들바람'은 부사가 명사를 수식하는 구성으로 어근이 배열되고 있으므로, 이는 국어의 일반적인 문장 구성 방식에 어긋나는 비통사적 합성어(ⓒ)에 해당한다.

오답 설명

① '밉상'은 '미운 짓을 하거나 밉게 생긴 사람'이라는 뜻이다. 이때, '밉상'은 형용사 어근 '밉-'에 명사 '상'이 결합한 합성어이다. 그런데 국어의 일반적인 문장 구성 방식에 따르면 용언은 명사를 직접 수식할 수 없고, 관형사형 어미를 취하여 '미(운) 상'과 같은 형태로 명사를 수식해야 한다. 하지만 '밉상'은 관형사형 어미 없이 형용사가 명사와 직접 결합하고 있는 구성이므로, 국어의 일반적인 문장 구성 방식에 어긋나는 ⓒ에 해당한다.

② '따로국밥'는 '밥을 국에 말지 않고 국과 밥을 서로 다른 그릇에 담아내는 국밥'이라는 의미로, 부사 '따로'와 명사 '국밥'이 결합한 합성어이다. 그런데, 국어의 일반적인 문장 구성 방식에 따르면 부사는 대체로 용언을 수식하며 명사를 수식하는 것은 부사가 아닌 관형사이다. 따라서 이는 국어의 일반적인 문장 구성 방식에 어긋나는 ⓒ에 해당한다.

④ '바로잡다'는 '굽거나 비뚤어진 것을 곧게 하다.'라는 뜻으로, 부사 '바로'에 동사 '잡다'가 결합한 합성어이다. 국어에서는 부사가 용언을, 관형사는 체언을 주로 수식한다. 따라서 '바로잡다'는 부사가 동사를 수식하고 있는 구성이므로, 국어의 일반적인 문장 구성 방식에 맞는 통사적 합성어(ⓖ)에 해당한다.

⑤ '값없다'는 '물건 따위가 너무 흔하여 가치가 별로 없다.'라는 뜻으로, 명사 '값'에 형용사 '없다'가 결합한 합성어이다. 국어에서는 조사가 자주 생략된다. '값없다' 역시 '값(이) 없다'와 같이 조사가 생략된 채 체언과 용언이 결합하고 있으므로, 국어의 일반적인 문장 구성 방식에 맞는 ⓖ에 해당한다.

66. ②

정답 설명

ⓐ는 어근과 어근이 결합하여 형성된 합성어를, ⓑ와 ⓒ는 어근과 접사가 결합하여 형성된 파생어를 말한다. 이때, ⓑ는 어근에 접사가 결합한 결과, 어근의 품사와 형성된 단어의 품사가 달라진 경우를, ⓒ는 품사의 변화가 없는 경우를 말한다. ④의 '놀이'는 어근 '놀-'에 접사 '-이'가 결합한 파생어이다. 이때, 어근 '놀-'의 품사는 동사이므로, 어근의 품사와 파생 명사 '놀이'의 품사가 서로 다름을 알 수 있다. 따라서 ④는 ⓑ에 해당하는 단어이다. ④는 어근 '정'에 형용사 파생 접사 '-답-'이 결합한 파생어이다. 이때, 어근 '정'의 품사는 명사이므로, 어근의 품사와 파생 형용사 '정답다'의 품사가 서로 다름을 알 수 있다. 따라서 ④는 ⓑ에 해당하는 단어이다.

오답 설명

㉮ '눈매'는 어근 '눈'과 접미사 '-매'가 결합한 파생어이다. 이때, 어근 '눈'의 품사와 형성된 단어 '눈매'의 품사는 모두 명사에 해당하므로, '눈매'는 ⓒ에 해당하는 단어이다.

㉱ '늙은이'는 어근 '늙-'에 관형사형 어미 '-(으)ㄴ'이 결합된 용언의 활용형 형태에 의존 명사 어근 '이'가 결합한 합성어이다. 즉, '늙은이'는 ⓐ에 해당하는 단어이다.

67. ⑤

> **정답 설명**

'들이닥치다'는 접사 '들이-'와 동사 어근 '닥치다'가 결합한 파생어로, '들이-'는 '몹시, 마구, 갑자기'의 뜻을 더하는 접두사이다. 이때, 동사 어근 '닥치다'와 '들이닥치다'의 품사는 동사로 동일하다. 한편 '넘어뜨리다'는 동사 어근 '넘-'에 접사 '-뜨리-'가 결합한 파생어로, '-뜨리-'는 '강조'의 뜻을 더하는 접미사이다. 이때, 동사 어근 '넘-'과 '넘어뜨리다'의 품사도 동사로 동일하다. 마지막으로 '놓치다' 또한 동사 어근 '놓-'에 접사 '-치-'가 결합한 파생어로, 동사 어근 '놓-'과 '놓치다'의 품사는 동사로 동일하다. 따라서 '들이닥치다, 넘어뜨리다, 놓치다'는 모두 접사가 결합하여 어근에 강조의 뜻을 더하고 있을 뿐, 어근의 품사와 파생된 단어의 품사가 동일하므로 어근의 품사를 바꾼다고 할 수 없다.

> **오답 설명**

① '잘못'은 부사 '잘'과 부사 '못'이, '곧잘'은 부사 '곧'과 부사 '잘'이, '이리저리'는 부사 '이리'와 부사 '저리'가 결합한 합성어이다. 국어에서 부사가 부사를 수식하는 구성은 일반적인 문장 구성 중 하나이므로, '잘못, 곧잘, 이리저리'는 모두 통사적 합성어에 해당한다.

② '새해'는 관형사 '새'와 명사 '해', '첫사랑'은 관형사 '첫'과 명사 '사랑', '이것'은 관형사 '이'과 의존 명사 '것'이 결합한 합성어이다. 국어에서 관형사가 명사를 수식하는 구성은 일반적인 문장 구성 중 하나이므로, '새해, 첫사랑, 이것'은 모두 통사적 합성어에 해당한다.

③ '감싸다'는 동사 어근 '감-'과 동사 어근 '싸-'가, '날뛰다'는 동사 어근 '날-'과 동사 어근 '뛰-'가, '얕보다'는 형용사 어근 '얕-'과 동사 어근 '보-'가 연결 어미 없이 직접 결합한 합성어에 해당한다. 국어에서 용언 어간과 용언 어간은 직접 결합할 수 없고, 연결 어미를 취하여 결합하여야 한다. 하지만, '감싸다, 날뛰다, 얕보다'는 모두 용언 어간과 용언 어간이 연결 어미 없이 직접 결합하고 있으며, 이는 국어의 일반적인 문장 구성에서 벗어나는 방식이므로 비통사적 합성어에 해당한다.

④ '선무당'의 '선-'은 '서툰' 또는 '충분치 않은'의 뜻을 더하는 접두사이다. '덧붙이다'의 '덧-'은 '거듭된' 또는 '겹쳐 신거나 입는'의 뜻을 더하는 접두사이고, '빗나가다'의 '빗-'은 '잘못'이라는 뜻을 더하는 접두사이다. 즉, '선무당, 덧붙이다, 빗나가다'는 모두 접사가 어근에 결합하여 어휘적 뜻을 더하는 파생어에 해당한다.

68. ①

> **정답 설명**

'손바닥'은 '손(의) 바닥'과 같이 하나의 성분이 다른 성분을 수식하는 형태를 이루는 종속 합성어이다. 국어에서 대등 합성어는 '남녀', '위아래'와 같이 합성어를 이루고 있는 각 구성 요소의 의미가 본래의 의미를 가지고 대등한 자격으로 연결되어 서로 대등한 관계로 유지되어야 하므로, '손바닥'은 대등 합성어에 해당하지 않는다.

> **오답 설명**

② '여닫다'는 '문 따위를 열고 닫고 하다.'의 의미로, 어근 '열-'과 어근 '닫-'이 대등한 관계를 이루고 있으므로 대등 합성어에 해당한다.

③ '돌다리'는 '돌(로 만든) 다리'와 같이 하나의 성분이 다른 성분을 수식하고 있으므로 종속 합성어에 해당한다.

④ '밤낮'은 '밤과 낮을 가리지 않고 늘.'의 의미로, 유의어로 '늘', '밤낮없이'와 같은 단어들이 쓰인다. 이는 '밤'과 '낮'이라는 각 구성 요소들의 의미가 유지되

지 않고, '하루종일'이라는 새로운 의미를 형성하고 있음을 보여 준다. 따라서 '그는 밤낮 놀 생각만 한다.'의 '밤낮'은 융합 합성어에 해당한다. 참고로, '밤낮'이 '밤과 낮을 아울러 이르는 말'의 의미로 사용된 경우에는 '밤과 낮'이라는 각 구성 요소들의 의미가 유지된 대등 합성어로 볼 수 있다.

⑤ '돌아가다'는 '죽다'의 높임말로, '돌다'와 '가다'라는 각 구성 요소들의 의미가 유지되지 않고 '죽다'라는 새로운 의미를 형성하고 있음을 보여 준다. 따라서 융합 합성어에 해당한다.

69. ③

> **정답 설명**

㉠~㉣의 예문을 보면, 동사 '넘다'의 활용형인 '넘어'와 명사 '너머'가 제시되고 있다. '넘다'는 동사이므로, '넘다'의 활용형인 '넘어' 역시 동사에 해당한다. 또한 용언의 활용형은 사전에 표제어로 등재되지 않는다. 따라서 ⓐ에는 '너머'가 적절하다. 〈보기〉에서 '너머'는 '높이나 경계로 가로막은 사물의 저쪽. 또는 그 공간'을 의미하므로, 제시된 예문 중 '그녀는 오늘도 산 너머로 산삼을 캐러 갔다.'(㉢)와 '나는 지구 너머에 존재하는 것들이 궁금했다.'(㉢)의 '너머'가 ⓑ에 해당함을 알 수 있다. 한편, '넘다'는 '일정한 시간, 시기, 범위 따위에서 벗어나 지나다.'를 의미한다. 제시된 예문 중 '자정을 훌쩍 넘어 드디어 집에 도착했다.'(㉠)는 '자정'이라는 시간에서 벗어났음을 나타내므로, ⓒ에 해당한다. '장벽을 넘어 시내로 침투한 적군들이 보였다.'(㉣)의 '넘어'는 넘다﹣2 '높은 부분의 위를 지나가다.'에 해당하는 예문이다. 따라서 ⓐ에는 '너머'가, ⓑ에는 ㉢, ㉢이, ⓒ에는 ㉠이 적절하다.

70. ⑤

> **정답 설명**

㉤의 '강마르다'는 접사 '강-'과 동사 어근 '마르-'가 결합한 파생어이다. 이때, '강마르다'가 '물기가 없이 바싹 메마르다.'의 의미를 지니고, '강마른다', '강마르자', '강말라라'와 같이 현재형, 청유형, 명령형으로 쓰일 수 없다는 점을 고려하면, '물기가 다 날아가서 없어지다.'라는 의미의 동사였던 '마르다'와 달리 '강마르다'는 형용사임을 추론할 수 있다. 즉, 접사 '강-'는 어근에 붙어 어근의 품사를 바꾸는 지배적 접사에 해당하는 것이다. 따라서 '강마르다'에 한정적 접사가 쓰였을 것이라는 선지의 내용은 적절하지 않다.

> **오답 설명**

① ㉠의 '사람답다'는 명사 어근 '사람'에 접사 '-답-'이 결합한 파생어이다. 이때, 접사 '-답-'은 어근에 붙어 '성질이 있음'의 뜻을 더하고 형용사를 만드는 접미사로, 어근의 품사를 바꾸는 지배적 접사에 해당함을 알 수 있다.

② ㉡의 '먹이다'는 동사 어근 '먹-'에 접사 '-이-'가 결합한 파생어이다. 이때, 접사 '-이-'는 동사 어근에 붙어 사동의 뜻을 더한다. 따라서 '먹이다'에 어근의 문법적 기능을 바꾸는 지배적 접사가 쓰였을 것이라는 선지의 내용은 적절하다.

③ ㉢의 '새빨갛다'는 접사 '새-'에 형용사 어근 '빨갛-'이 결합한 파생어이다. 이때, '새-'는 '매우 짙고 선명하게'의 뜻을 더하는 접두사로, 어근 '빨갛-'에 붙어 어휘적 의미를 더함으로써 어근 '빨갛-'의 의미를 한정하고 있으므로 한정적 접사에 해당함을 알 수 있다.

④ ㉣의 '치솟다'는 접사 '치-'에 동사 '솟다'가 결합한 파생어이다. 이때, '치-'는 '위로 향하게' 또는 '위로 올려'의 뜻을 더하는 접두사로, 어근 '솟다'에 붙어 어휘적 의미를 더함으로써 어근 '솟-'의 의미를 한정하고 있으므로 한정적 접사에 해당함을 알 수 있다.

71. ⑤

> **정답 설명**

'달려가다'는 '달리- + -어 + 가 + -다'로 분석된다. 즉, '달려가다'는 비통사적 합성어가 아니라 용언 '달리다'와 '가다'가 연결 어미 '-어'를 통해 결합한 통사적 합성어에 해당한다.

> **오답 설명**

① '젊음'은 '젊- + -음'으로 분석된다. 즉, '젊음'은 용언 '젊다'의 어근 '젊-'과 명사 파생 접사 '-(으)ㅁ'을 통해 결합한 파생어이므로 제시된 선지는 적절하다.
② '하나'와 '빛'은 하나의 형태소, 즉 하나의 어근이 한 단어로 구성되는 단일어에 해당하므로 제시된 선지는 적절하다.
③ '없어지다'는 '없- + -어 + 지- + -다'로 분석된다. 즉, '없어지다'는 용언 '없다'와 '지다'가 연결 어미 '-어'를 통해 결합한 통사적 합성어이므로, 제시된 선지는 적절하다.
④ '열심히'는 '열심 + -히'로 분석된다. 즉, '열심히'는 명사 어근 '열심'에 부사 파생 접사 '-히'가 결합한 파생어이므로, 제시된 선지는 적절하다.

72. ②

> **정답 설명**

'늦다'의 뜻풀이와 용례를 보면, '늦다①'은 '정해진 때보다 지나다.'의 뜻을 갖는 동사이다. 이때, '그는 다른 사람보다 문제를 푸는 속도가 늦다.'에서 '늦다'는 문제를 푸는 동작 따위의 속도가 느림을 나타내므로, '늦다②②'에 해당하는 용례라고 볼 수 있다. 따라서 제시된 선지는 적절하지 않다.

> **오답 설명**

① '늦다'의 품사 정보와 뜻풀이를 보면, '정해진 때보다 지나다.'의 뜻을 갖는 '늦다①'은 동사, '시간이 알맞을 때를 지나 있다.'의 뜻을 갖는 '늦다②'는 형용사임을 알 수 있다. 이를 통해 '늦다'가 동사와 형용사로 쓰이는 말임을 알 수 있으므로, 제시된 선지는 적절하다.
③ '늦다'와 '빠르다'의 뜻풀이와 용례를 보면, '개점 시간이 늦다.'는 '시간이 알맞을 때를 지나 있다.'의 '늦다②①'에 해당하는 용례임을 알 수 있다. 이때, 〈보기〉에서 '늦다②①'의 반의어가 '빠르다②②'임을 제시하였고, '학교 시계는 내 시계보다 5분 빠르다.'에서 '빠르다'는 '어떤 것이 기준이나 비교 대상보다 시간 순서상으로 앞선 상태에 있다.'의 뜻을 갖는 '빠르다②②'가 사용되었으므로 '늦다②①'과 반의 관계에 있음을 알 수 있다. 따라서 제시된 선지는 적절하다.
④ '빠르다'의 문형 정보와 용례를 보면, '빠르다①'은 주어만을 필수적으로 요구하는 한 자리 서술어, '빠르다②'는 주어와 【…보다】의 부사어를 필수적으로 요구하는 두 자리 서술어임을 알 수 있다. 즉, '빠르다'는 문맥에 따라 한 자리 서술어 혹은 두 자리 서술어로 쓰일 수 있음을 알 수 있으므로, 제시된 선지는 적절하다.
⑤ '빠르다'의 뜻풀이와 용례를 보면, '빠르다①'은 '어떤 동작을 하는 데 걸리는 시간이 짧다.'라는 의미를 가진다. 이때, '치료가 빠르게 이루어져 그는 간신히 살았다.'의 '빠르다'는 치료를 하는 데 걸리는 시간이 짧음을 나타내고 있으므로, '빠르다①'의 용례로 추가할 수 있다. 따라서 제시된 선지는 적절하다.

73. ③

> **정답 설명**

㉠과 ㉡의 '넓다'는 모두 '면이나 바닥 따위의 면적이 크다.'의 중심적 의미를 나타내고 있으므로 적절하지 않다. '넓다'가 주변적 의미로 확장된 경우는, '마음이 넓다', '넓은 식견' 따위의 용례가 있다.

> **오답 설명**

① ㉠의 '타다'는 '불씨나 높은 열로 불이 붙어 번지거나 불꽃이 일어나다.'의 의미이므로, 중심적 의미임을 알 수 있다. 한편, ㉡의 '타다'는 구체적인 현상을 지칭하던 '타다'에서 그 의미가 추상적인 의미로 확장되어 '마음이 몹시 달다.'의 주변적 의미로 쓰임을 알 수 있다.
② ㉠의 '오르다'는 '사람이나 동물 따위가 아래에서 위쪽으로 움직여 가다.'의 의미이므로, 중심적 의미임을 알 수 있다. 한편, ㉡의 '오르다'는 구체적인 동작을 지칭하던 '오르다'에서 그 의미가 추상적, 비유적 의미로 확장되어 '지위나 신분 따위를 얻게 되다.'의 주변적 의미로 쓰임을 알 수 있다.
④ ㉠의 '짧다'는 '잇닿아 있는 공간이나 물체의 두 끝의 사이가 가깝다.'의 의미이므로, 중심적 의미임을 알 수 있다. 한편, ㉡의 '짧다'는 구체적이고 물리적인 현상을 지칭하던 '짧다'에서 그 의미가 추상적이고 비유적인 의미로 확장되어 '자본이나 생각, 실력 따위가 어느 정도나 수준에 미치지 못한 상태이다.'의 주변적 의미로 쓰임을 알 수 있다.
⑤ ㉠의 '밝다'는 '불빛 따위가 환하다.'의 의미이므로, 중심적 의미임을 알 수 있다. 한편, ㉡의 '밝다'는 구체적이고 물리적인 현상을 지칭하던 '밝다'에서 그 의미가 추상적이고 비유적인 의미로 확장되어 '생각이나 태도가 분명하고 바르다.'의 주변적 의미로 쓰임을 알 수 있다.

74. ②

> **정답 설명**

'그만두다'는 부사 '그만'에 용언 '두다'가 결합한 합성어이다. 일반적인 국어의 문장 구성 방식에 따르면 부사가 용언을 수식하는 것은 자연스러우므로, '그만두다'는 ㉡에 해당하는 통사적 합성어임을 알 수 있다. 그러나, '몰라보다'는 용언 어간 '모르-'와 용언 어간 '보다'가 연결 어미 '-아'를 취해 결합한 것이다. 따라서 ㉡에 해당하는 통사적 합성어라고 볼 수 없으며, 〈보기〉의 ④에 해당한다.

> **오답 설명**

① '본받다'는 명사 '본'에 용언 '받다'가 결합한 합성어로, '본(을) 받다'와 같이 각 구성 요소가 목적어와 서술어의 관계를 이루고 있다. '값싸다'도 명사 '값'에 용언 '싸다'가 결합한 합성어로, '값(이) 싸다'와 같이 각 구성 요소가 주어와 서술어의 관계를 이루고 있다. 즉, 일반적인 국어의 문장 형성 방식에 따르면 조사는 생략되어도 자연스러우므로, '본받다'와 '값싸다'는 모두 ㉠에 해당하는 통사적 합성어임을 알 수 있다.
③ '지난달'은 용언 어간 '지나-'에 관형사형 어미 '-ㄴ'이 결합한 '지난'에 명사 '달'이 결합한 합성어이다. '건널목'은 용언 어간 '건너-'에 관형사형 어미 '-ㄹ'이 결합한 '건널'에 명사 '목'이 결합한 합성어이다. 일반적인 국어의 문장 구성 방식에 따르면 용언 어간이 체언과 결합하기 위해서는 관형사형 어미를 취해야 하므로, '지난달'과 '건널목'은 모두 ㉢에 해당하는 통사적 합성어임을 알 수 있다.
④ '곶감'은 동사 어간 '곶-'과 명사 '감'이 결합한 합성어이다. 이때, '곶-'은 '꽂다'의 옛말로, 일반적인 국어의 문장 구성 방식에 따르면 '곶(은) 감'과 같이 관형사형 어미를 취해야 한다. '묵밭'도 마찬가지로 동사 어간 '묵-'과 명사

'밭'이 결합한 합성어이다. 일반적인 국어의 문장 구성 방식에 따르면 '묵(은)밭'과 같이 관형사형 어미를 취해야 한다. 즉, '곶감'과 '묵밭은 모두 용언 어간이 관형사형 어미와 결합하지 않고 바로 체언과 직접 결합하고 있으므로, 둘 다 ②에 해당하는 비통사적 합성어임을 알 수 있다.

⑤ '뛰놀다는 동사 어간 '뛰-'와 동사 어간 '놀-'이 결합한 합성어이고, '얕보다'는 형용사 어간 '얕-'과 동사 어간 '보-'가 결합한 합성어이다. 이때, 국어에서 연결 어미 없이 용언 어간이 결합하는 것은 일반적인 문장 구성 방식에 어긋나므로, '뛰놀다'와 '얕보다'는 모두 ⓜ에 해당하는 비통사적 합성어임을 알 수 있다.

75. ⑤

정답 설명

'돌아가다'는 '돌다'에 '가다'가 결합한 합성어로, '죽다'의 높임말이다. 이때, '돌다'나 '가다'의 원래 의미가 사라지고 '죽다'라는 새로운 의미를 획득한다. 또한, '돌아가다'는 새로운 문장 성분을 요구하지 않으므로, 제시된 선지는 적절하다.

오답 설명

① ㉠의 '남다르다'는 '남'에 '다르다'가 결합한 합성어로, '보통의 사람과 유난히 다르다.'의 의미를 지닌다. 이때, '남', '다르-'라는 각 어근의 의미가 변하지 않고, 새로운 문장 성분도 요구하지 않는 것을 알 수 있다. 따라서 제시된 선지는 적절하지 않다.

② ㉡의 '똑같다'는 '똑'에 '같다'가 결합한 합성어로, '모양, 성질, 분량 따위가 조금도 다른 데가 없다.'의 의미를 지닌다. 이때, '똑', '같-'이라는 각 어근의 의미가 변하지 않고 쓰였다. 한편, '같다'는 '…과'의 부사어를 주로 요구하는데, '똑같다' 역시 '…과'의 부사어를 요구한다. 따라서 새로운 문장 성분을 요구하지 않으므로, 제시된 선지는 적절하지 않다.

③ ㉢의 '불티나다'는 '불티'에 '나다'가 결합한 합성어로, '물건이 내놓기가 무섭게 빨리 팔리거나 없어지다.'의 의미를 지닌다. 이때, '불티'는 '타는 불에서 튀는 작은 불똥'을 일으키는 말이므로, '불티나다'는 어근의 원래 의미가 사라지고 새로운 의미를 획득하고 있음을 알 수 있다. 그러나 '불티나다'가 새로운 문장 성분을 요구하지는 않으므로, 제시된 선지는 적절하지 않다.

④ ㉣의 '다시없다'는 '다시'에 '없다'가 결합한 합성어로, '그보다 더한 것이 없다.'의 의미를 지닌다. 이때, '다시', '없-'이라는 각 어근의 의미가 변하지 않고 쓰였다. 한편, '없다'는 주어만을 요구하는데, '다시없다' 역시 주어만을 요구한다. 따라서 어근의 의미가 변하지 않고 새로운 문장 성분도 요구하지 않으므로, 제시된 선지는 적절하지 않다.

---

1. ③

정답 설명

ⓒ의 경우, '할머니께', '여쭸는데'에서 부사격 조사 '께'와 객체 높임을 나타내는 특수 어휘 '여쭙다'를 통해 객체 높임법이, '할아버지께서', '편찮으시다는'에서 주격 조사 '께서'와 주체 높임 선어말 어미 '-으시-'를 통해 주체 높임법이, '들었어요'에서 높임의 보조사 '요'를 통해 상대 높임법이 실현되었음을 확인할 수 있다.

오답 설명

① ⓐ의 경우, '민수입니다'에서 하십시오체를 통해 상대 높임법이 실현되었음을 확인할 수 있다.

② ⓑ의 경우, '할머니께서', '오셔서', '식사하시고', '가셨어요'에서 주격 조사 '께서'와 주체 높임 선어말 어미 '-시-'를 통해 주체 높임법이, '가셨어요'에서 높임의 보조사 '요'를 통해 상대 높임법이 실현되었음을 확인할 수 있다.

④ ⓓ의 경우, '회복하셔서', '오시면'에서 주체 높임 선어말 어미 '-시-'를 통해 주체 높임법이, '좋겠습니다'에서 하십시오체를 통해 상대 높임법이 실현되었음을 확인할 수 있다.

⑤ ⓔ의 경우, '뵈러'에서 객체 높임을 나타내는 특수 어휘 '뵈다'를 통해 객체 높임법이, '갈게요'에서 높임의 보조사 '요'를 통해 상대 높임법이 실현되었음을 확인할 수 있다.

2. ②

정답 설명

'의견이 양쪽으로 갈리다.'에서 '갈리다'는 '가르다'의 피동사에 해당한다. 한편, '키가 큰 동생에게 형광등을 갈리다.'에서 '갈리다'는 '갈다'의 사동사에 해당한다.

오답 설명

① '운동화 끈이 풀리다.'에서 '풀리다'는 '풀다'의 피동사에 해당한다. 한편, '오늘 따라 문제가 잘 풀리다.'에서 '풀리다'는 '풀다'의 피동사에 해당한다.

③ '어디서 음악 소리가 들리다.'에서 '들리다'는 '듣다'의 피동사에 해당한다. 한편, '옷을 얇게 입어 감기가 들리다.'에서 '들리다'는 피동, 사동 접미사가 결합하지 않은 기본형으로, '병에 걸리다.'라는 뜻을 지닌 동사이다.

④ '유명한 화가의 그림이 벽에 걸리다.'에서 '걸리다'는 '걸다'의 피동사에 해당한다. 한편, '숙제를 하는 데 두 시간이 걸리다.'에서 '걸리다'는 피동, 사동 접미사가 결합하지 않은 기본형으로 '시간이 들다.'라는 뜻을 지닌 동사이다.

⑤ '친구들이 체육 시간에 넘어진 친구를 놀리다.'에서 '놀리다'는 피동, 사동 접미사가 결합하지 않은 기본형으로 '짓궂게 굴거나 흉을 보거나 웃음거리로 만들다.'라는 뜻을 지닌 동사이다. 한편, '학생들이 뛰어놀도록 운동장에서 학생들을 놀리다.'에서 '놀리다'는 '놀다'의 사동사에 해당한다.

3. ①

정답 설명

ⓐ는 수혁이 본인의 의지를 부정한 것이 아닌 단순히 수영 연습을 하지 않는다는 것을 표현하기 위해 '안' 부정문을 사용한 것이므로 ㉠에 해당한다. 한편, ⓑ는 수영장이 문을 닫아서 수혁이 수영장에 가지 못한다는 것을 표현하기 위해 '못' 부정문을 사용한 것이므로 ㉡에 해당한다.

ⓒ는 수혁이 의도적으로 수영장에 가지 않는다는 것을 표현하기 위해 '안' 부정문을 사용한 것이므로 '주체의 의지 부정'에 해당하고, ⓓ는 수혁의 수영 실력이 부족함을 표현하기 위해, ⓔ는 사빈의 공포증을 견디는 능력이 부족함을 표현하기 위해 '못' 부정문을 사용한 것이므로 '주체의 능력 부족'에 해당한다.

4. ②

'고모는 손자가 있으시다.'의 '있으시다'는 고모의 가족인 손자를 높여 주체인 고모를 간접적으로 높이기 위해 높임 선어말 어미 '-으시-'를 결합한 것이므로 간접 높임(ⓛ)에 해당한다. 반면, '고모는 지금 집에 계신다.'의 '계신다'는 주체인 고모를 높이기 위해 사용한 높임의 어휘이므로 주체를 직접적으로 높인 직접 높임(㉠)에 해당한다.

① '이모가 보약을 드셨다.'의 '드셨다'는 주체인 이모를 높이기 위해 높임 선어말 어미 '-시-'를 결합한 것이므로 직접 높임(㉠)에 해당한다. 반면, '이모가 손이 고우시다.'의 '고우시다'는 이모의 신체 일부분인 손을 높여 주체인 이모를 간접적으로 높이기 위해 높임 선어말 어미 '-시-'를 결합한 것으로 간접 높임(ⓛ)에 해당한다.
③ '선생님은 조금 편찮으시다.'의 '편찮으시다'는 주체인 선생님을 높이기 위해 높임 선어말 어미 '-으시-'를 결합한 것이므로 직접 높임(㉠)에 해당한다. 반면, '선생님은 따님이 예쁘시다.'의 '예쁘시다'는 선생님의 가족인 따님을 높여 주체인 선생님을 간접적으로 높이기 위해 높임 선어말 어미 '-시-'를 결합한 것이므로 간접 높임(ⓛ)에 해당한다.
④ '아버지는 일찍 귀가하셨다.'의 '귀가하셨다'는 주체인 아버지를 높이기 위해 높임 선어말 어미 '-시-'를 결합한 것이므로 직접 높임(㉠)에 해당한다. 반면, '아버지는 귀가 예민하시다.'의 '예민하시다'는 아버지의 신체 일부분인 귀를 높여 주체인 아버지를 간접적으로 높이기 위해 높임 선어말 어미 '-시-'를 결합한 것이므로 간접 높임(ⓛ)에 해당한다.
⑤ '삼촌이 고향으로 돌아가셨다.'의 '돌아가셨다'는 주체인 삼촌을 높이기 위해 높임 선어말 어미 '-시-'를 결합한 것이므로 직접 높임(㉠)에 해당한다. 반면, '삼촌이 눈이 나쁘시다.'의 '나쁘시다'는 삼촌의 신체 일부분인 눈을 높여 주체인 삼촌을 간접적으로 높이기 위해 높임 선어말 어미 '-시-'를 결합한 것이므로 간접 높임(ⓛ)에 해당한다.

5. ⑤

'죽은' 부하가 스스로 모자를 벗을 수는 없으므로 해당 문장에서 '벗겼다'는 장군이 죽은 부하의 모자를 직접 자기의 손으로 벗겼다는 직접 사동의 의미로만 해석된다.

① '재웠다'는 누나가 직접 동생을 거실에서 재워 주었다는 의미의 직접 사동과, 동생이 거실에서 자도록 시켰다는 의미의 간접 사동으로 해석될 수 있다.
② '감겼다'는 은수가 친구의 머리를 직접 감겨 주었다는 의미의 직접 사동과, 친구가 머리를 감도록 시켰다는 의미의 간접 사동으로 해석될 수 있다.
③ '신겼다'는 엄마가 아이에게 장화를 직접 신겨 주었다는 의미의 직접 사동과,

아이가 스스로 신발을 신게 시켰다는 의미의 간접 사동으로 해석될 수 있다.
④ '눕혔다'는 의사가 환자를 부축하여 직접 침대에 눕혀 주었다는 의미의 직접 사동과, 환자가 스스로 침대에 눕게 시켰다는 의미의 간접 사동으로 해석될 수 있다.

6. ⑤

'언니가 식탁에서 밥을 먹고 있다.'는 언니가 밥을 먹는 중이라는 진행상의 의미로만 해석된다.

① 아빠가 넥타이를 매는 중인 것(진행상)으로 해석되기도 하고, 아빠가 넥타이를 맨 상태가 지속되는 것(완료상)으로 해석되기도 한다.
② 동생이 빨간 옷을 입는 중인 것(진행상)으로 해석되기도 하고, 동생이 빨간 옷을 입은 상태가 지속되는 것(완료상)으로 해석되기도 한다.
③ 누나가 안경을 쓰는 중인 것(진행상)으로 해석되기도 하고, 누나가 안경을 쓴 상태가 지속되는 것(완료상)으로 해석되기도 한다.
④ 형이 아빠 차에 타는 중인 것(진행상)으로 해석되기도 하고, 형이 아빠 차에 탄 상태가 지속되는 것(완료상)으로 해석되기도 한다.

7. ③

'오후에 보러 갈게요'에서는 서술어 '보러'에 대응하는 목적어('선생님을')가 생략되어 있다. 문장의 객체인 '선생님'은 높임의 대상이므로 '보러 갈게요'는 객체 높임법에 어긋난 표현이다. 이를 바르게 고치려면 '보러' 대신에 '뵈러'를 사용해야 한다.

① 객체인 '아버지'를 높이기 위하여 '데리고' 대신에 '모시고'를 사용하였다. 이는 객체 높임법에 맞는 예이다.
② 객체인 '선생님'을 높이기 위하여 '물어봐' 대신에 '여쭤봐'를 사용하였다. 이는 객체 높임법에 맞는 예이다.
④ 주체인 '할아버지'를 높이기 위해서는 '먹었어요' 대신에 '드셨어요' 또는 '잡수셨어요'라고 표현해야 한다. 이는 객체 높임법이 아니라 주체 높임법에 어긋난 예이므로 (가)에 들어갈 사례로 적절하지 않다.
⑤ 청자인 '선생님'을 높이기 위해서는 '남겼어' 대신에 '남겼어요' 또는 '남겼습니다'라고 표현해야 한다. 이는 객체 높임법이 아니라 상대 높임법에 어긋난 예이므로 (가)에 들어갈 사례로 적절하지 않다.

8. ⑤

ⓜ에서는 평서형 종결 어미 '-다'를 사용하여 명령문을 평서문의 형태로 바꾸어 완곡하게 표현하고 있다. 또한 요청의 의미를 드러내고 있으므로 화자의 의도를 숨겨서 표현한 것도 아니다.

① ㉠의 '와 주십시오'에서 '주다'는 '다른 사람을 위하여 어떤 행동을 함을 나타내는 말'의 보조 동사이다. 이를 사용하여 완곡한 의미를 표현했다고 볼 수

있다.
② ㉡에서는 의문형 종결 어미 '-ㅂ니까'를 사용하여 명령문을 의문문의 형태로 바꾸어 완곡하게 표현했다고 볼 수 있다.
③ ㉢에서는 청유형 종결 어미 '-지'를 사용하여 상대방에게 특정 행동을 제안하고 있으므로 주어진 문장을 완곡하게 표현했다고 볼 수 있다. 참고로 '요'는 종결 어미 뒤에 붙어 청자에게 존대의 뜻을 나타내는 보조사에 해당한다.
④ 주어진 문장에 '괜찮으시다면'이라는 표현을 추가하여 상대방을 배려하고 있으므로 완곡하게 표현했다고 볼 수 있다.

9. ③

정답 설명

'땅을 파는 데는 곡괭이가 쓰인다.'의 '쓰인다'와 '그 사람은 아무래도 일용직으로 쓰일 것 같다.'의 '쓰일'에서는 '쓰이다'가 모두 피동사(㉠)로 사용되었다.

오답 설명

① '어젯밤 모기에게 코를 물렸다.'의 '물렸다'에서는 '물리다'가 피동사(㉠)로 사용되었고, '개에게 막대기를 물리다.'의 '물리다'에서는 '물리다'가 사동사(㉡)로 사용되었다.
② '아이가 엄마 등에 업혀 잠이 들었다.'의 '업혀'에서는 '업히다'가 피동사(㉠)로 사용되었고, '할머니에게 아이를 업혀 보냈다.'의 '업혀'에서는 '업히다'가 사동사(㉡)로 사용되었다.
④ '감긴 듯한 그의 눈에서 눈물이 흘러내린다.'의 '감긴'에서는 '감기다'가 피동사(㉠)로 사용되었고, '차마 감지 못하고 간 그의 눈을 감겼다.'의 '감겼다'에서는 '감기다'가 사동사(㉡)로 사용되었다.
⑤ '어디서 음악 소리가 들린다.'의 '들린다'에서는 '들리다'가 피동사(㉠)로 사용되었고, '아이들에게 재미있는 이야기를 들렸다.'의 '들렸다'에서는 '들리다'가 사동사(㉡)로 사용되었다.

10. ①

정답 설명

ㄱ의 '결석한'은 '만나러 간다'라는 전체 문장의 사건시를 기준으로 보았을 때 과거에 일어난 일이므로, 상대 시제로 과거 시제가 맞다. 그리고 발화시를 기준으로 보았을 때도 발화시보다 이전인 '어제' 일어난 사건이므로 절대 시제도 과거 시제이다.

오답 설명

② 사건시가 발화시보다 앞서는 것은 과거 시제이며, 사건시가 발화시와 일치하는 것은 현재 시제이다. ㄱ에는 과거 시제인 '결석한'과 현재 시제인 '만나러 간다'가 모두 존재한다.
③ ㄴ에서 영희가 '요리하는'의 행위를 한 시점은 '어제'라고 표현되어 있으므로, 발화를 기준으로 할 때 과거 시제가 맞다.
④ ㄱ, ㄴ, ㄷ에서 '어제, 지금, 내일'이라는 부사와 '-ㄴ, -ㄴ-, -는, -었-, -겠-' 등의 어미를 통해 시제를 제시하고 있다.
⑤ ㄷ의 '학교에 있는'은 '내일' 일어날 예정인 '만나겠다'라는 전체 문장의 사건시와 일치하므로, 상대 시제로 따졌을 때 현재 시제가 맞다. 또한, '내일'이라는 표현을 통해 발화시를 기준으로 따진다면 미래 시제에 해당한다.

11. ⑤

정답 설명

'가려진다'는 기본형 '가리다'에 '-어지다'만 붙은 피동 표현으로 피동 표현을 두 번 겹쳐 쓴 이중 피동의 사례가 아니다.

오답 설명

① '믿겨진다'는 피동사 '믿기다'에 '-어지다'가 붙은 이중 피동이다.
② '읽혀진다'는 피동사 '읽히다'에 '-어지다'가 붙은 이중 피동이다.
③ '쓰여진다'는 피동사 '쓰이다'에 '-어지다'가 붙은 이중 피동이다.
④ '불려진다'는 피동사 '불리다'에 '-어지다'가 붙은 이중 피동이다.

12. ④

정답 설명

Ⓐ가 형용사, 자동사인 경우 Ⓑ의 주어 '길이', '아기가'는 Ⓒ에서 목적어 '길을', '아기를'로 나타나는 반면, Ⓐ가 타동사인 경우 Ⓑ의 주어 '아이가'는 Ⓒ에서 부사어 '아이에게'로 쓰인다.

오답 설명

① Ⓐ가 형용사인 경우 Ⓑ의 주어 '길이'가 Ⓒ와 Ⓓ에서 모두 목적어 '길을'로 나타남을 확인할 수 있다.
② Ⓐ가 자동사인 경우 Ⓑ의 주어 '아기가'가 Ⓒ에서는 목적어 '아기를'로 나타나지만, Ⓓ에서는 주어 '아기가' 또는 목적어 '아기를'로 나타남을 확인할 수 있다.
③ Ⓐ가 타동사인 경우 Ⓑ의 목적어 '옷을'이 Ⓒ와 Ⓓ에서도 계속 목적어 '옷을'로 유지됨을 확인할 수 있다.
⑤ Ⓐ가 형용사, 자동사인 경우 Ⓑ에 쓰인 서술어는 주어를 필요로 하는 한 자리 서술어, Ⓒ에 쓰인 서술어는 주어와 목적어를 필요로 하는 두 자리 서술어임을 알 수 있다. Ⓐ가 타동사인 경우에는 Ⓑ에 쓰인 서술어는 주어와 목적어를 필요로 하는 두 자리 서술어, Ⓒ에 쓰인 서술어는 주어와 목적어, 필수적 부사어를 필요로 하는 세 자리 서술어임을 알 수 있다. Ⓑ의 모든 문장과 그에 대응하는 Ⓒ의 모든 문장을 비교해 볼 때, Ⓒ의 서술어가 요구하는 필수 성분의 수가 하나씩 더 많음을 확인할 수 있다.

13. ⑤

정답 설명

'누나는 나보다 엄마를 더 좋아한다.'의 경우 누나가 나를 좋아하는 것과 누나가 엄마를 좋아하는 것을 비교하는 것일 수도 있고, 누나가 엄마를 좋아하는 것과 내가 엄마를 좋아하는 것을 비교하는 것일 수도 있다. 이는 수식 범위가 아니라 비교의 대상이 모호하여 중의성이 발생한 예이다.

오답 설명

① 말하는 이가 다른 사람으로 하여금 좋은 사람을 소개하게 하는 것이 아니므로, '좋은 사람 있으면 소개시켜 줘.'는 불필요하게 사동 표현이 사용된 예이다. 좋은 사람을 나와 맺어 달라는 의미로 쓰려면 '-시키다'가 아닌 '-하다'를 사용해 '좋은 사람 있으면 소개해 줘.'라고 수정하면 된다.
② '재활용'은 '폐품 따위를 용도를 바꾸거나 가공하여 다시 씀'라는 뜻의 단어이다. 즉, 단어 안에 '사용하다'라는 의미가 포함되어 있으므로 '이것은 재활용으로 사용할 수 있는 물건이다.'에는 '사용하다'라는 같은 의미의 단어가 중복으

로 사용되고 있음을 알 수 있다. 따라서 의미의 중복을 고려해 '이것은 재활
용할 수 있는 물건이다.'로 수정하면 된다.
③ 부사 '여간'은 부정의 의미를 지닌 서술어와 호응한다. 따라서 부사어와 서술
어의 호응을 고려하여 '그가 날 칭찬해 주다니 여간 기쁜 일이 아니다.'로 수
정하면 된다.
④ '나는 1월부터 지금까지 매일 한 시간씩 하고 있다.'에서 서술어 '하다'는 목적
어를 필요로 하는 동사이다. 따라서 '하다'에 대응하는 목적어를 추가해 '나는
1월부터 지금까지 매일 한 시간씩 운동을 하고 있다.'로 수정하면 된다.

14. ③

정답 설명

ㄷ에 사용된 '-겠-'은 추측을 나타내는 기능을 한다. '먹었겠구나'는 과거의 사건
을 추측하는 것이므로 이때 쓰인 과거 시제 선어말 어미 '-었-'은 '-겠-'과 함께
사용된 것과 상관없이 과거의 사건을 나타내고 있다. 따라서 선지의 설명은 적절
하지 않다.

오답 설명

① ㄱ에서 '내일'이 미래와 관련된다는 점을 고려하면, 동사의 현재 시제를 표현
하는 선어말 어미 '-ㄴ-'은 미래의 사건을 나타낼 때에도 쓰일 수 있음을 알
수 있다.
② ㄴ에서 '지었다'는 이야기를 하는 시점에서 볼 때 아직 일어나지 않은 미래의
일에 해당하므로 '-었-'은 미래의 일을 이미 정해진 사실인 것처럼 표현하는
기능을 한다는 것을 알 수 있다.
④ ㄹ에서 '-었었-'은 손님들이 장사진(많은 사람이 줄을 지어 길게 늘어선 모양
을 이르는 말)을 쳤던 과거의 상황이 손님이 없는 현재 상황과 단절되어 있
음을 나타내는 기능을 한다.
⑤ ㅁ에서 발화시를 기준으로 했을 때, '들어가는'과 '보았다'는 모두 발화시 이전
에 일어난 사건이다.

15. ③

정답 설명

c는 부정 표현의 범위가 모호하여 중의성이 생긴 문장이다. 따라서 사람들 전체
가 오지 않은 것인지(전체 부정), 사람들 일부가 오지 않은 것인지(부분 부정) 알
수 없다. 몇 사람은 오지 않았다는 부분 부정의 의미로 표현하기 위해서는 '오지'
뒤에 '는'을 붙이면 된다. 주어진 문장에서 '않았다'를 '못했다'로 바꾼다고 해도 여
전히 사람들 전체가 오지 못한 것인지 사람들 중 일부가 오지 못한 것인지 알
수 없으므로 중의성의 문제를 해결할 수 없다.

오답 설명

① a는 관형격 조사 '의'가 결합한 말의 의미가 불명확해서 중의성이 생긴 문장이
다. 따라서 아버지가 그린 그림인지, 아버지가 그려진 그림인지, 아버지가 소
유하신 그림인지 명확하게 알 수 없다. 앞에서 언급한 세 가지의 의미 가운
데 두 번째 의미로 한정하려면 '이것은 아버지를 그린 그림이다.'로 수정하면
된다.
② b는 조사 '와'에 의해 두 문장 성분이 결합하면서 중의성이 생긴 문장이다. 따
라서 내 친구가 그녀와 올해 결혼한 것인지, 아니면 올해 내 친구와 그녀가
각각 다른 사람과 결혼한 것인지 알 수 없다. 올해 둘이 서로 결혼했다는 의
미로 한정하기 위해서는 '내 친구가 그녀와 올해 결혼하였다.'로 수정하면 된
다.

④ d는 의존 명사구의 불명확성 때문에 중의성이 생긴 문장이다. 따라서 그가 웃
는 모습이 이상한 것인지, 그가 웃는다는 사실 그 자체가 이상한 것인지 알
수 없다. 그가 웃는다는 사실이 이상하다는 의미로 한정하려면 '그가 웃는다
는 것이 이상하다.'로 수정하면 된다.
⑤ e는 수식 범위가 모호하여 중의성이 생긴 문장이다. 따라서 사람들의 표정이
밝은 것인지, 그녀의 표정이 밝은 것인지 알 수 없다. 그녀의 표정이 밝다는
의미로 한정하려면 '그녀는 환영하는 사람들에게 밝은 표정으로 인사했다.'로
수정하면 된다.

16. ③

정답 설명

ㄷ은 '나는 이것을 들 수 있다.'라는 의미를 강조하기 위한 것으로 대답을 요구하
지 않고 서술의 기능을 하는 의문문으로 볼 수 있다. 따라서 듣는 이에게 함께
행동할 것을 요청하는 청유문과 같은 기능을 수행한다고 볼 수 없다.

오답 설명

① ㄱ은 듣는 이에게 축구 시합의 장소에 대한 구체적인 설명을 요구하는 의문문이
다.
② ㄴ은 듣는 이에게 밥을 맛있게 먹었는지에 대해 긍정 혹은 부정의 대답을 요
구하는 의문문이다.
④ ㄹ은 듣는 이에게 '좀 조용히 해라.'라는 명령의 의미를 담고 있다.
⑤ ㄱ, ㄴ은 듣는 이의 대답을 요구하는 반면, ㄷ, ㄹ은 그렇지 않다.

17. ③

정답 설명

b. 의문문으로 표현된 문장이지만, '내가 너에게 언제 점심 한번 사 줄 수 있다.'
라는 평서의 의미를 담고 있다.
e. 청유문으로 표현된 문장이지만, '조용히 해라.'라는 명령의 의미를 담고 있다.

오답 설명

a. 청자에게 집에 온 시간에 대해 구체적인 설명을 요구하고 있으므로 형식과 발
화 의도가 일치하는 의문문이다.
c. 의문문으로 표현된 문장이지만 춤을 같이 추자는 청유의 의미를 담고 있다.
d. 청자에게 '나가지 마.'라고 명령하고 있으므로 문장 유형과 발화 의도가 일치
하는 명령문이다.

18. ④

정답 설명

ㄴ의 부사격 조사 '께'는 이 문장의 객체인 '선생님'을 높이기 위해 사용된 것이므
로 주체를 높이기 위해 사용되었다는 선지의 내용은 적절하지 않다.

오답 설명

① ㄱ의 '모시고'는 객체인 '할아버지'를 높이고, ㄴ의 '여쭤보았다'는 객체인 '선생
님'을 높이고 있다. 이때 '모시다'와 '여쭙다'는 객체를 높이기 위해 사용된 특
수 어휘이다.
② ㄱ에서는 '아버지께서', '오셨어요'에서 주격 조사 '께서'와 주체 높임 선어말
어미 '-시-'를 사용해 주체인 '아버지'를 높이고 있다. ㄷ에서는 '삼촌께서',
'나가시는'에서 주격 조사 '께서'와 주체 높임 선어말 어미 '-시-'를 사용해 주

04 | 문장 [표현]

체인 '삼촌'을 높이고 있다.

③ ㄱ의 '오셨어요'에서 '요'는 상대 높임의 기능을 갖는 보조사이다.

⑤ ㄹ의 '보십시오'에서 '-십시오'는 상대 높임(아주 높임)의 기능을 갖는 종결 어미이다.

19. ②

정답 설명

(1)은 부사어 '지금'과 서술어 '지나간다'에 현재 시제 선어말 어미 '-ㄴ-'이 사용된 것으로 보아, 현재 시제를 표시한 것이므로 발화시와 사건시가 일치한다.(사건시 = 발화시) (2)는 부사어 '내일'과 관형절의 서술어 '올'에 미래를 나타내는 관형사형 전성 어미 '-(으)ㄹ'이 사용된 것으로 보아, 미래 시제를 표시한 것이므로 사건시가 발화시보다 나중이다.(사건시 〈 발화시) 그리고 (3)은 부사어 '지난주'와 서술어 '찾아왔다'에 과거 시제 선어말 어미 '-았-'이 사용된 것으로 보아, 과거 시제를 표시한 것이므로 사건시가 발화시보다 앞선다.(사건시 〉 발화시)

20. ⑤

정답 설명

'나는 음악을 들으면서 공부했다.'에서 어미 '-면서'를 통해 공부를 하는 동안에도 음악을 듣는 동작을 계속 이어나갔음을 드러내고 있다. 즉, 어미 '-면서'는 진행상을 나타내고 있으므로 '-면서'가 완료상을 나타낸다는 설명은 적절하지 않다.

오답 설명

① ㄱ에서는 보조 용언 구성인 '-고 있다'를 활용하여 발화시를 기준으로 공부를 하는 동작을 계속 이어가고 있는 모습을 보여 주고 있다. 따라서 '-고 있다'는 진행상을 나타내고 있음을 알 수 있다.

② ㄴ에서는 어미 '-고서'를 통해 밥 먹기를 완료한 다음 방을 청소했다는 것을 드러내고 있다. 따라서 어미 '-고서'는 완료상을 나타내고 있음을 알 수 있다.

③ ㄷ에서는 보조 용언 구성인 '-어 있다'를 활용하여 감이 익은 상태가 완료된 후 지속되고 있음을 보여 주고 있다. 따라서 '-어 있다'는 완료상을 나타내고 있음을 알 수 있다.

④ ㄹ의 보조 용언 구성 '-고 있다'는 진행상(신는 동작의 진행)을 나타낼 수도 있고, 완료상(신은 상태의 지속)을 나타낼 수도 있다. 참고로, 탈부착 동사(입다, 쓰다, 끼다 등)는 '-고 있다'로 진행상과 완료상을 모두 나타낼 수 있다.

21. ⑤

정답 설명

'만나다'는 피동사 형태를 갖지 않는다. 즉 피동 접미사 '-이-', '-히-', '-리-', '-기-' 등을 결합하여 '만나다'의 피동사 형태를 만들 수 없다.

오답 설명

① '안다'의 어근 '안-'에 피동 접미사 '-기-'를 결합해 만든 피동사 '안기다'로, '아기가 엄마에게 안겼다.'라는 파생적 피동문을 만들 수 있다.

② '먹다'의 어근 '먹-'에 피동 접미사 '-히-'를 결합해 만든 피동사 '먹히다'로, '파리가 개구리에게 먹혔다.'라는 파생적 피동문을 만들 수 있다.

③ '꺾다'의 어근 '꺾-'에 피동 접미사 '-이-'를 결합해 만든 피동사 '꺾이다'로, '나뭇가지가 바람에 꺾였다.'라는 파생적 피동문을 만들 수 있다.

④ '흔들다'의 어근 '흔들-'에 피동 접미사 '-리-'를 결합해 만든 피동사 '흔들리다'로, '배가 폭풍우에 세차게 흔들렸다.'라는 파생적 피동문을 만들 수 있다.

22. ①

정답 설명

'흐드러지다'는 '매우 탐스럽거나 한창 성하다.'라는 의미를 갖는 형용사로, '-어지다'가 결합하여 만들어진 피동 표현이 아니다.

오답 설명

② '밀려서'의 본말은 '밀리어서'로 '밀다'에 피동 접미사 '-리-'가 붙어서 만들어진 피동사에 해당한다.

③ '막혀'의 본말은 '막히어'로 '막다'에 피동 접미사 '-히-'가 붙어서 만들어진 피동사에 해당한다.

④ '쫓기는'은 '쫓다'에 피동 접미사 '-기-'가 붙어서 만들어진 피동사에 해당한다.

⑤ '뒤섞여'의 본말은 '뒤섞이어'로 '뒤섞다'에 피동 접미사 '-이-'가 붙어서 만들어진 피동사에 해당한다. 참고로 '맡겼더니'의 '맡기다'는 '맡다'에 사동 접미사 '-기-'가 결합하여 만들어진 사동사이다.

23. ①

정답 설명

통사적 사동에 의한 '깊게 하다', '솟게 하다', '사게 하다'는 비문법적 표현이 아닌 반면, 파생적 사동에 의한 '*깊이다', '*솟구다', '*사이다'는 비문법적 표현이라는 점으로 보아, 파생적 사동이 통사적 사동에 비해 제약이 많다는 점을 확인할 수 있다.

오답 설명

② 타동사 '사다'의 경우 파생적 사동에 의한 '*사이다'가 비문법적 표현이며, 자동사 '솟다'의 경우 파생적 사동에 의한 '*솟구다'가 비문법적 표현이라는 점에서 파생 접미사와의 결합에 제약을 적게 받는 것이 타동사인지 자동사인지 비교할 수 없다.

③ '*먹이우다', '*사이우다' 등 타동사의 어근 '먹-', '사-'에 둘 이상의 사동 접사가 결합할 수 없으므로 적절한 내용이 아니다.

④ 형용사 '깊다'의 경우 파생적 사동에 의한 '*깊이다'가 비문법적 표현이라는 점에서 자동사나 타동사와는 달리 파생적 사동에 의해 사동 표현을 만든다고 할 수 없다.

⑤ 자동사 '솟다'와 타동사 '사다' 모두 통사적 사동에 의한 '솟게 하다', '사게 하다'가 비문법적 표현이 아니라는 점에서 통사적 사동에 의해 사동 표현을 만드는 데 제약을 많이 받는 것이 자동사인지 타동사인지 비교할 수 없다.

24. ①

정답 설명

ㄱ은 허리에 총을 차는 동작의 '진행'이냐 '완료'냐에 따라 의미가 달라지는 중의적 문장이다. 즉, 총을 차는 동작을 하고 있는 경우(진행)와 총을 차는 동작을 끝낸 상태가 지속되고 있는 경우(완료)로 해석될 수 있다. 따라서 허리에 총을 차는 동작의 '예정'으로 보기 어렵다.

오답 설명

② ㄴ은 그가 걷는다는 사실이 이상하다는 의미로도, 그의 걸음걸이가 이상하다는 의미로도 해석이 가능한 중의적 문장이다.

③ ㄷ은 그녀가 나를 좋아하는 것보다 영화를 더 좋아하는 것인지, 내가 영화를 좋아하는 것보다 더 영화를 좋아하는 것인지 비교 대상이 분명하지 않아 중

의적으로 해석되는 문장이다.

④ ㄹ은 학생들 전체가 오지 않았다는 전체 부정의 의미로 사용된 것인지, 학생들 일부가 오지 않았다는 부분 부정의 의미로 사용된 것인지 부정 표현의 범위가 명확하지 않아 중의적으로 해석되는 문장이다.

⑤ ㅁ은 관형어 '아름다운'이 수식하는 말이 바로 뒤에 따라오는 '고향'인지, 고향의 '하늘'인지 수식 범위가 명확하게 드러나지 않아 중의적으로 해석되는 문장이다.

25. ④

정답 설명

ⓒ의 목적어는 '아이들을'이며, '아이들'을 주어로 하는 주동문은 '아이들이 집에 갔다.'이다.

오답 설명

① ㉠의 부사어는 '나에게'로, '*남편은 나를 말을 높인다.'와 같이 부사어를 목적어로 바꿀 수 없다.

② ㉠의 '남편은 나에게 말을 높인다.'에서 '높이다'는 '높임말을 쓰다'의 의미를 갖는 동사로 사동 접미사 '-이-'를 결합시켜 만든 사동사가 아니다. 따라서 ㉠을 '-게 하다'에 의한 사동문으로 바꾸면 '*남편은 나에게 말을 높게 한다.'로 원래의 의미와는 멀어진 부자연스러운 문장이 된다.

③ ⓛ의 '누렁이'는 사람이 아니므로 높임의 의미를 가진 재귀 대명사 '당신'을 쓰는 것은 적절하지 않다.

⑤ ⓛ은 누렁이가 새끼에게 직접 젖을 물리는 행위를 하는 것이므로 직접 사동문으로 볼 수 있다. 반면 ⓒ은 선생님이 말로써 아이들이 집에 가도록 하는 것이며, 실제 집에 가는 행위를 하는 것은 아이들이기 때문에 간접 사동문에 해당한다.

26. ③

정답 설명

나 : 부사 '무조건'은 '무조건 좋아.'와 같이 긍정 표현과도 호응하므로 ㄴ으로 설명할 수 없다.

다 : '살다'는 동사이므로 형용사에 관한 내용인 ㄱ으로 설명할 수 없다. '안' 부정문이 아닌 '못 살다, 살지 못하다' 등 '못' 부정문으로도 표현할 수 있다.

오답 설명

가 : 부사 '그다지'가 부정 표현인 '안 변했네'와 호응하고 있으므로 ㄴ으로 설명할 수 있다.

라 : '공부하다'의 짧은 부정문은 '공부 안 하다'로, 어근 '공부'와 '-하다' 사이에 부정 부사 '안'이 위치하므로 ㄷ으로 설명할 수 있다.

마 : '기쁘다'는 형용사이므로 ㄱ으로 설명할 수 있다. '못 기쁘다'나 '기쁘지 못하다' 등 '못' 부정문으로 표현하면 어색하다.

27. ③

정답 설명

ㄴ의 '늠름한'은 현재 시제이며, 과거 시제는 '귀엽던'에서 나타난다. 이를 통해 형용사는 '-(으)ㄴ'과 결합하면 현재 시제, '-던'과 결합하면 과거 시제를 표현할 수 있다는 것을 알 수 있다. 반면 동사의 경우 ㄷ의 '만드신'과 같이 '-(으)ㄴ'과 결합하여 과거 시제를 드러내기도 하고, '먹던'과 같이 '-던'과 결합하여 과거 시제

를 드러내기도 한다. 따라서 형용사와 동사가 모두 '-(으)ㄴ'와 결합하여 과거 시제를 실현할 수 있다는 선지의 내용은 적절하지 않다.

오답 설명

① ㄱ의 '보았다'에서 선어말 어미 '-았-'이 쓰여 과거 시제를 나타내고 있다.

② ㄱ의 '어제'와 ㅁ의 '지난주에'는 해당 문장들이 과거 시제임을 알려 주는 시간 부사어이다.

④ '어렸을 때 나는 심하게 아팠었다.'에서 지금은 그렇지 않다는 의미를 읽어낼 수 있다. 따라서 ㄹ을 통해 '-았었-'은 현재와 비교하여 아팠던 과거 상태에 대한 단절감을 강조하는 기능을 한다고 볼 수 있다.

⑤ '너 지난주에 보니까 어딘가 바쁘게 가더라.'라는 문장은 화자가 과거에 직접 관찰한 사실을 표현한 것이다. 따라서 ㅁ을 통해 '-더-'의 기능을 과거에 직접 관찰한 사실을 표현하는 것으로 도출함은 적절하다.

28. ③

정답 설명

'이거 좀 먹으면서 해라.'는 문장의 유형도 명령문에 해당하고, 문장의 기능도 명령의 기능을 수행하고 있으므로 문장의 유형과 기능이 일치한다.

오답 설명

① '덕수궁 가는 길을 알려 주실 수 있나요?'는 의문문의 형식이지만, '문 좀 닫아줄 수 있니?'처럼 요청의 의미가 들어 있는 완곡한 명령의 기능을 수행하고 있으므로 문장의 유형과 기능이 일치하지 않는다.

② '저와 같이 춤추실래요?'는 의문문의 형식으로 청유의 기능을 수행하고 있으므로 문장의 유형과 기능이 일치하지 않는다.

④ '네가 물 한 잔만 떠주면 소원이 없겠어.'는 평서문의 형식으로 요청의 의미가 들어 있는 명령의 기능을 수행하고 있으므로 문장의 유형과 기능이 일치하지 않는다.

⑤ '거 텔레비전 좀 봅시다.'는 청유문의 형식으로 명령의 기능을 수행하고 있으므로 문장의 유형과 기능이 일치하지 않는다.

29. ④

정답 설명

'내가 난처한 처지에 놓였다.'는 능동문의 주어를 상정하기 어려우므로 ㉠에 해당한다. 또한 '나는 할아버지에게서 바둑을 배웠다.'의 '배우다'라는 행위는 주체가 일방적으로 행위를 당하는 피동으로 나타낼 수 없으므로 대응하는 피동문을 상정하기가 어려워 ㉡에 해당한다.

오답 설명

① '더위가 한풀 꺾였다.'에서 '꺾이다'는 피동사이지만, 자연적 변화를 표현한 것이기 때문에 더위를 꺾은 주체가 있는 것이 아니므로 대응하는 능동문을 상정하기 어렵다. 따라서 ㉠에 해당한다. 반면 '희태가 파리를 잡았다.'는 '파리가 희태에게 잡혔다.'와 같이 대응하는 피동문을 형성할 수 있으므로 ㉡에 해당하지 않는다.

② '자물쇠가 누군가에게 뜯겼다.'는 '누군가가 자물쇠를 뜯었다.'와 같이 대응하는 능동문을 상정할 수 있으므로 ㉠에 해당하지 않는다. 반면 '그는 그쪽 지리를 잘 알았다.'에 대응하는 피동문은 '지리가 그에 의해 알려졌다.'와 같이 어색한 문장이 된다. 이렇듯 대응하는 피동문을 상정하기가 어려우므로, ㉡에 해당한다.

04 | 문장 [표현]

③ '온 세상이 눈에 덮였다.'는 '눈이 온 세상을 덮었다.'와 같이 대응하는 능동문을 상정할 수 있으므로 ㉠에 해당하지 않는다. 한편 '호랑이가 닭을 잡아먹었다.'는 '닭이 호랑이에게 잡아먹혔다.'와 같이 대응하는 피동문을 상정할 수 있으므로 ㉡에 해당하지 않는다.

⑤ '아이가 모기에게 잔뜩 물렸다.'는 '모기가 아이를 잔뜩 물었다.'와 같이 대응하는 능동문을 상정할 수 있으므로 ㉠에 해당하지 않는다. 한편 '건우는 새가 지저귀는 소리를 들었다.'도 '새가 지저귀는 소리가 건우에게 들렸다.'와 같이 대응하는 피동문을 상정할 수 있으므로 ㉡에 해당하지 않는다.

30. ③

▶ 정답 설명

ㄷ에서 '나왔습니다'의 주체는 '햄버거와 콜라 세트'이다. 이는 '손님'과 밀접한 관계가 아닌 모두가 가질 수 있는 무정물이기 때문에 높임의 대상이 아니므로, 주체 높임 선어말 어미 '-(으)시-'를 사용하면 안 된다.

▶ 오답 설명

① ㄱ에서 '먹는다'의 주체는 '어머니'로 높임의 대상이다. 따라서 '먹다'의 높임말인 '들다'에 주체 높임 선어말 어미 '-시-'를 결합해 '드신다'로 주체 높임을 실현해야 한다.

② ㄴ의 '있으면'과 호응하는 주체는 '궁금한 점'이다. 이때 '학생 여러분'을 높이기 위해 그들이 느끼는 '궁금한 점'을 높이는 간접 높임을 실현해야 하므로, '있으면'이 아닌 주체 높임 선어말 어미 '-으시-'를 결합한 '있으시면'으로 표현해야 한다. 참고로 간접 높임은 높임의 어휘를 통해 높임을 실현해서는 안 되므로 '있으면'을 대신하여 '계시면'을 사용해 간접 높임을 실현할 수는 없다.

④ ㄹ의 '주고'와 호응하는 부사어인 '교장 선생님'은 높임의 대상이다. 따라서 '주다'가 아닌 객체 높임을 나타내는 특수 어휘 '드리다'를 사용해 표현하는 것이 적절하다.

⑤ ㅁ의 '데리고'와 호응하는 목적어인 '사장님'은 높임의 대상이다. 따라서 '데리다'가 아닌 객체 높임을 나타내는 특수 어휘인 '모시다'를 이용해 '모시고로 표현하는 것이 적절하다.

31. ③

▶ 정답 설명

'아기가 우유를 먹는다.'의 '먹다'는 목적어를 필요로 하는 타동사이다. '엄마가 아기에게 우유를 먹인다.'에서 타동사 '먹다'는 사동사 '먹이다'로 바뀌었다. 따라서 타동사는 사동사로 바꿀 수 없다는 선지의 내용은 적절하지 않다.

▶ 오답 설명

① 주동문을 사동문으로 바꾼 〈보기〉의 모든 문장에서 '사람들이', '엄마가', '경찰이'라는 새로운 주어가 생겼으므로 선지의 내용은 적절하다.

② 주동문의 주어였던 '길이', '아기가', '아이가', '차가'는 사동문에서 '길을', '아기를', '아기에게', '아이에게', '차를'과 같이 목적어나 부사어로 바뀌었음을 알 수 있다.

④ '먹다'는 '엄마가 아기에게 우유를 먹인다.'와 같이 사동사 '먹이다'를 통해 사동문을 형성하였다. 반면, '마시다'에 대응하는 사동사는 없다. 따라서 '엄마가 아이에게 우유를 마시게 한다.'와 같이 '-게 하다'가 쓰인 사동문을 형성하였다.

⑤ '정지하다'를 사동 표현으로 만들기 위해 '정지시키다'라는 표현이 사용되었다.

32. ③

▶ 정답 설명

㉣에서 '-었-'과 '-았-'은 동시에 일어난 사건임을 나타내기 위해 쓰인 것이 아니다. '잠은 다 잤다'의 '-았-'은 과거 시제가 아니라, 말하는 시점에서 발생하지 않은 미래의 일에 대한 확신을 나타내고 있는 표현이다. 반면, 커피를 마신 것은 과거의 일이므로 '마셨으니'의 '-었-'은 과거 시제를 나타내는 선어말 어미로 쓰인 것임을 알 수 있다.

▶ 오답 설명

① ㉠에서 '한다'의 '-ㄴ-'은 현재의 사건을 나타내기 위해 쓰였지만, ㉡에서 '떠난다'는 '내년'에 일어날 일이므로 '-ㄴ-'이 미래의 사건을 나타내기 위해 쓰였음을 알 수 있다.

② ㉢은 중의적인 문장이다. 누나가 '원피스를 입는 행위가 현재 진행 중'임을 나타낼 수도 있고, 이미 입은 행위가 끝난 뒤 '원피스를 입은 상태'에 있음을 나타낼 수도 있다. 그러나 ㉣은 축구를 하는 행위가 현재 진행 중이라는 의미로만 해석된다.

④ '-았었-'은 현재와 비교하여 다르거나 단절되어 있는 과거의 사건을 나타내는 선어말 어미이다. ㉤에서는 과거에 친구가 집에 왔으나 지금은 돌아가고 없으므로, 현재의 상황이 과거의 상황과 달라져 단절되었음을 나타내기 위해 '-았었-'을 사용한 것이다.

⑤ '-더-'는 과거 어느 때에 직접 경험하여 알게 된 사실을 현재의 말하는 장면에 그대로 옮겨 와서 전달한다는 뜻을 나타내는 선어말 어미이다. ㉥은 말하는 이가 서울역에서 직접 눈으로 본 바를 회상하면서 말하는 문장에 '-더-'를 사용한 것이다.

33. ③

▶ 정답 설명

㉢은 능동문이 피동문으로 바뀌는 과정에서 능동문의 목적어 '건물을'이 피동문의 주어 '건물이'로 바뀌면서 목적어가 주어로 교체되었다. 그러나 능동문의 주어 '인부들이'는 피동문에서 부사어인 '인부들에 의해'로 바뀌므로, 주어와 목적어가 서로 뒤바뀌었다는 선지의 설명은 적절하지 않다.

▶ 오답 설명

① ㉠은 피동문의 부사어에 해당했던 '나에 의해'가 능동문의 '나는'으로 바뀌면서 부사어가 주어로 교체되었다. 반면 ㉡은 부사어 '못에'가 능동문의 '못이'로 주어가 되었을 때 능동문이 성립하지 않음을 확인할 수 있다.

② ㉢의 능동문 서술어 '지었다'의 어간에는 피동 접미사 '-이-, -히-, -리-, -기-'를 붙일 수 없고 '-어지다'만 붙일 수 있다. 따라서 능동사의 어간에 따라 파생적 피동이 불가능한 것이 있다는 설명은 적절하다.

④ ㉠의 능동문 서술어 '열었다'는 피동 접미사 '-리-'를 붙여 만든 '열렸다'와 같은 파생적 피동뿐 아니라 '-어지다'를 붙여 만든 '열어졌다'와 같은 통사적 피동도 가능하다. 그런데 ㉣의 '가르쳤다'의 경우는 〈보기〉에 제시되었듯이 통사적 피동이 불가능하고, 피동 접미사도 붙일 수 없으므로 파생적 피동도 불가능하다.

⑤ 능동문에 의지와 관련된 부사어 '열심히'가 없는 경우 '도둑이 경찰에게 잡혔다.'로 피동문을 만들 수 있으며 이 경우에는 비문이 아니다. 반면 능동문에 의지와 관련된 부사어 '열심히'가 있을 경우 대응하는 피동문이 비문인 것을 통해 의지와 관련된 부사어가 있는 능동문은 피동문으로 바꾸었을 때 어색한 경우가 있음을 알 수 있다.

34. ②

> **정답 설명**
>
> '누가 하더라도 더 잘할 것이다.'에는 과거에 경험한 일을 회상하는 부분이 없으므로, 과거 시제 선어말 어미 '-더-'가 쓰였다고 볼 수 없다. 이때 '하더라도'는 어간 '하-'에 가정이나 양보의 뜻을 나타내는 연결 어미 '-더라도'가 붙은 활용형이다.

> **오답 설명**
>
> ① 동사 어간에 관형사형 전성 어미 '-ㄴ'을 붙여 영희가 그 빵을 준 사건이 과거임을 표현하고 있다.
> ③ 선어말 어미 '-았-'을 활용해 너무 기뻐서 눈물이 난 '그때'의 사건이 과거임을 표현하고 있다.
> ④ 선어말 어미 '-았었-'을 활용해 현재와 달리 과거에는 저수지에 물고기가 많았음을 표현하고 있다.
> ⑤ 관형사형 전성 어미 '-던'을 활용해 과거에 내가 그 볼펜을 가장 아꼈음을 표현하고 있다.

35. ⑤

> **정답 설명**
>
> 〈보기 1〉을 통해 능동문과 피동문은 동작주의 동작성에서 차이가 나며, 피동문에서는 피동작주에 초점이 가게 되어 동작주의 행위는 적극적으로 표현되지 않음을 알 수 있다. 따라서 '피동문은 능동문에 비해 주어로 나타나는 피동작주에 초점이 가기 때문에 동작주의 동작성이 잘 드러난다.'라는 선지의 내용은 적절하지 않다.

> **오답 설명**
>
> ① ㄱ의 '잡혔다'와 ㄴ의 '덮였다'는 각각 피동 접미사 '-히-', '-이-'가 쓰인 피동사이다.
> ② ㄷ의 '만들어졌다'는 '만들- + -어 + 지- + -었- + -다'로 분석되므로, '-어지다'를 사용한 통사적 피동문임을 알 수 있다.
> ③ ㄹ은 피동 접미사 '-히-'와 '-게 되다'가 모두 쓰였으므로, 이중 피동이 된 사례에 해당한다.
> ④ ㄱ, ㄴ, ㄹ 모두 능동문의 주어 '순경이', '흰 눈이', '사냥꾼 네 명이'가 피동문에서는 부사어 '순경에게', '흰 눈에', '사냥꾼 네 명에게'로 바뀌고 능동문의 목적어 '도둑을', '산봉우리를', '사슴을'이 피동문에서는 주어 '도둑이', '산봉우리가', '사슴이'로 바뀌었음을 알 수 있다.

36. ④

> **정답 설명**
>
> '여쭙다'는 '묻다'의 객체 높임 특수 어휘이다. 동생의 '여쭙고'라는 말은 문장의 부사어인 '할아버지께' 즉, 객체를 높이는 것이므로 할아버지에 대한 상대 높임법이 아닌 객체 높임법이 사용되었음을 알 수 있다.

> **오답 설명**
>
> ① '다녀가셨어'에서는 해체를 통해 청자를 낮추는 상대 높임법이 사용되었다. 따라서 형의 '다녀가셨어'라는 말에는 대화의 상대인 동생을 낮추는 상대 높임법이 사용되었음을 알 수 있다.
> ② 형의 '고모부께서'라는 말에는 주체를 높이는 주격 조사 '께서'가 사용되었으므로 주어가 나타내는 대상인 주체 즉, 고모부에 대한 주체 높임법이 사용되었음을 확인할 수 있다.

> ③ 동생의 '오셔서'라는 말에는 주체 높임 선어말 어미 '-시-'가 사용되었으며, 이를 통해 주어가 나타내는 대상인 주체 즉, 고모부에 대한 주체 높임법이 사용되었음을 확인할 수 있다.
> ⑤ '드리다'는 '주다'의 객체 높임 특수 어휘이다. 동생의 '드리고'라는 말은 생략된 문장의 부사어인 '할아버지께', 즉 객체를 높이는 것이므로 할아버지에 대한 객체 높임법이 사용되었음을 확인할 수 있다.

37. ②

> **정답 설명**
>
> ㄱ의 '자랄'에 있는 관형사형 전성 어미 '-ㄹ'은 아직 일어나지 않은 사건을 나타내는 것이므로 사건시가 발화시보다 나중임을 나타낸다고 보는 것이 적절하다. 미래 시제는 발화시가 사건시보다 앞선다.

> **오답 설명**
>
> ① ㄱ에는 시제를 나타내는 관형사형 전성 어미 '-ㄹ'만 있을 뿐, 선어말 어미는 존재하지 않는다.
> ③ ㄴ의 '꿨어'는 '꾸- + -었- + -어'로 분석되므로 '꿨어'에는 과거 시제를 나타내는 선어말 어미 '-었-'이 포함되어 있음을 확인할 수 있다.
> ④ ㄴ의 '가는'에서 관형사형 전성 어미 '-는'은 '꿈'을 꾸는 시점을 기준으로 삼을 때 사건시와 발화시가 일치함을 나타낸다.
> ⑤ ㄷ의 '왔던'은 '오- + -았- + -던'으로 분석되므로 '왔던'에는 과거 시제를 나타내는 선어말 어미 '-았-'과 관형사형 전성 어미 '-던'이 모두 쓰였음을 확인할 수 있다.

38. ⑤

> **정답 설명**
>
> ⓒ은 화자의 추측을 나타내는 어미로, '철수는 지금쯤 집에 있겠다.'와 같이 3인칭 주어와 함께 쓰일 수 있다.

> **오답 설명**
>
> ① ㉠은 화자의 추측이나 추정을 나타내고 있다.
> ② ㉡은 화자의 의지나 의도를 나타내고 있다.
> ③ ㉡은 화자의 의지나 의도를 나타내므로, '나는 내일 꼭 도서관에 가겠다.'와 같이 미래 시제를 표현하는 문장에서 쓰인다.
> ④ ㉠은 화자의 추측이나 추정을 나타내므로, '벌써 수업이 끝났겠다.'와 같이 과거 시제를 나타내는 '-었/았-'과 함께 쓰일 수 있다. 그러나 ㉡은 화자의 의지를 나타내기 때문에 '*나는 어제 꼭 도서관에 갔겠다.(*는 비문 표시)'와 같이 과거 시제를 나타내는 '-었/았-'과 함께 쓰일 수 없다.

39. ③

> **정답 설명**
>
> 〈보기〉에서는 평서문의 형식으로 행위의 요청이라는 의도를 나타내거나 의문문의 형식으로 행동의 요구라는 의도를 나타내는 경우를 설명하고 있다. ③은 의문문의 형식으로 질문에 대한 청자의 답변을 요구하는 경우에 해당하므로 적절하지 않다.

> **오답 설명**
>
> ①, ⑤ 평서문의 형식으로 상대에게 특정한 행위를 요청하고 있다.

②, ④ 의문문의 형식으로 상대에게 특정한 행동을 요구하고 있다.

40. ①

정답 설명

약을 먹는 주체는 '아기'이므로 청자만 행동하기를 바라는 경우에 해당한다.

오답 설명

②, ③ 화자 자신이 어떠한 행동을 하겠다는 의미이므로 화자만 행하려 하는 행동을 나타내는 발화이다.

④, ⑤ 화자가 청자에게 어떤 행동을 함께 하도록 요청하는 문장이다.

41. ⑤

정답 설명

'어서 씻어라'의 '-어라'는 명령의 뜻을 나타내는 종결 어미이고, '만나고 싶어라'의 '-어라'는 감탄의 뜻을 나타내는 종결 어미이다. 따라서 ⑤는 동일한 형태의 종결 어미 '-어라'가 명령과 감탄의 의미를 실현한 경우이다.

오답 설명

① 두 예문의 '-ㄴ데'는 모두 어떤 일을 감탄하는 뜻을 넣어 서술함으로써 그에 대한 청자의 반응을 기다리는 태도를 나타내는 종결 어미이다.

② 두 예문의 '-ㄹ게'는 모두 어떤 행동에 대한 약속이나 의지를 나타내는 종결 어미이다.

③ 두 예문의 '-군'은 모두 가벼운 감탄의 의미를 나타내는 종결 어미이다.

④ 두 예문의 '-ㅂ시다'는 모두 어떤 행동을 함께하자는 청유의 의미를 나타내는 종결 어미이다.

42. ④

정답 설명

㉣의 "(할머니께서) 지금은 경로당에 계실 것 같으니까, (제가) 이따 (할머니께) 전화(를) 드릴게요."에서 '계시다'는 생략된 주체인 할머니를 높이는 용언이 맞지만, '드리다'는 문장에서 생략된 객체인 할머니를 높이는 용언이다. 따라서 객체인 아버지를 높인다는 선지의 내용은 적절하지 않다.

오답 설명

① ㉠에서 아버지는 상대 높임 중 해라체의 의문형 종결 어미 '-니'를 사용하여 대화의 상대방인 진우를 낮추고 있다.

② ㉡에서 높임의 주격 조사 '께서'와 동사에 주체 높임 선어말 어미 '-시-'를 결합한 '주셨는데'는 주체인 어머니를 높이기 위해 사용된 표현들이며, '연세'는 할머니를 높이기 위해 사용된 표현이다.

③ ㉢의 "(네가) (할머니께) 안부 전화도 드릴 겸 (네가) 할머니께 (연세를) 여쭈어보아라."에서 객체 높임을 나타내는 특수 어휘인 '드리다'와 '여쭈어보다'는 모두 객체인 할머니를 높이는 표현이다.

⑤ ㉤의 "(우리가) 주말에 (할머니를) 뵈러 간다는 말씀도 (할머니께) 드려라."에서 '뵈다'와 '말씀'은 모두 문장에서 생략된 객체인 할머니를 높이는 표현이다.

43. ⑤

정답 설명

해당 문장에서 '가져오다'의 주체는 '선생님'이 아니라 '석호'이다. 주어인 '선생님께서'와 호응하는 서술어는 '가져오다'가 아니라 '하다'이므로, '하다'에 주체 높임 선어말 어미 '-시-'가 사용된 원래 문장 '석호야, 선생님께서 숙제 걷어서 교무실로 가져오라고 하셨어.'가 높임법에 맞는 표현이다.

오답 설명

① 해당 문장에서 서술어 '오다'와 호응하는 주어는 '부모님(께서)도'이므로 주체 높임 선어말 어미 '-시-'를 사용하여 '오시라고'로 수정해야 한다.

② 해당 문장에서 서술어 '없다'와 호응하는 주어는 '상품이'이므로 주체 높임 선어말 어미 '-으시-'를 제거하여 '없습니다'로 수정해야 한다.

③ 해당 문장에서 '자기'는 '할머니'를 다시 지칭하는 재귀 대명사로 쓰인 것이다. 하지만 '할머니'를 높이기 위해서는 '자기'의 높임말인 '당신'이라는 표현을 사용해야 한다. 또한 주격 조사 '가'도 높임의 주격 조사 '께서'로 수정하여 '당신께서'로 수정해야 한다.

④ 해당 문장에서 서술어 '물어보다'와 호응하는 부사어는 '할아버지께'이므로, 객체 높임을 나타내는 특수 어휘를 사용해 '여쭈어보래요.'로 수정해야 한다.

44. ⑤

정답 설명

ㄹ의 '나눔의 집에 계신'에서 관형절의 서술어 '계신'과 호응하는 주어는 '할머니들께서'로 '계신'은 '할머니들'을 직접적으로 높이기 위하여 사용된 주체 높임의 어휘이다. 한편, '많으시다'는 정이 많은 주체인 '할머니들'을 간접적으로 높이기 위하여 주체 높임 선어말 어미 '-으시-'를 붙여 높임 표현을 한 것으로 간접 높임에 해당한다.

오답 설명

① ㄱ은 '주무시다'라는 주체 높임의 어휘를 사용하여 주체인 '우리 부모님'을 직접적으로 높이고 있다.

② ㄴ에서 서술어에 주체 높임 선어말 어미 '-으시-'를 넣어 '없으시다'라고 표현한 것은 '할머니'와 관련 있는 대상인 '근심이나 걱정'을 높임으로써 간접적으로 주체인 '할머니'를 높이기 위해서이다.

③ 높임의 주격 조사 '께서'를 사용한 문장은 ㄴ(할머니께서는)과 ㄷ(할아버지께서는)이다. ㄹ에서는 높임의 주격 조사가 사용되지 않았다.

④ ㄷ은 주체를 높이는 어휘가 아닌 높임의 주격 조사 '께서'와 '하셨다'에 쓰인 주체 높임 선어말 어미 '-시-'를 통해 주체를 직접적으로 높이고 있다.

45. ⑤

정답 설명

'-시-'는 문장의 주체를 높이는 선어말 어미로, 주체 높임을 실현하는 문법 요소이므로 상대 높임법을 나타내는 요소인 ㉤에 해당하지 않는다. 한편, 상대 높임은 청자를 높이거나 낮추는 높임법의 한 종류로 종결 어미 또는 높임의 보조사 '요'를 통해 높임법이 실현된다. 제시된 문장에서는 보조사 '요'를 통해 실현된 '해요체'로 청자인 선생님을 높이는 상대 높임이 실현되었으므로 '요'는 ㉤에 해당한다.

오답 설명

①, ④ 해당 문장에서는 '선생님께'의 부사격 조사 '께'와, 객체 높임을 나타내는

특수 어휘 '여쭤보라고(여쭤보다)'를 통해 객체인 '선생님'을 높이고 있다.
② 제시된 문장의 청자는 '선생님'이므로 상대 높임의 대상 역시 '선생님'이다.
③ 제시된 문장에서는 '어머니께서'의 주격 조사 '께서'와, '하셨어요'에 쓰인 주체 높임 선어말 어미 '-시-'를 통해 주체인 '어머니'를 높이고 있다.

46. ④

정답 설명

'한밤중인데도 윤혁이가 깨어 있다.'에서 '깨어 있다'는 '깨다'라는 동작이 완료된 상태가 지속되고 있음을 보조 용언 '있다'로 표현하고 있다. 따라서 해당 예문은 ㉡이 아닌 ㉢으로 보는 것이 적절하다.

오답 설명

① '그림을 그리고 있다.'는 그림을 그리는 동작이 발화시를 기준으로 현재 진행되고 있음을 나타내므로 ㉠에 해당한다.
② '학교에 가는 중이다.'는 학교에 가는 동작이 발화시를 기준으로 현재 진행되고 있음을 나타내므로 ㉠에 해당한다.
③ '책을 다 읽었다.'는 책을 읽는 행위가 발화시를 기준으로 이미 완료되었음을 나타내므로 ㉡에 해당한다.
⑤ '코스모스가 피어 있다.'는 '피다'라는 동작이 완료된 상태가 발화시까지 지속되고 있음을 나타내므로 ㉢에 해당한다.

47. ⑤

정답 설명

'과수원의 사과가 탐스럽게 익었다.'에서 '익었다'는 사과가 탐스럽게 익은 후 그 결과의 상태가 현재까지 지속되고 있음을 나타내므로 ㉠의 예문으로 적절하다. 또한, '발목을 다쳤으니 너는 수학여행은 다 갔다.'에서 '갔다'는 수학여행을 가는 일이 아직 이루어지지 않았음에도 이미 정해진 사실인 것처럼 표현하고 있으므로 ㉡의 예문으로 적절하다.

오답 설명

① '사흘 만에 물가가 두 배나 올랐다.'에서 '올랐다'는 물가가 두 배나 오른 사건이 완료된 후 그 결과의 상태가 현재까지 지속되고 있음을 나타내므로 ㉠의 예문으로 적절하다. 반면, '내가 너의 동생을 달래주었다.'에서 '달래주었다'는 너의 동생을 달래준 행위가 과거에 이미 발생하였음을 나타내는 것이므로 ㉡의 예문으로 적절하지 않다.
② '우리는 작년만 해도 사이가 좋았다.'에서 '좋았다'는 과거에는 사이가 좋았지만 현재는 그렇지 않음을 나타내는 것이므로 ㉠의 예문으로 적절하지 않다. 반면, '넌 저녁에 집에 가면 엄마한테 혼났다.'에서 '혼났다'는 엄마에게 혼나는 일이 아직 이루어지지 않았음에도 이미 정해진 사실인 것처럼 표현하고 있으므로 ㉡의 예문으로 적절하다.
③ '형은 어제 하루 종일 노래만 불렀다.'에서 '불렀다'는 노래를 부르는 행위가 과거에 이미 발생하였음을 나타내는 것이므로 ㉠의 예문으로 적절하지 않다. 반면, '비가 이렇게 안 오니 올해 농사는 글렀다.'에서 '글렀다'는 농사가 잘못되는 사건이 아직 발생하지 않았음에도 이미 정해진 사실인 것처럼 표현하고 있으므로 ㉡의 예문으로 적절하다.
④ '나는 지난여름부터 운동을 시작했다.'에서 '시작했다'는 운동을 시작한 행위가 완료된 후 그 결과의 상태가 현재까지 지속되고 있음을 나타내므로 ㉠의 예문으로 적절하다. 반면, '운동을 많이 하니 온몸이 쑤셨다.'에서 '쑤셨다'는 온몸이 쑤신 과거의 사실을 나타내는 것이므로 ㉡의 예문으로 적절하지 않다.

48. ②

정답 설명

'시은이가 차에 타고 있다.'는 차에 올라타는 동작이 일어나는 중임을 나타내는 진행상으로도 해석될 수도 있고, 차에 올라타는 동작이 완료된 후 차 안에 있는 상태가 지속되고 있음을 나타내는 완료상으로 해석될 수도 있다.

오답 설명

① 해당 문장은 빨래가 말라 가는 중임을 나타내는 진행상으로만 해석된다.
③ 해당 문장은 의자에 앉는 동작이 완료된 후 그 상태가 지속되고 있음을 나타내는 완료상으로만 해석된다.
④ 해당 문장은 고기를 먹는 동작이 진행되고 있음을 나타내는 진행상으로만 해석된다.
⑤ 해당 문장은 빵을 먹는 동작이 이미 끝났음을 나타내는 완료상으로만 해석된다.

49. ③

정답 설명

ⓐ '지금'이라는 시간 부사어를 사용하고 있으므로 '읽는다'에 쓰인 '-는-'은 현재 시제를 나타내는 표현임을 알 수 있다. 또한 '-는-'은 '읽다'의 어간 '읽-'과 어말 어미 '-다' 사이에 쓰였으므로 현재 시제 선어말 어미(㉮)에 해당한다.
ⓑ 이야기하는 시점에서 어떤 사람이 손을 흔드는 사건이 동시에 일어나고 있으므로 '흔드는'에 쓰인 '-는'은 현재 시제를 나타내는 표현임을 알 수 있다. '-는'은 '흔든다'의 어간 '흔들-' 뒤에 결합하여 해당 용언이 체언 '사람'을 수식할 수 있게 해주므로 현재 시제를 나타내는 관형사형 전성 어미(㉱)에 해당한다.
ⓒ 이야기하는 시점에서 동생이 무언가를 먹은 행위는 이미 이전에 일어난 것이므로 '먹은'에 쓰인 '-은'은 과거 시제를 나타내는 표현임을 알 수 있다. '-은'은 '먹다'의 어간 '먹-' 뒤에 결합하여 해당 용언이 체언 '것'을 수식할 수 있게 해주므로 과거 시제를 나타내는 관형사형 전성 어미(㉰)에 해당한다. 그리고 '않았다'의 '-았-'은 '않다'의 어간 '않-'과 어말 어미 '-다' 사이에 쓰였으므로 과거 시제 선어말 어미(㉯)에 해당한다.
ⓓ '아까'라는 시간 부사어를 사용하고 있으므로 '만난'에 쓰인 '-ㄴ'은 과거 시제를 나타내는 표현임을 알 수 있다. 또한 '-ㄴ'은 '만나다'의 어간 '만나-' 뒤에 결합하여 해당 용언이 체언 '친구'를 수식할 수 있게 해주므로 과거 시제를 나타내는 관형사형 전성 어미(㉰)에 해당한다.
ⓔ 이야기하는 시점에서 영수가 축구를 하는 사건이 동시에 일어나고 있으므로 '한다'에 쓰인 '-ㄴ-'이 현재 시제를 나타내는 표현임을 알 수 있다. '-ㄴ-'은 '하다'의 어간 '하-'와 어말 어미 '-다' 사이에 쓰였으므로 현재 시제 선어말 어미(㉮)에 해당한다.

50. ③

정답 설명

㉢의 '지어졌다'는 '짓다'의 어간 '짓-'에 통사적 피동 표현 '-어지다'를 결합해 만든 것이다. 이때, '빵은 밀가루로 만들어진다.'의 '만들어지다' 역시 '만들다'의 어간 '만들-'에 '-어지다'를 결합함으로써 피동 표현을 실현한 것이므로 선지의 내용은 적절하다.

오답 설명

① ㉠의 '정돈되었다'는 명사 어근 '정돈'에 접미사 '-되-'가 결합한 피동 표현이다. 그러나 '어느덧 추운 겨울이 되었다.'에 쓰인 '되-'는 접미사가 아닌 동사 어근으로 해당 예문에는 피동 표현이 사용되지 않았다.

② ㉡의 '들린다'는 '사람이나 동물이 소리를 감각 기관을 통해 알아차리다.'라는 의미를 가진 '듣다'의 피동사를 활용한 표현이다. 따라서 '들다'가 아닌 '듣다'와 '들리다'가 능동-피동의 관계에 있음을 알 수 있다.

④ ㉣의 '보이다'는 동사 '보다'의 어근 '보-'에 피동 접미사 '-이-'가 결합하여 만들어진 피동사이다.

⑤ ㉤의 '밝혀졌다'는 '진리, 가치, 옳고 그름 따위를 판단하여 드러내 알리다.'라는 의미의 기본형 '밝히다'에 통사적 피동 표현 '-어지다'를 사용하여 피동 표현을 실현한 것이다. '밝히다'는 피동 접미사가 결합한 것이 아니므로 이를 통해 파생 접사에 의해 만들어진 피동사를 확인할 수는 없다.

51. ⑤

정답 설명

㉤은 누군가가 김밥 한 줄로써 아이들의 주린 배를 부르게 할 수 없었다는 의미를 나타내므로 사동문임을 알 수 있다.

오답 설명

① ㉠은 주어인 '철수'가 '경찰'에 의해 '부르다'라는 행위를 당하게 된 것을 나타내는 문장이므로 피동문임을 알 수 있다.

② ㉡은 주어 '그'가 '사람들'에 의해 '부르다'라는 행위를 당하게 된 것을 나타내는 문장이므로 피동문임을 알 수 있다.

③ ㉢은 누군가가 콩을 물에 의해 붇게 한다는 의미를 나타내므로 사동문임을 알 수 있다. '불었다'는 '물에 젖어서 부피가 커지다.'라는 뜻의 동사 '붇다'에 과거 시제 선어말 어미가 붙은 형태이다.

④ ㉣은 '철수'가 재산이 붇게 한다는 의미를 나타내므로 사동문임을 알 수 있다. '불었다'는 '분량이나 수효가 많아지다.'라는 뜻의 동사 '붇다'에 과거 시제 선어말 어미가 붙은 형태이다.

52. ①

정답 설명

'벗겨지다'는 이중 피동이 아니라, '벗다'의 어근 '벗-'에 사동 접미사 '-기-'를 결합해 만든 사동사 '벗기다'에 피동을 나타내는 표현 '-어지다'가 결합한 형태이다. '항소를 통해 누명이 벗겨지게 되다.'를 '항소를 통해 누명을 벗기다.'와 같이 사동사만을 사용한 문장으로 수정할 경우 피동의 의미가 사라져 원래 문장과 의미가 달라지므로, 해당 문장은 이중 피동으로 볼 수 없다.

오답 설명

② '불려지다'는 '부르다'의 어근 '부르-'에 피동 접미사 '-이-'를 결합해 만든 피동사 '불리다'에 피동을 나타내는 표현 '-어지다'가 결합한 형태이다. 따라서 '-어지다'를 삭제하여 "나는 친구들에게 '곰탱이'로 불린다."와 같이 문장을 수정해야 한다.

③ '읽혀지다'는 '읽다'의 어근 '읽-'에 피동 접미사 '-히-'를 결합해 만든 피동사 '읽히다'에 피동을 나타내는 표현 '-어지다'가 결합한 형태이다. 따라서 '-어지다'를 삭제하여 '책이 너무 어려워서 잘 읽히지가 않는다.'와 같이 문장을 수정해야 한다.

④ '나뉘어지다'는 '나누다'의 어근 '나누-'에 피동 접미사 '-이-'를 결합해 만든 피동사 '나뉘다'에 피동을 나타내는 표현 '-어지다'가 결합한 형태이다. 따라서 '-어지다'를 삭제하여 '친구들이 영희 때문에 두 편으로 나뉘었다.'와 같이 문장을 수정해야 한다.

⑤ '믿겨지다'는 '믿다'의 어근 '믿-'에 피동 접미사 '-기-'를 결합해 만든 피동사 '믿기다'에 피동을 나타내는 표현 '-어지다'가 결합한 형태이다. 따라서 '-어지다'를 삭제하여 '그가 교통사고를 당했다는 사실이 도무지 믿기지 않았다.'와 같이 문장을 수정해야 한다.

53. ④

정답 설명

㉠의 '형은 지난주에 입사 시험을 보았다.'는 '*입사 시험이 지난주에 형에 의해 보였다.'라는 피동 표현이 성립되지 않으므로 대응하는 피동문을 상정하기 어려운 능동문임을 알 수 있다. 또한, ㉡의 '발이 돌부리에 걸렸다.'는 '*돌부리가 발을 걸었다.'라는 능동 표현이 성립되지 않으므로 대응하는 능동문을 상정하기 어려운 피동문임을 알 수 있다.

오답 설명

① ㉠의 '우리는 구름 사이로 달을 보았다.'는 '달이 구름 사이로 우리에게 보였다.'라는 피동 표현이 성립하므로 대응하는 피동문을 상정할 수 있는 능동문임을 알 수 있다. 또한, ㉡의 '문에 빗장이 굳게 걸렸다.'는 '문에 빗장을 굳게 걸었다.'라는 능동 표현이 성립하므로 대응하는 능동문을 상정할 수 있는 피동문임을 알 수 있다.

② ㉠의 '누나가 김장김치의 맛을 보았다.'는 '*김장김치의 맛이 누나에 의해 보였다.'라는 피동 표현이 성립하지 않으므로 대응하는 피동문을 상정하기 어려운 능동문임을 알 수 있다. 하지만 ㉡의 '흉악범에게 현상금이 걸렸다.'는 '흉악범에게 현상금을 걸었다.'라는 능동 표현이 성립하므로 대응하는 능동문을 상정할 수 있는 피동문임을 알 수 있다.

③ ㉠의 '길에서 양복 차림의 형을 보았다.'는 '양복 차림의 형이 길에서 보였다.'라는 피동 표현이 성립하므로 대응하는 피동문을 상정할 수 있는 능동문임을 알 수 있다. 또한, ㉡의 '모자가 나뭇가지에 걸렸다.'는 '모자를 나뭇가지에 걸었다.'라는 능동 표현이 성립하므로 대응하는 능동문을 상정할 수 있는 피동문임을 알 수 있다.

⑤ ㉠의 '그들은 다른 친구의 책을 보았다.'는 '다른 친구의 책이 그들에게 보였다.'라는 피동 표현이 성립하므로 대응하는 피동문을 상정할 수 있는 능동문임을 알 수 있다. 또한, ㉡의 '낡은 자동차의 시동이 걸렸다.'는 '낡은 자동차의 시동을 걸었다.'라는 능동 표현이 성립하므로 대응하는 피동문임을 알 수 있다.

54. ④

정답 설명

㉠ : '식사 시간임을 알리기 위해 그녀는 종을 울렸다.'는 그녀가 시간을 알리는 종을 쳐서 종을 울게 했다는 의미를 보이므로, '울렸다'는 '울다'의 어근 '울-'에 사동 접미사 '-리-'가 결합한 사동사임을 알 수 있다.

㉡ : '형이 장난감을 빼앗아서 아직 어린 동생을 울렸다.'는 형이 장난감을 빼앗아 동생을 울게 했다는 의미를 보이므로, '울렸다'는 '울다'의 어근 '울-'에 사동 접미사 '-리-'가 결합한 사동사임을 알 수 있다.

① ㉠ : '어젯밤 모기에게 콧잔등을 물렸다.'는 누군가가 모기에게 콧잔등을 물리는 행위를 당했다는 의미를 보이므로, '물렸다'는 '물다'의 어근 '물-'에 피동 접미사 '-리-'가 결합한 피동사임을 알 수 있다.
ㄴ : '형은 울고 있는 아이에게 사탕을 물렸다.'는 형이 아이에게 사탕을 물게 했다는 의미를 보이므로, '물렸다'는 '물다'의 어근 '물-'에 사동 접미사 '-리-'가 결합한 사동사임을 알 수 있다.

② ㉠ : '책상 위의 원고들이 바람에 날렸다.'는 바람에 의해 원고들이 나는 행위를 당했다는 의미를 보이므로, '날렸다'는 '날다'의 어근 '날-'에 피동 접미사 '-리-'가 결합한 피동사임을 알 수 있다.
ㄴ : '아이들은 옥상에서 종이비행기를 날렸다.'는 아이들이 종이비행기를 날게 했다는 의미를 보이므로, '날렸다'는 '날다'의 어근 '날-'에 사동 접미사 '-리-'가 결합한 사동사임을 알 수 있다.

③ ㉠ : '다른 때와는 달리 글의 초안이 쉽게 잡혔다.'는 글의 초안이 누군가에 의해 잡힘을 당했다는 의미를 보이므로, '잡혔다'는 '잡다'의 어근 '잡-'에 피동 접미사 '-히-'가 결합한 피동사임을 알 수 있다.
ㄴ : '감기가 낫자마자 아이에게 연필을 잡혔다.'는 누군가가 아이에게 연필을 잡게 했다는 의미를 보이므로, '잡혔다'는 '잡다'의 어근 '잡-'에 사동 접미사 '-히-'가 결합한 사동사임을 알 수 있다.

⑤ ㉠ : '딱딱하기만 하던 경제 기사가 그날따라 쉽게 읽혔다.'는 누군가에 의해 경제 기사가 쉽게 읽힘을 당했다는 의미를 보이므로, '읽혔다'는 '읽다'의 어근 '읽-'에 피동 접미사 '-히-'가 결합한 피동사임을 알 수 있다.
ㄴ : '학교에서는 학생들에게 판소리계 소설을 읽혔다.'는 학교에서 학생들에게 소설을 읽게 했다는 의미를 보이므로, '읽혔다'는 '읽다'의 어근 '읽-'에 사동 접미사 '-히-'가 결합한 사동사임을 알 수 있다.

55. ③

ㄷ : 문장의 주어인 '제가 말하고 싶은 점은'과 호응하는 서술어가 없다. '제가 말하고 싶은 점은 주변 환경을 탓하는 생각을 버리시라는 것입니다.'와 같이 주어와 서술어가 서로 호응하도록 문장을 수정해야 하므로 ⓑ의 예로 적절하다.

① ㉠ : 둘 이상의 의미로 해석되는 중의적 문장이므로 수정이 필요하다. 나와 형이 각각 형 친구들을 좋아하는 정도를 비교하는 뜻으로 해석할 수도 있고, 내가 좋아하는 대상인 형과 형 친구들을 비교하는 뜻으로 해석할 수도 있다. 따라서 '형은 내가 형을 좋아하는 것보다 형 친구들을 더 좋아하게 되기를 바란다고 하셨다.' 등과 같이 문장을 수정해야 한다.

② ㄴ : '생각'을 꾸며 주는 관형절 '나와 평등하다는'에서 서술어 '평등하다'가 필요로 하는 필수 성분인 주어가 빠져 있다. 따라서 주어를 추가해 '타인이 나와 평등하다는'과 같이 문장을 수정해야 한다.

④ ㄹ : 이중 피동이 사용된 문장이므로 수정이 필요하다. '믿겨지다'는 피동 접미사 '-기-'가 결합된 피동사에 '-어지다'가 결합한 이중 피동에 해당하므로 '믿기다'나 '믿어지다'로 피동 표현을 수정해야 한다.

⑤ ㅁ : 조사가 잘못 사용된 문장이므로 수정이 필요하다. 부사격 조사 '로서'는 지위, 신분이나 자격을 나타내는 데에 쓰이므로, 수단이나 도구, 방법을 나타내는 부사격 조사 '(으)로써'를 사용해 '이용함으로써'로 수정해야 한다.

56. ②

ㄴ은 시간 부사어 '지금'을 통해 현재 시제임을 알 수 있다. 따라서 '붉겠다'에서 선어말 어미 '-겠-'은 미래의 일에 대해 추측한 사실이 아닌 현재 일어나는 사건에 대한 추측을 나타낸다.

① ㉠은 '-더-'를 통해 자신이 직접 경험한 과거의 사실을 회상하며 전달하는 문장이다.
③ ㄷ은 과거에는 저수지에 물고기가 살았지만 현재를 그렇지 않다는 것, 즉 현재의 상황이 과거와 단절되어 있음을 '-았었-'을 통해 나타내는 문장이다.
④ ㄹ은 현재 아이들의 노는 행위가 진행되고 있음을 나타내는 진행상의 의미를 '-고 있-'을 통해 나타내는 문장이다.
⑤ ㅁ은 장미가 핀 사건이 끝나고 그 결과인 핀 상태가 지속되고 있음을 '-어 있-'을 통해 나타내는 문장이다.

57. ③

능동문 '경찰이 범인을 잡다'를 피동문 '범인이 경찰에게 잡히다'로 바꾸는 것처럼 능동문의 목적어는 피동문의 주어가 된다. 능동문 '길에서 우연히 대학 선배를 만났다.'를 피동문으로 만들면, '*길에서 우연히 대학 선배가 만나게 되다.'와 같이 되며, 문장이 성립되지 않으므로 대응하는 피동문이 없는 능동문임을 알 수 있다.

① 주동문 '오후 내내 낙엽이 탔다.'는 '(내가) 오후 내내 낙엽을 태웠다.'와 같은 사동 표현이 성립하므로 대응하는 사동문이 있는 주동문임을 알 수 있다.
② 사동문 '공사장에서 콘크리트를 굳혔다.'는 '공사장에서 콘크리트가 굳었다.'와 같은 주동 표현이 성립하므로 대응하는 주동문이 있는 사동문임을 알 수 있다.
④ '타협하자는 쪽으로 의견이 기울었다.'는 주동문인데, 여기에서의 '기울다'는 '마음이나 생각 따위가 어느 한쪽으로 쏠리다.'라는 의미로, 이에 대응하는 의미의 사동사 '기울이다'는 존재하지 않는다. 참고로 '기울다'의 사동사 '기울이다'는 '비스듬하게 한쪽을 낮추거나 비뚤게 하다.'라는 의미로 '상체를 앞으로 기울이다.'와 같이 사용한다. 따라서 '*의견을 기울였다.'와 같은 표현은 쓸 수 없으므로 '타협하자는 쪽으로 의견이 기울었다.'의 사동 표현은 성립하지 않는다.
⑤ '부패한 언론이 진실을 숨겼다.'는 사동사 '숨기다'를 사용한 사동문인데, 그에 대응하는 '*진실이 숨다.'와 같은 주동 표현은 성립하지 않는다.

58. ④

해당 문장은 '수지'가 발을 밟는 행위를 당했음을 의미하므로 피동문이다. 피동문임에도 '발을'이라는 목적어가 사용되고 있으므로 ㉠의 예로 적절하다.

① 해당 문장은 '그 형'이 '진희'에게 '아기'를 안게 했음을 의미하므로 사동문이다.
② 해당 문장은 '명호'가 스스로 돌을 움직이는 행위를 했음을 의미하므로 타동사가 사용된 능동문이다.
③ 해당 문장은 '그 사람'이 '형'에게 '상해'를 입게 했음을 의미하므로 사동문이다.

⑤ 해당 문장은 '동주'가 '책상 사이 간격'을 넓게 만들었음을 의미하므로 사동문
이다.

59. ①

정답 설명

'안' 부정문은 주체의 의지를 부정하거나 단순한 사실을 부정하는 데 사용된다.
'해'는 의지를 가지고 있지 않으므로 ㉠은 의지 부정이 아닌 단순 부정으로 쓰였
음을 확인할 수 있다.

오답 설명

② ㉡의 경우 '있다'를 부정하기 위해 '없다'라는 별개의 어휘를 사용하고 있으며,
짧은 '안' 부정문과 짧은 '못' 부정문을 사용한 표현은 비문법적 표현으로 처
리되어 있음을 확인할 수 있다.
③ ㉢은 상대에게 어떤 일을 하지 말라는 부정 명령, 즉 금지의 의미를 나타낸
다. 이때에는 '안' 부정문, '못' 부정문이 짧은 부정이든 긴 부정이든 사용될
수 없고, '말다'의 부정만이 사용된다.
④ ㉣은 '알다'의 부정이 별개의 어휘 '모르다'를 통해 이루어지거나, '알지 못하
다'와 같은 긴 '못' 부정문에서만 이루어짐을 보여 준다.
⑤ ㉤의 경우 '넉넉하다'를 부정하기 위해 '-지 않다/못하다'와 같은 긴 '안' 부정
문, 긴 '못' 부정문을 사용하고 있으며, 짧은 '안' 부정문과 짧은 '못' 부정문을
사용한 표현은 비문법적 표현으로 처리되어 있음을 확인할 수 있다.

60. ③

정답 설명

'나는 항상 비타민을 먹는다.'에 쓰인 '-는-'은 어떤 행위가 일상적으로 이뤄지는
것을 나타낸다. 따라서 '특정한 시간에 사건이 일어날 예정'을 의미한다고 볼 수
없다. 참고로, 특정한 시간에 사건이 일어날 예정임을 뜻하는 '-는-'이 쓰인 예로
"나는 한 시간 후에 점심을 먹는다."를 들 수 있다.

오답 설명

① '나팔꽃이 예쁘게 피었구나.'에 쓰인 '-었-'은 과거에 꽃이 피는 사건이 일어났
고, 꽃이 핀 상태가 현재까지도 지속됨을 나타낸다.
② '비가 많이 오니 내일 나들이는 다 갔구나!'에 쓰인 '-았-'은 미래에 나들이를
못 가게 될 것을 확정적인 사실로 받아들이는 태도를 나타낸다.
④ '드디어 철수가 내일 온다.'에 쓰인 '-ㄴ-'은 가까운 미래인 '내일' 철수가 올
것이라는 사실을 나타낸다.
⑤ '사람은 때가 되면 반드시 죽는다.'에 쓰인 '-는-'은 사람이 때가 되면 죽는
것이 이치에 맞게 일어나는 당연한 현상임을 나타낸다.

61. ④

정답 설명

㉫은 '팔을 휘두르면서 스텝도 밟아보려 하는 곧 돌아오는 차례'를 의미하므로 시
간상으로 아직 일어나지 않은 미래를 나타내고, ◎은 '이전에 동작을 연습했을
때'를 의미하므로 시간상으로 과거의 때를 나타낸다. 따라서 ◎이 ㉫보다 시간상
으로 앞서 일어난 때를 나타내고 있다고 할 수 있다.

오답 설명

① ㉠은 청자('건욱')에게 가까운 곳을 가리키고, ㉡은 화자('건욱')에게 가까운 곳
을 가리키므로, ㉠과 ㉡은 모두 '건욱'에게 가까운 곳을 가리키고 있다.

② ㉢은 화자('보늬')가 발화를 하며 함께 팔을 움직이는 동작이 이루어지고 있음
을 나타낸다.
③ ㉣은 청자('보늬')의 동작을, ㉤은 화자 자신('건욱')의 동작을 나타낸 것에 해
당한다.
⑤ ⓐ과 ⓩ은 모두 '보늬'가 연습하는 동작을 가리키고 있다.

62. ①

정답 설명

'오늘은 감이 좋아.'의 '감'은 '감나무의 열매'를 뜻하는 '감'일 수도 있고 '느낌이나
생각을 나타내는 '감'일 수도 있으므로 동음이의어에 의한 중의성의 예이다. 한
편, '영수는 한복을 입고 있다.'는 영수가 한복을 입는 행위가 이루어지는 중임(진
행)을 나타내는 것일 수도 있고, 한복을 입는 행위가 끝나고 그 상황이 지속됨(완
료)을 나타내는 것일 수도 있으므로 동작상과 관련된 중의성의 예이다.

오답 설명

② '따르다'는 '다른 사람이나 동물의 뒤에서, 그가 가는 대로 같이 가다.'라는 의
미와 '좋아하거나 존경하여 가까이 좇다.'라는 의미를 함께 가지고 있는 다의
어이므로, '그는 스승을 따랐다.'는 다의어에 의한 중의성의 예이다. 한편, '형
은 넥타이를 매고 있다.'는 형이 넥타이를 매는 행위가 이루어지는 중임(진행)
을 나타내는 것일 수도 있고, 넥타이를 매는 행위가 끝나고 그 상황이 지속
됨(완료)을 나타내는 것일 수도 있으므로 동작상과 관련된 중의성의 예이다.
③ '그는 아이에게 옷을 입혔다.'라는 문장은 그가 직접 아이에게 옷을 입혀 주었
음(직접 사동)을 나타내는 것일 수도, 그가 아이에게 옷을 입으라고 지시하여
아이가 옷을 입었음(간접 사동)을 나타내는 것일 수도 있다. 이러한 중의성은
사동사를 사용하는 파생적 사동 표현에서 나타나는 것이다. 한편, '동생은 과
자를 먹고 있다.'라는 문장의 경우 진행의 의미만을 나타내며, 완료의 의미를
나타내지 않으므로 동작상과 관련된 중의성과는 관련이 없다.
④ '날씬한 아버지와 어머니'의 경우 '날씬한'이 '아버지'만 수식하는지 아니면 '아
버지'와 '어머니'를 함께 수식하는지 확실하지 않으므로 구조 차원의 중의성의
예라고 할 수 있다. 한편, '지금 가고 있어.'라는 문장의 경우 진행의 의미만
을 나타내며, 완료의 의미를 나타내지 않으므로 동작상과 관련된 중의성과는
관련이 없다.
⑤ '다리'는 '사람이나 동물 혹은 물체의 아래에 붙어 있는 부분'일 수도 있고 '한
편에서 다른 편으로 건너다닐 수 있도록 만든 시설물'일 수도 있으므로 '다리
가 길다.'는 동음이의어에 의한 중의성의 예라고 할 수 있다. 한편, '그는 지
금 책을 읽고 있다.'는 진행의 의미만을 나타내며, 완료의 의미를 나타내지
않으므로 동작상과 관련된 중의성과는 관련이 없다.

63. ④

정답 설명

앞 예문의 '불리다'는 관리들이 제 배만 부르게 했다는 의미로, '부르다'의 어근에
사동 접사 '-이-'가 덧붙어 만들어진 사동사이다. 반면, 뒤 예문의 '불리다'는 내
이름이 불려졌다는 의미로, '부르다'의 어근에 피동 접사 '-이-'가 덧붙어 만들어
진 피동사이다. 이때, 앞 예문의 '부르다'는 '먹은 것이 많아 속이 꽉 찬 느낌이
들다.'라는 의미이지만, 뒤 예문의 '부르다'는 '이름이나 명단을 소리 내어 읽으며
대상을 확인하다.'라는 의미이므로 '동일한 동사'의 어근에서 파생된 사동사와 피
동사라고 할 수 없다.

① 앞 예문의 '보이다'는 그녀가 나에게 편지를 보게 한다는 의미로, '보다'의 어근에 사동 접사 '-이-'가 덧붙어 만들어진 사동사이다. 반면, 뒤 예문의 '보이다'는 하늘을 보게 되었다는 의미로, '보다'의 어근에 피동 접사 '-이-'가 덧붙어 만들어진 피동사이다.

② 앞 예문의 '날리다'는 자전거가 흙먼지를 날게 한다는 의미로, '날다'의 어근에 사동 접사 '-리-'가 덧붙어 만들어진 사동사이다. 반면, 뒤 예문의 '날리다'는 꽃가루가 날게 되었다는 의미로, '날다'의 어근에 피동 접사 '-리-'가 덧붙어 만들어진 피동사이다.

③ 앞 예문의 '잡히다'는 기업주들이 토지를 담보로 잡게 하였다는 의미로, '잡다'의 어근에 사동 접사 '-히-'가 덧붙어 만들어진 사동사이다. 반면, 뒤 예문의 '잡히다'는 그의 집이 채권자에 의해 담보로 잡아졌다는 의미로, '잡다'의 어근에 피동 접사 '-히-'가 덧붙어 만들어진 피동사이다.

⑤ 앞 예문의 '업히다'는 엄마가 누이에게만 애를 업게 한다는 의미로, '업다'의 어근에 사동 접사 '-히-'가 덧붙어 만들어진 사동사이다. 반면, 뒤 예문의 '업히다'는 어린애가 엄마의 등에 업어졌다는 의미로, '업다'의 어근에 피동 접사 '-히-'가 덧붙어 만들어진 피동사이다.

64. ③

ㄷ은 주체인 '보라'의 달리는 능력이 부족함을 표현하기 위해 '못' 부정문이 사용되었지만, ㄹ은 '비'가 내리지 않는 상황의 부정을 표현하기 위해 '안' 부정문이 사용되었다. '비'라는 자연 현상은 의지를 가지는 대상이 될 수 없으므로 ㄹ에 '의지에 의한 부정'이 나타나 있다는 선지의 설명은 적절하지 않다.

① ㄱ의 '남기시겠습니까?'에서는 상대 높임 송결 어미 '-습니까'를 활용해, ㄴ의 '생겼습니다'에서는 상대 높임 종결 어미 '-습니다'를 활용해 청자를 높이는 상대 높임이 실현되었다.

② ㄴ에서는 '께'라는 부사격 조사와 '여쭤보다'라는 어휘를 활용하여 객체 높임을 실현하고 있다.

④ ㄷ의 '달성하지 못했다.'는 본용언 '달성하다' 뒤에 부정을 나타내는 보조 용언 '못했다'를 사용해 긴 부정문의 형태를 취하고 있으며, ㄹ의 '내리지 않았다.'는 본용언 '내리다' 뒤에 부정을 나타내는 보조 용언 '않았다'를 사용해 긴 부정문의 형태를 취하고 있다.

⑤ ㅁ의 '곧 눈이 쏟아질'에서는 '시간적으로 머지않아'라는 의미의 부사어 '곧'과 미래 시제 관형사형 전성 어미 '-ㄹ'이 쓰인 '쏟아질'을 통해 미래 시제가 나타난다. '가고 있다.'에서는 '-고 있-'의 표현을 통해 '가다'라는 행위가 진행 중임을 나타내고 있다.

65. ④

'어머니께서 사과와 귤 두 개를 주셨다.'의 문장은 어머니께 받은 것이 '사과 하나, 귤 하나'라서 총 두 개라고 해석할 수도 있고, '사과 하나와 귤 두 개' 또는 '사과 두 개와 귤 두 개'라고 해석할 수도 있다. 이때의 중의성은 수량을 나타내는 말 때문에 나타나는 것이므로, ⓒ이 아닌 ⓔ에 해당하는 예이다.

① 이 문장의 '차'는 '자동차'를 나타내는 것으로도, '마시는 차'를 나타내는 것으로도 해석될 수 있다. 이때의 중의성은 동음이의어로 인해 발생한 것이므로, ㉠에 해당하는 예이다.

② 이 문장의 '길'은 '도로'를 나타내는 것으로도, '인생의 방향'을 나타내는 것으로도 해석될 수 있다. 이때의 중의성은 다의어로 인해 발생한 것이므로, ㉠에 해당하는 예이다.

③ 이 문장의 '탈을 쓴'이라는 수식어에 대한 피수식어를 '청년'만으로도, '청년과 아가씨'로도 해석할 수 있다. 이때의 중의성은 수식어와 피수식어 사이의 관계가 여럿으로 해석되어 발생한 것이므로, ⓒ에 해당하는 예이다.

⑤ '않았다'가 부정하는 대상이 '영희'일 수도, '검은 신발'일 수도, '학교'일 수도, '오다'일 수도 있다. 이때의 중의성은 부정 표현에서 부정하는 대상이 여럿으로 해석되어 발생한 것이므로, ⓒ에 해당하는 예이다.

66. ③

이 문장에 쓰인 '-겠-'은 경민이의 마음 상태에 대한 추측을 드러내는 것이므로 ⓒ의 사례로 적절하다.

① 이 문장에 쓰인 '-었-'은 바빠서 저녁밥을 먹을 수 없을 것이라는, 미래 상황에 대한 확신을 표현한 것이므로 ㉠이 아니라 ⓒ에 해당하는 예이다.

② 이 문장에 쓰인 '-았-'은 엄마를 닮은 영희의 모습이 현재까지 지속되는 것을 표현하고 있으므로 ⓒ이 아니라 ㉠에 해당하는 예이다.

④ 이 문장에 쓰인 '-겠-'은 빵을 먹고 싶다는 것을 완곡한 태도로 드러내는 것이므로 ⓔ이 아니라 ⓜ에 해당하는 예이다.

⑤ 이 문장에 쓰인 '-겠-'은 밀린 빨래를 하겠다는 의지를 드러내고 있으므로 ⓜ이 아니라 ⓔ에 해당하는 예이다.

67. ⑤

ⓜ의 '-ㄹ'은 사건시보다 발화시가 앞선 시제 즉, 미래 시제를 표현한 경우가 맞지만, 선어말 어미가 아니라 관형사형 전성 어미(어말 어미)에 해당한다.

① ㉠은 '-어 간다'라는 표현을 통해 그림을 그리는 동작이 진행 중임을 나타내고 있다.

② ⓒ은 '-았-'이라는 과거 시제 선어말 어미를 사용하여 발화시보다 사건시가 앞선 시제를 표현한 경우이다. 화자가 말하는 발화시보다 그가 연극을 본 사건시가 앞선다.

③ ⓒ은 '-ㄴ-'이라는 현재 시제 선어말 어미를 사용하여 사건시와 발화시가 일치하는 시제를 표현한 경우이다. 화자가 말하는 발화시와 선수들이 농구를 하는 사건시가 일치한다.

④ ⓔ은 '-어 버렸다'라는 표현을 통해 '먹다'라는 동작이 이미 완료되었음을 나타내고 있다.

04 | 문장 [표현]

68. ⑤

정답 설명

ㅁ에서 '먹었겠구나'의 '-었-'은 과거의 일을 나타내는 과거 시제 선어말 어미이고, '-겠-'은 추측의 의미를 나타내는 선어말 어미이다. 해당 문장의 경우 '-었-'과 '-겠-'이 함께 사용되어 과거의 사건을 추측하고 있으므로, 앞으로 일어나게 될 행위를 추측하고 있다는 이해는 적절하지 않다.

오답 설명

① ㄱ에서 '보았다'의 '-았-'은 발화시를 기준으로 할 때 사건이 이미 일어났음을 나타내는 과거 시제 선어말 어미이다. 그러므로 '그'가 건물로 들어가는 행위와 그 모습을 '철수'가 본 행위는 모두 발화시 이전, 즉 과거에 일어난 일이라고 할 수 있다.

② ㄴ에서 '갔다'의 '-았-'은 발화시를 기준으로 할 때 미래의 사건이나 일을 이미 정하여진 사실인 양 말할 때 쓰는 선어말 어미이다. 비가 오는 것으로 미루어 볼 때 소풍이 취소될 것이 예측되므로 그것을 마치 정해진 사실인 것처럼 표현하는 데 쓰이고 있다.

③ '-ㄴ-'은 주로 현재 시제를 나타낼 때 쓰이는 선어말 어미이지만, ㄷ의 '간다'에서는 '내일'이라는 시간 부사어와 함께 사용됨으로써 미래에 일어날 예정인 사건을 나타내고 있다.

④ ㄹ에서 '적었었다'의 '-었었-'은 현재와 비교하여 다르거나 단절되어 있는 과거의 사건을 나타내는 선어말 어미로, 현재와는 다른 과거의 일을 나타낼 때 사용된다.

69. ⑤

정답 설명

ⓒ 해당 문장의 '갈리다'는 '거칠고 쉰 소리가 나다.'라는 의미를 지닌 동사로, '갈다'의 피동사가 아니다. '윗니와 아랫니를 맞대고 소리를 내다.'라는 '갈다2 「2」'의 의미와도 관련이 없다.

ⓓ 해당 문장의 '갈리다'는 밭이 가는 행위를 당했다는 의미로, '갈다3'의 어근 '갈-'에 피동 접미사 '-리-'가 결합해 만들어진 피동사이다.

오답 설명

ⓐ 해당 문장의 '갈리다'는 지저분한 수건이 새 수건으로 가는 행위를 당했다는 의미로, '갈다1 「1」'의 어근 '갈-'에 피동 접미사 '-리-'가 결합해 만들어진 피동사이다.

ⓑ 해당 문장의 '갈리다'는 칼 장수에게 칼을 갈게 했다는 의미로, '갈다2 「1」'의 어근 '갈-'에 사동 접미사 '-리-'가 결합해 만들어진 사동사이다.

70. ③

정답 설명

'날이 너무 추워서 아직 꽃이 피지 못했다.'는 날이 너무 춥다는 외부의 원인 때문에 꽃이 피는 사태가 일어나지 못함을 나타내는 '가능성 부정'에 해당한다. 또한, 예문에 사용된 서술어 '피다'도 형용사가 아니라 동사이므로, 제시된 예문은 ⓒ의 해당하는 예로 적절하지 않음을 알 수 있다. 참고로, 기준이나 기대에 미치지 못함을 나타내는 '못' 부정문의 예문으로는 '이 집은 다 좋은데 부엌이 넓지 못하다.' 등이 있다.

오답 설명

① '오늘은 공휴일이어서 학교에 안 간다.'는 주체의 의지와 상관없이 공휴일이므로 학교에 가지 않는 상황을 나타내므로, 주체의 의지와 무관한 단순 부정임을 알 수 있다.

② '나는 민주가 결석한 사실을 알지 못했다.'는 주체의 능력이 부족해 민주가 결석한 상황을 알지 못했음을 나타내므로, 능력 부정임을 알 수 있다. '알다'는 어떤 사실이나 대상이 감각이나 지각에 포착되는 것으로, 주체의 능력을 전제로 하는 서술어에 해당하며 이러한 서술어를 부정할 때는 '못' 부정문이 사용된다. 이러한 부류의 서술어로는 '깨닫다, 지각하다, 인식하다' 등이 있다.

④ '내일은 소풍 가는 날이니 춥지만 말아라.'는 형용사 '춥다'가 서술어로 쓰여 내일 날씨가 춥지 않았으면 좋겠다는 희망과 기원을 나타낸다.

⑤ '그 사람은 그녀를 총으로 쏘지 않았다.'는 '-지 않다'의 부정이 미치는 범위에 따라 '그녀를 총으로 쏜 것은 그 사람이 아니다.', '그 사람이 총으로 쏜 것은 그녀가 아니다.', '그 사람이 그녀를 쏜 것은 총이 아니다.' 등으로 다양하게 해석될 수 있다.

71. ⑤

정답 설명

일반적으로 국어의 '못' 부정문은 주체의 능력 부정을 나타내는 것이므로 형용사를 서술어로 하는 문장에서 쓰이기 어렵다. 그런데, 제시된 예문 '그는 예산이 넉넉하지 못해서 여행을 가기 어려웠다.'는 형용사 '넉넉하다'에 부정 보조 용언 '-지 못하다'가 결합하여 주체의 능력과는 무관하게 어떤 대상이 어떤 기준에 이르지 못함을 나타내고 있다. 이처럼 기준이나 기대에 미치지 못함을 나타낼 때는 '넉넉하다, 우수하다, 넓다, 크다' 등의 형용사가 '못' 부정문과 쓰일 수 있다. 따라서 ⓔ은 주체의 능력이 부족함을 나타내는 것이 아니라 어떤 대상이 어떤 기준이나 기대에 이르지 못함을 나타내는 것이므로, 선지의 내용은 적절하지 않다.

오답 설명

① ㉠에서는 파생어 '새파랗다'가 서술어로 쓰일 때 '*오늘 하늘이 안 새파랗다.'와 같이 부정 부사 '안'을 활용한 짧은 부정문은 형성되기 어려움을 보여 준다. 서술어가 파생어일 때는 '오늘 하늘이 새파랗지 않다.'와 같이 부정 보조 용언 '-지 않다'를 활용한 긴 부정문을 사용하는 것이 적절하다.

② ㉡에서는 '가다'와 같은 동사가 서술어로 쓰일 때는 '말다' 부정문이 쓰일 수 있지만, '친절하다'와 같은 형용사가 서술어로 쓰일 때는 '말다' 부정문이 쓰이기 어려움을 보여 준다. 일반적으로 국어에서 '말다' 부정문은 주로 청유형과 명령형에 쓰이기 때문에 형용사와는 결합하기 어렵다.

③ ㉢에서는 '실패하다'와 같이 능력이 있다면 당연히 피하고 싶은 상황과 관련한 서술어는 능력 부정을 나타내는 '못' 부정과 쓰이기 어려움을 보여 준다. '못' 부정문은 의도는 있지만 능력이 부족하거나 외부의 환경이 적절하지 않아서 어떠한 사태가 일어나지 않는 것을 표현하기 때문에 능력만 있다면 당연히 피하고 싶은 상황을 나타내는 표현과 의미상 충돌이 일어난다. 이러한 부류의 서술어로는 '후회하다, 망하다, 지다, 잃다' 등이 있다.

④ ㉣에서는 서술어 '생기다'에 부정 부사 '못'이 결합할 경우 '없던 것이 새로 있게 되다.'의 뜻을 갖는 '생기다'의 의미를 부정하는 것이 아니라, '생김새가 보통에 미치지 못하다.'와 같은 관용적인 의미로 쓰이기도 함을 보여 준다. 이러한 단어는 '못생기다, 못살다, 못하다, 안되다' 등이 있는데, 이들은 '못'이나 '안'의 부정 부사와 서술어가 결합해 형성된 합성어이다.

72. ④

정답 설명

ⓔ의 '이렇게 어려운 문제를 누가 풀 수 있겠어?'는 의문형의 종결 표현을 활용하고 있다. 그런데, 해당 문장은 '이렇게 어려운 문제는 아무도 풀 수 없다.'와 같이 서술의 의미를 전달하므로, 종결 표현과 문장의 의미가 일치하지 않는 간접 화행(ⓑ)에 해당함을 알 수 있다.

오답 설명

① ㉠의 '저 좀 내립시다.'는 '-ㅂ시다'와 같이 청유형의 종결 표현을 활용하고 있다. 그런데, 일반적으로 청유문이 화자와 청자의 공동 행위를 요청하는 것과 달리 ㉠에서는 화자가 자신의 행동 수행만을 언급하고 있다. 즉, ㉠은 화자가 내리겠다는 의지를 표현하여 비켜 달라는 명령의 의미를 전달하므로, 종결 표현과 문장의 의미가 일치하지 않는 간접 화행(ⓑ)에 해당함을 알 수 있다.

② ㉡의 '조용히 하자.'는 '-자'와 같이 청유형의 종결 표현을 활용하고 있다. 그런데, 일반적으로 청유문이 화자와 청자의 공동 행위를 요청하는 것과 달리 ㉡에서는 청자의 행동 수행만을 언급하고 있다. 즉, ㉡은 청자에게 조용히 해 달라는 명령의 의미를 전달하므로, 종결 표현과 문장의 의미가 일치하지 않는 간접 화행(ⓑ)에 해당함을 알 수 있다.

③ ㉢의 '이 얼마나 아름답고 평화로운 광경인가?'는 의문형의 종결 표현을 활용하고 있다. 그런데, 해당 문장은 '아름답고 평화로운 광경'에 대한 감탄의 의미를 전달하므로, 종결 표현과 문장의 의미가 일치하지 않는 간접 화행(ⓑ)에 해당함을 알 수 있다.

⑤ ㉤의 '이번에 그 영화가 재개봉한다는 소식 들었어?'는 의문형의 종결 표현을 활용하고 있다. 해당 문장은 영화가 재개봉한다는 소식을 들었는지 묻고 있는 의문의 의미를 나타내고 있으므로, 종결 표현과 문장의 의미가 일치하는 직접 화행(ⓐ)에 해당함을 알 수 있다.

73. ⑤

정답 설명

㉠에 제시된 예문 '집에 돌아온 언니는 씻지도 않고 지금 침대에 누웠다.'는 현재를 나타내는 부사어 '지금'과 과거 시제 선어말 어미 '-었-'이 함께 쓰여 언니가 지금 침대에 누운 현재 상황을 나타내고 있다. 따라서 ㉠에 해당하는 예문으로 적절하다. 한편, ㉢에 제시된 예문 '이렇게 날이 추운 걸 보니 설악산에는 벌써 눈이 내렸겠다.'는 부사어 '벌써'와 미래 시제 선어말 어미 '-겠-'이 함께 쓰여 설악산에는 말하는 시점보다 먼저 눈이 내렸을 것이라는 과거의 사건에 대한 추측을 나타내고 있다. 따라서 ㉢에 해당하는 예문으로 적절하다.

오답 설명

① ㉠에 제시된 예문 '언니는 도서관에 갔다.'는 과거 시제 선어말 어미 '-았-'이 쓰여 언니가 도서관에 간 과거의 사실을 나타내고 있으므로, 현재의 일을 나타내는 데 쓰였다고 보기 어렵다. 또한, ㉡에 제시된 예문 '이 문제는 나도 풀 수 있겠다.'는 미래 시제 선어말 어미 '-겠-'이 이 문제를 풀 수 있는 '가능성'을 나타내는 의미로 쓰였으므로, 과거의 사건을 추측하는 데 쓰였다고 보기 어렵다.

② ㉠에 제시된 예문 '나는 그날따라 조금 피곤하였다.'는 과거 시제 선어말 어미 '-었-'이 쓰여 '그날'과 관련한 과거의 일을 나타내고 있으므로, 현재의 일을 나타내는 데 쓰였다고 보기 어렵다. 또한, ㉡에 제시된 예문 '태풍이 온다니 내일은 바람이 심하겠군.'은 미래 시제 선어말 어미 '-겠-'이 내일 바람이 심할 것이라는 미래의 사건을 추측하는 의미로 쓰였으므로, 과거의 사건을 추측

하는 데 쓰였다고 보기 어렵다.

③ ㉠에 제시된 예문 '두 시에 출발했으니 지금쯤 도착했을 거야.'에서 '출발했으니'는 과거 시제 선어말 어미 '-았-'이 쓰여 현재로부터 과거의 시간인 '두 시'에 출발하였음을 표현하고 있으므로, 어미 '-았/었-'이 현재의 일을 나타내는 데 쓰였다고 보기 어렵다. 한편, ㉡에 제시된 예문 '선생님은 어제 부산으로 출장을 가셨겠습니다.'는 미래 시제 선어말 어미 '-겠-'이 선생님이 어제 출장을 떠났을 것이라는 과거 상황을 추측하는 의미로 쓰였으므로, 과거의 사건을 추측하는 데 쓰였다고 볼 수 있다.

④ ㉠에 제시된 예문 '숙제를 하지 않다니 너는 이제 학교 가면 혼났다.'는 과거 시제 선어말 어미 '-았-'이 쓰여 '너'가 학교에 가서 혼날 것이라는 미래의 일이 이미 정해진 사실임을 나타내고 있으므로, 어미 '-았/었-'이 현재의 일을 나타낸다고 보기 어렵다. 또한, ㉡에 제시된 예문 '이번 주말에는 중부 지방에 비가 내리겠습니다.'는 미래 시제 선어말 어미 '-겠-'이 이번 주말에는 비가 내릴 것이라는 미래의 사건을 나타내고 있으므로, 과거의 사건을 추측하는 데 쓰였다고 보기 어렵다.

74. ③

정답 설명

ⓒ의 '읽은'은 동사 어간 '읽-'에 관형사형 어미 '-(으)ㄴ'이 붙어 과거 시제를 나타내고 있다. 관형사형 어미 '-(으)ㄴ'은 형용사와 서술격 조사에 쓰이면 현재 시제를 표시하지만, 동사에 쓰이면 과거 시제를 표시한다. 따라서, ⓒ은 선어말 어미 '-(으)ㄴ-'이 아니라 어말 어미인 관형사형 전성 어미 '-(으)ㄴ'이 쓰였으며, 이를 통해 현재 시제가 아닌 과거 시제를 나타내므로 선지의 진술은 적절하지 않다.

오답 설명

① ㉠의 '닮았다'는 아이가 아버지의 모습을 닮은 상태가 현재까지 이어지고 있음을 나타내므로, 선어말 어미 '-았/었-'은 과거에 일어난 사건의 결과가 현재까지 지속됨을 나타낼 때 쓰인다고 할 수 있다.

② ㉡의 '살았었다'는 현재와 달리 아버지가 어렸을 때 시골에 살았던 과거의 상황을 나타내고 있으므로, 선어말 어미 '-았었-'은 과거와 현재 상황이 단절되었음을 강조할 때 쓰인다고 할 수 있다.

④ ㉣의 '하더라'는 화자가 운동장에서 친구들과 축구를 하는 형의 행위를 본 장면을 회상함을 나타내고 있으므로, 선어말 어미 '-더-'는 화자가 주체의 행위에 대해 목격한 것을 회상할 때 쓰인다고 할 수 있다.

⑤ ㉤의 '떠난다'는 현재 시제 선어말 어미 '-ㄴ-'이 쓰인 것으로, '-ㄴ-'이 미래를 표시하는 부사 '곧'과 함께 쓰여 가까운 미래를 나타내고 있다.

75. ⑤

정답 설명

해당 예문에서 선어말 어미 '-더-'는 가능성의 의미를 나타내는 선어말 어미 '-겠-'과 결합하여 쓰이고 있다. 이때, '-더-'는 가능성의 의미를 나타내는 것이 아니라 '과거 회상'의 의미를 나타냄을 알 수 있다. 따라서 '-더-'가 다른 선어말 어미와 결합하여 가능성의 의미를 나타낸다는 선지의 진술은 적절하지 않다.

오답 설명

① 해당 예문에서 선어말 어미 '-더-'는 어제 집에 손님이 찾아왔던 일을 화자가 목격하여 회상하고 있음을 보여 준다. 즉, '-더-'가 과거 회상을 나타내는 선어말 어미로 쓰였음을 알 수 있다.

② 해당 예문에서 선어말 어미 '-더-'는 미래를 나타내는 부사어 '내일'과 함께 쓰여 선행하는 사실이 미래의 일임을 나타내고 있다. 이때, '-더-'는 화자가 내일 다시 기온이 영하로 떨어진다는 사실을 과거에 알게 되었음을 나타낸다.

③ 선어말 어미 '-더-'는 과거 어느 시점에서 화자가 체험을 통해 새로 알게 된 사실을 말할 때 쓰인다. 이때, 해당 예문에서는 '조금 전에 [네가 / 형이] 짐을 챙기더라.'와 같이 화자가 목격이나 체험을 통해 새롭게 알게 된 사실을 나타낼 때는 2인칭 혹은 3인칭 주어와 결합할 수 있지만, 화자가 자기 자신에 대한 사실을 새롭게 알기는 어려우므로 '*조금 전에 내가 짐을 챙기더라.'와 같이 1인칭 주어와는 결합할 수 없음을 보여 준다.

④ 해당 예문에서 선어말 어미 '-더-'는 화자의 심리를 나타내는 형용사 '좋다'와 결합하여 쓰이고 있다. 이때, 일반적으로 선어말 어미 '-더-'는 화자가 과거 어느 시점에 새롭게 알게 된 일을 나타내므로 1인칭 주어와 어울리지 않지만, 주체의 심리나 감각을 나타내는 형용사와 '-더-'가 결합할 때는 오히려 1인칭 주어와만 어울릴 수 있음을 알 수 있다.

76. ③

'학생들이 도서관에서 책을 읽고 있다.'는 보조 용언 '-고 있다'를 활용하여 학생들이 도서관에서 책을 읽고 있는 중임을 나타내고 있다. 즉, 도서관에서 책을 읽는 학생들의 동작이 진행 중임을 나타내므로, 진행상(ⓐ)에 해당함을 알 수 있다.

① '빨래가 다 말라 간다.'는 보조 용언 '-아 가다'를 활용하여 빨래가 말라 가는 중임을 나타내고 있다. 즉, 빨래가 마르는 동작이 진행 중임을 나타내므로, 진행상(ⓐ)에 해당함을 알 수 있다.

② '그녀는 지금 의자에 앉아 있다.'는 보조 용언 '-아 있다'를 활용하여 그녀가 의자에 앉아 있는 상태가 지속되고 있음을 나타내고 있으므로 완료상(ⓑ)에 해당함을 알 수 있다.

④ '언니가 차에 타고 있다.'는 언니가 차에 타는 행위가 진행 중인 것으로도 읽힐 수 있고, 언니가 차를 탄 행위의 결과가 지속되는 것으로도 읽힐 수 있다. 따라서 진행상과 완료상의 의미를 모두 지녔음(ⓒ)을 알 수 있다.

⑤ '아버지는 내가 사 준 넥타이를 매고 있다.'는 보조 용언 '-고 있다'를 활용하여 아버지가 넥타이를 매는 동작이 진행 중임을 나타내기도 하고, 동시에 아버지가 넥타이를 매고 있는 동작의 결과가 지속되고 있음을 나타내기도 한다. 따라서 진행상과 완료상의 의미를 모두 지녔음(ⓒ)을 알 수 있다.

77. ③

ⓒ의 '가셨다'는 주어가 나타내는 대상 '아버지'를 높이기 위해 주체 높임의 선어말 어미 '-시-'가 사용된 표현이다. 한편, ⓔ은 '할머니께서 편찮으시다는 소리를 듣고'에서 주어가 나타내는 대상 '할머니'를 높이기 위해 주격 조사 '께서'와 주체 높임의 선어말 어미 '-으시-'를 활용하고 있다. 따라서 ⓒ과 ⓔ은 모두 주어가 나타내는 대상을 높이는 선어말 어미가 쓰였으므로, 제시된 선지는 적절하다. 참고로, '편찮다'는 병을 앓는 상태에 있음을 나타내는 말로, 흔히 주체 높임 선어말 어미 '-으시-'와 함께 쓰여 높임의 뜻을 나타낸다.

① ㉠에서는 주어가 나타내는 대상인 '어머니'를 높이기 위해 높임의 주격 조사 '께서'가 쓰였다. 하지만, ㉡은 주어가 나타내는 대상 '언니'를 높이기 위한 주

격 조사가 쓰이지 않았다.

② ㉠에서는 종결 어미가 아니라 높임의 보조사 '요'를 통해 청자를 높이고 있다. 또한 ㉢에서는 담화 장면에서 청자를 높이는 종결 어미가 사용되지 않았다.

④ ㉠은 '할머니 댁'에서 '댁'과 같은 높임의 명사가 쓰였으나, 이는 문장의 주어인 '어머니'와 관련한 대상이 아니라 '할머니'와 관련한 대상이다. ㉣에도 주어와 관련한 대상을 높이는 명사는 쓰이지 않았다.

⑤ ㉡은 서술의 객체가 되는 대상 '아버지'를 높이는 어휘가 쓰이지 않았지만, ㉣은 '할머니를 뵈러 왔어요'에서 목적어로 나타난 객체인 '할머니'를 높이는 어휘 '뵈다'가 쓰이고 있다.

78. ③

ㄷ의 문장을 "노래 소리 좀 줄여줘."로 바꾼다면 명령문으로 명령의 의미를 전달하는 것이므로 문장의 종류와 기능이 일치하게 된다.

① "눈이 부셔서 잠을 잘 수가 없네."는 자신의 생각을 전달하는 것으로, 문장의 종류는 평서문에 해당하나, '커튼을 걷은 친구에게'이라는 상황을 고려하였을 때 커튼을 다시 치라는 명령의 의미로 해석될 수 있다.

② ㄴ의 말을 들은 청자가 "우리 떡볶이 먹을까?"라고 대답했다면, 청자는 화자의 발화 의도를 '우리 떡볶이 먹자'라는 청유의 의미로 받아들인 것이다.

④ "너는 지금 몇 시인 줄 아니?"라는 질문에 "네, 압니다."라고 대답했다면, 청자는 화자가 말한 문장의 종류(의문문)와 기능(질문에 대한 답을 요구함)이 모두 의문으로 일치한다고 본 것이다.

⑤ 청자가 상황을 고려하여 화자의 말을 이해하고 화자에게 휴지를 가져다 주었다면, 청자는 화자가 말한 문장의 종류는 평서문이지만 명령의 의미를 갖는다고 본 것이다.

79. ④

'그녀의 소식을 들으니 맥이 풀린다.'는 '*(누군가가) 맥을 풀다.'와 같이 대응하는 능동문이 존재하지 않는다. 이처럼 주어의 의지나 의도와는 관련이 없고 어떤 주체의 행동에 의한 것이 아닐 때는 대응하는 능동문이 설정되기 어렵다. 따라서 제시된 예문은 ㉠에 해당한다.

① '온 세상이 하얀 눈에 덮였다.'는 '하얀 눈이 온 세상을 덮었다.'와 같이 대응하는 능동문을 설정할 수 있음을 알 수 있다. 참고로, '덮였다'는 동사 '덮다'의 어근 '덮-'에 피동 접사 '-이-'와 과거를 나타내는 선어말 어미 '-었-'이 결합한 것이다.

② '새로운 사실이 드러나게 되었다.'는 능동문과 피동문의 통사 구조가 변하지 않고 능동문에 '-게 되다'의 보조 용언이 결합하여 피동문을 형성한 것으로, '새로운 사실이 드러나다.'와 같이 대응하는 능동문을 설정할 수 있다.

③ '선생님께서는 내게 임무를 맡겼다.'는 주어 '선생님'이 '나'에게 동작을 시키는 사동문으로, '내가 임무를 맡았다.'와 같이 대응하는 주동문을 설정할 수 있다.

⑤ '아이들이 공원에 모여서 얼음을 녹인다.'는 주어 '아이들'이 얼음을 녹게 하고 있음을 나타내는 사동문으로, '얼음이 녹는다.'와 같이 대응하는 주동문을 설정할 수 있다.

80. ③

정답 설명

㉲ '할머니께서는 다리가 아프시다고 하셨다.'는 주어로 나타나는 대상 '할머니'를 높이는 주격 조사 '께서'가 쓰였다. 이때, 높임의 대상인 '할머니'와 밀접하게 관련된 신체 일부분 '다리'를 주체 높임의 선어말 어미 '-시-'를 활용하여 높임으로써, '할머니'를 간접적으로 높이고 있음을 알 수 있다. 따라서 ⓒ에 해당하는 예문이다.
㉳ '요즘 어머니께서는 고민이 있으신 것 같다.'는 주어로 나타나는 대상 '어머니'를 높이는 주격 조사 '께서'가 쓰였다. 이때, 높임의 대상인 '어머니'와 밀접하게 관련된 '고민'을 주체 높임의 선어말 어미 '-으시-'를 활용하여 높임으로써, '어머니'를 간접적으로 높이고 있음을 알 수 있다. 따라서 ⓒ에 해당하는 예문이다.

오답 설명

㉮ '선생님께 내일 준비물을 여쭤보았다.'는 부사어로 나타나는 대상 '선생님'을 높이는 부사격 조사 '께'와 객체 높임의 어휘 '여쭤보다'가 쓰였다. 즉, 문장의 주체는 생략되어 있으며 이를 높이고 있지 않으므로 ⓐ에 해당하는 예문이다.
㉯ '아버지는 누나와 함께 진지를 잡수신다.'는 주어로 나타나는 대상 '아버지'를 높이는 어휘 '진지'와 '잡수시다'가 쓰였다. 즉, 문장의 주체를 간접적으로 높이는 것이 아니라 어휘를 활용하여 직접 높이고 있으므로 ⓑ에 해당하는 예문이다.

81. ③

정답 설명

㉠의 '연수가 암호를 풀었다.'의 서술어 '풀었다'는 주어와 목적어를 필수로 요구하는 두 자리 서술어이다. 그런데 이와 다르게 '풀었다'에 피동 접사 '-리-'를 결합하여 만든 피동문의 서술어 '풀렸다'는 ㉡의 '암호가 (연수에 의해) 풀렸다.'와 같이 주어만을 요구하는 한 자리 서술어이다. 따라서 ㉠과 ㉡을 통해 피동문은 능동문과 비교했을 때 능동문의 목적어가 피동문의 주어로 변하고, 기준이 되는 서술어의 자릿수는 하나 줄어드는 것을 알 수 있다.

오답 설명

① '아이가 개에게 물렸다.'는 '개가 아이를 물다.'의 능동문이 피동문으로 변한 것이다. 이때 동사 '물다'의 어근 '물-'에 피동 접사 '-리-'가 결합하여 피동문을 형성하고 있음을 알 수 있다.
② '학교에 있는데 교실 안이 갑자기 어두워졌다.'의 '어두워졌다'는 형용사 '어둡다'의 어간 '어둡-'에 '-어지다'가 결합한 문장이다. 이와 같이 형용사에 '-어지다'가 붙어 문장을 형성할 때는, 주어가 다른 주체에 의해 어떠한 행위를 당한다는 피동의 의미가 아니라, '어두워지'고 있는 상태 변화를 나타낸다.
④ ㉡의 '나는 벽지를 일부러 뜯었다.'는 주어의 의지와 관련한 부사어 '일부러'가 쓰였다. 그런데, '일부러, 열심히' 등과 같은 주어의 의지나 의도와 관련한 부사어가 쓰이면 '*벽지가 나에게 일부러 뜯겼다.'와 같이 대응하는 피동문을 설정할 수 없음을 알 수 있다.
⑤ ㉠에서 '아이들 열 명이 책 세 권을 읽었다.'라는 문장은, '아이들 열 명이 각각 책 세 권을 읽었다.'라는 의미와 '아이들 열 명이 총 세 권의 책을 읽었다.'라는 의미로 해석될 수 있다. 반면, ㉠의 피동문인 ㉡의 '책 세 권이 아이들 열 명에게 읽혔다.'는 '책 세 권을 아이들 열 명이 읽었다.'라는 뜻으로만 해석할 수 있다.

82. ①

정답 설명

'민주는 도둑에게 돈을 다 빼앗겼다.'는 '도둑이 민주(의) 돈을 다 빼앗았다.'와 같은 능동문의 서술어 '빼앗다'에 피동 접미사 '-기-'가 붙어 실현된 피동문이다. 따라서 동사 어근에 사동 접사를 결합하는 파생적 사동문이 아니라 동사 어근에 피동 접사가 결합한 파생적 피동문에 해당하므로, ㉠의 예문으로 적절하지 않다.

오답 설명

② '언니는 아기가 생글생글 웃게 했다.'는 '아기가 웃다.'와 같은 주동문 서술어 '웃다'에 '-게 하다'가 붙어 통사적 사동문을 이루고 있으므로 ㉡의 예문으로 적절하다.
③ '엄마는 민지에게 옷을 입혔다.'는 엄마가 자신의 손으로 민지에게 옷을 입혀 주는 직접 사동과 엄마가 민지에게 옷을 입도록 시키는 간접 사동의 의미로 해석할 수 있으므로 ㉢의 예문으로 적절하다.
④ '혁수는 매우 잘생겼다.'는 인위적으로 만든 상태가 아니며, 주체의 의도가 개입할 수 없다는 점에서 '*(누군가가) 혁수를 매우 잘생기게 하다'와 같이 사동문을 형성하지 못하므로 ㉣의 예문으로 적절하다.
⑤ '할아버지께서는 자식들에게 재산을 남겼다.'에서 '재산'은 무정 명사이므로 독립적인 행위의 주체가 될 수 없다. 따라서 '*재산이 남다.'와 같이 대응하는 주동문을 형성할 수 없으므로 ㉤의 예문으로 적절하다.

83. ②

정답 설명

'여기졌다'는 '여기다'의 어간 '여기-'에 '-어지다'가 결합한 것이다. '여기다'의 어근은 '여기-'로, 사동이나 피동 접미사가 결합되지 않은 단일어에 해당된다. 사동과 피동에서 가장 신경 써야 할 부분은 기본형이 의심스러운(사동이나 피동 접미사가 결합한 것처럼 보이는) 단어들이다. 따라서 문제를 풀 때, 꼭 '기본형'을 염두에 두도록 하자!

오답 설명

① 끊겨졌다 → 끊-(어근) + -기-(피동 접미사) + -어지다(통사적 피동 표현)
③ 씻겨졌다 → 씻-(어근) + -기-(피동 접미사) + -어지다(통사적 피동 표현)
④ 보여졌다 → 보-(어근) + -이-(피동 접미사) + -어지다(통사적 피동 표현)
⑤ 믿겨지지 → 믿-(어근) + -기-(피동 접미사) + -어지지(통사적 피동 표현)

84. ⑤

정답 설명

㉤의 '재우겠다'는 '자- + -이- + -우- + -겠- + -다'로 분석할 수 있다. 언니가 조카를 자게 하는 것이므로 '-이-'와 '-우-'는 사동 접사에 해당하며, 이들이 이중으로 결합하여 '-이우-'의 형태로 나타남을 알 수 있다. 또한 시간 부사어 '이제'와 선어말 어미 '-겠-'을 사용해 언니가 조카를 재우는 것이 미래의 일임을 나타내고 있으므로 '-겠-'은 미래 시제를 나타내는 선어말 어미임을 알 수 있다.

오답 설명

① ㉠의 '날린다'는 '날- + -리- + -ㄴ- + -다'로 분석할 수 있다. 낙엽이 나는 행위를 당하고 있으므로 '-리-'는 피동 접사에 해당하며, 선어말 어미 '-ㄴ-'을 사용해 낙엽이 현재 날리고 있음을 나타내고 있으므로 '-ㄴ-'은 현재 시제를 나타내는 선어말 어미임을 알 수 있다. 따라서 '날린다'는 피동 접사가 붙은 용언 어간에 현재 시제 선어말 어미가 쓰인 것이다.

② ㉡의 '휩쓸렸다'는 '휩쓸- + -리- + -었- + -다'로 분석할 수 있다. 마을이 거센 폭풍에 휩쓰는 행위를 당하고 있으므로 '-리-'는 피동 접사에 해당하며, 선어말 어미 '-었-'을 사용해 마을이 거센 폭풍에 휩쓸린 것이 과거의 일임을 나타내고 있으므로 '-었-'은 과거 시제를 나타내는 선어말 어미임을 알 수 있다. 따라서 '휩쓸렸다'는 피동 접사가 붙은 용언 어간에 과거 시제 선어말 어미가 쓰인 것이다.

③ ㉢의 '날렸다'는 '날- + -리- + -었- + -다'로 분석할 수 있다. 졸업생들이 학사모를 높이 날게 한 것이므로 '-리-'는 사동 접사에 해당하며, 선어말 어미 '-었-'을 사용해 졸업생들이 학사모를 날게 한 것이 과거의 일임을 나타내고 있으므로 '-었-'은 과거 시제를 나타내는 선어말 어미임을 알 수 있다. 따라서 '날렸다'는 사동 접사가 붙은 용언 어간에 과거 시제 선어말 어미가 쓰인 것이다.

④ ㉣의 '털린'은 '털- + -리- + -ㄴ'으로 분석할 수 있다. 집이 강도에 의해 터는 행위를 당한 것이므로 '-리-'는 피동 접사에 해당하며, 관형사형 전성 어미 '-ㄴ'과 '아니었다'의 선어말 어미 '-었-'을 사용해 집이 강도에 의해 털린 것이 과거의 일임을 나타내고 있으므로 이때 '-ㄴ'은 과거 시제를 나타내는 관형사형 전성 어미임을 알 수 있다. 따라서 '털린'은 피동 접사가 붙은 용언 어간에 관형사형 전성 어미가 쓰인 것이므로 현재 시제 선어말 어미가 쓰였다고 보기는 어렵다.

Part _05   **음운 변동과 발음 규정**

1. ③

> **정답 설명**
>
> '눈동자'는 [눈똥자]로 발음된다. 이때 '눈'은 어간이 아니고, '동자'는 어미가 아니기에 ㉡의 조건에 해당되지 않는다. 그리고 받침 'ㄴ'은 안울림소리가 아니므로 ㉠의 조건에도 해당되지 않는다. 참고로 '눈동자'는 합성어에서 일어나는 사잇소리 현상으로 인해 뒷말의 첫소리가 된소리로 발음되는 것이다.

> **오답 설명**
>
> ① '깎고'는 안울림소리인 'ㄲ(ㄱ)'과 'ㄱ'이 만나서 뒤의 소리가 된소리로 발음되는 경우이므로 〈보기〉의 ㉠에 해당한다.
>
> ② '젊지'는 어간의 끝소리가 울림소리인 'ㅁ(ㄲ)'이고 어미의 첫소리가 'ㅈ'이어서 된소리로 발음되는 경우이므로 〈보기〉의 ㉡에 해당한다.
>
> ④ '신고'는 어간의 끝소리가 울림소리인 'ㄴ'이고 어미의 첫소리가 'ㄱ'이어서 된소리로 발음되는 경우이므로 〈보기〉의 ㉡에 해당한다.
>
> ⑤ '옆집'은 안울림소리인 'ㅍ(ㅂ)'과 'ㅈ'이 만나서 뒤의 소리가 된소리로 발음되는 경우이므로 〈보기〉의 ㉠에 해당한다.

2. ④

> **정답 설명**
>
> '길이'는 [기리]로 발음되는데, 첫음절 [기]와 둘째 음절 [리]는 모두 '초성+중성'의 유형이므로 둘 다 ㉡에 해당한다.

> **오답 설명**
>
> ① '청사'는 [청사]로 발음되는데, 첫음절 [청]은 '초성+중성+종성'의 유형이므로 ㉣에 해당한다.
>
> ② '걸음'은 [거름]으로 발음되는데, 첫음절 [거]는 '초성+중성'의 유형이므로 ㉡에 해당하고 둘째 음절 [름]은 '초성+중성+종성'의 유형이므로 ㉣에 해당한다.
>
> ③ '융기'는 [융기]로 발음되는데, 국어에서 음절 초성에 오는 'ㅇ'은 음가가 없는 형식적 초성에 해당하므로 첫음절 [융]은 '중성+종성'의 유형인 ㉢에 해당한다.
>
> ⑤ '여자'는 [여자]로 발음되는데, 첫음절 [여]는 '중성'의 유형이므로 ㉠에 해당한다.

3. ③

> **정답 설명**
>
> '늦여름[는녀름]'은 'ㄴ' 첨가가 일어나 음운의 수가 늘어난 예이므로 ㉠에 해당하고, '넓대[널때]'는 자음군 단순화에 의해 탈락이 일어나 음운의 수가 줄어든 예이므로 ㉡에 해당한다. 참고로, 겹자음(ㄼ, ㄳ 등)은 두 개의 음운이지만 쌍자음(ㄸ, ㄲ 등)은 한 개의 음운에 해당한다.

> **오답 설명**
>
> ① '닫지[닫찌]'는 된소리되기에 의해 'ㅈ'이 'ㅉ'으로 교체되었을 뿐 음운의 수에는 변화가 없으므로 ㉠에 해당하지 않는다. 또한 '안팎[안팍]'도 음절의 끝소리 규칙에 의해 'ㄲ'이 'ㄱ'으로 교체되었을 뿐 음운의 수에는 변화가 없으므로 ㉡에 해당하지 않는다.
>
> ② '물약[물략]'은 'ㄴ'이 먼저 첨가된 후 유음화에 의해 'ㄴ'이 'ㄹ'로 교체된 것으

로, 결과적으로 음운의 수가 늘었으므로 ㉠에 해당한다. 한편 '굳이[구지]'는 구개음화에 의해 'ㄷ'이 'ㅈ'으로 교체되었을 뿐 음운의 수에는 변화가 없으므로 ㉡에 해당하지 않는다.

④ '떡만[떵만]'은 비음화에 의해 'ㄱ'이 'ㅇ'으로 교체되었을 뿐 음운의 수에는 변화가 없으므로 ㉠에 해당하지 않는다. 한편 '맛없대[마덥때]'는 자음군 단순화에 의해 'ㅄ'의 'ㅅ'이 탈락되어 음운의 수가 줄어들었으므로 ㉡에 해당한다.

⑤ '붙임[부침]'은 구개음화에 의해 'ㅌ'이 'ㅊ'으로 교체되었을 뿐 음운의 수에는 변화가 없으므로 ㉠에 해당하지 않는다. 한편 '밭이랑[반니랑]'은 'ㄴ'이 첨가되어 음운의 수가 늘었으므로 ㉡이 아니라 ㉠에 해당한다.

4. ④

정답 설명

'외곬으로'는 겹받침 'ㄳ'의 'ㅅ'이 뒤 음절 첫소리로 연음된 후 'ㅅ'이 된소리 [ㅆ]으로 교체되어 [외골쓰로]로 발음된다. 따라서 음운 변동 과정에서 교체가 일어날 뿐, 탈락과 첨가가 일어나지는 않으므로 적절하지 않다.

오답 설명

① '짓는'은 음절의 끝소리 규칙에 의해 받침 'ㅈ'이 'ㄷ'으로 교체된 후, 둘째 음절 초성인 'ㄴ'의 영향을 받아 'ㄷ'이 비음 'ㄴ'으로 교체되어 [진는]으로 발음되므로 적절하다.

② '붓하고'는 음절의 끝소리 규칙에 의해 받침 'ㅅ'이 'ㄷ'으로 교체된 후, 'ㄷ'이 'ㅎ'와 만나 [ㅌ]으로 축약되어 [부타고]로 발음되므로 적절하다.

③ '넓고'는 된소리되기에 의한 교체와 자음군 단순화에 의한 탈락이 일어나 [널꼬]가 되므로 적절하다. 상세한 순서보다는 탈락 및 교체가 일어났다는 최종적인 결과에 주목하면 된다.

⑤ '닳다'는 겹받침 'ㅀ'의 'ㅎ'과 둘째 음절 초성인 'ㄷ'이 만나 [ㅌ]으로 축약되어 [달타]로 발음되므로 적절하다.

5. ③

정답 설명

'들깻잎'은 사이시옷 뒤에 '이' 음이 결합된 경우이므로, 사이시옷을 [ㄴ]으로 발음하고 뒤의 '이' 음에 'ㄴ'을 첨가하여 [들깬닙]으로 발음하는 것이 표준 발음이다.

오답 설명

① '햇살'은 'ㅅ'으로 시작하는 '살' 앞에 사이시옷이 온 경우이므로 [해쌀]로 발음하는 것이 원칙이며, [핻쌀]로 발음하는 것도 허용하므로 적절하다.

② '콧날'은 사이시옷 뒤에 'ㄴ'이 결합된 경우이므로 사이시옷을 [ㄴ]으로 발음하여 [콘날]로 발음하므로 적절하다.

④ '뱃머리'는 사이시옷 뒤에 'ㅁ'이 결합된 경우이므로 사이시옷을 [ㄴ]으로 발음하여 [밴머리]로 발음하므로 적절하다.

⑤ '고갯짓'은 'ㅈ'으로 시작하는 '짓' 앞에 사이시옷이 온 경우이므로 [고개찓]으로 발음하는 것이 원칙이며, [고갣찓]으로 발음하는 것도 허용하므로 적절하다.

6. ④

정답 설명

'신발[신발]'을 [심발]로 잘못 발음했다면, '신'의 'ㄴ'을 입술소리인 'ㅂ'과 같은 조음 위치에 있는 'ㅁ'으로 교체하여 발음한 것으로 볼 수 있다. 'ㅂ'은 파열음, 'ㅁ'은 비음이므로 두 음운의 조음 방법은 다르다.

오답 설명

① '높대[놉때]'를 옳게 발음했다면, '높'의 'ㅍ'을 같은 조음 위치(입술소리)에 있는 예사소리 'ㅂ'으로 교체하고, '다'의 'ㄷ'을 같은 조음 위치에 있는 된소리 'ㄸ'으로 교체하여 발음한 것이므로 적절한 설명이다.

② '인구[인구]'를 [잉구]로 잘못 발음했다면, '인'의 'ㄴ'을 'ㄱ'과 조음 위치가 같은 여린입천장소리 'ㅇ'으로 교체하여 발음한 것이므로 적절한 설명이다.

③ '홅몸[혼몸]'을 옳게 발음했다면, '홅'의 'ㅌ'을 같은 조음 위치(잇몸소리)에 있는 예사소리 'ㄷ'으로 교체한 후 'ㄷ'을 'ㅁ'과 조음 방법이 같은 비음 'ㄴ'으로 교체하여 발음한 것이므로 적절한 설명이다.

⑤ '닦는[당는]'을 옳게 발음했다면, '닦'의 'ㄲ'을 'ㄱ'으로 교체한 후 그 'ㄱ'을 'ㄴ'과 조음 방법이 같은 비음 'ㅇ'으로 교체하여 발음한 것이므로 적절한 설명이다.

7. ⑤

정답 설명

'입원료 → [이붠뇨]'에서 '입'의 종성 'ㅂ'이 둘째 음절의 첫소리로 연음되었으며, '료'가 [뇨]로 발음되는 것은 선행하는 'ㄴ'의 영향으로 'ㄹ'이 'ㄴ'과 조음 방법이 같은 비음 [ㄴ]으로 바뀐 것이므로 선지의 내용은 적절하다.

오답 설명

① '침략 → [침냑]'은 유음이 비음으로 바뀐 것이다.

② '쌀눈 → [쌀룬]'은 비음이 유음으로 바뀐 것이다.

③ '신라 → [실라]'는 'ㄹ' 앞에 오는 'ㄴ'이 비음에서 유음으로 '조음 방법'이 바뀐 것이므로 적절한 내용이 아니다.

④ '국론 → [궁논]'은 'ㄹ'이 'ㄴ'으로 교체되고([국논]), 'ㄱ'이 'ㄴ'과 '조음 방법'이 같은 비음 'ㅇ'으로 바뀐 것이므로 적절한 내용이 아니다.

8. ②

정답 설명

(가)의 '휘발유[휘발류]'는 '첨가(유→뉴)', '교체(ㄴ→ㄹ)'가 나타나고, (나)의 '옮조리다[읍쪼리다]'는 '탈락(ㄿ→ㅁ)', '교체(ㅁ→ㅂ, ㅈ→ㅉ)'가 나타난다. 따라서 (가)와 (나)에 나타나는 음운 변동 유형은 '첨가', '탈락', '교체'이다. 이때 ②의 '삯일[상닐]'은 '탈락(ㄳ→ㄱ)', '첨가(일→닐)', '교체(ㄱ→ㅇ)'가 모두 나타나므로 적절하다.

오답 설명

① '꽃덮개[꼳떱깨]'에는 '교체(ㅊ→ㄷ, ㄷ→ㄸ, ㅍ→ㅂ, ㄱ→ㄲ)'만 나타나고, '첨가'와 '탈락'은 나타나지 않는다.

③ '낮일[난닐]'에는 '교체(ㅈ→ㄷ, ㄷ→ㄴ)', '첨가(일→닐)'만 나타나고, '탈락'은 나타나지 않는다.

④ '설익대[설릭때]'에는 '첨가(익→닉)', '교체(ㄴ→ㄹ, ㄷ→ㄸ)'만 나타나고, '탈락'은 나타나지 않는다.

⑤ '급행열차[그팽녈차]'에는 '축약(ㅂ+ㅎ→ㅍ)', '첨가(열→녈)'만 나타나고, '교체'와 '탈락'은 나타나지 않는다.

9. ④

정답 설명

'쌓네 → [싼네]'는 음절의 끝소리 규칙에 의해 'ㅎ'이 'ㄷ'으로 교체된 후, 비음화

에 의해 다시 'ㄷ'이 [ㄴ]으로 교체된 것이므로 ㉠에 해당한다. '좋고 → [조코]'는
'ㅎ'과 'ㄱ'이 [ㅋ]으로 축약된 것이므로 ㉡에 해당한다.

오답 설명

① '놓고 → [노코]'는 'ㅎ'과 'ㄱ'이 [ㅋ]으로 축약된 예이므로 ㉠이 아니라 ㉡에
해당하고, '뚫는 → [뚤른]'은 'ㅎ'이 탈락된 것이므로 ㉠, ㉡ 어디에도 해당하
지 않는다. 참고로, '뚫는'은 'ㅎ'이 탈락되어 [뚤는]이 되고, 유음화가 일어나
[뚤른]으로 발음된다.
② '놓는 → [논는]'은 'ㅎ'이 'ㄷ'으로 교체된 후 'ㄷ'이 [ㄴ]으로 교체된 것이므로 ㉠
에 해당하지만, '않네 → [안네]'는 'ㅎ'이 탈락된 것이므로 ㉠, ㉡ 어디에도 해
당하지 않는다.
③ '곯아 → [고라]'와 '않는 → [안는]' 모두 'ㅎ'이 탈락된 예이므로 둘 다 ㉠, ㉡
어디에도 해당하지 않는다.
⑤ '앓던 → [안턴]'은 'ㅎ'과 'ㄷ'이 [ㅌ]으로 축약된 예이고, '쌓지 → [싸치]'는
'ㅎ'과 'ㅈ'이 [ㅊ]으로 축약된 예이므로 둘 다 ㉡에 해당한다.

10. ③

정답 설명

(나)의 '쏘이 + 어 → [쐬어]'는 모음 축약의 예이고, '꽃 + 잎 → [꼰닙]'은 자음
첨가('ㄴ' 첨가)의 예이므로 각각 ㉠과 ㉡에 해당하는 적절한 사례이다.
(다)의 '누이 + 어 → [뉘어]'는 모음 축약의 예이고, '물 + 약 → [물략]'은 자음
첨가('ㄴ' 첨가)의 예이므로 각각 ㉠과 ㉡에 해당하는 적절한 사례이다.

오답 설명

①, ② (가)의 '피 + 어 → [피여]'는 반모음 [j] 첨가의 예이고, '설 + 날 → [설
람]'은 'ㄴ'이 [ㄹ]로 교체(유음화)된 예이므로 각각 ㉠과 ㉡에 해당하는 사례가
아니다.
④, ⑤ (라)의 '나서 + 어 → [나서]'는 모음이 탈락한 예이고, '밥 + 물 → [밤물]'
은 'ㅂ'이 [ㅁ]으로 교체(비음화)된 예이므로 각각 ㉠과 ㉡에 해당하는 사례가
아니다.

11. ③

정답 설명

'짓는[진:는]'은 결과적으로 비음 'ㄴ'이 세 번 발음되므로 비음이 두 번 발음된다
는 선지의 내용은 적절하지 않다.

오답 설명

① '돌담에[돌:다메]'는 유음 'ㄹ'과 비음 'ㅁ'이 발음되므로 적절하다.
② '같이[가치]'는 구개음 'ㅊ'이 발음되므로 적절하다.
④ '마음[마음]'은 비음 'ㅁ'이 두 번 발음되므로 적절하다. 참고로 음절 초성에 오
는 'ㅇ'은 음가가 없는 형식적 초성이므로 비음이 발음된다고 볼 수 없다.
⑤ '하늘을[하느를]'은 비음 'ㄴ'과 유음 'ㄹ'이 발음되므로 적절하다.

12. ②

정답 설명

㉡은 받침이 제 음가대로 뒤 음절의 첫소리로 옮겨 발음되는 연음의 예이므로 선
지의 내용은 적절하지 않다.

오답 설명

① ㉠은 받침 'ㅎ(ㄶ, ㅀ)' 뒤에 모음으로 시작되는 어미나 접미사가 결합됐을 때
'ㅎ'이 탈락되는 예이므로 적절하다.
③ ㉢은 겹받침 뒤에 모음으로 시작되는 어미나 조사가 결합됐을 때 겹받침의
뒤엣것만이 뒤 음절 첫소리로 옮겨 발음되는 연음의 예이므로 적절하다.
④ ㉣은 받침 'ㄷ' 뒤에 접미사 '히'가 결합될 때 거센소리되기에 의해 'ㄷ'과 'ㅎ'
이 축약된 후에 구개음화가 적용되는 예이므로 적절하다.
⑤ ㉤은 받침 'ㄱ, ㄷ, ㅂ'이 'ㄴ, ㅁ' 앞에서 각각 [ㅇ, ㄴ, ㅁ]으로 바뀌는 비음화
가 적용되는 예이므로 적절하다.

13. ①

정답 설명

<보기>에 따르면 자음을 첫소리로 가지고 있는 음절의 'ㅢ'는 [ㅣ]로 발음해야 한
다. '늴리리'의 'ㅢ'는 자음 'ㄴ'을 첫소리로 가지고 있으므로 [ㅢ]가 아닌 [ㅣ]로만
발음해야 한다.

오답 설명

② '의회'의 'ㅢ'는 자음을 첫소리로 갖지 않고, 단어의 첫음절에 쓰인 것이므로
이중 모음인 [ㅢ]로 발음해야 한다.
③ '주의'의 'ㅢ'는 원칙적으로 [ㅢ]로 발음하나, 단어의 첫음절 이외에 쓰인 것이
므로 [ㅣ]로 발음함도 허용한다.
④ '그의 책'의 '의'는 원칙적으로 [ㅢ]로 발음하나, 조사로 쓰인 것이므로 [ㅔ]로
발음함도 허용한다.
⑤ '강의의 제목'의 첫 번째의 '의'는 단어의 첫음절 이외에 쓰인 것이므로 [ㅢ]
또는 [ㅣ]로 발음할 수 있다. 또한 두 번째의 '의'는 조사로 쓰인 것이므로
[ㅢ] 또는 [ㅔ]로 발음할 수 있다. 따라서 '의의'를 [의의], [의에], [이의], [이
에]로 발음할 수 있다는 선지의 내용은 적절하다.

14. ③

정답 설명

<보기>의 제17항은 구개음화, 제20항은 유음화에 대한 조항이다. '훑네[훌레]'는
유음화가 일어난 예이므로 ㉡에 해당되지만, '낱이삭[난:니삭]'은 '낱'에 조사나 접
미사의 모음 'ㅣ'가 결합한 게 아니라, '이삭'이라는 실질 형태소에 쓰인 'ㅣ'가 결
합한 것이다. 따라서 구개음화가 일어나지 않아 ㉠에 해당되지 않는다. 참고로,
'낱이삭[난:니삭]'은 음절의 끝소리 규칙(ㅌ→ㄷ)과 'ㄴ' 첨가(이→니), 비음화(ㄷ→
ㄴ)가 적용되었다.

오답 설명

① '미닫이[미:다지]'는 구개음화가 일어난 예이고, '핥네[할레]'는 유음화가 일어난
예이다.
② '밭이[바치]'는 구개음화가 일어난 예이고, '뚫는[뚤른]'은 유음화가 일어난 예이
다.
④ '굳이[구지]'는 구개음화가 일어난 예이고, '꿇는[꿀른]'은 유음화가 일어난 예이
다.
⑤ '해돋이[해도지]'는 구개음화가 일어난 예이고, '앓는[알른]'은 유음화가 일어난
예이다.

15. ④

> **정답 설명**
>
> '헛웃음'은 [허두슴]으로 발음될 때, '헛[헏]'에서만 음절의 끝소리 규칙에 의해 받침이 대표음으로 바뀌는 교체가 일어나고 '웃음[우슴]'에서는 교체가 아닌 연음이 일어난다. 따라서 두 군데에서 받침이 '대표음으로 바뀌는 교체'가 일어난다는 설명은 적절하지 않다.

> **오답 설명**
>
> ① '늪 앞'은 [느밥]으로 발음될 때, '늪[늡]', '앞[압]'에서 음절의 끝소리 규칙에 의해 받침이 대표음으로 바뀌는 교체가 일어나고 [늡]의 종성 'ㅂ'은 뒤 음절의 첫소리로 연음되므로 적절하다.
> ② '맛없다'는 [마덥따]로 발음될 때, '맛[맏]'에서 음절의 끝소리 규칙에 의해 받침이 대표음으로 바뀌는 교체가 일어나고 [맏]의 종성 'ㄷ'이 뒤 음절의 첫소리로 연음된다. 그리고 '없[업]'에서 자음군 단순화에 의한 탈락이 일어나고 '다'가 된소리되기에 의해 [따]가 되는 교체가 일어나므로 적절하다.
> ③ '겉옷'은 [거돋]으로 발음될 때, '겉[걷]', '옷[옫]'에서 음절의 끝소리 규칙에 의해 받침이 대표음으로 바뀌는 교체가 일어나고 [걷]의 종성 'ㄷ'이 뒤 음절의 첫소리로 연음되므로 적절하다.
> ⑤ '맛있다'는 [마딛따]로 발음될 때, '맛[맏]', '있[읻]'에서 음절의 끝소리 규칙에 의한 교체가 일어나고 [맏]의 종성 'ㄷ'이 뒤 음절의 첫소리로 연음된다. 그리고 '다'가 된소리되기에 의해 [따]가 되는 교체가 일어나므로 적절하다.

16. ①

> **정답 설명**
>
> '백마'와 '왕십리'는 비음화가 일어나 각각 [뱅마], [왕심니]로 발음되므로 이를 표기에 반영해 'Baengma', 'Wangsimni'로 적어야 한다. 또한 '별내'는 유음화가 일어나 [별래]로 발음되므로, '제2장 제2항 [붙임 2]'에 따라 'ㄹㄹ'은 'll'로 표기하는 것을 반영하여 'Byeollae'로 적어야 한다.

17. ②

> **정답 설명**
>
> '넓게'는 어간 받침 'ㄼ' 뒤에 결합되는 어미의 첫소리 'ㄱ'이 된소리로 발음되는 된소리되기가 일어나고, '넓'은 자음군 단순화가 일어나 [널께]로 발음된다. 따라서 '넓게'는 자음군 단순화와 된소리되기가 모두 나타나는 ㉡의 예로 적절하다.

> **오답 설명**
>
> ① '낯추니'는 음절의 끝소리 규칙이 적용되어 [낟추니]로 발음되므로 ㉠의 예로 적절하지 않다.
> ③ '얼굴'은 [얼굴]로 발음되어 음운 변동 현상이 일어나지 않으므로 ㉢의 예로 적절하지 않다.
> ④ '닫니'는 'ㄴ'의 영향을 받아 'ㄷ'이 'ㄴ'으로 바뀌는 비음화가 일어나 [단니]로 발음되므로 ㉣의 예로는 적절하지 않다.
> ⑤ '색연필'은 'ㄴ' 첨가가 일어나 [색년필]이 된 후, 'ㄴ'의 영향을 받아 'ㄱ'이 'ㅇ'으로 바뀌는 비음화가 일어나 [생년필]로 발음되므로 ㉤의 예로 적절하지 않다.

18. ⑤

> **정답 설명**
>
> '맛'의 받침 'ㅅ'은 뒤에 오는 형태소의 종류에 따라 발음이 달라진다. 모음으로 시작하는 문법 형태소가 뒤에 오면 'ㅅ'이 그대로 연음되지만 그 이외의 환경에서는 음절의 끝소리 규칙에 따라 [ㄷ]으로 바뀌어야 한다. '맛있다'의 경우 '맛' 뒤에 오는 형태소 '있–'은 모음으로 시작하는 실질 형태소이므로 '맛'의 'ㅅ'은 [ㄷ]으로 바뀌어야 한다. '맛있다'의 표준 발음인 [마딛따]와 [마싣따] 중 [마딛따]를 원칙으로 삼은 이유는 이 때문이다.

> **오답 설명**
>
> ① '맛있다'의 받침 'ㅅ'은 음절의 끝소리 규칙에 따라 대표음 [ㄷ]으로 발음한다.
> ② '맛있다'에서 '있–'은 자음이 아닌 모음으로 시작하는 실질 형태소이므로 적절하지 않다.
> ③ '맛있다'에서 '있–'은 모음으로 시작하지만 문법 형태소가 아니라 실질 형태소이므로 적절하지 않다.
> ④ '맛있다'에서 '있–'은 자음으로 시작하지도 않고 문법 형태소도 아니므로 적절하지 않다.

19. ⑤

> **정답 설명**
>
> ㉠은 종성에서 발음될 수 있는 자음이 7개(ㄱ, ㄴ, ㄷ, ㄹ, ㅁ, ㅂ, ㅇ)로 제한되어 일어나는 음운 변동(음절의 끝소리 규칙)이, ㉡은 종성에 두 개의 자음이 놓일 때 둘 중 하나의 자음만 남고 나머지는 탈락하는 음운 변동(자음군 단순화)이 적용되었다. 따라서 음절 끝에 올 수 있는 자음이 제한되어 일어나는 음운 변동이라는 설명은 ㉠, ㉡에 공통적으로 적용할 수 있다.

> **오답 설명**
>
> ① 음절의 끝소리 규칙, 자음군 단순화는 음절의 종성에 놓인 자음에서 일어나므로 ㉠, ㉡에 공통으로 적용할 수 없는 설명이다.
> ② 자음 동화에 대한 설명이므로 적절하지 않다.
> ③ 거센소리되기에 대한 설명이므로 적절하지 않다.
> ④ ㉠의 '밖[박], 밭[받], 빗[빋]', ㉡의 '넋[넉], 값[갑], 삶[삼]'과 같이 체언이 홀로 쓰였을 때에도 음절의 끝소리 규칙, 자음군 단순화가 적용된다.

20. ②

> **정답 설명**
>
> '훑+는 → [훌른]'에서 겹받침 'ㄾ' 중 'ㄹ'만 발음되는 것은 자음군 단순화(탈락)가 적용된 결과이고, 'ㄴ'이 [ㄹ]로 바뀐 것은 유음화(교체)가 적용된 결과이다. 따라서 '훑는[훌른]'은 탈락과 교체라는 두 가지 음운 변동 유형이 적용되었으므로, ㉠의 예로 적절하다.

> **오답 설명**
>
> ① '잡+고 → [잡꼬]'는 'ㄱ'이 [ㄲ]으로 바뀌는 된소리되기(교체)만 적용된 결과이다.
> ③ '덮+고 → [덥꼬]'에서 'ㅍ'이 [ㅂ]으로 바뀐 것은 음절의 끝소리 규칙(교체)이 적용된 결과이고, 'ㄱ'이 [ㄲ]으로 바뀐 것은 된소리되기(교체)가 적용된 결과이다. 즉, 교체 유형만 적용되었다.
> ④ '깎+다 → [깍따]'에서 'ㄲ'이 [ㄱ]으로 바뀐 것은 음절의 끝소리 규칙(교체)이

적용된 결과이고, 'ㄷ'이 [ㄸ]으로 바뀐 것은 된소리되기(교체)가 적용된 결과이다. 즉, 교체 유형만 적용되었다.

⑤ '놓+는 → [논는]'에서 'ㅎ'이 [ㄷ]으로 바뀐 것은 음절의 끝소리 규칙(교체)이 적용된 결과이고, 이 'ㄷ'이 [ㄴ]으로 바뀐 것은 비음화(교체)가 적용된 결과이다. 즉, 교체 유형만 적용되었다.

21. ①

정답 설명

'달+님 → [달림]'은 앞 자음 'ㄹ'의 조음 방법에 동화되어 뒤 자음 'ㄴ'이 [ㄹ]로 바뀐 동화 현상(순행 동화)이므로 ㉠에 속한다. 한편, '작+년 → [장년]'은 뒤 자음 'ㄴ'의 조음 방법에 동화되어 앞 자음 'ㄱ'이 [ㅇ]으로 바뀐 동화 현상(역행 동화)이므로 ㉡에 속한다.

오답 설명

② '국+물 → [궁물]'은 뒤 자음 'ㅁ'의 조음 방법에 동화되어 앞 자음 'ㄱ'이 [ㅇ]으로 바뀐 동화 현상이므로 ㉠이 아니라 ㉡에 속한다. 한편, '칼+날 → [칼랄]'은 앞 자음 'ㄹ'의 조음 방법에 동화되어 뒤 자음 'ㄴ'이 [ㄹ]로 바뀐 동화 현상이므로 ㉡이 아니라 ㉠에 속한다.

③ '달+님 → [달림]'은 ㉠에 속한다. 한편, '능+력 → [능녁]'은 앞 자음 'ㅇ'의 조음 방법에 동화되어 뒤 자음 'ㄹ'이 [ㄴ]으로 바뀐 동화 현상이므로 ㉡이 아니라 ㉠에 속한다.

④ '국+물 → [궁물]'은 ㉠이 아니라 ㉡에 속한다. 한편, '능+력 → [능녁]'은 ㉡이 아니라 ㉠에 속한다.

⑤ '권+리 → [궐리]'는 뒤에 오는 'ㄹ'의 조음 방법에 동화되어 앞에 오는 'ㄴ'이 [ㄹ]로 바뀐 동화 현상이므로 ㉠이 아니라 ㉡에 속한다. 한편, '작+년 → [장년]'은 ㉡에 속한다.

22. ④

정답 설명

〈보기〉 중, (나)의 설명에 따르면 '집합[지팝]'과 같이 체언에서 'ㄱ, ㄷ, ㅂ' 뒤에 'ㅎ'이 합하는 거센소리되기가 일어나면 로마자 표기에 이를 반영하지 않는다. 참고로 '집합'의 올바른 로마자 표기는 'jiphap'이다.

오답 설명

① '독립'이 [동닙]으로 발음되는 것은 자음 동화(비음화)가 적용된 결과이며 이를 로마자 표기에 반영했으므로 적절하다.

② '담요'가 [담뇨]로 발음되는 것은 'ㄴ'이 첨가된 결과이며 이를 로마자 표기에 반영했으므로 적절하다.

③ '굳이'가 [구지]로 발음되는 것은 구개음화가 적용된 결과이며 이를 로마자 표기에 반영했으므로 적절하다.

⑤ '박수'가 [박쑤]로 발음되는 것은 된소리되기가 적용된 결과이며, (나)에 따르면 된소리되기는 로마자 표기에 반영하지 않으므로 적절하다.

23. ④

정답 설명

'값없이'의 '값'이 [갑]으로 발음되는 것은 모음으로 시작하는 실질 형태소 '없-' 앞에서 '값'에 자음군 단순화가 적용된 결과이다.

오답 설명

① '끊고'가 [끈코]로 발음되는 것은 'ㅎ'과 'ㄱ'이 [ㅋ]으로 축약된 결과이므로 ㉠에 들어갈 내용으로 적절하지 않다.

② 〈보기〉에 따르면 자음군 단순화는 모음으로 시작하는 문법 형태소 앞에서는 적용되지 않는다. '싫은'이 [시른]으로 발음되는 것은 자음군 단순화가 아니라 받침 'ㅎ'이 모음으로 시작되는 문법 형태소를 만나 탈락한 결과이므로 ㉠에 들어갈 내용으로 적절하지 않다.

③ '안팎'에는 겹받침을 가진 형태소가 없으므로 자음군 단순화의 적용과는 무관하다. 참고로 '안팎'의 'ㄲ'은 하나의 자음이므로 'ㄲ'이 [ㄱ]으로 발음되는 것은 자음군 단순화(탈락)가 아니라 음절의 끝소리 규칙(교체)이 적용된 결과이다.

⑤ '넓히다'가 [널피다]로 발음되는 것은 'ㅂ'과 'ㅎ'이 [ㅍ]으로 축약된 결과이므로 ㉠에 들어갈 내용으로 적절하지 않다.

24. ①

정답 설명

〈보기〉의 ㉡은 앞말이 모음으로 끝나는 경우이므로, 앞말이 'ㄴ'으로 끝나는 '한여름'과 관계가 없다. '한+여름 → 한여름[한녀름]'은 앞 단어나 접두사의 끝이 자음이고 뒤 단어나 접미사의 첫음절이 '이, 야, 여, 요, 유'인 경우에 'ㄴ' 음을 첨가하는 'ㄴ' 첨가 현상이 일어난 것이다. 또한 사잇소리 현상은 합성어에서 일어나기 때문에 파생어인 '한여름'은 사잇소리 현상이 나타나는 조건을 충족하지 않는다.

오답 설명

② '밤+길 → 밤길[밤낄]'은 앞말의 끝소리가 울림소리 'ㅁ'이고, 뒷말의 첫소리가 안울림 예사소리인 'ㄱ'에서 된소리 [ㄲ]으로 변화했으므로 ㉠의 사례로 적절하다.

③ '시내+물 → 시냇물[시:낸물]'은 앞말이 모음으로 끝나고, 뒷말이 'ㅁ'으로 시작하여 앞말의 끝소리에 'ㄴ' 소리가 하나 덧났으므로 ㉡의 사례로 적절하다.

④ '예사+일 → 예삿일[예:산닐]'은 앞말이 모음으로 끝나고 뒷말이 모음 'ㅣ'로 시작하여 앞말의 끝소리와 뒷말의 첫소리에 'ㄴ'이 둘 덧나기 때문에 ㉢의 사례로 적절하다.

⑤ ㉡의 '후+날 → 훗날[훈:날]', ㉢의 '나무+잎 → 나뭇잎[나문닙]'은 앞말이 모음으로 끝나는 사례인데, 표기에 '사이시옷'이 첨가되었음을 알 수 있다.

25. ⑤

정답 설명

'희망'은 자음을 첫소리로 가지고 있는 음절의 'ㅢ'에 해당하므로 '제5항 다만 3'에 따라 [히망]으로만 발음해야 한다.

오답 설명

① '의사의'는 '의사'에 조사 '의'가 결합한 것으로, '제5항 다만 4'에 따라 [의사에]로도 발음할 수 있다.

② '거쳐야'는 용언의 활용형이므로, '제5항 다만 1'에 따라 '쳐'는 [처]로 발음해야 한다.

③ '제5항 다만 2'에 따르면 '예, 례' 이외의 'ㅖ'인 경우에만 [ㅔ]로도 발음할 수 있다. 따라서 '실례'는 [실레]로 발음할 수 없고 [실례]로 발음해야 한다.

④ '개폐'는 '예, 례' 이외의 'ㅖ'에 해당하므로, '제5항 다만 2'에 따라 [개페]로도 발음할 수 있다.

26. ④

> **정답 설명**

'지식의'와 '지혜의'에서 '의'는 모두 조사에 해당한다. 또한 조사 '의' 앞에 오는 말이 자음으로 끝나든 모음으로 끝나든 조사 '의'의 발음에는 아무런 차이가 없다.

> **오답 설명**

① '제5항 다만 4'에 따르면 조사 '의'는 [ㅔ]로 발음하는 것도 허용한다.
② '제5항 다만 4'는 조사 '의'를 [ㅔ]로 발음함도 허용하는 것이지, 이것이 원칙은 아니다. 조사 '의'는 이중 모음으로 발음하는 것이 원칙이다.
③ 조사 '의'는 [ㅣ]로 발음할 수 없다. '제5항 다만 4'에 따르면 단어의 첫 음절 이외의 '의'는 [ㅣ]로 발음함을 허용하지만, 조사는 하나의 단어이므로 '지식의'는 단어의 첫 음절 이외의 '의'가 온 것으로 볼 수 없기에 [지시기]로 발음할 수 없다.
⑤ '지식의'와 '법칙의'의 '의'는 모두 조사이므로 발음이 동일하다.

27. ②

> **정답 설명**

〈보기〉는 'ㄹ'로 끝나는 용언의 어간 뒤에 불필요하게 '으'를 덧붙여서 발음하는 오류에 대한 설명이다. 그런데 '되물은'의 어간 '되물-'은 기본형이 '되묻-'으로, 'ㄷ'으로 끝나는 용언 어간이 모음으로 시작하는 어미 앞에서 'ㄷ' 불규칙 활용을 한 경우이다. 즉 'ㄹ'로 끝나는 용언 어간이 아니므로 〈보기〉에서 설명하는 오류의 사례로 볼 수 없다.

> **오답 설명**

① '날은는'의 어간 '날-'은 'ㄹ'로 끝나는 어간이며, 'ㄴ'으로 시작하는 어미 '-는' 앞에 '으'가 덧붙었으므로 〈보기〉에서 설명하는 오류의 사례로 적절하다.
③ '부풀은'의 어간 '부풀-'은 'ㄹ'로 끝나는 어간이며, 'ㄴ'으로 시작하는 어미 '-ㄴ' 앞에 '으'가 덧붙었으므로 〈보기〉에서 설명하는 오류의 사례로 적절하다.
④ '울으니까'의 어간 '울-'은 'ㄹ'로 끝나는 어간이며, 'ㄴ'으로 시작하는 어미 '-니까' 앞에 '으'가 덧붙었으므로 〈보기〉에서 설명하는 오류의 사례로 적절하다.
⑤ '끌으시다가'의 어간 '끌-'은 'ㄹ'로 끝나는 어간이며, 'ㅅ'으로 시작하는 선어말 어미 '-시-' 앞에 '으'가 덧붙었으므로 〈보기〉에서 설명하는 오류의 사례로 적절하다. 참고로, '-시-'의 이형태 '-으시-'는 'ㄹ'을 제외한 받침 있는 용언의 어간 뒤에 붙어 사용된다.

28. ⑤

> **정답 설명**

㉠의 '밭이랑'은 명사 '밭'에 조사 '이랑'이 결합한 것으로 제17항에 따라 [바치랑]으로 발음하며, ㉡의 '밭이랑'은 명사 '밭'과 명사 '이랑'의 합성어로 '[받이랑](제8항) → [받니랑](제29항) → [반니랑](제18항)'의 과정을 거쳐 발음한다. 따라서 ㉡에서 '밭'의 'ㅌ'은 '이랑'과 결합 후에 [ㄴ]으로 발음한다고 해야 적절하다.

> **오답 설명**

①, ② ㉠의 '밭'의 'ㅌ'은 조사 '이랑'과 결합하므로 제8항(음절의 끝소리 규칙)이 적용되지 않으며 제17항에 의해 [ㅊ]이 된다.
③ ㉡의 '밭이랑'에서 '밭'의 'ㅌ'은 제8항에 의해 명사 '이랑'과 결합하기 전에 [ㄷ]으로 발음한다.
④ ㉡의 '밭이랑'은 '밭'과 '이랑'의 합성어이며 뒤 단어의 첫음절이 '이'이므로 제2

9항에 따라 'ㄴ' 음을 첨가하여 [받니랑]이 된다.

29. ③

> **정답 설명**

㉠은 탈락 현상인 자음군 단순화가 적용된 사례들이고, ㉡은 교체 현상인 자음 동화(비음화)가 일어난 사례들이다. 이때 '값만'은 먼저 자음군 단순화가 일어나서 [갑만]이 되고 이후 자음 동화(비음화)가 일어나 최종적으로 [감만]으로 발음하므로 ㉠과 ㉡이 모두 일어난 예로 적절하다.

> **오답 설명**

① ㉠은 탈락 현상인 자음군 단순화가, ㉡은 교체 현상인 된소리되기가 일어난 예이다.
② ㉠은 음절의 종성에 위치한 자음 중 하나가 탈락하는 자음군 단순화가 일어난 것이지만, ㉡은 음절의 첫소리 자음이 교체되는 된소리되기가 일어났다.
④ ㉡과 ㉡은 모두 교체만 일어나므로, 음운의 수에는 변함이 없다.
⑤ ㉡은 예사소리가 된소리로 바뀐 것이지만('ㄷ'→[ㄸ], 'ㅂ'→[ㅃ]), ㉡은 비음이 아닌 소리가 비음으로 바뀐 것이다('ㄷ'→[ㄴ]).

30. ②

> **정답 설명**

'첫날'은 '처+날'에 사이시옷이 첨가된 것이 아니라, 본래 받침에 'ㅅ'을 가진 관형사 '첫'과 명사 '날'이 결합된 단어이다. [천날]로 발음되어 'ㄴ'이 덧나는 것처럼 보이지만 이는 사잇소리 현상이 아니라, [첟날 → 천날]과 같이 음절의 끝소리 규칙에 의해 'ㅅ'이 'ㄷ'으로 교체된 후에, 받침 'ㄷ'이 뒤 음절의 첫소리 'ㄴ'의 영향을 받아 [ㄴ]으로 바뀌는 비음화(자음 동화)가 적용된 것이다.

> **오답 설명**

①, ④ '길+가'와 '장마+비'는 합성 명사에서 앞말의 끝소리가 울림소리이고 뒷말의 첫소리가 안울림 예사소리일 때 뒤의 예사소리가 된소리로 바뀐 경우이다. 앞말이 모음으로 끝난 '장맛비'와 달리 '길가'는 앞말이 자음으로 끝났기 때문에 사이시옷을 적지 않은 것이다.
③, ⑤ '콧물'은 'ㄴ', '나뭇잎'은 'ㄴㄴ' 소리가 덧나는 사잇소리 현상이 일어나고 앞말이 모음으로 끝나 사이시옷을 적은 것이다.

31. ④

> **정답 설명**

'끓는'은 ㉣의 적용을 받아 'ㅀ' 중 'ㄹ'만 발음된다. 또한 종성 'ㄹ'의 영향으로 뒤에 오는 초성 'ㄴ'이 [ㄹ]로 발음되는 유음화가 적용되어 [끌른]으로 발음해야 한다.

> **오답 설명**

① ㉠에 의하면 'ㅀ' 뒤에 'ㅈ'이 결합되는 경우에는, 뒤 음절 첫소리와 합쳐서 [ㅊ]으로 발음하므로 '닳지'는 [달치]로 발음된다.
② ㉡에 의하면 받침 'ㄺ'이 뒤 음절 첫소리 'ㅎ'과 결합되는 경우에는, 두 음을 합쳐서 [ㅋ]으로 발음하므로 '읽히다'는 [일키다]로 발음된다.
③ ㉢에 의하면 받침 'ㄶ' 뒤에 'ㅅ'이 결합되는 경우에는, 'ㅅ'을 [ㅆ]으로 발음하므로 '끊소'는 [끈쏘]로 발음된다.
⑤ ㉤에 의하면 'ㅎ' 뒤에 모음으로 시작된 어미가 결합되는 경우에는, 'ㅎ'을 발

음하지 않으므로 '낳아'는 [나아]로 발음된다.

32. ②

정답 설명

'학여울'은 'ㄴ' 첨가 후 비음화가 일어나 [항녀울]로 발음된다. 'ㄴ'이 덧나는 경우와 자음 사이에서 동화 작용이 일어나는 경우(비음화)는 로마자 표기에 반영해야 하므로 'Hakyeoul'이 아닌, 'Hangnyeoul'로 적어야 한다.

오답 설명

① '국민'은 비음화가 일어나 [궁민]으로 발음된다. 비음화는 자음 사이에서 동화 작용이 일어나는 경우이며, 이는 로마자 표기에 반영해야 하므로 'gungmin'으로 적어야 한다.
③ '같이'는 구개음화가 일어나 [가치]로 발음된다. 구개음화가 되는 경우는 로마자 표기에 반영해야 하므로 'gachi'로 적어야 한다.
④ '잡혀'는 거센소리되기가 일어나 [자펴]로 발음된다. 이때 '잡혀'는 체언이 아니면서 'ㅂ'이 'ㅎ'과 합하여 거센소리로 소리 나는 경우이므로 로마자 표기에 반영하여 'japyeo'로 적어야 한다.
⑤ '죽변'은 된소리되기가 일어나 [죽뼌]으로 발음된다. 된소리되기의 결과는 로마자 표기에 반영하지 않는다고 하였으므로, '죽변'은 된소리되기 이전의 발음인 [죽변]을 로마자로 옮긴 'Jukbyeon'으로 적어야 한다.

33. ④

정답 설명

'줄넘기[줄럼끼]'는 교체(유음화, 된소리되기)만 나타날 뿐, 〈보기〉에서 제시한 '교체, 탈락, 첨가, 축약' 중 두 가지 종류 이상의 음운 변동이 나타나지 않는다.

오답 설명

① '따뜻하다[따뜨타다]'는 교체(음절의 끝소리 규칙)와 축약(거센소리되기)이 나타난다.
② '설익다[설릭따]'는 첨가('ㄴ' 첨가)와 교체(유음화, 된소리되기)가 나타난다.
③ '꽃향기[꼬탕기]'는 교체(음절의 끝소리 규칙)와 축약(거센소리되기)이 나타난다.
⑤ '백분율[백뿐뉼]'은 첨가('ㄴ' 첨가)와 교체(된소리되기)가 나타난다.

34. ①

정답 설명

'보리', '부리'는 'ㅗ'와 'ㅜ'의 차이에 따라 단어의 뜻이 구별되므로 (ㄱ)의 예시로 적절하며, '불', '풀'은 예사소리 'ㅂ'과 거센소리 'ㅍ'의 차이에 따라 단어의 뜻이 구별되므로 (ㄴ)의 예시로 적절하다.

오답 설명

② '노비', '나비'는 첫째 음절의 'ㅗ'와 'ㅏ'의 차이에 따라 단어의 뜻이 구별되므로 (ㄱ)의 예시로 적절하지 않으며, '굴', '꿀'은 예사소리 'ㄱ'과 된소리 'ㄲ'의 차이에 따라 단어의 뜻이 구별되므로 (ㄴ)의 예시로 적절하지 않다.
③ '고성', '구성'은 첫째 음절의 'ㅗ'와 'ㅜ'의 차이에 따라 단어의 뜻이 구별되므로 (ㄱ)의 예시로 적절하다. 그러나 '날', '달'은 예사소리 'ㄴ'과 예사소리 'ㄷ'의 조음 방법 차이에 따라 단어의 뜻이 구별되므로 (ㄴ)의 예시로 적절하지 않다.
④ '고을', '가을'은 'ㅗ'와 'ㅏ'의 차이에 따라 단어의 뜻이 구별되므로 (ㄱ)의 예시

로 적절하지 않다. 그러나 '달', '탈'은 예사소리 'ㄷ'과 거센소리 'ㅌ'의 차이에 따라 단어의 뜻이 구별되므로 (ㄴ)의 예시로 적절하다.
⑤ '오리', '우리'는 'ㅗ'와 'ㅜ'의 차이에 따라 단어의 뜻이 구별되므로 (ㄱ)의 예시로 적절하다. 그러나 '쌀', '찰'은 된소리 'ㅆ'과 거센소리 'ㅊ'의 차이에 따라 단어의 뜻이 구별되므로 (ㄴ)의 예시로 적절하지 않다.

35. ②

정답 설명

'샅샅이'는 ㉠의 단계에서 첫 음절 '샅'의 받침 'ㅌ'이 대표음 [ㄷ]으로 발음되므로 음절의 끝소리 규칙이 적용되었음을 알 수 있다. ㉡의 단계에서는 두 번째 음절의 '샅'의 초성 'ㅅ'이 앞에 오는 종성 'ㄷ'의 영향을 받아 된소리 [ㅆ]으로 발음되므로 된소리되기가 적용되었음을 알 수 있다. 또한 두 번째 음절의 '샅'의 종성 'ㅌ'이 'ㅣ'로 시작하는 형식 형태소(접미사) 앞에서 [ㅊ]으로 바뀌어 뒤 음절 첫소리로 옮겨 [삳싸치]로 발음되므로 구개음화가 적용되었음을 알 수 있다.

36. ②

정답 설명

[수집한 자료] 중 '살+느냐 → 사느냐'는 '1'과 마찬가지로 'ㄹ'로 끝나는 형태소 뒤에 'ㄴ'이 오는 경우 'ㄹ'이 탈락하는 예에 해당한다. 그러나 '칼+날 → 칼날[칼랄]'은 유음화에 의해 'ㄴ'이 'ㄹ'로 교체되는 것이므로 '1'의 예가 아닌, '2'의 예에 해당한다.

오답 설명

① [수집한 자료]의 '따님'과 '부나비'는 두 어근이 결합하여 새로운 단어를 형성하는 과정에서 'ㄹ'이 탈락되는 예에 해당하므로 '1'의 예시로 추가할 수 있다.
③ [수집한 자료]의 '논리'와 '훈련'은 'ㄴ'이 'ㄹ' 앞에 오는 경우에 나타나는 유음화의 예에 해당하며, '2'는 'ㄹ' 뒤에 'ㄴ'이 온 경우에 나타나는 유음화의 예이다. 따라서 [수집한 자료]는 '2'의 예로 추가할 수 있다.
④ '2'의 '핥는다'는 자음군 단순화에 의해 겹받침 'ㄾ' 중 'ㅌ'이 탈락한 후 'ㄹ'이 남아 유음화가 일어난 예에 해당한다([핥는다 → [할른다]). 한편 [수집한 자료] 중 '잃는다'는 겹받침 'ㅀ' 중 'ㅎ'이 탈락한 후 'ㄹ'이 남아 유음화가 일어났지만 ([잃는다 → [일른다]), '밟는다'는 겹받침 'ㄼ' 중 'ㄹ'이 탈락하여 유음화가 일어나지 않았다([밟는다 → [밤:는다]). 따라서 [수집한 자료]는 'ㄹ'이 들어간 겹받침의 경우 탈락하는 자음에 따라 '2'의 적용 여부가 달라짐을 설명하는 자료로 활용할 수 있다.
⑤ [수집한 자료]의 '노인'과 '내일'은 두음 법칙(한자음 중 'ㄴ'이나 'ㄹ'이 단어 첫머리에 올 때 'ㄴ'이나 'ㄹ'로 적는 것을 피하고 'ㄴ'은 'ㅇ'으로, 'ㄹ'은 'ㅇ'이나 'ㄴ'으로 바꾸어 적는 법칙)이 적용된 예에 해당한다. 이는 '1'의 'ㄹ' 탈락이나 '2'의 유음화 어느 쪽에도 속하지 않으므로, 새로운 항목으로 추가하는 것이 적절하다.

37. ①

정답 설명

'고려[고려]'는 고유 명사이므로 ㉣에 따라 첫 글자를 대문자로 적고, '려'의 초성 'ㄹ'은 모음 'ㅕ' 앞에 위치하므로 ㉡에 따라 'r'로 적는다.

오답 설명

② '발해[발해]'에서 '발'의 초성 'ㅂ'은 모음 'ㅏ' 앞에 위치하므로 ㉠에 따라 'B'로

적고, 종성 'ㄹ'은 자음 'ㅎ' 앞에 위치하므로 ⓒ에 따라 'l'로 적는다.

③ '백제[백쩨]'에서 '백'의 초성 'ㅂ'은 모음 'ㅐ' 앞에 위치하므로 'B'로 적고, 종성 'ㄱ'은 자음 'ㅈ' 앞에 위치하므로 'k'로 적는다. 이는 모두 ⓒ과 관련된 것이다.

④ '신라'는 유음화에 의해 [실라]로 발음되므로, ⓒ에 따라 'ㄹㄹ'을 'll'로 적는다.

⑤ '옥저'는 된소리되기에 의해 [옥쩌]로 발음되나, ⓒ에 따라 이를 표기에 반영하지 않는다. 또한 고유 명사이므로 ⓔ에 따라 첫 글자를 대문자로 적는다.

38. ④

정답 설명

제22항은 '-하-, -우-, -추-'와 같은 접미사와 결합된 용언의 어간을 '널피다, 도두다, 갇추다'와 같이 소리대로 적지 않고, 어간을 밝혀 '넓히다, 돋우다, 갖추다'로 적어야 한다는 조항이므로 ⓒ(어법에 맞도록 함)의 원리가 반영된 것이다.

오답 설명

① 제6항은 '맏이, 같이, 닫히다'가 각각 [마지], [가치], [다치다]로 소리 나더라도 본모양을 밝혀 적어야 한다는 조항이므로 ⓐ(소리대로 적되)이 아닌 ⓒ의 원리가 반영된 것이다.

② 제9항은 '무늬, 희망'이 각각 [무니], [히망]으로 소리 나더라도 본모양을 밝혀 적어야 한다는 조항이므로 ⓐ이 아닌 ⓒ의 원리가 반영된 것이다.

③ 제18항은 '잇어, 잇으니'처럼 본모양을 밝혀 적는 것이 아니라 소리대로 '이어, 이으니'로 적어야 한다는 조항이므로 ⓒ이 아닌 ⓐ의 원리가 반영된 것이다.

⑤ 제28항은 '달달이, 딸님, 말소'처럼 본모양을 밝혀 적지 않고 'ㄹ' 소리가 나지 않는 대로 '다달이, 따님, 마소'로 적어야 한다는 조항이므로 ⓒ이 아닌 ⓐ의 원리가 반영된 것이다.

39. ③

정답 설명

'희다'에서 'ㅢ'는 자음을 첫소리로 가지고 있는 음절의 'ㅢ'이므로, '다만 3'에 따라 [히다]로만 발음해야 한다.

오답 설명

① '개폐식'에서 '개폐'는 [개폐]로 발음해야 하지만, '다만 2'에 따라 [개폐]로 발음하는 것도 가능하다.

② '민무늬'에서 '무늬'의 'ㅢ'는 자음을 첫소리로 가지고 있는 음절의 'ㅢ'이므로, '다만 3'에 따라 [무니]로만 발음해야 한다.

④ '나의 집'에서 '나의'는 [나의]로 발음해야 하지만, 조사 '의'는 [ㅔ]로 발음함도 허용한다는 '다만 4'에 따라 [나에]로 발음하는 것도 가능하다.

⑤ '쪄서 먹다'에서 '쪄'는 용언의 활용형에 나타나는 '쪄'이므로 '다만 1'에 따라 [쪄서]가 아닌, [쩌서]로만 발음해야 한다.

40. ①

정답 설명

'졸- + -는'은 활용 과정에서 자음 'ㄹ'이 탈락하였으므로 ⓐ의 예로 적절하고, '크- + -어서'는 활용 과정에서 모음 'ㅡ'가 탈락하였으므로 ⓒ의 예로 적절하다.

오답 설명

② '쌓- + -으니'와 '싫- + -은' 모두 활용 과정에서 자음 'ㅎ'이 탈락하였으므로

둘 다 ⓐ의 예에 해당한다.

③ '크- + -어서'와 '기쁘- + -어서' 모두 활용 과정에서 모음 'ㅡ'가 탈락하였으므로 둘 다 ⓒ의 예에 해당한다.

④ '기쁘- + -어서'는 활용 과정에서 모음 'ㅡ'가 탈락하였으므로 ⓐ이 아닌 ⓒ의 예에 해당하고, '쌓- + -으니'는 활용 과정에서 자음 'ㅎ'이 탈락하였으므로 ⓒ이 아닌 ⓐ의 예에 해당한다.

⑤ '싫- + -은'은 활용 과정에서 자음 'ㅎ'이 탈락하고, '졸- + -는'은 활용 과정에서 자음 'ㄹ'이 탈락하였으므로 둘 다 ⓐ의 예에 해당한다.

41. ④

정답 설명

예사소리였던 것이 된소리로 바뀌는 현상은 된소리되기를 말한다. ⓜ의 '몫도[목또]'와 '넓지[널찌]'는 모두 자음군 단순화와 된소리되기가 일어난 예이므로 된소리되기를 확인할 수 있다. 하지만 ⓒ의 '많고[만:코]'와 '앓지[알치]'는 예사소리인 'ㄱ'과 'ㅈ'이 'ㅎ'과 만나 각각 [ㅋ]과 [ㅊ]의 거센소리로 축약된 거센소리되기의 예이므로, 된소리되기는 ⓒ과 ⓜ의 공통된 음운 변동 규칙이라고 할 수 없다.

오답 설명

① 음절 끝에서 발음되는 자음이 제한되는 현상으로는 음절의 끝소리 규칙과 자음군 단순화가 있다. ⓐ의 '낯익히다 〉 [난닉히다](음절의 끝소리 규칙, 'ㄴ' 첨가) 〉 [난니키다](비음화, 거센소리되기)', '긋하다 〉 [굳하다](음절의 끝소리 규칙) 〉 [구타다](거센소리되기)'에서는 음절 끝에서 발음되는 자음이 제한되는 현상인 음절의 끝소리 규칙이 일어난다. 한편, ⓑ의 '낡는 〉 [낙는](음절의 끝소리 규칙) 〉 [낭는](비음화)', '있는 〉 [읻는](음절의 끝소리 규칙) 〉 [인는](비음화)'에서도 음절의 끝소리 규칙이 일어남을 확인할 수 있다.

② ⓐ의 '낯익히다 〉 [난닉히다](음절의 끝소리 규칙, 'ㄴ' 첨가) 〉 [난니키다](비음화, 거센소리되기)', '긋하다 〉 [굳하다](음절의 끝소리 규칙) 〉 [구타다](거센소리되기)'에서는 'ㅎ'과 다른 음운이 결합하여 한 음운으로 축약되는 현상인 거센소리되기가 일어난다. 한편, ⓒ의 '많고 〉 [만:코]', '앓지 〉 [알치]'에서도 거센소리되기가 일어남을 확인할 수 있다.

③ ⓑ의 '낡는 〉 [낙는](음절의 끝소리 규칙) 〉 [낭는](비음화)'에서는 파열음 'ㄱ'이 비음 'ㄴ'의 영향을 받아 비음인 'ㅇ'으로 바뀌는 동화 현상을 확인할 수 있고, '있는 〉 [읻는](음절의 끝소리 규칙) 〉 [인는](비음화)'에서는 파열음 'ㄷ'이 비음 'ㄴ'의 영향을 받아 동일한 비음인 'ㄴ'으로 바뀌는 동화 현상을 확인할 수 있다. 한편, ⓔ의 '닭만 〉 [닥만](자음군 단순화) 〉 [당만](비음화)'에서는 파열음 'ㄱ'이 비음 'ㅁ'의 영향을 받아 비음인 'ㅇ'으로 바뀌는 동화 현상을 확인할 수 있고, '값나가는 〉 [갑나가는](자음군 단순화) 〉 [감나가는](비음화)'에서는 파열음 'ㅂ'이 비음 'ㄴ'의 영향을 받아 비음인 'ㅁ'으로 바뀌는 동화 현상을 확인할 수 있다.

⑤ ⓔ의 '닭만 〉 [닥만](자음군 단순화) 〉 [당만](비음화)', '값나가는 〉 [갑나가는](자음군 단순화) 〉 [감나가는](비음화)'에서는 받침 자음 중의 일부가 탈락하는 현상인 자음군 단순화가 일어난다. 한편, ⓜ의 '몫도 〉 [목도](자음군 단순화) 〉 [목또](된소리되기)', '넓지 〉 [넓찌](된소리되기) 〉 [널찌](자음군 단순화)'에서도 자음군 단순화가 일어남을 확인할 수 있다.

42. ④

정답 설명

'흙냄새 〉 [흑냄새]'에서는 겹받침 'ㄺ' 중 'ㄹ'이 탈락하는 자음군 단순화(ⓒ)가 발생하며, '[흑냄새] 〉 [흥냄새]'에서는 'ㄱ'이 'ㅇ'으로 교체되는 비음화(ⓐ)가 발생한다.

① '겉모습 〉[건모습]'에서는 'ㅌ'이 'ㄷ'으로 교체되는 음절의 끝소리 규칙(㉠)이 발생하며, '[걷모습] 〉[건모습]'에서는 'ㄷ'이 'ㄴ'으로 교체되는 비음화(㉢)가 발생한다.

② '탓하다 〉[탇하다]'에서는 'ㅅ'이 'ㄷ'으로 교체되는 음절의 끝소리 규칙(㉠)이 발생하며, '[탇하다] 〉[타타다]'에서는 'ㄷ'과 'ㅎ'이 만나 'ㅌ'으로 축약되는 거센소리되기(㉣)가 발생한다.

③ '색연필 〉[색년필]'에서는 'ㄴ'이 첨가되는 'ㄴ' 첨가(㉡)가 발생하며, '[색년필] 〉[생년필]'에서는 'ㄱ'이 'ㅇ'으로 교체되는 비음화(㉢)가 발생한다.

⑤ '값하다 〉[갑하다]'에서는 겹받침 'ㅄ' 중 'ㅅ'이 탈락하는 자음군 단순화(㉢)가 발생하며, '[갑하다] 〉[가파다]'에서는 'ㅂ'과 'ㅎ'이 만나 'ㅍ'으로 축약되는 거센소리되기(㉣)가 발생한다.

43. ④

'ㅓ'에서 'ㅡ'로 발음을 바꾸려면 입술을 동그랗게 오므리지 않고 혀의 최고점 위치가 뒤쪽인 상태를 그대로 유지한 채, 중모음에서 고모음으로 혀의 높낮이만 높여야 한다.

① 고모음 'ㅣ'에서 저모음 'ㅐ'로 바꾸는 것이므로 혀의 높이를 낮추면 된다. 혀의 높이가 낮아질수록, 입은 크게 벌어진다.

② 'ㅟ'와 'ㅜ' 두 모음의 차이점은 혀의 최고점의 앞뒤 위치이다. 'ㅟ'가 전설 모음이고 'ㅜ'가 후설 모음이므로 혀의 최고점을 뒤쪽으로 옮기면 된다.

③ 'ㅓ'와 'ㅔ' 두 모음의 차이는 혀의 최고점의 앞뒤 위치이다. 'ㅓ'가 후설 모음이고 'ㅔ'가 전설 모음이므로 혀의 최고점을 앞쪽으로 옮기면 된다.

⑤ 'ㅜ'에서 'ㅗ'로 발음을 바꾸려면 입술을 동그랗게 오므린 상태와 혀의 최고점 위치가 뒤쪽인 상태를 그대로 유지한 채, 고모음에서 중모음으로 혀의 높이를 낮추어 입이 더 벌어지도록 조절하면 된다.

44. ①

'흙을'과 '밖을'을 발음할 때 연음이 일어난다고 하였으므로, 각각 [흘글]과 [바끌]로 발음해야 한다. 한편 겹받침은 두 개의 자음이고, 쌍받침(=된소리)은 하나의 자음이다. 따라서 '흙[흑]'은 두 개의 음운 중 'ㄹ'이 탈락한 것이고, '밖[박]'은 'ㄲ'에서 'ㄱ'으로 음운이 교체된 것임을 알 수 있다.

45. ③

'멈추다'의 어간 '멈추-'는 2음절로, 단음절 어간이 아니다. 따라서 '제6항의 [붙임]'이 적용되지 않으므로 '멈추어'의 축약형 '멈춰'의 '춰'는 긴소리로 발음하지 않는다.

① '제6항'에 따르면 단어의 첫음절에서만 긴소리가 나타나므로, '함박눈'의 세 번째 음절인 '눈'은 짧게 발음해야 한다.

② '제6항'에 따르면 '밤나무[밤:나무]'의 '밤'은 단어의 첫음절이므로 긴소리가 나

타나지만, '군밤'의 '밤'은 단어의 첫음절이 아니므로 짧게 발음해야 한다.

④ 단음절인 용언의 어간 '신-'에 모음으로 시작된 어미 '-으니', '-어' 등이 결합하면 첫음절은 '제7항 1'에 따라 짧게 발음해야 한다.

⑤ '안다[안:따]'의 어간 '안-'에 피동의 접미사 '-기-'가 결합한 피동사 '안기다'의 첫음절은 '제7항 2'에 따라 짧게 발음해야 한다.

46. ③

㉠은 음운의 첨가('ㄴ' 첨가), ㉡은 음운의 교체(비음화)이다. 그러나 '식용유 〉[시공뉴]('ㄴ' 첨가)'에서는 ㉠만 일어나고 ㉡의 음운 변동은 일어나지 않으므로 적절하지 않다.

① '물엿 〉[물녇]('ㄴ' 첨가, 음절의 끝소리 규칙) 〉[물렫](유음화)'는 ㉠과 ㉡ 모두 나타나고 있다.

② '홑이불 〉[혿니불]('ㄴ' 첨가, 음절의 끝소리 규칙) 〉[혼니불](비음화)'는 ㉠과 ㉡ 모두 나타나고 있다.

④ '솔잎 〉[솔닙]('ㄴ' 첨가, 음절의 끝소리 규칙) 〉[솔립](유음화)'는 ㉠과 ㉡ 모두 나타나고 있다.

⑤ '영업용 〉[영업뇽]('ㄴ' 첨가) 〉[영엄뇽](비음화)'는 ㉠과 ㉡ 모두 나타나고 있다.

47. ④

㉠은 비음화만 일어난 경우, ㉡은 음절의 끝소리 규칙과 비음화가 일어난 경우, ㉢은 자음군 단순화와 비음화가 일어난 경우를 말한다. '먹는[멍는]'은 'ㄴ' 앞에서 'ㄱ'이 [ㅇ]으로 교체되는 비음화만 일어난 예로, ㉠에 해당한다. 한편, '깎는[깡는]'은 '깎는 〉[깍는](음절의 끝소리 규칙) 〉[깡는](비음화)'의 과정을 거치므로 ㉡에 해당한다. '읽는[잉는]'은 '읽는 〉[익는](자음군 단순화) 〉[잉는](비음화)'의 과정을 거치므로 ㉢에 해당한다.

① '젓는[전:는]'은 '젓는 〉[젇는](음절의 끝소리 규칙) 〉[전는](비음화)'의 과정을 거치므로 ㉡에 해당한다. 또한 '쫓는[쫀는]'은 '쫓는 〉[쫀는](음절의 끝소리 규칙) 〉[쫀는](비음화)'의 과정을 거치므로 ㉡에 해당한다. 한편, '긁는[긍는]'은 '긁는 〉[극는](자음군 단순화) 〉[긍는](비음화)'을 거치므로 ㉢에 해당한다.

② '잡는[잠는]'은 'ㄴ' 앞에서 'ㅂ'이 [ㅁ]으로 교체되는 비음화만 일어나는 예로 ㉠에 해당한다. 한편, '맞는[만는]'은 '맞는 〉[맏는](음절의 끝소리 규칙) 〉[만는](비음화)'의 과정을 거치므로 ㉡에 해당한다. 또한 '잇는[인는]'은 '잇는 〉[읻는](음절의 끝소리 규칙) 〉[인는](비음화)'의 과정을 거치므로 ㉡에 해당한다.

③ '뽑는[뽐는]'은 'ㄴ' 앞에서 'ㅂ'이 [ㅁ]으로 교체되는 비음화만 일어나는 예로 ㉠에 해당한다. 또한 '굳는[군는]'은 'ㄴ' 앞에서 'ㄷ'이 [ㄴ]으로 교체되는 비음화만 일어나는 예로 ㉠에 해당한다. 한편, '낚는[낭는]'은 '낚는 〉[낙는](음절의 끝소리 규칙) 〉[낭는](비음화)'의 과정을 거치므로 ㉡에 해당한다.

⑤ '긋는[근:는]'은 '긋는 〉[귿는](음절의 끝소리 규칙) 〉[근는](비음화)'의 과정을 거치므로 ㉡에 해당한다. 또한 '꽂는[꼰는]'은 '꽂는 〉[꼳는](음절의 끝소리 규칙) 〉[꼰는](비음화)'의 과정을 거치므로 ㉡에 해당한다. 한편, '없는[엄:는]'은 '없는 〉[업는](자음군 단순화) 〉[엄는](비음화)'의 과정을 거치므로 ㉢에 해당한다.

48. ⑤

정답 설명

'넓적하다'는 자음군 단순화와 된소리되기, 거센소리되기의 음운 변동이 나타나 [넙쩌카대]로 발음된다. 음운 변동이 일어나기 전의 음운의 수는 11개(ㄴ, ㅓ, ㄹ, ㅂ, ㅈ, ㅓ, ㄱ, ㅎ, ㅏ, ㄷ, ㅏ)이고, 음운 변동 후의 음운의 수는 9개(ㄴ, ㅓ, ㅂ, ㅉ, ㅓ, ㅋ, ㅏ, ㄷ, ㅏ)로 음운의 수가 줄어들었음을 알 수 있다. 반면에 '삯 일'은 자음군 단순화와 'ㄴ' 첨가, 비음화의 음운 변동이 나타나 [상닐]로 발음된다. 이때 음운 변동이 일어나기 전의 음운의 수는 6개(ㅅ, ㅏ, ㄱ, ㅅ, ㅣ, ㄹ)이고, 음운 변동 후의 음운의 수도 동일하게 6개(ㅅ, ㅏ, ㅇ, ㄴ, ㅣ, ㄹ)이므로 음운의 수가 줄어들지 않았음을 알 수 있다.

오답 설명

① '넓적하다'는 'ㄱ'과 'ㅎ'이 합쳐져 [ㅋ]이 되는 축약 현상이 일어나지만, '삯일'에서는 축약 현상이 일어나지 않는다.
② '삯일'에서는 'ㄴ' 첨가 현상이 일어나지만, '넓적하다'는 음운의 첨가 현상이 일어나지 않는다.
③ '넓적하다'는 'ㄹ'이, '삯일'은 'ㅅ'이 탈락한다.
④ '넓적하다'는 음운의 탈락, 교체, 축약이 일어나고, '삯일'은 음운의 탈락, 첨가, 교체가 일어난다.

49. ④

정답 설명

'놓다'는 거센소리되기가 일어나 [노타]로 발음된다. 이때 '놓대[노태]'는 용언의 어간과 어미 사이에서 일어난 거센소리되기이므로 ㉣에 따라 변화의 결과를 반영하여 'nota'로 표기해야 한다.

오답 설명

① '국민'은 비음화가 일어나 [궁민]으로 발음되므로 ㉠에 따라 'gungmin'으로 표기해야 한다.
② '한여름'은 'ㄴ' 첨가가 일어나 [한녀름]으로 발음되므로 ㉡에 따라 'hannyeoreum'으로 표기해야 한다.
③ '같이'는 구개음화가 일어나 [가치]로 발음되므로 ㉢에 따라 'gachi'로 표기해야 한다.
⑤ '압정'은 된소리되기가 일어나 [압쩡]으로 발음되지만, ㉤에 따라 이를 반영하지 않은 'apjeong'으로 표기해야 한다.

50. ②

정답 설명

'끝을'의 첫째 음절의 받침 자음 'ㅌ'은 ㉠에 해당되지만, 조사(형식 형태소) '을'은 'ㅣ'나 반모음 'ㅣ'로 시작하는 음운이 아니므로 ㉡에 해당되지 않기 때문에 구개음화가 일어나지 않는다.

오답 설명

① '솥이'의 첫째 음절의 받침 자음 'ㅌ'은 ㉠에 해당되고, '이'는 조사(형식 형태소)이므로 ㉡에 해당한다. 따라서 '솥이'는 구개음화가 일어나 [소치]로 발음된다.
③ '굳히다'는 자음 'ㄷ' 뒤에 사동 접미사(형식 형태소) '-히-'가 결합한 것이므로, ㉢으로 인한 구개음화가 나타나 [구치다]로 발음된다.

④ '홑이불'의 첫째 음절의 받침 자음 'ㅌ'은 ㉠에 해당되지만, '이불'의 '이'는 실질 형태소로 ㉡에 해당되지 않으므로 구개음화가 일어나지 않는다.
⑤ '굳어'의 첫째 음절의 받침 자음 'ㄷ'은 ㉠에 해당되지만, 어미(형식 형태소) '-어'는 ㉡에 해당되지 않기 때문에 구개음화가 일어나지 않는다.

51. ③

정답 설명

'형은 어머니의 품에 안긴 동생을 바라보며 웃었다.'의 '안긴'은 피동 표현으로, '안다'의 어간 '안-'에 피동 접미사 '-기-'가 결합한 것이다. 〈보기〉의 '제24항 다만'에서, "피동, 사동의 접미사 '-기-'는 된소리로 발음하지 않는다."라고 하였으므로 '안긴'은 [안낀]이 아니라 [안긴]으로 발음해야 한다.

오답 설명

① '국밥'은 〈보기〉의 제23항에 따라 된소리되기가 일어나 [국빱]으로 발음된다.
② '더듬지'는 〈보기〉의 제24항에 따라 된소리되기가 일어나 [더듬찌]로 발음된다.
④ '일시(一時)'는 〈보기〉의 제26항에 따라 된소리되기가 일어나 [일씨]로 발음된다.
⑤ '그만둘 것'은 〈보기〉의 제27항에 따라 된소리되기가 일어나 [그만둘껃]으로 발음된다.

52. ⑤

정답 설명

㉡의 '읽고 〉 [읽꼬](된소리되기) 〉 [일꼬](자음군 단순화)', '넓다 〉 [넓따](된소리되기) 〉 [널따](자음군 단순화)'에서는 자음군 단순화로 인해 음운이 탈락함을 확인할 수 있다. 반면, ㉢의 '물약 〉 [물냑]('ㄴ' 첨가) 〉 [물략](유음화)', '할 일 〉 [할닐]('ㄴ' 첨가) 〉 [할릴](유음화)'에서는 음운의 첨가와 교체만 일어날 뿐, 음운이 탈락하지 않으므로 선지의 설명은 적절하지 않다.

오답 설명

① 'ㄷ, ㅌ'으로 끝나는 말 뒤에 '이'가 아닌 '-히-'가 결합될 때에도 구개음화가 일어난다. 이 경우 먼저 'ㄷ'과 'ㅎ'이 [ㅌ]으로 축약되는데, 이는 'ㅌ' 뒤에 'ㅣ'가 결합하는 것과 비슷하기에 구개음화가 적용되어 [ㅊ]이 된다. ㉠의 '굳히다 〉 [구티다](거센소리되기) 〉 [구치다](구개음화), '묻히다 〉 [무티다](거센소리되기) 〉 [무치다](구개음화)'에서는 모두 구개음화가 일어남을 알 수 있다.
② ㉡의 '읽고 〉 [읽꼬](된소리되기) 〉 [일꼬](자음군 단순화), '넓다 〉 [넓따](된소리되기) 〉 [널따](자음군 단순화)'에서는 모두 된소리되기와 자음군 단순화가 일어남을 확인할 수 있다.
③ ㉢의 '물약 〉 [물냑]('ㄴ' 첨가) 〉 [물략](유음화)', '할 일 〉 [할닐]('ㄴ' 첨가) 〉 [할릴](유음화)'에서는 모두 'ㄴ' 첨가가 일어난 후에 유음화가 일어남을 확인할 수 있다.
④ ㉠의 '굳히다 〉 [구티다](거센소리되기) 〉 [구치다](구개음화), '묻히다 〉 [무티다](거센소리되기) 〉 [무치다](구개음화)'에서는 거센소리되기로 인해 자음의 수가 한 개 줄어듦을 알 수 있다. 또한 ㉡의 '읽고 〉 [읽꼬](된소리되기) 〉 [일꼬](자음군 단순화), '넓다 〉 [넓따](된소리되기) 〉 [널따](자음군 단순화)'에서는 자음군 단순화에 의해 자음의 수가 한 개 줄어듦을 확인할 수 있으므로 적절하다.

53. ④

> **정답 설명**
>
> ㉠에는 음절의 끝소리 규칙, 된소리되기가 적용되었고, ㉡과 ㉢에는 자음군 단순화, 된소리되기가 적용되었다. 따라서 ㉠~㉢에 공통적으로 적용된 음운 변동은 된소리되기이다. 된소리되기는 예사소리가 된소리로 바뀌는 교체에 해당하며 첨가로 볼 수는 없으므로 선지의 설명은 적절하지 않다.

> **오답 설명**
>
> ① 된소리되기는 예사소리를 된소리로 바꾸어 주는 현상이므로 적절하다.
> ② 된소리되기는 음절의 초성에 놓인 예사소리에 적용되므로 적절하다.
> ③ 된소리되기는 예사소리의 조음 위치에 영향을 주지 않으므로 적절하다.
> ⑤ ㉠~㉢의 된소리되기는 예사소리 앞에 'ㅂ(ㅍ), ㄷ(ㅅ, ㅆ, ㅈ, ㅊ, ㅌ), ㄱ(ㄲ, ㅋ)'이 올 때 혹은 어간 받침 'ㄵ' 뒤에서 일어나므로 인접한 자음의 종류가 음운 변동의 조건이 됨을 알 수 있다.

54. ⑤

> **정답 설명**
>
> '나무 + 잎', '깨 + 잎'의 결합을 통해 만들어진 합성어 '나뭇잎'과 '깻잎'은 '제30항 3'에 의해 각각 [나문닙], [깬닙]으로 발음된다. 즉, [ㄴㄴ] 음이 첨가된 것인데, 이러한 음의 첨가를 표시하는 것이 사이시옷이다. 이때 사이시옷(ㅅ)은 소리가 첨가되었다는 것을 표시하고 있을 뿐, 실제 발음되는 소리[ㄴㄴ]와는 다르므로 선지의 내용은 적절하지 않다.

> **오답 설명**
>
> ① '송곳 + 이'와 '덧- + 이'의 결합을 통해 만들어진 합성어 '송곳니'와 파생어 '덧니'는 '제29항'에 의해 'ㄴ' 음이 첨가되어 [송:곤니], [던니]로 발음된다. 이때, '송곳니'와 '덧니'는 단어 형성 과정에서 'ㄴ' 음의 첨가가 표기에 반영되었음을 알 수 있다. 반면, '막일'은 '제29항'에 의해 'ㄴ' 음이 첨가되어 [망닐]로 발음되지만 표기에는 반영되지 않았으므로 선지의 내용은 적절하다.
> ② '물 + 약'의 결합을 통해 만들어진 합성어 '물약'은 '제29항'에 의해 'ㄴ' 음이 첨가되어 [물냑]이 된다. 이때 [물냑]은 '제29항 [붙임 1]'에 의해 유음화가 일어나 최종적으로 [물략]으로 발음된다.
> ③ 'ㄷ, ㅂ'으로 시작하는 단어 앞에 사이시옷이 오는 '빨랫돌', '깃발'은 '제30항 1'의 적용을 받아 발음된다. 뒤의 자음만을 된소리로 발음한다는 규정에 따라, [빨래똘], [기빨]로 발음하는 것이 원칙이며 [빨랟똘], [긷빨]과 같이 발음하는 것도 허용됨을 알 수 있다.
> ④ '콧날'과 '혼잣말'은 사이시옷 뒤에 각각 'ㄴ'과 'ㅁ'이 결합되는 단어들로, '제30항 2'에 의해 사이시옷이 [ㄴ]으로 발음되어 [콘날], [혼잔말]로 발음된다.

55. ⑤

> **정답 설명**
>
> 제11항에 따라, '흙과'에서 겹받침 'ㄺ'은 자음 'ㄱ' 앞에서 [ㄱ]으로 발음하고, '과'의 초성 'ㄱ'은 제23항에 따라 된소리로 바뀌어 [ㄲ]으로 발음해야 하므로 '흙과'는 [흑꽈]로 발음해야 한다. 참고로, '제11항 다만'에서 용언의 어간 말음 'ㄺ'은 'ㄱ' 앞에서 [ㄹ]로 발음한다고 했는데, '흙'은 용언이 아니라 체언(명사)이므로 해당하지 않는다.

> **오답 설명**
>
> ① '닭다'는 제9항에 따라 종성 'ㄲ'은 자음 'ㄷ' 앞에서 대표음 [ㄱ]으로 바뀌어 발음되고, '다'의 초성 'ㄷ'은 제23항에 따라 된소리 [ㄸ]으로 바뀌어 최종적으로 [닥따]로 발음한다.
> ② '꽃길'은 제9항에 따라 종성 'ㅊ'은 자음 'ㄱ' 앞에서 대표음 [ㄷ]으로 바뀌어 발음되고, '길'의 초성 'ㄱ'은 제23항에 따라 된소리 [ㄲ]으로 바뀌어 최종적으로 [꼳낄]로 발음한다.
> ③ '없다'는 제10항에 따라 겹받침 'ㅄ'은 자음 'ㄷ' 앞에서 대표음 [ㅂ]으로 발음하고, '다'의 초성 'ㄷ'은 제23항에 따라 된소리 [ㄸ]으로 바뀌어 최종적으로 [업:따]로 발음한다.
> ④ '읊고'는 제11항에 따라 겹받침 'ㄿ'은 자음 'ㄱ' 앞에서 대표음 [ㅂ]으로 발음하고, '고'의 초성 'ㄱ'은 제23항에 따라 된소리 [ㄲ]으로 바뀌어 [읍꼬]로 발음한다.

56. ①

> **정답 설명**
>
> '맨입'은 접두사 '맨-'과 명사 '입'이 결합하여 만들어진 파생어이다. 접두사 '맨-'의 끝이 자음인 'ㄴ'이고 이와 결합되는 뒤 단어 '입'의 첫음절이 '이'이므로, ㉠의 음운 변동이 일어나 '맨입'은 'ㄴ' 음이 첨가된 [맨닙]으로 발음한다.

> **오답 설명**
>
> ② '침략[침:냑]'은 비음화(비음이 아닌 자음이 비음의 영향으로 비음인 'ㄴ, ㅁ, ㅇ'으로 바뀌는 현상)가 나타나 음운의 교체가 일어나므로, ㉠의 사례로 적절하지 않다.
> ③ '놓다[노타]'는 'ㅎ' 뒤에 'ㄷ'이 결합되는 경우로 뒤 음절 첫소리와 합쳐서 [ㅌ]으로 발음되므로 ㉡의 사례는 맞지만, 이는 탈락이 아니라 축약에 해당한다.
> ④ '닭[닥]'은 겹받침 'ㄺ'이 어말에서 [ㄱ]으로 발음되므로 ㉢의 사례는 맞지만, 이는 교체가 아니라 탈락에 해당한다.
> ⑤ '참삶[참삼]'은 겹받침 'ㄻ'이 어말에서 [ㅁ]으로 발음되므로 ㉢의 사례는 맞지만, 이는 축약이 아니라 탈락에 해당한다.

57. ③

> **정답 설명**
>
> '밭+도'는 '밭도 〉 [받도](음절의 끝소리 규칙) 〉 [받또](된소리되기)'의 과정을 거쳐 발음된다.

> **오답 설명**
>
> ① '밭+이'는 [바치]로 발음되는데, 받침 'ㅌ'이 형식 형태소(조사) 모음 'ㅣ'와 결합하여 [ㅊ]으로 교체된 구개음화가 적용된 것이다.
> ② '밭+은[바튼]'은 연음이 일어났을 뿐, 음운의 변동은 일어나지 않았다. 연음은 앞 음절의 종성이 뒤 음절의 초성으로 옮겨 발음되는 현상인데, 음운 변동에 해당하지는 않으므로 '발음이 달라지는 경우'가 아니다.
> ④ '밭+만'은 '밭만 〉 [받만](음절의 끝소리 규칙) 〉 [반만](비음화)'의 과정을 거쳐 발음되므로, 된소리되기는 적용되지 않았다.
> ⑤ '밭+에[바테]'는 연음이 일어났을 뿐, 음운의 변동은 일어나지 않았다.

58. ③

> **정답 설명**

'둥그니'의 기본형은 '둥글다'로 어간 '둥글-'이 어미 '-니'와 결합하는 과정에서 어간의 음운 'ㄹ'이 탈락한 것이지, 어미의 음운 중 일부가 탈락한 것이 아니다.

> **오답 설명**

① '따님'은 어근 '딸'과 접사 '-님'이 결합된 파생어로, 파생의 과정에서 어근 '딸'의 음운 'ㄹ'이 탈락한 것이다.
② '소나무'는 어근 '솔'과 어근 '나무'가 결합된 합성어로, 합성의 과정에서 어근 '솔'의 음운 'ㄹ'이 탈락하고 이러한 결과가 표기에 반영된 것이다.
④ '좋아'는 [조아]로 발음되어 음운 'ㅎ'이 탈락하지만, 표기는 '좋아'로 음운 변동의 결과가 반영되지 않았음을 알 수 있다.
⑤ '꺼'는 '끄다'의 어간 '끄-'가 어미 '-어'와 결합하면서 어간의 음운 'ㅡ'가 탈락한 것이다.

59. ③

> **정답 설명**

[제12항] ㉢의 [붙임]에 따르면, 'ㄶ, ㅀ' 뒤에 'ㄴ'이 결합되는 경우에는 'ㅎ'은 발음되지 않으므로 '끓는'은 [끌는]이 된다. 그리고 [제20항]에 의해 유음화가 일어나 최종적으로 [끌른]으로 발음하므로 선지의 내용은 적절하지 않다.

> **오답 설명**

① '놓고'는 'ㅎ' 뒤에 'ㄱ'이 결합되었으므로, [제12항]의 ㉠에 따라 [노코]로 발음된다.
② '많소'는 'ㄶ' 뒤에 'ㅅ'이 결합되었으므로, [제12항]의 ㉡에 따라 [만:쏘]로 발음된다.
④ '쌓네'는 'ㅎ' 뒤에 'ㄴ'이 결합되었으므로, [제12항]의 ㉢에 따라 [싼네]로 발음된다.
⑤ '낳은'은 'ㅎ' 뒤에 모음으로 시작하는 어미 '-은'이 결합되었으므로 [제12항]의 ㉣에 따라 [나은]으로 발음된다.

60. ②

> **정답 설명**

㉠(음절의 끝소리 규칙)은 음절 종성에서 대표음 'ㄱ, ㄴ, ㄷ, ㄹ, ㅁ, ㅂ, ㅇ'만 발음되고, 그 외의 자음은 대표음으로 교체되어 발음되는 음운 변동을 말한다. 음절의 끝소리 규칙은 어말이나 자음 앞 혹은 모음으로 시작하는 실질 형태소 앞에서 일어나는데, '무릎이'에서의 'ㅍ'은 모음으로 시작하는 형식 형태소(조사) 앞에 놓여 이 규칙이 적용되지 않고 연음되어 [무르피]로 발음되므로 적절하지 않다.

> **오답 설명**

① '밖[박]'의 받침 'ㄲ'은 ㉠에 의해 [ㄱ]으로 교체되어 발음된다.
③ '여덟[여덜]'의 겹받침 'ㄼ'은 ㉨(자음군 단순화)에 의해 'ㅂ'이 탈락되어 [ㄹ]으로만 발음된다.
④ '젊다[점따]'의 겹받침 'ㄻ'은 ㉨에 의해 'ㄹ'이 탈락되어 [ㅁ]으로 발음된다.
⑤ '읊다[읍따]'의 겹받침 'ㄿ'은 ㉨에 의해 'ㄹ'이 탈락되고, 남은 'ㅍ'은 ㉠에 의해 [ㅂ]으로 교체되어 발음된다.

61. ⑤

> **정답 설명**

〈보기〉는 음운 변동 중 구개음화에 대한 설명이다. '겉치레'는 구개음화가 아니라, 음절의 끝소리 규칙에 의해 종성 'ㅌ'이 대표음 [ㄷ]으로 교체되어 [걷치레]로 발음되므로 적절하지 않다.

> **오답 설명**

① '닫히다'는 거센소리되기가 일어나 'ㄷ + ㅎ 〉 ㅌ'으로 축약되어 [다티다]가 된 후, 구개음화가 일어나 'ㅌ 〉 ㅊ'으로 교체되어 [다치다]로 발음된다.
② '낱낱이'는 음절의 끝소리 규칙에 따라 [낟:낱이]가 되고, 이어 비음화와 구개음화가 일어나 [난:나치]로 발음된다.
③ '땀받이'는 구개음화가 일어나 'ㄷ 〉 ㅈ'으로 교체되어 [땀바지]로 발음된다.
④ '벼훑이'는 구개음화가 일어나 'ㅌ 〉 ㅊ'으로 교체되어 [벼훌치]로 발음된다.

62. ④

> **정답 설명**

'잃- + -지'는 'ㅎ'과 'ㅈ'이 [ㅊ]으로 축약되는 거센소리되기에 의해 [일치]로 발음된다. 즉, '잃- + -지'는 자음이 축약되는 음운 변동이 나타나지만 ㉠과 ㉡에서는 자음이 축약되는 음운 변동이 나타나지 않으므로 적절하지 않다.

> **오답 설명**

① ㉠의 '굳- + -이'가 [구디]가 아닌 [구지]로 발음되는 것은 구개음화에 의해 치조음(ㄷ, ㅌ)이 경구개음(ㅈ, ㅊ)으로 조음 위치가 바뀌었기 때문이다. 이때 '같- + -이'가 [가치]로 발음되는 과정에서도 구개음화가 일어난다.
② ㉡의 '값 + 도가' [갑또]로 발음되는 과정에서 음절 끝에 놓인 겹받침 'ㅄ' 중 'ㅅ'이 탈락하여 [ㅂ]으로 발음되는 자음군 단순화가 일어난다. 이는 음절 끝에서 둘 이상의 자음이 발음되는 것이 허용되지 않기 때문이다. '앉- + -는'이 [안는]으로 발음되는 과정에서도 겹받침 'ㄵ' 중 'ㅈ'이 탈락하여 [ㄴ]으로 발음되는 자음군 단순화가 일어난다.
③ ㉢의 '팥 + 밥 → [팓빱]'은 음절 끝에서 발음되는 자음이 'ㄱ, ㄴ, ㄷ, ㄹ, ㅁ, ㅂ, ㅇ'으로 제한되는 음절의 끝소리 규칙이 적용되어 '팥'의 종성 'ㅌ'이 [ㄷ]으로 교체되는 음운 변동이 일어난다. 한편, '닦- + -지'가 [닥찌]로 발음되는 과정에서도 음절의 끝소리 규칙에 의해 종성 'ㄲ'이 [ㄱ]으로 바뀌는 음운 변동이 일어난다. 따라서 ㉢과 '닦- + -지' 모두 음절 끝에서 발음되는 자음이 7개로 제한되기 때문에 일어난 음운 변동이 있음을 알 수 있다.
⑤ ㉡의 '값 + 도가'가 [갑또]가 되는 과정과 ㉢의 '팥 + 밥'이 [팓빱]이 되는 과정에서는 예사소리 'ㄷ'과 'ㅂ'이 각각 된소리 'ㄸ'과 'ㅃ'으로 바뀌는 된소리되기가 일어난다. '닦- + -지'가 [닥찌]로 발음되는 과정에서도 예사소리 'ㅈ'이 된소리 [ㅉ]으로 바뀌는 된소리되기가 일어난다.

63. ②

> **정답 설명**

㉠ 'ㄱ, ㄴ, ㄷ, ㄹ, ㅁ, ㅂ, ㅇ' 이외의 받침이 모음으로 시작하는 실질 형태소와 결합한 예를 〈보기〉에서 찾으면, '팥알[파달]'과 '밭알[바달]'이 있다. 모두 받침 자음 'ㅌ'이 대표음 [ㄷ]으로 교체된 후 뒤 음절 초성으로 옮겨 발음됨을 확인할 수 있다.
㉡ 'ㄱ, ㄴ, ㄷ, ㄹ, ㅁ, ㅂ, ㅇ' 이외의 받침이 모음으로 시작하는 형식 형태소와 결합한 예를 〈보기〉에서 찾으면, '옷이[오시]', '팥알이[파다리]', '팥죽이[팓쭈기]',

'밑알을[미다를]', '암탉의[암탈긔]'가 있다. 이를 살펴보면, 받침이 교체되지 않고 그대로 뒤 음절 초성으로 옮겨 발음됨을 확인할 수 있다.

64. ⑤

정답 설명

'핥아'는 겹받침 'ㄾ' 뒤에 모음으로 시작되는 형식 형태소 '-아'가 쓰였으므로, 받침 자음 중 뒤엣것이 연음(받침이 다음 음절 초성으로 옮겨 발음되는 현상)되어 [할태]로 발음된다. 즉, '핥아'는 〈보기〉의 (가)~(다) 중 어느 것에도 속하지 않는다.

오답 설명

① '낮과'는 음절의 끝소리 규칙에 따라 [낟과]가 된 후 (가)에 따라 [낟꽈]로 발음된다.
② '젊지'는 자음군 단순화가 일어나 [점:지]가 된 후 (나)에 따라 [점:찌]로 발음된다.
③ '볼 수'는 용언의 관형형 '볼' 뒤에 예사소리 'ㅅ'이 왔으므로, (다)에 따라 [볼 쒸]로 발음된다.
④ '부엌도'는 음절의 끝소리 규칙에 따라 [부억도]가 된 후 (가)에 따라 [부억또]로 발음된다.

65. ⑤

정답 설명

'맏+형'이 [마텽]으로 발음되는 이유는 'ㄷ'과 'ㅎ'이 만나 [ㅌ]으로 축약되는 거센소리되기가 일어났기 때문이므로 동화에 해당하지 않는다.

오답 설명

① '설+날'의 'ㄴ'은 인접한 음운인 'ㄹ'의 영향으로 동일한 음운인 [ㄹ]로 동화(유음화)되어 [설:랄]로 발음한다.
② '겹+말'의 'ㅂ'은 인접한 음운인 'ㅁ'의 영향으로 동일한 음운인 [ㅁ]으로 동화(비음화)되어 [겸말]로 발음한다.
③ '묻+는'의 'ㄷ'은 인접한 음운인 'ㄴ'의 영향으로 동일한 음운인 [ㄴ]으로 동화(비음화)되어 [문는]으로 발음한다.
④ '쪽+문'의 'ㄱ'은 인접한 음운인 'ㅁ'의 영향으로 'ㅁ'과 조음 방식(비음)이 같은 [ㅇ]으로 동화(비음화)되어 [쫑문]으로 발음한다.

66. ②

정답 설명

ㄱ. '천리마[철리마]'에서 '천'의 종성 'ㄴ'은 '리'의 초성 'ㄹ'을 만나 [ㄹ]로 교체되는 유음화가 일어난다.
ㄷ. '갑옷[가볻]'에서 '옷'의 종성 'ㅅ'은 음절의 끝소리 규칙에 의해 [ㄷ]으로 교체된다.

오답 설명

ㄴ. '않고[안코]'에서는 'ㅎ'과 'ㄱ'이 합쳐져 [ㅋ]이 되는 축약(거센소리되기)이 일어난다.
ㄹ. '낳아서[나아서]'에서는 'ㅎ'으로 끝나는 어간 뒤에 모음으로 시작하는 어미가 왔을 때 'ㅎ'이 탈락하여 발음이 되지 않는 탈락('ㅎ' 탈락)이 일어난다.
ㅁ. '솜이불[솜:니불]'은 합성어나 파생어에서 앞말이 자음 'ㅁ'으로 끝나고 뒷말이

'이'인 경우 'ㄴ'이 덧나는 첨가('ㄴ' 첨가)가 일어난다.

67. ③

정답 설명

비음화는 비음이 아닌 소리가 비음의 영향을 받아 비음으로 바뀌는 동화이다. 〈보기〉를 보면 '밥물[밤물]', '굳는대[군는대]', '녹는대[농는대]'는 'ㅂ, ㄷ, ㄱ'이 각각 'ㅁ, ㄴ' 앞에서 [ㅁ, ㄴ, ㅇ]으로 바뀌었음을 알 수 있다. 이를 자음 체계표에 대응시켜 보면, 파열음이 같은 조음 위치의 비음으로 바뀌었음을 확인할 수 있다. 따라서 비음화는 파열음이 비음의 영향을 받을 때, 원래의 조음 위치(㉠)는 그대로 유지한 채 조음 방식(㉡)만 파열음에서 비음으로 바뀌는 것이라는 결론을 도출할 수 있다.

68. ⑤

정답 설명

'곤란'은 'ㄴ + ㄹ → ㄹ + ㄹ'의 변동이 일어나 [골:란]으로 발음되는데 이는 뒤 자음의 영향을 받아 앞 자음이 바뀌는 역행 동화가 일어난 것이다.

오답 설명

① '밥만'은 [밤만]으로 발음되며 'ㅂ + ㅁ → ㅁ + ㅁ'의 역행 동화가 일어난다.
② '닫는'은 [단는]으로 발음되며 'ㄷ + ㄴ → ㄴ + ㄴ'의 역행 동화가 일어난다.
③ '실내'는 [실래]로 발음되며 'ㄹ + ㄴ → ㄹ + ㄹ'의 순행 동화가 일어난다.
④ '강릉'은 [강능]으로 발음되며 'ㅇ + ㄹ → ㅇ + ㄴ'의 순행 동화가 일어난다.

69. ③

정답 설명

'보이다'를 [뵈다]로 발음하는 것은 'ㅣ' 모음 역행 동화에 따른 것이 아니라 'ㅗ + ㅣ 〉 ㅚ'와 같이 두 음절이 한 음절로 줄어드는 모음 축약이 일어났기 때문이다. 이는 표준 발음에 해당한다.

오답 설명

① 전설 모음 'ㅣ' 모음의 영향으로 후설 모음 'ㅏ'를 전설 모음 'ㅐ'로 발음하는 경우이다.
② 전설 모음 'ㅣ' 모음의 영향으로 후설 모음 'ㅓ'를 전설 모음 'ㅔ'로 발음하는 경우이다.
④ 전설 모음 'ㅣ' 모음의 영향으로 후설 모음 'ㅡ'를 전설 모음 'ㅣ'로 발음하는 경우이다.
⑤ 전설 모음 'ㅣ' 모음의 영향으로 후설 모음 'ㅜ'를 전설 모음 'ㅟ'로 발음하는 경우이다.

70. ②

정답 설명

〈보기〉는 중복되는 모음의 탈락, 즉 동음 탈락에 대한 설명이다. '보- + -아라'가 [봐:래]로 발음되는 것은 'ㅗ + ㅏ 〉 ㅘ'의 모음 축약 때문이며, 여기서 음운의 탈락은 일어나지 않는다.

오답 설명

① 어간 '차-'와 어미 '-아서'가 결합하면서 어간의 'ㅏ'가 탈락하여 [차서]로 발음

된다.
③ 어간 '건너-'와 어미 '-어'가 결합하면서 어간의 'ㅓ'가 탈락하여 [건:너]로 발음된다.
④ 어간 '서-'와 선어말 어미 '-었-'이 결합하면서 어간의 'ㅓ'가 탈락하여 [선꼬]로 발음된다.
⑤ 어간 '만나-'와 선어말 어미 '-았-'이 결합하면서 어간의 'ㅏ'가 탈락하여 [만낟때]로 발음된다.

71. ②

'늙지[늑찌]'에서는 겹받침 'ㄺ' 중 'ㄹ'이 탈락하는 현상(ⓓ)과 예사소리 'ㅈ'이 된소리 [ㅉ]으로 바뀌는 교체(ⓐ)가 일어난다.

① '몫이[목씨]'에서는 받침 'ㅅ'이 연음된 후 예사소리 'ㅅ'이 된소리 [ㅆ]으로 바뀌는 교체(ⓐ)만 일어난다.
③ '뜻깊다[뜯낍따]'에서는 받침 'ㅅ', 'ㅍ'이 각각 대표음 [ㄷ], [ㅂ]으로 바뀌는 교체(ⓐ)와 초성의 예사소리 'ㄱ', 'ㄷ'이 각각 된소리 [ㄲ], [ㄸ]으로 바뀌는 교체(ⓐ)가 일어난다.
④ '젖히다[저치다]'에서는 'ㅈ'과 'ㅎ'이 [ㅊ]으로 축약되는 현상(ⓒ)이 일어난다.
⑤ '놓이다[노이다]'에서는 'ㅎ'이 탈락하는 현상(ⓓ)이 일어난다.

72. ④

받침 자음 중의 일부가 탈락하는 현상은 자음군 단순화에서만 일어난다. ⓒ과 달리 ⓔ에서는 자음군 단순화가 일어나지 않는다.
㉠ : 음절의 끝소리 규칙(교체), 된소리되기(교체)
→ '있고 〉 읻고(음절의 끝소리 규칙) 〉 읻꼬(된소리되기)', '낮도 〉 낟도(음절의 끝소리 규칙) 〉 낟또(된소리되기)'의 과정을 거쳐 발음된다.
㉡ : 음절의 끝소리 규칙(교체), 비음화(교체)
→ '묶는 〉 묵는(음절의 끝소리 규칙) 〉 뭉는(비음화)', '바깥문 〉 바깓문(음절의 끝소리 규칙) 〉 바깐문(비음화)'의 과정을 거쳐 발음된다.
㉢ : 자음군 단순화(탈락), 된소리되기(교체)
→ '맑다 〉 막다(자음군 단순화) 〉 막따(된소리되기)', '밟지 〉 밥지(자음군 단순화) 〉 밥찌(된소리되기)'의 과정을 거쳐 발음된다.
㉣ : 거센소리되기(축약)
→ '끊기다 〉 끈키다', '옳지 〉 올치'로 발음된다.
㉤ : 거센소리되기(축약), 구개음화(교체)
→ '닫히다 〉 다티다(거센소리되기) 〉 다치다(구개음화)', '굳히다 〉 구티다(거센소리되기) 〉 구치다(구개음화)'의 과정을 거쳐 발음된다.

① ㉠과 ㉡에서는 모두 음절 끝에서 발음되는 자음이 일곱 개로 제한되는 현상인 음절의 끝소리 규칙이 일어나므로 적절하다.
② ㉠과 ㉢에서는 모두 앞 음절의 종성에 따라 뒤 음절의 초성이 된소리로 교체되는 현상인 된소리되기가 일어나므로 적절하다.
③ ㉡에서는 음절의 끝소리 규칙과 비음화, ㉤에서는 구개음화가 일어나는데, 이들은 모두 한 음운이 다른 음운으로 교체되는 현상이므로 적절하다.
⑤ ㉣과 ㉤에서는 모두 앞 음절의 종성과 뒤 음절의 초성이 축약되는 현상인 거

센소리되기가 일어나므로 적절하다.

73. ③

ⓒ의 '굳이들은'은 끝소리가 'ㄷ, ㅌ'인 형태소가 모음 'ㅣ'나 반모음 'ĵ'로 시작되는 형식 형태소와 만나 구개음 [ㅈ, ㅊ]으로 교체되어 발음되는 구개음화가 일어나 [고지드른]으로 발음된다. '붙이다'와 '굳히다' 역시 구개음화가 일어나 각각 [부치다], [구치다]로 발음된다.

① ㉠의 '앞마당'이 [암마당]으로 발음되는 것은 음절의 끝소리 규칙이 적용되어 'ㅍ'이 'ㅂ'으로 교체된 후, 이 'ㅂ'이 뒤에 오는 비음 'ㅁ'에 동화되어 비음 [ㅁ]으로 바뀌는 비음화가 일어난 것이다. '섞는다'가 [성는다]로 발음되는 것은 이와 동일하게 음절의 끝소리 규칙이 적용되어 'ㄲ'이 'ㄱ'으로 교체된 후, 뒤에 오는 비음 'ㄴ'에 동화되어 비음 [ㅇ]으로 바뀌는 비음화가 일어난 것이다. 하지만 '눈요기'가 [눈뇨기]로 발음되는 것은 합성어나 파생어에서 앞말이 자음으로 끝나고 뒷말이 모음 'ㅣ'나 반모음 'ĵ'로 시작할 때 'ㄴ'이 첨가되는 'ㄴ' 첨가가 일어난 것이다.
② ㉡의 '천리가 [철리]로 발음되는 것은 'ㄴ'과 'ㄹ'이 만났을 때 'ㄴ'이 유음 [ㄹ]로 바뀌는 유음화가 일어난 것이다. '광한루'가 [광할루]로 발음되는 것은 유음화가 일어난 것이지만, '밟는다'가 [밤는다]로 발음되는 것은 비음화가 일어난 것이다. 참고로 '밟는다'는 '밟는다 〉 [밥는다](자음군 단순화) 〉 [밤는다](비음화)'의 과정을 거쳐 발음된다.
④ ㉣의 '많던'이 [만:턴]으로 발음되는 것은 'ㄱ, ㄷ, ㅂ, ㅈ'과 'ㅎ'이 만나 거센소리 [ㅋ, ㅌ, ㅍ, ㅊ]으로 축약되는 거센소리되기가 일어난 것이다. '옳고'가 [올코]로 발음되는 것은 거센소리되기가 일어난 것이지만, '좋은'이 [조은]으로 발음되는 것은 모음으로 시작하는 형식 형태소 앞에서 어간 받침 'ㅎ'이 탈락하는 'ㅎ' 탈락이 일어난 것이다.
⑤ ㉤의 '넣어'가 [너어]로 발음되는 것은 'ㅎ' 탈락이 일어난 것이다. '끓이다'가 [끄리다]로 발음되는 것은 'ㅎ' 탈락이 일어난 것이지만, '잡히다'가 [자피다]로 발음되는 것은 거센소리되기가 일어난 것이다.

74. ④

'옳지'는 'ㅎ + ㅈ 〉 ㅊ'의 거센소리되기(축약)가 일어나 [올치]로 발음된다. 따라서 '옳지'의 발음 과정에는 ㉠(된소리되기)과 ㉡(자음군 단순화)이 모두 나타나지 않는다.

① '닭장[닥짱]'은 ㉡(겹받침 'ㄺ'에서 'ㄹ' 탈락)과 ㉠(ㅈ 〉 ㅉ)이 모두 나타난다.
② '흙과[흑꽈]'는 ㉡(겹받침 'ㄺ'에서 'ㄹ' 탈락)과 ㉠(ㄱ 〉 ㄲ)이 모두 나타난다.
③ '핥게[할께]'는 ㉡(겹받침 'ㄾ'에서 'ㅌ' 탈락)과 ㉠(ㄱ 〉 ㄲ)이 모두 나타난다.
⑤ '값도[갑또]'는 ㉡(겹받침 'ㅄ'에서 'ㅅ' 탈락)과 ㉠(ㄷ 〉 ㄸ)이 모두 나타난다.

75. ③

'영업용'은 '영업용 〉 [영업뇽]('ㄴ' 첨가) 〉 [영엄뇽](비음화)'의 과정을 거쳐 발음되므로 적절하다.

오답 설명

① '천리마[철리매'는 유음 'ㄹ'의 앞에서 'ㄴ'이 유음 'ㄹ'로 바뀌는 유음화만 일어난다.
② '청량리[청냥니]'는 비음 'ㅇ' 뒤에서 'ㄹ'이 비음 'ㄴ'으로 바뀌는 비음화만 일어난다.
④ '맨입[맨닙]'에서는 'ㄴ' 첨가만 일어난다.
⑤ '앞마당'은 '앞마당 〉 [압마당](음절의 끝소리 규칙) 〉 [암마당](비음화)'의 과정을 거쳐 발음된다.

76. ①

정답 설명

㉠에서 'ㅎ(ㄶ, ㅀ)' 뒤에 'ㄱ, ㄷ, ㅈ'이 결합되는 경우에는 뒤 음절 첫소리와 합쳐서 [ㅋ, ㅌ, ㅊ]으로 발음한다고 했으므로, '낳고'는 [나:코]로 발음된다.

오답 설명

② ㉡에서 받침 'ㄱ(ㄺ), ㄷ, ㅂ(ㄼ), ㅈ(ㄵ)'이 'ㅎ'과 결합되는 경우, 두 음을 합쳐 [ㅋ, ㅌ, ㅍ, ㅊ]으로 발음한다고 했으므로, '밝히다'는 [발켜]로 발음된다.
③ ㉢에서 'ㅎ(ㄶ, ㅀ)' 뒤에 'ㅅ'이 결합되는 경우에는 'ㅅ'을 [ㅆ]으로 발음한다고 했으므로, '싫소'는 [실쏘]로 발음된다.
④ ㉣에서 'ㅎ' 뒤에 'ㄴ'이 결합되는 경우에는 'ㅎ'을 [ㄴ]으로 발음한다고 했으므로, '낳는'은 [난:는]으로 발음된다.
⑤ ㉤에서 'ㅎ(ㄶ, ㅀ)' 뒤에 모음으로 시작되는 어미나 접미사가 결합되는 경우에는 'ㅎ'을 발음하지 않는다고 했으므로, '쌓였다'는 [싸엳따]로 발음된다. 참고로 '쌓였다'는 [싸였다]('ㅎ' 탈락)→[싸엳다](음절의 끝소리 규칙)→[싸엳따](된소리되기)의 과정을 거쳐 발음된다.

77. ②

정답 설명

'울산[울싼]'의 첫째 음절 종성 'ㄹ'은 자음 'ㅅ' 앞에 위치하므로 〈보기〉의 두 번째 항목에 따라 'l'로 적는 것이 맞다. 그러나 〈보기〉의 세 번째 항목에서 된소리되기는 표기에 반영하지 않는다고 했으므로 둘째 음절의 초성은 'ss'가 아닌 's'로 적어야 한다. 따라서 '울산[울싼]'의 올바른 로마자 표기는 'Ulssan'이 아닌 'Ulsan'이다.

오답 설명

① '가곡[가곡]'을 로마자로 표기할 때 〈보기〉의 첫 번째 항목에 따라 모음 앞의 'ㄱ'은 'g'로, 어말의 'ㄱ'은 'k'로 적어야 한다. 따라서 'gagok'은 올바른 로마자 표기이다.
③ '묵호[무코]'는 체언이기 때문에 〈보기〉의 네 번째 항목에 따라 거센소리되기(축약)가 일어나더라도 'ㅎ'을 밝혀 적어야 한다. 한편 첫째 음절의 종성 'ㄱ'은 첫 번째 항목에 따라 'k'로 적는다. 따라서 'Mukho'는 올바른 로마자 표기이다.
④ '같이[가치]'의 첫째 음절의 초성 'ㄱ'은 〈보기〉의 첫 번째 항목에 따라 'g'로 적어야 하며, 세 번째 항목에서 구개음화가 일어날 경우에는 로마자 표기에 반영한다고 했으므로 'gachi'는 올바른 로마자 표기이다.
⑤ '난로[날:로]'에서는 자음 동화(유음화)가 일어나므로 〈보기〉의 세 번째 항목에 따르면 이를 로마자 표기에 반영해야 한다. 또한 두 번째 항목에서 'ㄹㄹ'은 'll'로 적는다고 했으므로 'nallo'는 올바른 로마자 표기이다.

78. ④

정답 설명

ⓑ 이중 모음 'ㅑ, ㅕ, ㅛ, ㅠ'는 단모음 'ㅏ, ㅓ, ㅗ, ㅜ'에 반모음 [j]가 더해져 만들어진 소리이므로 로마자 표기에도 이 점을 반영하여 'y'를 더해 표기하고 있다.
ⓓ 현재의 표기법상, '우ㅣ'도 'ui', 이중 모음 'ㅢ'도 'ui'로 표기되므로, 우리말을 모르는 외국인이라면 오해할 수 있는 부분이다.

오답 설명

ⓐ 이중 모음 'ㅘ, ㅙ, ㅞ'는 단모음 'ㅏ, ㅐ, ㅔ'에 반모음 [w]가 더해진 소리이므로 로마자 표기에도 이 점을 반영하고 있다. 그러나 'ㅟ'는 'ㅓ'의 로마자 표기인 'eo' 앞에 'w'를 붙이는 방식으로 표기하지 않고 'wo'로 적게 하고 있다.
ⓒ '예'는 'ye'로, 'ㅡ'는 'eu'로 적어야 한다.

79. ②

정답 설명

'국사[국싸]'는 'ㄱ' 뒤에서 'ㅅ'이 [ㅆ]으로 바뀌었으므로 ㉠의 예로 볼 수 있으며, '담재[담째]'는 비음 'ㅁ'으로 끝나는 용언 어간 '담-' 뒤에서 어미의 'ㅈ'이 [ㅉ]으로 바뀌었으므로 ㉡의 예로 볼 수 있다.

오답 설명

① '신지[신찌]'는 비음 'ㄴ'으로 끝나는 용언 어간 '신-' 뒤에서 어미의 'ㅈ'이 [ㅉ]으로 바뀌었으므로 ㉡의 예가 맞으나, '법치[법치]'는 된소리되기가 일어나지 않았으므로 ㉠의 예가 될 수 없다.
③ '입고[입꼬]'는 'ㅂ' 뒤에서 'ㄱ'이 [ㄲ]으로 바뀌었으므로 ㉠의 예가 맞으나, '안방[안빵]'은 '안'과 '방'이 각각 용언의 어간과 어미가 아니므로 ㉡의 예가 될 수 없다. 참고로 '안방[안빵]'에서 'ㅂ'이 'ㅃ'으로 바뀌는 것은 합성어에서 앞말이 울림소리(ㄴ, ㄹ, ㅇ, ㅁ, 모음)일 때 뒷말의 안울림 예사소리가 된소리로 교체되는 사잇소리 현상에 의한 것이다.
④ '맏형[마텽]'은 'ㄷ'과 'ㅎ'이 만나 [ㅌ]으로 축약되는 거센소리되기가 일어났으므로 ㉠의 예가 될 수 없고, '잠자리[잠짜리]'는 '잠'과 '자리'가 각각 용언의 어간과 어미가 아니므로 ㉡의 예가 될 수 없다. 참고로 '잠자리[잠짜리]'에서 'ㅈ'이 'ㅉ'으로 바뀌는 것은 사잇소리 현상에 의한 것이다.
⑤ '숨고[숨꼬]'는 비음 'ㅁ'으로 끝나는 용언 어간 '숨-' 뒤에서 어미의 'ㄱ'이 [ㄲ]으로 바뀌었으므로 ㉡의 예가 맞으나, '국화[구콰]'는 'ㄱ'과 'ㅎ'이 만나 [ㅋ]으로 축약되는 거센소리되기가 일어났으므로 ㉠의 예가 될 수 없다.

80. ④

정답 설명

㉡의 '훑는[훌른]'은 '훑는 〉 [훌는](자음군 단순화) 〉 [훌른](유음화)', '없네[엄네]'는 '없네 〉 [업네](자음군 단순화) 〉 [엄네](비음화)', '흙과[흑꽈]'는 '흙과 〉 [흑과](자음군 단순화) 〉 [흑꽈](된소리되기)'와 같이 탈락과 교체가 일어난다. 한편, '꺾네[껑네]'는 '꺾네 〉 [꺽네](음절의 끝소리 규칙) 〉 [껑네](비음화)'와 같이 두 번의 교체가 일어나므로 ㉡과 동일한 변동이 일어난 예가 아니다.

오답 설명

① ㉠의 '솟고[솓꼬]', '엎지[업찌]', '뱉다[밷따]'는 각각 '솟고 〉 [솓고](음절의 끝소리 규칙) 〉 [솓꼬](된소리되기)', '엎지 〉 [업지](음절의 끝소리 규칙) 〉 [업찌]

(된소리되기)', '뱉다 〉 [밷다](음절의 끝소리 규칙) 〉 밷때(된소리되기)'와 같이 두 번의 교체(음절의 끝소리 규칙, 된소리되기)가 일어난 단어들이다.

② ㉡의 '훑는[훌른]', '없네[엄네]', '흙과[흑꽈]'는 각각 '훑는 〉 [훌는](자음군 단순화) 〉 [훌른](유음화)', '없네 〉 [업네](자음군 단순화) 〉 [엄네](비음화)', '흙과 〉 [흑과](자음군 단순화) 〉 [흑꽈](된소리되기)'와 같이 교체와 탈락이 일어난 단어들이다.

③ '빛고[빋꼬]'는 ㉠과 동일하게 '빛고 〉 [빋고](음절의 끝소리 규칙) 〉 [빋꼬](된소리되기)'와 같이 두 번의 교체가 일어난 단어이다.

⑤ 국어의 음절 종성에서는 최대 하나의 자음만 발음되며, 그 하나의 자음은 'ㄱ, ㄴ, ㄷ, ㄹ, ㅁ, ㅂ, ㅇ'의 7가지로 제한된다. 즉 종성에서 발음될 수 있는 자음을 제한하는 음운 변동은 '자음군 단순화'와 '음절의 끝소리 규칙'이다. ㉠에서는 '솟고 〉 [손고]', '엎지 〉 [업지]', '뱉다 〉 [밷다]'에서 음절의 끝소리 규칙이, ㉡에서는 '훑는 〉 [훌른]', '없네 〉 [업네]', '흙과 〉 [흑과]'에서 자음군 단순화가 적용되었다.

81. ⑤

'값이[갑씨]', '몫에[목쎄]'는 모두 'ㅅ'이 [ㅆ]으로 교체된 것이 맞다. 하지만 이는 받침 발음의 원칙을 지키기 위한 변동이 아니다. 모음으로 시작하는 형식 형태소와 접하여 겹받침 중 뒤 음운이 연음된 후, 앞 음운의 영향을 받아 된소리로 교체된 것이다.

① ㉠은 받침 발음의 원칙을 지키기 위해 'ㅅ'이 'ㄷ'으로, 'ㅍ'이 [ㅂ]으로 교체된 것을 나타내고 있다.

② ㉡은 받침 발음의 원칙을 지키기 위해 'ㅄ'에서 'ㅅ'이, 'ㅊ'에서 'ㅌ'이 탈락된 것을 나타내고 있다.

③ ㉢은 받침 발음의 원칙을 지키기 위해 'ㅆ'이 [ㄷ]으로, 'ㄲ'이 [ㄱ]으로 교체된 것을 나타내고 있다. 'ㅆ', 'ㄲ'과 같은 된소리 음운은 'ㅅ+ㅅ', 'ㄱ+ㄱ'과 같이 두 자음의 결합이 아닌 그 자체로 하나의 음운이다.

④ ㉣은 받침 발음의 원칙을 지키기 위해 'ㄿ' 중 'ㄹ'이 탈락되고, 'ㅍ'이 [ㅂ]으로 교체된 것을 나타내고 있다.

82. ④

'숱한'은 'ㅌ'이 대표음 [ㄷ]으로 바뀌는 음절의 끝소리 규칙을 거쳐 [숟한]이 된 후 'ㄷ'과 'ㅎ'이 [ㅌ]으로 축약되는 거센소리되기가 일어나 [수탄]으로 발음되는 것이다. 따라서 축약만 일어난다는 선지의 내용은 적절하지 않다.

① '앞일'이 [암닐]로 발음되는 것은 음절의 끝소리 규칙, 'ㄴ' 첨가, 비음화가 일어나기 때문이다. 음절의 끝소리 규칙과 비음화는 교체, 'ㄴ' 첨가는 첨가에 해당하므로 음운의 수가 하나 늘어난다.

② '넓고'가 [널꼬]로 발음되는 것은 된소리되기, 자음군 단순화가 일어나기 때문이다. 된소리되기는 교체, 자음군 단순화는 탈락에 해당하므로 음운의 수가 하나 줄어든다.

③ '끓고'가 [끌코]로 발음되는 것은 'ㅎ'과 'ㄱ'이 [ㅋ]으로 축약되는 거센소리되기가 일어나기 때문이다. 거센소리되기는 축약에 해당하므로 음운의 수가 하나 줄어든다.

⑤ '숱만'이 [숨만]으로 발음되는 것은 음절의 끝소리 규칙, 비음화가 일어나기 때문이다. 음절의 끝소리 규칙과 비음화는 교체에 해당하므로 음운의 수에 변화가 없다.

83. ①

'맡는[만는]'의 경우 음절의 끝소리 규칙과 비음화가 적용되며, 이 둘은 모두 교체에 속하므로 ㉠에 해당한다. '흙과[흑꽈]'의 경우 된소리되기와 자음군 단순화가 적용되며, 된소리되기는 교체에, 자음군 단순화는 탈락에 속하므로 ㉡에 해당한다.

② '닭고[닥꼬]'의 경우 자음군 단순화와 된소리되기가 적용되며, 된소리되기는 교체에, 자음군 단순화는 탈락에 속하므로 ㉠이 아닌 ㉡에 해당한다. '읊대[읍때]'의 경우 자음군 단순화, 음절의 끝소리 규칙, 된소리되기가 적용되며, 음절의 끝소리 규칙과 된소리되기는 교체에, 자음군 단순화는 탈락에 속하므로 ㉡에 해당한다.

③ '옷하고[오타고]'의 경우 음절의 끝소리 규칙과 거센소리되기가 적용되며, 음절의 끝소리 규칙은 교체에, 거센소리되기는 축약에 속하므로 ㉠이 아닌 ㉡에 해당한다. '훑자[훌째]'의 경우 음절의 끝소리 규칙, 된소리되기, 자음군 단순화가 적용되며, 음절의 끝소리 규칙과 된소리되기는 교체에, 자음군 단순화는 탈락에 속하므로 ㉡에 해당한다.

④ '빛고[빋꼬]'의 경우 음절의 끝소리 규칙과 된소리되기가 적용되며, 이 둘은 모두 교체에 속하므로 ㉠에 해당한다. '핥이대[할치대]'의 경우 교체에 속하는 구개음화만 적용되므로 ㉠, ㉡ 둘 다 해당되지 않는다.

⑤ '밭이[바치]'의 경우 교체에 속하는 구개음화만 적용되므로 ㉠, ㉡ 둘 다 해당되지 않는다. '꽃잎[꼰닙]'의 경우 음절의 끝소리 규칙, 'ㄴ' 첨가, 비음화가 적용되며, 음절의 끝소리 규칙과 비음화는 교체에, 'ㄴ' 첨가는 첨가에 속하므로 ㉡에 해당한다.

84. ④

㉠은 피동화음인 'ㄴ'이 동화음인 'ㄹ'과 같아졌지만, ㉢은 피동화음인 'ㄷ, ㅌ'이 동화음인 'ㅣ'와 같아지지는 않았으므로 적절하지 않다.

① ㉠은 동화음인 'ㄹ'이 피동화음인 'ㄴ'보다 앞서는 순행 동화이지만 ㉡은 피동화음 'ㄴ'이 동화음인 'ㄹ'보다 앞서는 역행 동화이므로, 둘은 동화음과 피동화음의 순서가 서로 반대임을 알 수 있다.

② ㉠, ㉡의 동화음은 모두 'ㄹ'로 동일하고, 피동화음은 'ㄴ'으로 동일하다. ㉠과 ㉡의 차이는 동화음과 피동화음이 놓인 순서에 있다.

③ ㉡은 동화음인 'ㄹ'이 피동화음인 'ㄴ'보다 뒤에 오고 ㉢ 역시 동화음인 'ㅣ'가 피동화음인 'ㄷ, ㅌ'보다 뒤에 온다.

⑤ ㉠, ㉡, ㉢은 모두 동화음과 피동화음이 인접하고 있다. ㉢의 '굳이', '같이'의 경우, '이'의 'ㅇ'이 실제 음가를 가진 것이 아니라 단순히 초성의 자리를 메꿔 주고 있는 것이므로 'ㄷ'과 'ㅣ', 'ㅌ'과 'ㅣ'가 인접해 있다고 볼 수 있다.

05 | 음운 변동과 발음 규정

85. ④

정답 설명

ⓓ에는 겹받침이 아닌 받침이 하나의 자음(홑받침, 쌍받침)을 가진 말 뒤에 모음으로 시작하는 실질 형태소가 결합하여 음절의 끝소리 규칙이 일어나는 예가 제시되어야 한다. '맛있다[마싣따]'의 경우 홑받침을 가진 말인 '맛' 뒤에 모음으로 시작하는 실질 형태소 '있-'이 결합했지만, '맛'의 받침 'ㅅ'이 음절의 끝소리 규칙을 적용받지 않고 그대로 연음이 되었다. 따라서 ⓓ에 들어갈 수 없다. 참고로 '맛있다'는 원칙대로라면 [마딛따]로 발음되어야 하지만, 사람들이 관습적으로 [마싣따]로 발음해 왔다는 점을 고려하여 [마딛따]와 [마싣따]를 모두 표준 발음으로 인정하고 있다.

오답 설명

① ⓐ에는 겹받침을 가진 말 뒤에 모음으로 시작하는 형식 형태소가 결합하여 연음이 되는 예가 제시되어야 한다. '여덟이'를 [여덜비]로 발음하는 것은 '여덟'의 겹받침 중 'ㅂ'을 뒤의 형식 형태소 '이'와 결합하여 연음한 결과이므로 이러한 조건을 충족한다.

② ⓑ에는 겹받침을 가진 말 뒤에 모음으로 시작하는 실질 형태소가 결합하여 자음군 단순화가 일어나는 예가 제시되어야 한다. '흙얼개'를 [흐걸개]로 발음하는 것은 '흙'의 겹받침 중 'ㄹ'이 자음군 단순화에 의해 탈락한 후 'ㄱ'이 연음된 결과이므로 이러한 조건을 충족한다. 참고로, '얼개'는 '어떤 사물이나 조직의 전체를 이루는 짜임새나 구조'라는 뜻의 실질 형태소이다.

③ ⓒ에는 겹받침이 아닌 받침을 가진 말 뒤에 모음으로 시작하는 형식 형태소가 결합하여 연음이 되는 예가 제시되어야 한다. '밭은'을 [바튼]으로 발음하는 것은 '밭'의 받침 'ㅌ'을 뒤의 형식 형태소 '은'과 결합하여 연음한 결과이므로 이러한 조건을 충족한다.

⑤ ⓔ에는 겹받침이 아닌 받침을 가진 말 뒤에 자음으로 시작하는 형태소가 결합하거나 아무런 형태소도 결합하지 않아서 음절의 끝소리 규칙이 적용되는 예가 제시되어야 한다. '숲과'를 [숩꽈]로 발음하는 것은 '숲'의 'ㅍ'이 자음 앞에서 음절의 끝소리 규칙에 의해 [ㅂ]으로 바뀐 결과이므로 이러한 조건을 충족한다.

86. ③

정답 설명

'읽는'은 자음군 단순화가 일어나 [익는]이 된 후 비음화가 일어나 [잉는]으로 발음된다. 따라서 음절의 끝소리 규칙이 적용되었다는 선지의 설명은 적절하지 않다.

오답 설명

① '할는지'는 'ㄹ' 뒤의 'ㄴ'에서 유음화가 일어나 [할른지]로 발음되므로 유음화가 한 번 적용되었다는 선지의 설명은 적절하다.

② '걷히다'는 거센소리되기에 의해 'ㄷ'과 'ㅎ'이 [ㅌ]으로 축약되어 [거티다]가 되고, 'ㅌ'이 'ㅣ'와 만나 [ㅊ]으로 바뀌는 구개음화가 일어나 [거치다]로 발음된다. 따라서 거센소리되기와 구개음화가 각각 한 번씩 적용되었다는 선지의 설명은 적절하다.

④ '밥맛만'은 음절의 끝소리 규칙에 의해 [밥맏만]이 되고, '밥'의 종성 'ㅂ'과 '맏'의 종성 'ㄷ'이 각각 뒤에 오는 'ㅁ'에 의해 비음화가 일어나 [밤만만]으로 발음된다. 따라서 음절의 끝소리 규칙이 한 번, 비음화가 두 번 적용되었다는 선지의 설명은 적절하다.

⑤ '붓하고'는 음절의 끝소리 규칙에 의해 [붇하고]가 되고, 거센소리되기에 의해

'ㄷ'과 'ㅎ'이 [ㅌ]으로 축약되어 [부타고]로 발음된다. 따라서 음절의 끝소리 규칙과 거센소리되기가 각각 한 번씩 적용되었다는 선지의 설명은 적절하다.

87. ⑤

정답 설명

'호도>호두'에서는 중모음 'ㅗ'가 고모음 'ㅜ'로 변했으므로 혀의 최고점 위치가 아니라 혀의 높낮이가 달라진 경우에 해당한다.

오답 설명

① '믈>물'에서는 평순 모음 'ㅡ'가 원순 모음 'ㅜ'로 변했으므로 입술 모양이 달라지는 모음 변동에 해당한다.

② '보션>버선'에서는 원순 모음 'ㅗ'가 평순 모음 'ㅓ'로 변했으므로 입술 모양이 달라지는 모음 변동에 해당한다.

③ '츩>칡'에서는 후설 모음 'ㅡ'가 전설 모음 'ㅣ'로 변했으므로 혀의 최고점 위치가 달라지는 모음 변동에 해당한다.

④ '남비>냄비'에서는 후설 모음 'ㅏ'가 전설 모음 'ㅐ'로 변했으므로 혀의 최고점 위치가 달라지는 모음 변동에 해당한다.

88. ①

정답 설명

'낮설다'는 음절의 끝소리 규칙이 일어나 'ㅊ'이 'ㄷ'으로 교체되어 [낟설다]가 되고, 된소리되기가 일어나 'ㅅ'이 'ㅆ'으로 교체되어 [낟썰다]로 발음된다. 이때, 'ㅆ'은 그 자체로 하나의 음운이므로, 'ㅅ'이 'ㅆ'으로 바뀌는 첨가에 의해서 음운의 수가 늘었다는 선지의 내용은 적절하지 않다.

오답 설명

② '물엿'은 음절의 끝소리 규칙과 'ㄴ' 첨가, 유음화가 일어나 [물렫]으로 발음되며, 'ㄴ' 첨가는 첨가 현상, 유음화는 교체 현상에 해당한다. 따라서 'ㄴ' 첨가에 의해서는 음운의 수가 늘었지만, 'ㄴ'이 'ㄹ'로 바뀌는 유음화에 의해서는 음운의 수에 변화가 없다.

③ '꽃 한 송이'는 음절의 끝소리 규칙과 거센소리되기가 일어나 [꼬탄송이]로 발음되며, 음절의 끝소리 규칙은 교체 현상, 거센소리되기는 축약 현상에 해당한다. 따라서 'ㅊ'이 'ㄷ'으로 바뀌는 음절의 끝소리 규칙에 의해서는 음운의 수에 변화가 없지만, 'ㄷ'과 'ㅎ'이 만나 'ㅌ'으로 축약되는 거센소리되기에 의해서는 음운의 수가 하나 줄어든다.

④ '긁는'은 자음군 단순화와 비음화가 일어나 [긍는]으로 발음되며, 자음군 단순화는 탈락 현상, 비음화는 교체 현상에 해당한다. 따라서 'ㄺ'에서 'ㄹ'이 탈락되는 자음군 단순화에 의해서는 음운의 수가 하나 줄었지만, 'ㄱ'이 'ㅇ'으로 바뀌는 비음화에 의해서는 음운의 수에 변화가 없다.

⑤ '색연필'은 'ㄴ' 첨가와 비음화가 일어나 [생년필]로 발음되며, 'ㄴ' 첨가는 첨가 현상, 비음화는 교체 현상에 해당한다. 따라서 'ㄴ' 첨가에 의해서는 음운의 수가 하나 늘었지만, 'ㄱ'이 'ㅇ'으로 바뀌는 비음화에 의해서는 음운의 수에 변화가 없다.

89. ⑤

정답 설명

〈보기〉에 따르면 비음화와 유음화는 조음 위치가 같고 조음 방법만 바뀌는 '조음 방법 동화'에 해당한다. '권력'은 '권'의 종성인 'ㄴ'이 유음 'ㄹ' 앞에서 유음인 'ㄹ'

로 바뀌는 유음화로 인해 [궐력]으로 발음되고, '국난'은 '국'의 종성인 'ㄱ'이 비음 'ㄴ' 앞에서 비음 'ㅇ'으로 바뀌는 비음화로 인해 [궁난]으로 발음된다. 따라서 '권력[궐력]'과 '국난[궁난]'은 모두 조음 위치는 같고 조음 방법만 바뀐 경우에 해당한다.

오답 설명

① '곡물'은 '곡'의 종성인 'ㄱ'이 비음 'ㅁ' 앞에서 비음 'ㅇ'으로 바뀌어 [공물]로 발음되므로 비음화에 해당한다.
② '설날'은 '날'의 초성인 'ㄴ'이 유음 'ㄹ' 뒤에서 유음 'ㄹ'로 바뀌어 [설랄]로 발음되므로 순행적 유음화에 해당한다.
③ '꽃망울'은 '꽃'의 종성이 음절의 끝소리 규칙에 따라 'ㄷ'으로 교체되고, 'ㅁ' 앞에서 비음 'ㄴ'으로 바뀌어 [꼰망울]로 발음된다. 한편, '대관령'은 '관'의 종성인 'ㄴ'이 유음 'ㄹ' 앞에서 유음 'ㄹ'로 바뀌어 [대괄령]으로 발음되므로, 둘 다 뒤에 오는 소리의 영향으로 동화가 이루어진 경우에 해당한다.
④ '맏며느리'는 '맏'의 종성인 파열음 'ㄷ'이 비음 'ㅁ' 앞에서 비음인 'ㄴ'으로 바뀌어 [만며느리]로 발음되므로 파열음에서 비음으로 조음 방법만 바뀐 경우에 해당한다.

90. ②

정답 설명

ⓒ '막일'의 경우 'ㄴ' 첨가, 비음화가 일어나 최종적으로 [망닐]로 발음된다. 한편 ⓔ '핥네'의 경우 자음군 단순화, 유음화가 일어나 최종적으로 [할레]로 발음된다. 이때, 비음화와 유음화는 조음 위치가 같고 조음 방법만 바뀌는 현상이므로 ⓒ과 ⓔ에서 조음 위치가 달라지는 음운 현상이 일어났다는 선지의 설명은 적절하지 않다.

오답 설명

① ⓐ '닭발'의 경우 자음군 단순화, 된소리되기가 일어나 최종적으로 [닥뻘]로 발음되며, 자음군 단순화로 인해 음운의 수가 하나 줄어든다. 반면, ⓒ '막일'의 경우 'ㄴ' 첨가, 비음화가 일어나 최종적으로 [망닐]로 발음되며, 'ㄴ' 첨가로 인해 음운의 개수가 하나 늘어난다.
③ ⓒ '막일'은 'ㄴ' 첨가, 비음화가 일어나 [망닐]로 발음된다. 반면, ⓓ '숱한'의 경우 음절의 끝소리 규칙, 거센소리되기가 일어나 최종적으로 [수탄]으로 발음된다.
④ ⓐ '닭발'에는 자음군 단순화와 된소리되기가, ⓒ '막일'에는 'ㄴ' 첨가, 비음화가, ⓓ '숱한'에는 음절의 끝소리 규칙과 거센소리되기가, ⓔ '핥네'에는 자음군 단순화와 유음화가 일어난다. 따라서 모두 2회 이상의 음운 변동이 일어남을 알 수 있다.
⑤ ⓐ '닭발'에 일어나는 된소리되기, ⓒ '막일'에 일어나는 비음화, ⓓ '숱한'에 일어나는 음절의 끝소리 규칙, ⓔ '핥네'에 일어나는 유음화는 모두 자음이 교체되는 현상들이다.

91. ③

정답 설명

㉠의 '밤윷'은 음절의 끝소리 규칙, 'ㄴ' 첨가에 의해 [밤:늍]으로 발음되며, ⓒ의 '콩엿'은 음절의 끝소리 규칙, 'ㄴ' 첨가에 의해 [콩녇]으로 발음된다. 따라서 ㉠과 ⓒ에 일어난 음운 변동의 횟수는 2회로 같다.

오답 설명

① ㉠의 '밤윷'은 음절의 끝소리 규칙, 'ㄴ' 첨가가 일어나 [밤:늍]으로, ⓒ의 '키읔만'의 경우 음절의 끝소리 규칙과 비음화에 의해 [키응맨]으로 발음된다. 한편, ⓒ '콩엿'은 음절의 끝소리 규칙, 'ㄴ' 첨가가 일어나 [콩녇]으로 발음되므로 ㉠~ⓒ은 모두 음운 변동이 2회 일어난다.
② ㉠의 '밤윷'은 음절의 끝소리 규칙, 'ㄴ' 첨가를 거쳐 발음되고 ⓒ의 '키읔만'은 음절의 끝소리 규칙, 비음화를 거쳐 발음된다. 따라서 ㉠과 ⓒ에 공통적으로 일어난 음운 변동은 첨가가 아니라 교체이다.
④ ㉠~ⓒ 모두 음운 변동의 결과로 음운의 수가 줄어들지 않았다. ㉠의 '밤윷'과 ⓒ의 '콩엿'은 'ㄴ' 첨가로 인해 음운이 늘어났으며, ⓒ의 '키읔만'은 교체만 일어나 음운의 수에 변화가 없다.
⑤ ㉠의 '밤윷'과 ⓒ의 '콩엿'에서 첨가되는 음운은 'ㄴ'으로 동일하다.

92. ⑤

정답 설명

㉠의 '얇고'는 된소리되기, 자음군 단순화를 거쳐 [얄꼬]로 발음되며, ⓒ의 '끝없이'는 음절의 끝소리 규칙, 된소리되기를 거쳐 [끄덥씨]로 발음된다. 한편, ⓒ의 '넓죽하다'는 된소리되기, 자음군 단순화, 거센소리되기를 거쳐 [넙쭈카대]로 발음된다. 따라서 ㉠~ⓒ에 공통적으로 일어난 음운 변동은 자음군 단순화가 아니라 된소리되기이다.

오답 설명

① ㉠의 '얇고'는 된소리되기, 자음군 단순화를 거쳐 [얄꼬]로 발음된다. 한편, ⓒ의 '끝없이'는 음절의 끝소리 규칙, 된소리되기를 거쳐 [끄덥씨]로 발음된다. 따라서 ㉠과 ⓒ에 일어난 음운 변동의 횟수는 2회로 같다.
② ㉠의 '얇고[얄꼬]'는 자음군 단순화에 의해 음운이 하나 줄어들고, ⓒ의 '넓죽하다[넙쭈카대]'는 자음군 단순화와 거센소리되기에 의해 음운이 두 개 줄어든다. 하지만 ⓒ의 '끝없이[끄덥씨]'에는 교체(음절의 끝소리 규칙, 된소리되기) 현상만 일어나므로 음운의 수에 변화가 없다.
③ ㉠의 '얇고[얄꼬]'에는 된소리되기와 자음군 단순화가, ⓒ의 '끝없이[끄덥씨]'에는 음절의 끝소리 규칙과 된소리되기가, ⓒ의 '넓죽하다[넙쭈카대]'에는 된소리되기와 자음군 단순화, 거센소리되기가 일어난다. 따라서 ㉠~ⓒ에 각각 2회 이상의 음운 변동이 일어남을 알 수 있다.
④ ㉠~ⓒ에 공통적으로 일어난 음운 변동은 교체 현상에 해당하는 된소리되기이다.

93. ②

정답 설명

'나뭇잎'은 '나무'와 '잎'이 결합되는 과정에서 사잇소리 현상이 나타나기 때문에 사이시옷을 표기한 경우에 해당한다. 이때 '나뭇잎'이 [나문닙]으로 발음되는 것은 사이시옷 뒤에 '이' 음이 결합되는 경우에 [ㄴㄴ]으로 발음한다는 제30항-3에 의한 것이므로, 제29항을 따랐다는 선지의 설명은 적절하지 않다. 한편 '나무'는 모음으로 끝나는 단어이므로 제29항의 조건을 충족하지 않는다.

오답 설명

① '아침밥'은 표기상으로는 사이시옷이 없지만 '아침'이 '밥'을 수식하는 관형격 기능을 하고 있으므로, 제28항에 따라 [아침빱]으로 발음해야 한다.
③ '고개'와 '짓'이 결합되는 과정에서 사잇소리 현상이 일어나 사이시옷을 표기한 '고갯짓'은 'ㅈ'으로 시작하는 단어 앞에 사이시옷이 오는 경우인 제30항-1에

해당한다. 이때, 자음만을 된소리로 발음하는 것이 원칙이므로 [고개찜]으로 발음해야 하지만, 사이시옷을 [ㄷ]으로 발음하는 것도 허용한다고 하였으므로 [고갣찜]으로 발음할 수도 있다.

④ '배'와 '머리'가 결합되는 과정에서 사잇소리 현상이 일어나 사이시옷을 표기한 '뱃머리'는 사이시옷 뒤에 'ㅁ'이 결합되는 경우인 제30항-2에 해당한다. 이때, 사이시옷을 [ㄴ]으로 발음한다고 하였으므로 [밴머리]로 발음해야 한다.

⑤ '베개'와 '잇'이 결합되는 과정에서 사잇소리 현상이 일어나 사이시옷을 표기한 '베갯잇'은 사이시옷 뒤에 'ㅣ' 음이 결합되는 경우인 제30항-3에 해당한다. 이때 사이시옷을 [ㄴㄴ]으로 발음한다고 하였으므로 [베갠닏]으로 발음해야 한다.

94. ④

정답 설명

'뚫는'은 'ㅀ' 뒤에 'ㄴ'이 결합되는 경우이므로 ㉣에 따라 'ㅎ'을 발음하지 않아야 하므로 [뚤는]이 된다. 이때, 'ㄹ' 뒤에서 'ㄴ'이 [ㄹ]로 교체되는 유음화가 일어나므로 [뚠는]이 아닌 [뚤른]으로 발음해야 한다.

오답 설명

① '꽂히다'는 'ㅈ'이 뒤 음절 첫소리 'ㅎ'과 결합되므로 ㉠에 따라 [ㅊ]으로 축약하여 [꼬치다]로 발음해야 한다.

② '낮 한때'는 'ㅈ'이 음절의 끝소리 규칙에 의해 [ㄷ]으로 교체되므로 ㉡에 따라 [ㅌ]으로 축약하여 [나탄때]로 발음해야 한다.

③ '많소'는 'ㄶ' 뒤에 'ㅅ'이 결합되므로 ㉢에 따라 'ㅅ'을 [ㅆ]으로 발음하여 [만:쏘]로 발음해야 한다.

⑤ '싫어도'는 'ㅀ' 뒤에 모음으로 시작하는 어미 '-어도'가 결합하므로 ㉤에 따라 [실어도]로 발음하며, 이때 받침 'ㄹ'이 연음되어 [시러도]로 발음해야 한다.

95. ②

정답 설명

㉠의 '모으- + -아'는 '모으아'가 아닌 '모아'로, '파- + -아서'는 '파아서'가 아닌 '파서'로 표기한다. 즉 ㉠은 음운 변동의 결과가 표기에 반영된 경우이다. 또한 ㉡의 '놀- + -는' 역시 '놀는'이 아닌 '노는'으로 표기하므로 음운 변동의 결과가 표기에 반영된 경우이다. 하지만 '좋- + -은'은 '조은'이 아니라 '좋은'으로 표기하므로 음운 변동의 결과가 표기에 반영되지 않는 경우에 해당한다. 마찬가지로 ㉢은 '조피다'가 아닌 '좁히다'로, '노코'가 아닌 '놓고'로 표기하므로 음운 변동의 결과가 표기에 반영되지 않는다.

오답 설명

① ㉠의 '모으- + -아 → [모아]'는 모음 'ㅡ'가 탈락하였고, '파- + -아서 → [파서]'는 모음 'ㅏ'가 탈락하였으므로 모음 탈락에 해당하고, ㉡의 '놀- + -는 → [노는]'은 자음 'ㄹ'이 탈락하였고, '좋- + -은 → [조은]'은 자음 'ㅎ'이 탈락하였으므로 둘 다 자음 탈락에 해당한다. ㉢의 '좁히다'는 'ㅂ'과 'ㅎ'이 축약되어 'ㅍ'이 되었고, '놓고'는 'ㅎ'과 'ㄱ'이 축약되어 'ㅋ'이 되었으므로 축약 현상인 거센소리되기에 해당한다.

③ ㉠과 ㉡은 모두 어간(모으-, 파-, 놀-, 좋-)과 어미(-아, -아서, -는, -은)가 결합하는 과정에서 음운 변동이 일어난다.

④ 거센소리되기는 예사소리 'ㄱ, ㄷ, ㅂ, ㅈ'이 'ㅎ'과 만나 거센소리 'ㅋ, ㅌ, ㅍ, ㅊ'으로 축약되는 음운 변동이다. ㉢과 같이 거센소리되기가 일어나기 위해서는 자음 'ㅎ'이 있어야 한다.

⑤ 탈락과 축약 현상 모두 음운의 개수가 하나씩 줄어드는 음운 변동이므로 탈락

현상에 해당하는 ㉠, ㉡과 축약 현상에 해당하는 ㉢ 모두 음운의 개수가 하나씩 줄어든다.

96. ③

정답 설명

〈보기〉를 참고할 때, '넋이라도'에서 '이라도'는 형식 형태소(조사)이므로, 겹받침을 모두 발음해야 한다. 따라서 '넋이라도'는 [넉시라도]로 연음된 후, 'ㄱ' 뒤에서 된소리되기가 일어나 최종적으로 [넉씨라도]라고 발음한다.

오답 설명

① 〈보기〉를 참고할 때, '흙이'에서 '이'는 형식 형태소(조사)이므로, 겹받침을 모두 발음해야 한다. 따라서 '흙이'는 겹받침 중 'ㄱ'이 뒤 음절 첫소리로 연음되어 [흘기]라고 발음한다.

② 〈보기〉를 참고할 때, '닭에게'에서 '에게'는 형식 형태소(조사)이므로, 겹받침을 모두 발음해야 한다. 따라서 '닭에게'는 겹받침 중 'ㄱ'이 뒤 음절 첫소리로 연음되어 [달게게]로 발음한다.

④ 〈보기〉를 참고할 때, '읊었다'에서 '-었-'은 형식 형태소(어미)이므로, 겹받침을 모두 발음해야 한다. 따라서 '읊었다'는 겹받침 중 'ㅍ'이 뒤 음절 첫소리로 연음되어 [을펐다]가 된다. 이때, [을펐다]는 음절 끝소리 규칙에 의해 [을펃다]가 된 후 된소리되기가 일어나 최종적으로 [을펃따]로 발음한다.

⑤ 〈보기〉를 참고할 때, '값있는'에서 '있-'은 실질 형태소(어간)이므로, 겹받침을 대표음으로 발음해야 한다. 따라서 겹받침 'ㅄ'은 대표음 [ㅂ]으로 발음되고, '있-'의 종성 'ㅆ'은 음절 끝소리 규칙으로 [ㄷ]으로 발음되어 [갑읻는]이 된다. 이때, 교체된 'ㄷ'은 뒤에 오는 'ㄴ'에 의해 비음화가 일어나 [갑인는]이 되고, 받침 'ㅂ'이 뒤 음절 첫소리로 연음되어 최종적으로 [가빈는]으로 발음한다.

97. ②

정답 설명

'땔나무'는 'ㄴ'이 선행하는 유음 'ㄹ'의 영향을 받아 같은 조음 방법의 유음 'ㄹ'로 교체되는 유음화가 일어난다. 동화주 'ㄹ'이 피동화주 'ㄴ'에 선행하는 경우에 해당하므로 '땔나무'는 ㉠에 해당하는 예이다. 한편, '편리'는 'ㄴ'이 후행하는 유음 'ㄹ'의 영향을 받아 같은 조음 방법의 유음 'ㄹ'로 교체되는 유음화가 일어난다. 동화주 'ㄹ'이 피동화주 'ㄴ'에 후행하므로 '편리'는 ㉡에 해당하는 예로 적절하다.

오답 설명

① '믿는'은 'ㄷ'이 후행하는 비음 'ㄴ'의 영향을 받아 같은 조음 방법의 비음 'ㄴ'으로 교체되는 비음화가 일어난다. 동화주 'ㄴ'은 피동화주 'ㄷ'에 후행하므로 '믿는'은 ㉠이 아닌 ㉡에 해당하는 예이다. 한편, '밥물'은 'ㅂ'이 후행하는 비음 'ㅁ'의 영향을 받아 같은 조음 방법의 비음 'ㅁ'으로 교체되는 비음화가 일어난다. 동화주 'ㅁ'이 피동화주 'ㅂ'에 후행하므로 '밥물'은 ㉡에 해당하는 예로 적절하다.

③ '실내'는 'ㄴ'이 선행하는 유음 'ㄹ'의 영향을 받아 같은 조음 방법의 유음 'ㄹ'로 교체되는 유음화가 일어난다. 동화주 'ㄹ'이 피동화주 'ㄴ'에 선행하므로 '실내'는 ㉠에 해당하는 예이다. 한편, '원심력'은 'ㄹ'이 선행하는 비음 'ㅁ'의 영향을 받아 'ㅁ'과 같은 조음 방법의 비음 'ㄴ'으로 교체되는 비음화가 일어난다. 동화주 'ㅁ'이 피동화주 'ㄹ'에 선행하므로 '원심력'은 ㉡이 아닌 ㉠에 해당하는 예이다.

④ '맏며느리'는 'ㄷ'이 후행하는 비음 'ㅁ'의 영향을 받아 같은 조음 방법의 비음 'ㄴ'으로 교체되는 비음화가 일어난다. 동화주 'ㅁ'이 피동화주 'ㄷ'에 후행하므

로 '맏며느리'는 ㉠이 아닌 ㉡에 해당하는 예이다. 한편, '난리'는 'ㄴ'이 후행하는 유음 'ㄹ'의 영향을 받아 같은 조음 방법의 유음 'ㄹ'로 교체되는 유음화가 일어난다. 동화주 'ㄹ'이 피동화주 'ㄴ'에 후행하므로 '난리'는 ㉡에 해당하는 예이다.

⑤ '붙이고'는 음절 종성의 'ㅌ'과 후행하는 형식 형태소의 모음 'ㅣ'가 만난 후, 'ㅌ'이 'ㅣ'와 비슷한 조음 위치의 자음인 'ㅊ'으로 교체되는 구개음화가 일어난다. 동화주 'ㅣ'가 피동화주 'ㅌ'에 후행하므로 '붙이고'는 ㉠이 아닌 ㉡에 해당하는 예이다. 한편, '앓는'은 자음군 단순화로 'ㅎ'이 탈락하여 [알는]이 되는데, 이때 'ㄴ'이 선행하는 유음 'ㄹ'의 영향을 받아 같은 조음 방법의 유음 'ㄹ'로 교체되는 유음화가 일어난다. 동화주 'ㄹ'이 피동화주 'ㄴ'에 선행하므로 '앓는'은 ㉡이 아닌 ㉠에 해당하는 예이다.

98. ③

> **정답 설명**

㉢의 '솜이불[솜ː니불]'은 합성어 및 파생어에서 앞말이 자음으로 끝나고 뒷말이 '이, 야, 여, 요, 유'인 경우에 해당하므로 'ㄴ' 첨가가 일어났다. '식용유[시굥뉴]' 또한 'ㄴ' 첨가가 일어났으며 '식'의 받침 'ㄱ'이 뒤 음절 첫소리로 연음되었음을 확인할 수 있다. '삯일[상닐]'은 자음군 단순화로 음절 종성의 겹받침 'ㄲ'이 'ㄱ'이 되고, 이후 'ㄴ' 첨가가 일어나 대표음 'ㄱ'이 'ㄴ'으로 인해 비음화된다. 따라서 ㉢에 제시된 예들의 공통점은 'ㄴ' 첨가임을 알 수 있다. 이때, 선지에 제시된 '받침이 뒤의 첫소리로 옮겨가'며 소리 나는 현상은 연음을 말하는데, ㉢에서 연음이 일어나는 단어는 '식용유'뿐이므로 선지의 내용은 적절하지 않다.

> **오답 설명**

① '놓아[노아]'는 어간 받침 'ㅎ'이 모음으로 시작하는 어미 앞에서 탈락하는 'ㅎ' 탈락 현상, '맏형[마텽]'은 'ㄷ'이 후행하는 'ㅎ'과 축약되어 거센소리 [ㅌ]으로 바뀌는 거센소리되기, '맨입[맨닙]'은 합성어 및 파생어에서 앞말이 자음으로 끝나고 뒷말이 '이, 야, 여, 요, 유'인 경우에 'ㄴ'이 첨가되는 'ㄴ' 첨가 현상이 일어난다. 이때, 탈락은 음운의 수가 하나 줄어들고 첨가는 음운의 수가 하나 늘어나므로 ㉠에 제시된 예들은 음운 변동의 결과로 음운의 수가 달라진다는 공통점이 있다.

② '대관령[대괄령]'은 'ㄴ'이 후행하는 유음 'ㄹ'의 영향을 받아 'ㄹ'과 같은 조음 방법의 유음 [ㄹ]로 교체되는 유음화가 일어난다. '중력[중녁]'은 'ㄹ'이 선행하는 비음 'ㅇ'의 영향을 받아 'ㅇ'과 같은 조음 방법의 비음 [ㄴ]으로 교체되는 비음화가 일어나고, '밥물[밤물]'은 'ㅂ'이 후행하는 비음 'ㅁ'의 영향을 받아 'ㅁ'과 같은 조음 방법의 비음 [ㅁ]으로 교체되는 비음화가 일어난다. 따라서 ㉡에 제시된 예들은 모두 인접한 음운의 조음 방법이 같아지는 음운 변동이 일어난 경우에 해당한다.

④ '겉모습[건모습]'은 음절 끝소리 규칙에 따라 음절 종성의 'ㅌ'이 'ㄷ'으로 교체되고, 'ㄷ'이 후행하는 비음 'ㅁ'의 영향을 받아 'ㅁ'과 같은 조음 방법의 비음 [ㄴ]으로 교체되는 비음화가 일어난다. '낚시[낙씨]'도 음절 끝소리 규칙에 따라 음절 종성의 'ㄲ'이 'ㄱ'으로 교체되고, 교체된 'ㄱ' 뒤에서 예사소리 'ㅅ'이 된소리 [ㅆ]으로 교체되는 된소리되기가 일어난다. '부엌[부억]' 역시 음절 끝소리 규칙에 따라 'ㅋ'이 [ㄱ]으로 교체된다. 따라서 ㉣에 제시된 예들은 모두 종성에 올 수 있는 자음 종류가 제한되는 음절의 끝소리 규칙이 일어나므로 선지의 내용은 적절하다.

⑤ '문고리[문꼬리]', '강줄기[강쭐기]'는 앞말이 울림소리로 끝나고 뒷말 첫소리가 안울림 예사소리일 때, 뒷말 첫소리가 된소리로 발음되는 사잇소리 현상의 예에 해당한다. 한편, '눈요기[눈뇨기]'는 합성어 및 파생어에서 앞말이 자음으로 끝나고 뒷말이 '이, 야, 여, 요, 유'인 경우에 'ㄴ'이 첨가되는 'ㄴ' 첨가 현상의 예에 해당한다. 이때, 'ㄴ' 첨가는 합성어 및 파생어에서 일어나고 사잇소리 현상은 합성어에서만 일어나므로 선지의 내용은 적절하다.

99. ②

> **정답 설명**

㉠의 '갓난애'는 음절 끝소리 규칙이 일어나 '갓'의 종성 'ㅅ'이 [ㄷ]으로 교체되어 [갇난애]가 된 후, 교체된 'ㄷ'이 후행하는 비음 'ㄴ'으로 인해 비음화되어 [간난애]가 된다. '난'의 종성 'ㄴ'이 뒤 음절 첫소리로 연음되므로 최종적으로 [간나내]로 발음된다. 한편 ㉡의 '끝일'은 어근 '끝'과 어근 '일'이 결합한 합성어로, 앞 단어가 자음으로 끝나고('끝') 뒤 단어가 모음 'ㅣ'로 시작해('일') 그 사이에 'ㄴ'이 첨가되어 [끝닐]이 된다. 이후 음절의 끝소리 규칙과 비음화를 거쳐 [끈닐]로 발음된다. 따라서, ㉠과 ㉡은 모두 음절 끝에 오는 자음의 종류가 7개('ㄱ, ㄴ, ㄷ, ㄹ, ㅁ, ㅂ, ㅇ')로 제한되어 발생하는 음절의 끝소리 규칙이 일어나므로 선지의 설명은 적절하다.

> **오답 설명**

① ㉠의 '갓난애'는 음절의 끝소리 규칙과 비음화라는 두 번의 음운 변동을 겪지만, ㉡의 '끝일'은 'ㄴ' 첨가와 음절의 끝소리 규칙, 비음화라는 세 번의 음운 변동을 겪으므로 선지의 설명은 적절하지 않다.

③ ㉠의 '갓난애'는 음절의 끝소리 규칙이 일어나 [갇난애]가 된 후, 교체된 'ㄷ'이 후행하는 비음 'ㄴ'의 영향을 받아 'ㄴ'과 같은 조음 방법의 비음 [ㄴ]으로 바뀌어 [간난애]가 된다. 이때, '난'의 받침 'ㄴ'이 뒤 음절 첫소리로 연음되므로 최종적으로 [간나내]로 발음된다. 반면 ㉡의 '붙임'은 음절 종성의 'ㅌ'과 형식 형태소의 모음 'ㅣ'가 만나 'ㅌ'이 'ㅣ'와 비슷한 조음 위치의 자음 [ㅊ]으로 바뀌는 구개음화가 일어난다. 따라서 인접한 자음과 조음 방법이 같아지는 음운 변동이 일어난 경우에는 ㉠만 해당하므로 선지의 설명은 적절하지 않다.

④ ㉡의 '끝일'은 음운의 개수가 하나 늘어나는 음운 변동인 'ㄴ' 첨가가 일어나지만, ㉢의 '붙임'에서는 구개음화라는 교체 현상만 있을 뿐 음운의 개수가 달라지는 음운 변동은 일어나지 않는다. 따라서 음운의 개수가 달라지는 음운 변동이 일어난 경우에는 ㉡만 해당하므로 선지의 설명은 적절하지 않다.

⑤ ㉢의 '붙임'은 모음 'ㅣ'로 인해 'ㅌ'이 모음 'ㅣ'와 조음 위치가 유사해지는 구개음화가 일어나므로 모음 'ㅣ'로 인해 동화되는 음운 변동이 일어났다고 볼 수 있다. 반면 ㉡의 '끝일'은 모음 'ㅣ'로 인해 동화되는 음운 변동이 일어나지 않았다. 따라서 모음 'ㅣ'로 인해 동화되는 음운 변동이 일어난 경우에는 ㉢만 해당하므로 선지의 설명은 적절하지 않다.

100. ④

> **정답 설명**

㉮의 '스물여덟'은 자음으로 끝난 '물'과 반모음 'ㅣ'로 시작하는 'ㅕ' 사이에서 'ㄴ'이 첨가된 후, 첨가된 'ㄴ'이 선행하는 유음 'ㄹ'의 영향을 받아 유음화가 일어난다. 또한 '덟'의 겹받침 'ㄼ'은 자음군 단순화가 일어나 [ㄹ]이 되므로 최종적으로 [스물려덜]로 발음된다. 따라서 '스물여덟'은 첨가와 탈락이 한 번씩 일어나 음운의 개수가 달라지지 않고, 인접하는 음운의 조음 방법이 서로 같아지는 유음화가 일어나므로 ⓑ에 해당하는 사례임을 알 수 있다. 또한 ㉯의 '읊는'은 자음군 단순화가 일어나 겹받침 'ㄿ'이 [ㅍ]이 되고, 음절의 끝소리 규칙에 따라 'ㅍ'은 [ㅂ]으로 교체된다. 교체된 'ㅂ'은 후행하는 비음 'ㄴ'의 영향을 받아 비음화되어 [ㅁ]으로 바뀌므로 최종적으로 [음는]으로 발음된다. 따라서 '읊는'은 음운 변동의 결과로 음운 개수가 하나 줄어들고, 인접하는 음운의 조음 방법이 서로 같아지는 비음화가 일어났으므로 ⓑ에 해당하는 사례임을 알 수 있다.

④ '놓고'는 '놓'의 종성의 'ㅎ'과 후행하는 자음 'ㄱ'이 축약되어 'ㅋ'이 되는 거센 소리되기가 일어나 [노코]로 발음된다. 따라서 '놓고'는 음운 변동의 결과로 음운 개수가 하나 줄어들지만, 인접하는 음운의 조음 방법이 서로 같아지는 음운 변동은 일어나지 않았으므로 ⓒ에 해당하는 사례임을 알 수 있다.

④ '태양열'은 자음으로 끝난 '양'과 반모음 'ㅕ'로 시작하는 말 사이에서 'ㄴ'이 첨가되어 [태양녈]로 발음된다. 따라서 '태양열'은 음운 변동의 결과로 음운 개수가 하나 늘었으므로 ⓓ에 해당하는 사례임을 알 수 있다.

101. ③

ⓛ의 '밟히다 → [발피대]'와 '끓다 → [끌타]'는 각각 'ㅂ', 'ㄷ'이 'ㅎ'과 만나 [ㅍ], [ㅌ]으로 축약되는 거센소리되기가 일어났다. 이때, '옳지 → [올치]' 역시 'ㅈ'이 'ㅎ'과 만나 [ㅊ]으로 축약되는 거센소리되기가 일어나고 있으므로, ⓛ과 '옳지' 모두 하나의 음운이 다른 음운과 만나 새로운 음운으로 줄어드는 음운 변동이 일어났다는 선지의 설명은 적절하다.

① ⊙의 '침략 → [침냑]'과 '강릉 → [강능]'은 각각 선행하는 비음 'ㅁ', 'ㅇ'의 영향으로 후행하는 'ㄹ'이 비음 [ㄴ]으로 교체되는 비음화가 일어났다. 한편, '막일 → [망닐]'은 자음으로 끝난 '막'과 모음 'ㅣ' 사이에서 'ㄴ'이 첨가되고, 첨가된 비음 'ㄴ'의 영향으로 선행하는 'ㄱ'이 비음 [ㅇ]으로 비음화 된다. 따라서 '막일'은 후행하는 음운의 영향을 받아 선행하는 음운이 바뀌는 음운 변동이 일어났지만, ⊙의 경우 선행하는 음운의 영향을 받아 후행하는 음운이 바뀌었으므로 선지의 설명은 적절하지 않다.

② ⊙에는 공통적으로 비음화가 일어나는데, 비음화는 조음 위치는 같고 조음 방법만 바뀌는 음운 변동에 해당한다. 한편, ⓛ의 '밟히다 → [발피대]'와 '끓다 → [끌타]'는 모두 거센소리되기만 일어난다. 따라서 ⊙과 ⓛ 모두 한 음운이 다른 음운의 조음 위치를 닮는 음운 변동은 일어나지 않았으므로 선지의 설명은 적절하지 않다.

④ 음절 끝에 둘 이상의 자음이 오지 못해 발생하는 음운 변동은 자음군 단순화에 해당한다. ⓛ의 경우 거센소리되기만 일어났으며, ⓒ의 '훑더라 → [흔떠래]'는 '훑'의 받침 'ㅌ'이 음절의 끝소리 규칙에 따라 'ㄷ'으로 교체되었다. 한편 ⓒ의 '읽기 → [일끼]'는 겹받침 'ㄺ' 중 'ㄱ'의 영향으로 '기'의 'ㄱ'이 된소리가 된 후, 자음군 단순화로 인해 겹받침이 [ㄹ]이 된 경우에 해당한다. 따라서 자음군 단순화가 일어난 예시는 ⓒ의 '읽기 → [일끼]'밖에 없으므로 선지의 설명은 적절하지 않다.

⑤ ⓒ에서 공통적으로 일어난 된소리되기는 한 음운이 다른 음운으로 바뀌는 교체 현상에 해당한다. 없던 음운이 새로 생기는 음운 변동은 'ㄴ' 첨가 현상이므로 선지의 설명은 적절하지 않다.

102. ①

'좋- + -아 → [조아]'는 'ㅎ'이 모음 사이에서 탈락하는 예시이다. 〈보기〉에 따르면 'ㅎ'의 소리가 불명확하여 다른 음운과 인접하였을 때 쉽게 탈락하는 것은 내재적 요인에 의한 것에 해당하므로, '좋아'는 ⊙의 예로 적절하다. 한편, '닮- + -지만 → [담찌만]'은 첫 번째 음절의 받침 'ㄺ'이 자음으로 시작하는 어미 앞에서 자음군 단순화가 일어나 [ㅁ]으로 발음된다. 〈보기〉에 따르면 종성 위치에 자음이

둘 이상 올 수 없는 제약으로 인해 탈락 현상이 일어나는 것은 외재적 요인에 의한 것이므로 '닮지만'은 ⓛ의 예로 적절하다.

② '읊- + -고 → [읍꼬]'는 첫 번째 음절의 받침 'ㄿ'이 자음으로 시작하는 어미 앞에서 자음군 단순화가 일어나 [ㅍ]이 된 후, 음절 끝소리 규칙에 따라 'ㅍ'이 [ㅂ]으로 된 경우이다. 〈보기〉에 따르면 종성 위치에 자음이 둘 이상 올 수 없는 제약으로 인해 탈락 현상이 일어나는 것은 외재적 요인에 의한 것이므로, '읊고'는 ⊙이 아니라 ⓛ의 예에 해당한다. 한편, '맑- + -다 → [막따]'는 음절 받침 'ㄺ'이 자음군 단순화로 인해 [ㄱ]이 된 경우이다. 〈보기〉에 따르면 종성 위치에 자음이 둘 이상 올 수 없는 제약으로 인해 탈락 현상이 일어난 것은 외재적 요인에 의한 것이므로, '맑다'는 ⓛ의 예로 적절하다.

③ '끓- + -이- + -다 → [끄리대]'는 첫 번째 음절의 받침 'ㅀ'의 'ㅎ'이 모음으로 시작하는 어미 앞에서 탈락한 경우이다. 〈보기〉에 따르면 소리가 불명확한 'ㅎ'이 다른 음운과 인접하였을 때 쉽게 탈락하는 현상은 내재적 요인에 의한 것이므로, '끓이다'는 ⊙의 예로 적절하다. 한편, '얼- + -ㄴ → [언:]'은 어간 받침 'ㄹ'이 어미 앞에서 탈락한 경우이다. 〈보기〉에 따르면 'ㄹ'과 같이 소리의 성격이 약한 음운이 다른 음운과 인접하였을 때 쉽게 탈락하는 것은 내재적 요인에 의한 것이므로, '언'은 ⓛ이 아니라 ⊙의 예에 해당한다.

④ '치르- + -어도 → [치러도]'는 모음과 모음이 인접하는 상황에서 모음 'ㅡ'가 탈락하는 경우이다. 〈보기〉에 따르면 중성끼리 잇따르는 것을 회피하는 제약으로 인해 모음 중 하나가 탈락하는 현상은 외재적 요인에 해당하므로, '치러도'는 ⊙이 아니라 ⓛ의 예에 해당한다. 한편, '흙 + 얼개 → [흐걸개]'는 첫 번째 음절의 받침 'ㄺ'이 자음군 단순화로 인해 [ㄱ]이 된 후, 연음된 경우이다. 〈보기〉에 따르면 종성 위치에 자음이 둘 이상 올 수 없는 제약으로 인해 탈락 현상이 일어나는 것은 외재적 요인에 의한 것이므로, '흙얼개'는 ⓛ의 예로 적절하다.

⑤ '값 + -어치 → [가버치]'는 첫 음절의 받침 'ㅄ'이 자음군 단순화로 인해 [ㅂ]이 된 후, 연음된 경우이다. 〈보기〉에 따르면 종성 위치에 자음이 둘 이상 올 수 없는 제약으로 인해 탈락 현상이 일어나는 것은 외재적 요인에 의한 것이므로, '값어치'는 ⊙이 아니라 ⓛ에 해당하는 예에 해당한다. 참고로, '-어치'는 접미사이므로 형식 형태소에 해당하나, 통시적으로 '-어치'는 실질 형태소에 가깝게 쓰여 예외적으로 자음군 단순화가 적용된 경우에 해당한다. 한편, '앉- + -고 → [안꼬]'는 음절 받침 'ㄵ'이 자음군 단순화로 인해 [ㄴ]이 된 경우이다. 이는 '값어치'에서와 같이 외재적 요인에 의한 것이므로, '앉고'는 ⓛ의 예로 적절하다.

103. ①

'핥더라'에서 자음군 단순화가 먼저 일어날 경우, 받침 'ㄾ'이 'ㄹ'이 되어 [할더라]가 된다. 이때 [할더라]에서는 후행하는 'ㄷ'이 된소리되기가 일어날 조건을 갖추고 있지 않으므로, 올바른 발음인 [할떠라]가 도출될 수 없다. 따라서 '핥더라[할떠라]'는 자음군 단순화 이전에 된소리되기가 먼저 일어나야 하므로 선지의 설명은 적절하지 않다.

② '일일이[일리리]'는 합성어 및 파생어에서 자음으로 끝난 '일'과 모음 'ㅣ' 사이에 'ㄴ'이 첨가되어 [일닐이]가 된다. 이후 첫 번째 음절 종성의 'ㄹ'의 영향을 받아 후행하는 비음 'ㄴ'이 유음화되고, '릴'의 종성 'ㄹ'이 뒤 음절의 첫소리로 연음되어 [일리리]로 발음된다. 즉, '일일이'는 'ㄴ' 첨가가 먼저 일어나야만 유

음화가 일어날 수 있으므로, 음운 변동의 순서가 고정된 예라고 볼 수 있다.

③ '읽게[일께]'는 자음군 단순화가 먼저 일어날 경우, 받침 'ㄺ'이 [ㄹ]이 되어 [일게]가 된다. 이때 [일게]에서는 후행하는 'ㄱ'이 된소리되기가 일어날 조건을 갖추고 있지 않으므로, 올바른 발음인 [일께]가 도출될 수 없다. 따라서 된소리되기가 먼저 일어난 후 자음군 단순화를 적용해야 올바른 발음이 도출되므로, 음운 변동의 순서가 고정된 예라고 볼 수 있다.

④ '학력[항녁]'은 'ㄹ'이 'ㄱ' 뒤에서 [ㄴ]으로 바뀌는 'ㄹ'의 비음화가 일어나 [학녁]이 된 후, 앞 음절 종성의 'ㄱ'이 후행하는 비음 'ㄴ'의 영향을 받아 비음 [ㅇ]으로 교체된다. 즉, 'ㄹ'의 비음화가 먼저 일어나야만 'ㄱ'이 [ㅇ]으로 교체되는 비음화가 일어날 수 있으므로, 음운 변동의 순서가 고정된 예라고 볼 수 있다.

⑤ '흙일[흥닐]'은 자음군 단순화와 'ㄴ' 첨가가 일어나 [흑닐]이 된 후, 선행하는 'ㄱ'이 첨가된 'ㄴ'의 영향을 받아 비음 [ㅇ]으로 교체되어 [흥닐]로 발음된다. 즉, 'ㄴ' 첨가가 먼저 일어나야만 'ㄱ'이 [ㅇ]으로 교체되는 비음화가 일어날 수 있으므로, 음운 변동의 순서가 고정된 예라고 볼 수 있다.

104. ④

정답 설명

'배우- + -어 → 배워'는 'ㅗ, ㅜ'로 끝나는 용언 어간 뒤에 '-아/어'로 시작하는 어미가 올 때, 용언 어간의 'ㅗ, ㅜ'가 반모음 [w]로 교체되는 현상에 해당한다. 따라서 ㉠에 해당하는 예로 적절하다. 한편, '쓰- + -어도 → 써도'는 'ㅡ'로 끝나는 용언 어간 뒤에 '-아/어'로 시작하는 어미가 올 때, 용언 어간의 'ㅡ'가 탈락하는 현상에 해당한다. 따라서 ㉡에 해당하는 예로 적절하다. 또한, '되- + -어도 → 되여도'는 'ㅚ'로 끝난 용언 어간 뒤에서 반모음 [j]가 첨가된 현상에 해당한다. 이는 이전에는 없던 음운 반모음 [j]가 첨가되어 단모음 'ㅓ'가 이중 모음 'ㅕ'로 변한 것을 통해 알 수 있다. 따라서 ㉢에 해당하는 예로 적절하다.

오답 설명

① '피- + -어 → 펴:'는 'ㅣ'로 끝나는 용언 어간 뒤에 '-아/어'로 시작하는 어미가 올 때, 용언 어간의 'ㅣ'가 반모음 [j]로 교체되는 현상에 해당한다. 따라서 ㉠에 해당하는 예로 적절하다. 한편, '자- + -아서 → 자서'는 'ㅏ'나 'ㅓ'로 끝나는 용언 어간 뒤에 '-아'나 '-어'로 시작하는 어미가 올 때 두 모음 중 하나가 탈락하는 현상이다. 따라서 ㉡에 해당하는 예로 적절하다. 반면, '살피- + -어 → 살펴'는 'ㅣ'로 끝나는 용언 어간 뒤에 '-아/어'로 시작하는 어미가 올 때, 용언 어간의 'ㅣ'가 반모음 [j]로 교체되는 현상에 해당한다. 따라서 ㉢이 아니라 ㉠에 해당하는 예이다.

② '크- + -어도 → 커도'는 'ㅡ'로 끝나는 용언 어간 뒤에 '-아/어'로 시작하는 어미가 올 때, 용언 어간의 'ㅡ'가 탈락하는 현상에 해당한다. 따라서 ㉠이 아니라 ㉡에 해당하는 예이다. '두- + -어 → 둬:'는 'ㅗ, ㅜ'로 끝나는 용언 어간 뒤에 '-아/어'로 시작하는 어미가 올 때, 용언 어간의 'ㅗ, ㅜ'가 반모음 [w]로 교체되는 현상에 해당한다. 따라서 ㉡이 아니라 ㉠에 해당하는 예이다. 한편, '피- + -어 → 피여'는 'ㅣ'로 끝나는 용언 어간 뒤에서 반모음 [j]가 첨가된 현상에 해당한다. 이는 이전에는 없던 음운 반모음 [j]가 첨가되어 단모음 'ㅓ'가 이중 모음 'ㅕ'로 변한 것을 통해 알 수 있다. 따라서 ㉢에 해당하는 예로 적절하다.

③ '두- + -어 → 둬:'는 'ㅗ, ㅜ'로 끝나는 용언 어간 뒤에 '-아/어'로 시작하는 어미가 올 때, 용언 어간의 'ㅗ, ㅜ'가 반모음 [w]로 교체되는 현상에 해당한다. 따라서 ㉠에 해당하는 예로 적절하다. '배우- + -어 → 배워'는 'ㅗ, ㅜ'로 끝나는 용언 어간 뒤에 '-아/어'로 시작하는 어미가 올 때, 용언 어간의 'ㅗ, ㅜ'가 반모음 [w]로 교체되는 현상에 해당한다. 따라서 ㉡이 아니라 ㉠에 해당하는 예이다. 한편, '견디- + -어서 → 견뎌서'는 'ㅣ'로 끝나는 용언 어간 뒤에 '-아/어'로 시작하는 어미가 올 때, 용언 어간의 'ㅣ'가 반모음 [j]로

교체되는 현상에 해당한다. 따라서 ㉢이 아니라 ㉠에 해당하는 예이다.

⑤ '자- + -아서 → 자서'는 'ㅏ'나 'ㅓ'로 끝나는 용언 어간 뒤에 '-아'나 '-어'로 시작하는 어미가 올 때 두 모음 중 하나가 탈락하는 현상이다. 따라서 ㉠이 아니라 ㉡에 해당하는 예이다. '바꾸- + -어라 → 바꿔라'는 'ㅗ, ㅜ'로 끝나는 용언 어간 뒤에 '-아/어'로 시작하는 어미가 올 때, 용언 어간의 'ㅗ, ㅜ'가 반모음 [w]로 교체되는 현상에 해당한다. 따라서 ㉡이 아니라 ㉠에 해당하는 예이다. 한편, '살피- + -어 → 살펴'는 'ㅣ'로 끝나는 용언 어간 뒤에 '-아/어'로 시작하는 어미가 올 때, 용언 어간의 'ㅣ'가 반모음 [j]로 교체되는 현상에 해당한다. 따라서 ㉢이 아니라 ㉠에 해당하는 예이다.

105. ③

정답 설명

'외박'은 'ㅚ, ㅂ, ㅏ, ㄱ'의 4개의 음운으로, '우박'은 'ㅜ, ㅂ, ㅏ, ㄱ'의 4개의 음운으로 구성되어 있다. 따라서 '외박'과 '우박'은 두 음운의 개수가 같고, 다른 음운은 모두 동일한 조건에서 오직 앞 음절 중성 'ㅚ'와 'ㅜ'로 뜻이 구별되므로, 최소 대립쌍에 해당한다.

오답 설명

① '있다'는 표준 발음이 [읻따]이므로 'ㅣ, ㄷ, ㄸ, ㅏ' 4개의 음운으로 구성되어 있다. '없다'는 표준 발음이 [업따]이므로 'ㅓ, ㅂ, ㄸ, ㅏ' 4개의 음운으로 구성되어 있다. 두 단어의 음운의 개수는 같으나, 같은 자리에 있는 하나의 음운만 달라야 한다는 최소 대립쌍의 조건을 만족하지 못하므로 두 단어는 최소 대립쌍에 해당하지 않는다.

② 국어에서 음절 초성에 오는 'ㅇ'은 음가가 없는 형식적 초성에 해당하므로, 음운이라 보기 어렵다. 즉, '유학'의 'ㅇ'은 형식적 초성으로 음운이 아니다. '유학'은 'ㅠ, ㅎ, ㅏ, ㄱ'의 4개의 음운으로, '휴학'은 'ㅎ, ㅠ, ㅎ, ㅏ, ㄱ'의 5개의 음운으로 구성되어 있다. 따라서 '유학'과 '휴학'은 음운의 개수가 같지 않으므로 최소 대립쌍에 해당하지 않는다.

④ '쌈'은 'ㅆ, ㅏ, ㅁ'의 3개의 음운으로, '삼'은 'ㅅ, ㅏ, ㅁ'의 3개의 음운으로 구성되어 있다. 따라서 '쌈'과 '삼'은 각각의 음운의 개수가 같고, 다른 음운은 모두 동일한 조건에서 초성의 'ㅆ'과 'ㅅ'으로 뜻이 구별되므로 최소 대립쌍에 해당한다.

⑤ '구슬'은 'ㄱ, ㅜ, ㅅ, ㅡ, ㄹ'의 5개의 음운으로, '구실'은 'ㄱ, ㅜ, ㅅ, ㅣ, ㄹ'의 5개의 음운으로 구성되어 있다. 따라서 '구슬'과 '구실'은 각각의 음운 개수가 같고, 다른 음운은 모두 동일한 조건에서 오직 두 번째 음절의 중성 'ㅡ'와 'ㅣ'로 뜻이 구별되므로 최소 대립쌍에 해당한다.

106. ②

정답 설명

'닭이'를 [달기]로 발음하는 것은 음절 종성에서 겹받침 'ㄺ'이 모두 발음될 수 없기 때문이다. 즉, 국어의 종성에는 올 수 있는 자음의 개수가 1개로 정해져 있으므로, 겹받침 중 'ㄱ'이 뒤 음절 초성으로 연음되어 [달기]라고 발음하는 것이다. 따라서 '닭이'를 '[달기]'로 발음하는 것은 음절 초성에 올 수 있는 자음의 종류가 정해져 있기 때문이 아니라, 음절 종성에 올 수 있는 자음의 개수가 정해져 있기 때문이므로 선지의 내용은 적절하지 않다.

오답 설명

① 'shop'을 [쇺]이 아니라 [숍]으로 인식하는 것은, 국어의 음절 구조 제약을 고려한 결과라고 볼 수 있다. 이는 국어의 종성에는 올 수 있는 자음의 종류가

7개('ㄱ, ㄴ, ㄷ, ㄹ, ㅁ, ㅂ, ㅇ')로 한정되어 있으므로, [슢]이 아니라 음절 종성의 'ㅍ'이 대표음 [ㅂ]으로 교체된 [숍]으로 인식한 것으로 볼 수 있다.
③ '훑지'를 [훌찌]로 발음하는 것은 음절 종성에서 겹받침 'ㄾ'이 모두 발음될 수 없기 때문이다. 국어의 종성에는 올 수 있는 자음의 개수가 1개로 정해져 있으므로, 이러한 음절 구조 제약을 위배하지 않기 위해 자음군 단순화가 일어난 것이다.
④ 'mint'를 [민ㅌ]가 아니라 [민트]로 인식하는 것은 영어와 달리 국어의 종성에 올 수 있는 자음의 개수는 1개로 정해져 있기 때문이다. 따라서 모음 'ㅡ'를 삽입하여 종성에 자음이 1개만 올 수 있도록 한 것이므로 선지의 내용은 적절하다.
⑤ '놓는'을 [논는]으로 발음하는 것은 음절 종성에서 올 수 있는 자음의 종류가 7개('ㄱ, ㄴ, ㄷ, ㄹ, ㅁ, ㅂ, ㅇ')로 정해져 있기 때문이다. 즉, 'ㅎ'이 음절의 끝소리 규칙에 따라 'ㄷ'으로 교체된 것이므로 선지의 설명은 적절하다. 참고로 '놓는'은 음절의 끝소리 규칙 적용 후([녿는]), 뒤 음절의 'ㄴ'으로 인해 종성의 'ㄷ'에서 비음화가 일어나 최종적으로 [논는]으로 발음된다.

107. ④

〈보기〉의 ⓔ '실낙원[실라권]'은 둘째 음절의 'ㄴ'이 선행하는 유음 'ㄹ'의 영향을 받아 같은 조음 방법의 유음 'ㄹ'로 교체되는 유음화가 일어난 사례이다. ④의 '핥네'는 자음군 단순화로 인해 겹받침 'ㄾ'에서 'ㅌ'이 탈락해 [ㄹ]이 된 후, 후행하는 'ㄴ'이 받침 'ㄹ'의 영향을 받아 자음 [ㄹ]로 바뀌는 유음화가 일어난다. '설익다'는 자음으로 끝난 '설'과 모음 'ㅣ' 사이에 'ㄴ'이 첨가되고, 첨가된 'ㄴ'이 선행하는 유음 'ㄹ'의 영향을 받아 유음 [ㄹ]로 교체되는 유음화가 일어난다. 따라서 '핥네[할레]'와 '설익다[설릭따]'는 모두 유음화가 일어난 ⓔ의 예에 해당한다.

① 〈보기〉의 ⓐ '덮고[덥꼬]'는 음절의 끝소리 규칙으로 '덮'의 종성 'ㅍ'이 [ㅂ]으로 바뀌고, 'ㅂ' 뒤에서 예사소리 'ㄱ'이 된소리 [ㄲ]으로 교체되는 된소리되기가 일어난 사례이다. ①의 '낯설다'는 음절의 끝소리 규칙으로 '낯'의 종성 'ㅊ'이 [ㄷ]으로 변한 뒤, 'ㄷ' 뒤에서 예사소리 'ㅅ'이 된소리 [ㅆ]으로 교체된다. 한편, '잊히다'는 'ㅈ'과 'ㅎ'이 [ㅊ]으로 축약되는 거센소리되기가 일어난다. 따라서 '낯설다[낟썰다]'와 달리 '잊히다[이치다]'는 된소리되기의 예에 해당하지 않는다.
② 〈보기〉의 ⓑ '외곬[외골]'은 겹받침 'ㄳ'의 'ㅅ'이 탈락해 [ㄹ]이 되는 자음군 단순화가 일어난 사례이다. ②의 '많니'는 자음으로 시작하는 어미 '-니' 앞에서 자음군 단순화가 일어나 [만니]가 된다. 반면, '닳아'는 모음으로 시작하는 어미 '-아' 앞에서 'ㅎ'이 탈락하여 [다라]가 된다. 따라서 '많니[만니]'와 달리 '닳아[다라]'는 자음군 단순화의 예에 해당하지 않는다. 참고로, 'ㅎ' 탈락은 공명음(비음, 유음)과 모음 사이에서 'ㅎ'이 탈락하는 현상을 말한다.
③ 〈보기〉의 ⓒ '각해[가캐]'는 받침 'ㄱ'과 'ㅎ'이 결합해 [ㅋ]으로 축약되는 거센소리되기가 일어난 사례이다. ③의 '점잖고'는 받침 'ㄶ'의 'ㅎ'과 후행하는 어미 '-고'의 'ㄱ'이 결합해 [ㅋ]으로 축약된다. 한편, '읊지'는 자음군 단순화와 음절의 끝소리 규칙이 일어나 겹받침 'ㄿ'이 [ㅂ]이 된 후 받침 'ㅂ' 뒤에서 예사소리 'ㅈ'이 된소리 [ㅉ]으로 교체되는 된소리되기가 일어난다. 따라서 '점잖고[점잔코]'와 달리 '읊지[읍찌]'는 거센소리되기의 예에 해당하지 않는다.
⑤ 〈보기〉의 ⓓ '겉이[거치]'는 'ㅌ'과 모음 'ㅣ'로 시작하는 형식 형태소가 만나 'ㅌ'이 [ㅊ]으로 변하는 구개음화가 일어난 사례이다. ⑤의 '벼훑이'는 'ㅌ'과 모음 'ㅣ'로 시작하는 형식 형태소가 만나 'ㅌ'이 [ㅊ]으로 변하는 구개음화가 일어난다. 반면, '끝일'의 '일'은 모음 'ㅣ'로 시작하는 실질 형태소에 해당하므로 앞 음절 종성에서 음절 끝소리 규칙이 일어난다. 이후 자음으로 시작하는 말

과 모음 'ㅣ'로 시작하는 말 사이에서 'ㄴ'이 첨가되고, 이 'ㄴ'의 영향으로 선행하는 자음 'ㄷ'이 [ㄴ]으로 교체되는 비음화가 일어난다. 따라서 '벼훑이[벼훌치]'와 달리 '끝일[끈닐]'은 구개음화의 예에 해당하지 않는다.

108. ④

'꽃이삭[꼰니삭]'은 첫 번째 음절 '꽃'의 종성 'ㅊ'이 음절의 끝소리 규칙에 따라 [ㄷ]으로 교체된다. 그리고 자음으로 끝난 말과 모음 'ㅣ'로 시작하는 말 사이에서 'ㄴ'이 첨가되어 [꼰니삭]이 된다. 이때 교체된 'ㄷ'은 후행하는 비음 'ㄴ'의 영향을 받아 'ㄴ'과 같은 조음 방법의 비음 [ㄴ]이 된다. 따라서 '꽃이삭[꼰니삭]'은 ㉠(교체)과 ㉢(첨가)의 음운 변동이 일어나므로, 선지의 내용은 적절하다.

① '없는[엄:는]'은 자음군 단순화에 인해 음절 종성의 겹받침 'ㅄ' 중 'ㅅ'이 탈락하여 [업는]이 된 후, 종성 'ㅂ'이 후행하는 비음 'ㄴ'의 영향을 받아 비음 [ㅁ]으로 교체되는 비음화가 일어난다. 따라서 '없는[엄:는]'은 ㉡(탈락)과 ㉠(교체)의 음운 변동이 일어나므로, 선지의 내용은 적절하지 않다.
② '색연필[생년필]'은 자음으로 끝난 '색'과 반모음 'ㅣ' 사이에서 'ㄴ'이 첨가되어 [색년필]이 된 후, '색'의 종성 'ㄱ'이 첨가된 비음 'ㄴ'의 영향을 받아 비음 [ㅇ]으로 바뀌는 비음화가 일어난다. 즉, '색연필[생년필]'은 ㉢(첨가)과 ㉠(교체)의 음운 변동이 일어나므로, 선지의 내용은 적절하지 않다.
③ '몫몫이[몽목씨]'는 첫 번째 음절 '몫'의 종성 'ㄳ'이 자음군 단순화에 의해 'ㅅ'이 탈락하여 [ㄱ]이 되는데, 이 'ㄱ'은 후행하는 비음 'ㅁ'의 영향을 받아 비음 [ㅇ]으로 비음화 되어 [몽몫이]가 된다. 두 번째 음절 '몫'의 받침 'ㄳ'은 뒤에 모음으로 시작하는 어미가 오므로 연음된 후, 받침 'ㄱ' 뒤에서 연음된 'ㅅ'은 된소리 [ㅆ]로 교체되어 [몽목씨]가 된다. 따라서 '몫몫이[몽목씨]'는 ㉡(탈락)과 ㉠(교체)이 일어나므로, 선지의 내용은 적절하지 않다. 참고로, 연음은 음운 변동에 해당하지 않는다.
⑤ '여덟아홉[여더라홉]'은 두 번째 음절의 종성 'ㄼ'이 자음군 단순화에 의해 'ㅂ'이 탈락하여 [여덜아홉]이 되고, 이후 종성 'ㄹ'이 연음되어 [여더라홉]이 된다. 따라서 '여덟아홉[여더라홉]'은 ㉡(탈락)의 음운 변동만 일어나므로, 선지의 내용은 적절하지 않다.

109. ⑤

ⓜ의 '만날 + 사람 → [만날싸람]'은 관형사형 어미 'ㄹ' 뒤에서 예사소리 'ㅅ'이 된소리 [ㅆ]으로 변하는 된소리되기 현상이 일어난다. 이때, 'ㄹ'과 'ㅆ'은 조음 방식이 유음과 마찰음으로 다르다. 또한 'ㄹ'과 'ㅆ'은 치조음으로 조음 위치가 같지만, 'ㅆ'이 바뀌기 전의 'ㅅ' 또한 치조음이므로 'ㄹ'의 영향을 받아 조음 위치가 유사해진 것도 아니다. 따라서 ⓜ은 동화 현상에 해당하지 않는다.

① ㉠의 '섞 + 는 → [성는]'은 음절의 끝소리 규칙으로 음절 종성의 'ㄲ'이 [ㄱ]으로 교체된 후, 교체된 'ㄱ'이 후행하는 비음 'ㄴ'의 영향을 받아 'ㄴ'과 같은 조음 방법의 비음 [ㅇ]으로 바뀌는 변화가 일어난다. 이때 ㉠에 나타나는 비음화는 동화 현상이므로 선지의 설명은 적절하지 않다.
② ㉡의 '앉 + 고 → [안꼬]'는 겹받침 'ㄵ'에서 'ㅈ'이 탈락하기 전에 음절의 끝소리 규칙에 의해 [ㄷ]으로 교체되어 된소리되기가 일어난 후, 'ㄷ'이 탈락하는 현상이 일어난다. 이때 'ㄴ(ㄵ)'과 'ㄲ'은 어떠한 음운론적 성질도 공유하고 있지 않으므로 된소리되기는 동화 현상으로 볼 수 없다.

③ ⓒ의 '꽃 + 씨 → [꼳씨]'는 음절의 끝소리 규칙으로 음절 종성의 'ㅊ'이 [ㄷ]이 되는 현상이 일어난다. 즉, 선지에서 말하는 바와 같이 'ㅊ'이 후행하는 'ㅆ'의 영향을 받아 조음 위치가 'ㅆ'과 유사한 [ㄷ]으로 바뀐 것이 아니라, 음절 말에 올 수 있는 자음의 종류가 제한되는 음절 구조 제약에 따라 다른 음절과는 상관없이 음절 말에서 'ㅊ'이 [ㄷ]으로 바뀐 것이다.

④ ⓔ의 '밭 + 이 → [바치]'는 구개음화로 음절 말의 'ㅌ'이 모음 'ㅣ'로 시작하는 형식 형태소와 만나 구개음 [ㅊ]으로 바뀐 현상이 일어난다. 이때, 구개음화는 'ㅌ'이 모음 'ㅣ'의 영향을 받아 모음 'ㅣ'와 비슷한 조음 위치(경구개)의 자음 [ㅊ]으로 바뀐 것이므로, 동화 현상에 해당한다.

110. ⑤

정답 설명

'꽃밭'은 음절 끝소리 규칙과 된소리되기에 따라 최종적으로 [꼳빧]으로 발음된다. 그런데, 간혹 [꼳빧]을 [꼽빧]으로 발음하기도 하는데, 이는 선행 음절의 종성에 오는 자음이 뒤에 오는 자음의 조음 위치를 닮아 가는 조음 위치 동화가 일어난 것이다. '꽃밭'의 최종 발음인 [꼳빧]에서 음절 종성 [ㄷ]이 후행하는 양순음 [ㅂ]의 영향을 받아 같은 조음 위치의 자음인 [ㅂ]으로 바뀌는 것이 바로 조음 위치 동화이다. '감기' 또한 마찬가지로, 선행하는 음절 종성 [ㅁ]이 후행하는 연구개음 [ㄱ]의 영향을 받아 같은 조음 위치의 자음인 [ㅇ]으로 교체되는 조음 위치 동화가 일어난 예이다. 따라서 [A]에 들어갈 말은 '선행 음절의 종성 자음이 뒤에 오는 자음의 조음 위치를 닮아 가기'가 적절하다. 참고로, 조음 위치 동화는 필수적으로 일어나는 음운 현상이 아닌 수의적인 현상이며, 비표준 발음이다.

Part _06

중세 국어

1. ⑤

정답 설명

'거말이(거머리)'를 표현하기 위해서 '巨末里(클 거, 끝 말, 마을 리(이))'를 활용했다면 모두 한자의 음을 활용한 것이므로 ㉠, ㉡이 모두 나타난 예가 아닌, ㉡이 나타난 예로 볼 수 있다.

오답 설명

① '안마을'을 표현하기 위해서 '內里(안 내, 마을 리)'를 활용했다면 모두 한자의 뜻을 활용한 것이므로 ㉠의 예로 볼 수 있다.

② '물푸레나무'를 표현하기 위해서 '水靑木(물 수, 푸를 청, 나무 목)'을 활용했다면 모두 한자의 뜻을 활용한 것이므로 ㉠의 예로 볼 수 있다.

③ '소나'를 표현하기 위해서 '素那(흴 소, 어찌 나)'를 활용했다면 모두 한자의 음을 활용한 것이므로 ㉡의 예로 볼 수 있다.

④ '고치'를 표현하기 위해서 '高致(높을 고, 이를 치)'를 활용했다면 모두 한자의 음을 활용한 것이므로 ㉡의 예로 볼 수 있다.

2. ②

정답 설명

ⓔ '뿌메'의 'ㅽ'은 초성에 합용 병서가 사용된 예(㉮), '뿌'는 중성을 초성 아래 붙여 쓴 예(㉯), '메'는 중성을 초성 오른쪽에 붙여 쓴 예(㉰)로 볼 수 있다.

ⓜ '뜨ᄅ미니라'의 'ㄸ'은 초성에 합용 병서가 사용된 예(㉮), '뜨, ᄅ'는 중성을 초성 아래 붙여 쓴 예(㉯), '미, 니, 라'는 중성을 초성 오른쪽에 붙여 쓴 예(㉰)로 볼 수 있다.

오답 설명

㉠ '뜯들'의 'ㄸ'은 초성에 합용 병서가 사용된 예(㉮), '뜯, 들'은 중성을 초성 아래 붙여 쓴 예(㉯)로 볼 수 있다. 그러나 ㉰는 확인할 수 없다.

㉡ '스믈여듧'의 '스, 믈, 듧'은 중성을 초성 아래 붙여 쓴 예(㉯), '여'는 중성을 초성 오른쪽에 붙여 쓴 예(㉰)로 볼 수 있다. 참고로 초성에 있는 'ㅇ'는 음가가 없으나, 여기서는 음가의 문제가 아니라 표기의 문제이니 ㉰의 사례를 고려할 때, 음가는 고려할 필요가 없다. 그러나 ㉮는 확인할 수 없다. 참고로 '듧'의 'ㄼ'은 초성이 아닌 종성에 합용 병서가 사용된 것이므로 ㉮의 예로 볼 수 없다.

㉢ '수븨'는 '수'는 중성을 초성 아래 붙여 쓴 예(㉯), '븨'는 중성을 초성 오른쪽에 붙여 쓴 예(㉰)로 볼 수 있다. 그러나 ㉮는 확인할 수 없다. 참고로 순경음 'ㅸ'은 초성 글자를 위아래로 이어 쓴 연서이므로, 초성 글자를 나란히 합한 합용 병서의 예가 아니다.

3. ③

정답 설명

보통 중세 국어에서 처소 부사격 조사로는 '애, 에, 예'가 사용되는 것이 원칙이나, 몇몇 체언의 경우엔 '익/의'의 형태로 결합하는 경우가 있다. '구ᄃ릭(구들+익)'가 '구들에서'에 대응되므로 '익'가 관형격 조사가 아닌 부사격 조사로 쓰였음을 알 수 있다. 판단의 기준은 현대어 풀이임을 명심하자.

오답 설명

① '빅셩이'가 서술어 '니르고져'에 대한 주체이므로, '이'가 주격 조사에 해당함을 알 수 있다.
② '불휘'가 '뿌리가'에 대응되는 것을 고려할 때, 중세 국어에서는 주격 조사가 생략된 형태도 존재했음을 알 수 있다.
④ '여래ㅅ'이 '여래의'에 대응되는 것을 고려할 때, 중세 국어에서는 'ㅅ'이 관형격 조사 '의'와 같은 역할을 했음을 알 수 있다.
⑤ '나를'이 '나를'에 대응되는 것을 고려할 때, 중세 국어에서는 '를'이 목적격 조사 '를'과 같은 역할을 했음을 알 수 있다.

4. ④

정답 설명

ㄹ은 의문사 '엇던'이 실현되어 구체적인 설명을 요구하는 의문문이며, 의문형 어미 '-고'가 사용되었으므로 선지의 설명은 적절하다.

오답 설명

① ㄱ은 의문사 '엇던'이 실현되어 구체적인 설명을 요구하는 의문문이며, 체언 '사룸' 뒤에 의문 보조사 '고'가 결합하여 쓰였으므로 적절한 이해가 아니다.
② ㄴ은 의문사의 실현 없이 긍정이나 부정의 대답을 요구하는 의문문이며, 체언 '죵' 뒤에 의문 보조사 '가'가 결합하여 쓰였으므로 적절한 이해가 아니다.
③ ㄷ은 의문사 '엇데'가 실현되어 구체적인 설명을 요구하는 의문문이며, 2인칭 주어 '너'가 사용되어 의문형 어미 '-ㄴ다'가 쓰였으므로 적절한 이해가 아니다.
⑤ ㅁ은 의문사의 실현 없이 긍정이나 부정의 대답을 요구하는 의문문이며, 의문형 어미 '-가'가 쓰였으므로 적절한 이해가 아니다.

5. ②

정답 설명

'시미'는 현대어 풀이 '샘이'에 대응되며 '심+이'로 분석되므로, 자음으로 끝나는 체언 뒤에서 주격 조사가 '이'로 실현된 예로 적절하다.

오답 설명

① '누미'는 현대어 풀이 '남의'에 대응되며 '놈+의'로 분석되므로, 주격 조사가 아닌 관형격 조사가 '의'로 실현된 예이다.
③ '쇠'는 현대어 풀이 '소의'에 대응되며 '쇼+ㅣ'로 분석되므로, 주격 조사가 아닌 관형격 조사가 'ㅣ'로 실현된 예이다.
④ '불휘'는 현대어 풀이 '뿌리가'에 대응되며 '불휘+∅'로 분석되므로, 반모음 'ㅣ'로 끝나는 체언 뒤에서 주격 조사가 '∅'로 실현된 예이다.
⑤ '머리'는 현대어 풀이 '머리가'에 대응되며 '머리+∅'로 분석되므로, 모음 '이'로 끝나는 체언 뒤에서 주격 조사가 '∅'로 실현된 예이다.

6. ⑤

정답 설명

'서리'는 말음이 '이'이므로 부사격 조사로 '예'가 쓰인다. 한편 'ㅂ룸'은 끝 음절 '룸'의 모음(ㆍ)이 양성 모음이므로 '애'가 쓰이며, 이어 적기를 하면 'ㅂ른매'가 된다.

7. ②

정답 설명

15세기 국어에서는 종성에서 'ㄷ'과 'ㅅ'이 다르게 발음되었다고 하였으므로, '몃'의 종성은 'ㄷ'이 아닌 'ㅅ'으로 발음되었다고 이해하는 것이 적절하다.

오답 설명

① 해당 문장에서 '四祖ㅣ'는 '사조가'라는 주어로 사용되었으므로 '四祖ㅣ'의 'ㅣ'는 주격 조사로 쓰였음을 알 수 있다.
③ '누리싫'에는 오늘날에는 쓰이지 않는 글자인 'ㆆ'이 쓰였으므로 적절한 이해이다.
④ ㄹ에 따르면 '뜨들'의 초성 'ㅴ'은 'ㅂ'과 'ㄷ'이 각각 발음되었을 것이므로 적절한 이해이다.
⑤ '지븨'는 '집의'처럼 분철 표기를 하지 않고 연철 표기 방식으로 쓰였으므로 적절한 이해이다.

8. ④

정답 설명

ㄱ '보ㅇ라'의 어간은 '보-'이다. 따라서 어간의 끝소리가 유성음일 때 사용되는 '-ㅸ-' 혹은 '-ᇦ-'이 사용되어야 한다. 이때, 뒤에 위치하는 어미가 '-ㅇ라'이므로, 모음으로 시작하는 어미 앞에서 사용되는 '-ᇦ-'이 나타나야 함을 알 수 있다.
ㄴ '듣고져'의 어간은 '듣-'이다. 따라서 어간의 끝소리가 'ㄷ'일 때 사용되는 '-ㅈㅂ- 혹은 '-ᅐ-'이 사용되어야 한다. 이때, 뒤에 위치하는 어미가 '-고져'이므로, 자음으로 시작하는 어미 앞에서 사용되는 '-ㅈㅂ-'이 나타나야 함을 알 수 있다.

9. ③

정답 설명

'바ᄂ룰'은 '바늘(바늘)+올'로 분석할 수 있는데, 여기에 쓰인 목적격 조사는 '룰'이 아니라 '올'이므로 적절한 이해가 아니다. '룰'과 같은 표기는 '바늘'의 종성 'ㄹ'을 '올'의 초성에 이어 적은 것이다.

오답 설명

① '죠히룰'은 '죠히(종이)+룰'로 분석할 수 있는데, 여기에 쓰인 목적격 조사는 '룰'이므로 적절한 이해이다.
② '쟝긔파늘'은 '쟝긔판(장기판)+울'로 분석할 수 있는데, 여기에 쓰인 목적격 조사는 '울'이므로 적절한 이해이다.
④ '낙술'은 '낛(낚시)+울'로 분석할 수 있는데, 여기에 쓰인 목적격 조사는 '올'이므로 적절한 이해이다.
⑤ '므스글'은 '므슥(무엇)+을'로 분석할 수 있는데, 여기에 쓰인 목적격 조사는 'ㄹ을'이므로 적절한 이해이다.

10. ④

정답 설명

'바미(밤+이)'는 '밤에'로 풀이되므로, 앞말 '밤'의 끝에 오는 모음('ㅏ')이 양성이기에 부사격 조사로 '이'가 쓰인 예에 해당한다.

오답 설명

① '아들의(아들+의)'는 '아들의'로 풀이되므로, 앞말 '아들'의 끝에 오는 모음

('ㆍ')이 양성이기에 관형격 조사로 '익'가 쓰인 예에 해당한다.

② '사ᄅᆞ믜(사ᄅᆞᆷ+의)'는 '사람의'로 풀이되므로, 앞말 '사ᄅᆞᆷ'의 끝에 오는 모음 ('ㆍ')이 양성이기에 관형격 조사로 '익'가 쓰인 예에 해당한다.

③ '올ᄒᆞ녀긔(올ᄒᆞ녁+의)'는 '오른쪽에'로 풀이되므로, 앞말 '올ᄒᆞ녁'의 끝에 오는 모음('ㅕ')이 음성이기에 부사격 조사로 '의'가 쓰인 예에 해당한다.

⑤ '아기아ᄃᆞᆯ익(아기아ᄃᆞᆯ+익)'는 '막내아들의'로 풀이되므로, 앞말 '아기아ᄃᆞᆯ'의 끝에 오는 모음('ㆍ')이 양성이기에 관형격 조사로 '익'가 쓰인 예에 해당한다.

11. ③

정답 설명

'니ᄅᆞ샤ᄃᆡ'는 현대어 풀이 '이르시되'와 대응하므로, 주체 높임 선어말 어미 '-샤-'가 쓰인 것으로 볼 수 있다. 따라서 객체를 높이는 선어말 어미가 쓰였다는 선지의 설명은 적절하지 않다.

오답 설명

① '世尊하'가 '세존이시여'로 풀이되는 것으로 보아, '하'는 높임의 대상을 부르는 호격 조사임을 알 수 있다.

② '날을'은 '나'에 목적격 조사 'ㄹ'이 결합된 것이다. 중세 국어에서 모음으로 끝나는 체언 뒤에는 '를, 를'이 주로 쓰였지만 '날'과 같이 'ㄹ'이 쓰이는 경우가 있었다. 참고로 현대 국어에서도 '널(너를), 절(저를)' 등과 같이 목적격 조사로 '를' 대신 'ㄹ'이 사용되는 경우가 있다.

④ '누본'에 쓰인 순경음 'ㅸ'은 현대 국어에서는 쓰이지 않는 음운이다.

⑤ '바ᄅᆞ래'는 명사 '바ᄅᆞᆯ(바다)'에 부사격 조사 '애'가 결합된 것으로, '애'의 초성에 받침 'ㄹ'을 이어 적기 한 것이다.

12. ③

정답 설명

'올마가더니라'는 '옮-'과 '가-'가 결합한 합성어 '올마가다'의 활용형이다. '올마가다'의 '올마'는 어간 '옮-'에 어미 '-아'가 결합된 것이므로 ㉠에 해당하지 않는다.

오답 설명

① '솟나아'는 '솟-'과 '나-'가 결합한 합성어 '솟나다'의 활용형이다. '솟나다'의 어간 '솟-'은 어미와 결합하지 않았으므로 ㉠에 해당한다.

② '옮ᄃᆞ니ᄂᆞᆫ'은 '옮-'과 'ᄃᆞ니-'가 결합한 합성어 '옮ᄃᆞ니다'의 활용형이다. '옮ᄃᆞ니다'의 어간 '옮-'은 어미와 결합하지 않았으므로 ㉠에 해당한다.

④ '보ᄉᆞᆯ펴'는 '보-'와 'ᄉᆞᆯ피-'가 결합한 합성어 '보ᄉᆞᆯ피다'의 활용형이다. '보ᄉᆞᆯ피다'의 어간 '보-'는 어미와 결합하지 않았으므로 ㉠에 해당한다.

⑤ '미얼거'는 '미-'와 '얽-'이 결합한 합성어 '미얽다'의 활용형이다. '미얽다'의 어간 '미-'는 어미와 결합하지 않았으므로 ㉠에 해당한다.

13. ③

정답 설명

현대 국어의 '걱정하시고'는 중세 국어 자료에서 '분별ᄒᆞ시고'로 나타나고 있는데, 주체 높임 선어말 어미 '-시-'의 사용에는 차이가 없으므로 적절하지 않다.

오답 설명

① 현대 국어의 '야수가'에서는 주격 조사 '가'의 모습이 나타나지만 중세 국어 자료에서는 '耶輸ㅣ'와 같이 주격 조사 'ㅣ'가 사용되고 있어, 현대 국어의 주격 조사와 차이를 보인다.

② 현대 국어의 '들으시고'는 중세 국어 자료에서 '드르시고'로 사용되고 있어, 중세 국어에서는 앞말의 받침 소리 나는 대로 뒷말로 옮겨 적는 이어 적기가 적용되었음을 알 수 있다.

④ 현대 국어의 '세존의'에서는 관형격 조사 '의'의 모습이 나타나지만, 중세 국어 자료에서는 '世尊ㅅ'로 사용되고 있어 중세 국어에서는 'ㅅ'이 관형격 조사로 사용되었음을 알 수 있다.

⑤ 현대 국어에서 '묻고'는 '여쭙다' 등의 높임의 어휘를 통해 객체 높임이 표현되지만, 중세 국어 자료에서는 '묻ᄌᆞᆸ고'로 객체 높임이 표현되고 있다. 이를 통해 현대 국어에서는 사용하지 않는 객체 높임 선어말 어미 '-ᄌᆞᆸ-'이 사용되었음을 알 수 있다.

14. ④

정답 설명

㉣의 '믈(물), 블(불), 플(풀)'에서 'ㅁ, ㅂ, ㅍ'은 모두 'ㅡ' 음과 만나고 있다. 이때 세 단어는 모두 다른 의미를 나타내고 있으므로 'ㅁ, ㅂ, ㅍ'이 'ㅡ' 음을 만나면 의미를 변별해 주는 기능을 하지 못했다고 할 수 없다. ㉣은 순음 'ㅁ, ㅂ, ㅍ'이 'ㅡ' 음 앞에 쓰였을 때 'ㅡ'가 'ㅜ'로 발음되는 원순 모음화 현상이 적용되지 않았음을 보여 주는 사례이다.

오답 설명

① ㉠을 통해 중세 국어에서는, 현대 국어에서는 쓰지 않는 'ㅳ', 'ㅄ'과 같은 어두 자음군이 사용되었음을 알 수 있다.

② ㉡을 통해 중세 국어에서는, 현대 국어에 없는 'ㅸ, ㅿ, ㆆ' 등의 자음들이 쓰였음을 알 수 있다.

③ ㉢을 통해 중세 국어에서는, 'ㄴ, ㄴ, ㄹ, ㄹ'가 단어 첫머리에 올 때 '이, 여, 야, 여'로 적는 두음 법칙이 지켜지지 않아 '녀자', '량식'과 같이 어두에 'ㄴ'이나 'ㄹ'이 쓰였음을 알 수 있다.

⑤ '말ᄊᆞᆷ'에는 양성 모음 'ㅏ'와 'ㆍ', 'ᄇᆞ래'에는 양성 모음 'ㆍ'와 'ㅐ'가 쓰였으므로 ㉤은 모음 조화가 지켜진 사례에 속한다.

15. ②

정답 설명

'ᄇᆞ래'는 첫째 음절의 'ㆍ'와 둘째 음절의 'ㆍ'가 현대 국어에서 모두 'ㅏ'로 바뀌었으므로, 'ᄇᆞ래'를 통해 음절의 위치에 따라 달라지는 'ㆍ'의 변천을 파악할 수 없다.

오답 설명

① '기픈'은 연철 표기로, 분철 표기인 '깊은'과 표기 형태상 차이가 있다.

③ '됴코'는 중세 국어에서 'ㄷ'이 모음 'ㅣ'나 반모음 'ㅣ[j]' 앞에서 'ㅈ'으로 바뀌는 구개음화가 일어나지 않았음을 보여 준다. 참고로, 중세 국어에서 'ㅛ'는 반모음 'ㅣ[j]'와 모음 'ㅗ'가 결합한 것으로, 반모음 'ㅣ[j]'로 시작하는 이중 모음에 해당한다.

④ 중세 국어에서 '여름'은 '열매'를 뜻하는 단어였다. 따라서 '한 해의 네 철 가운데 둘째 철을 뜻하는 현대 국어 '여름'과 형태는 동일하지만 뜻이 다름을 알 수 있다.

⑤ 중세 국어의 '하다'는 현대 국어의 '많다'의 뜻과 같다. 따라서 중세 국어의 '하다'는 현대 국어의 '하다'와 다른 뜻을 가진 별개의 단어임을 알 수 있다.

16. ⑤

정답 설명

〈보기〉에 따르면, 초출자에 ' · '를 합성하여 재출자를 만들었다. 따라서 재출자는 초출자 'ㅗ, ㅏ, ㅜ, ㅓ'에 ' · '를 합성한 'ㅛ, ㅑ, ㅠ, ㅕ'이다. 'ㅘ'는 초출자인 'ㅗ'와 'ㅏ'를 합성한 것으로 재출자에 해당하지 않으며 훈민정음 28자에도 포함되지 않는다. 훈민정음 28자는 초성 17자(ㄱ, ㅋ, ㆁ, ㄴ, ㄷ, ㅌ, ㄹ, ㅁ, ㅂ, ㅍ, ㅅ, ㅈ, ㅊ, ㅿ, ㅇ, ㆆ, ㅎ)와 중성 11자(ㆍ, ㅡ, ㅣ, ㅗ, ㅏ, ㅜ, ㅓ, ㅛ, ㅑ, ㅠ, ㅕ)로 구성되었다.

오답 설명

① 'ㄷ'과 'ㅌ'은 기본자 'ㄴ'에 가획을 한 것이다.
② 'ㅂ'과 'ㅍ'은 기본자 'ㅁ'에 가획을 한 것이다.
③ 'ㆆ'과 'ㅎ'은 기본자 'ㅇ'에 가획을 한 것이다.
④ 초출자는 기본자 'ㆍ'에 나머지 기본자 하나를 합성하여 만든 'ㅗ, ㅏ, ㅜ, ㅓ'이다. 'ㅏ'는 기본자 'ㅣ'와 'ㆍ'를 합성한 초출자이다.

17. ①

정답 설명

ⓒ의 '누', ⓔ의 '엇던'은 모두 의문사에 해당한다. 그런데 ㉠과 ⓛ에는 의문사가 쓰이지 않았다. 이를 통해 중세 국어에서 '고'는 '가'와 달리 의문사를 사용하는 설명 의문문(상대에게 구체적인 설명을 요구하는 의문문)에서 사용되었음을 알 수 있다.

오답 설명

② ㉠~ⓔ의 주어는 모두 2인칭이 아니다.
③ ⓒ, ⓔ은 판정 의문문이 아니므로 적절하지 않다. 상대에게 '예, 아니요'의 답변을 요구하는 의문문을 판정 의문문이라고 한다.
④ ㉠~ⓔ은 과거 사실에 대한 의문을 나타내는 문장이 아니다.
⑤ ⓒ, ⓔ에 쓰인 '고'는 의문형 종결 어미가 아니라 체언에 결합하는 의문 보조사이다. 또한 ⓒ, ⓔ에 목적어가 사용되지도 않았다.

18. ④

정답 설명

현대어 풀이를 참고하면, '더디다'가 후대에 '던지다'로 변화한 과정을 통해 구개음화가 나타났을 것임을 추론할 수 있다. 따라서 ⓔ은 구개음화가 일어나기 전의 모습으로 보아야 한다.

오답 설명

① 선생님의 질문에 따르면 〈보기〉의 글은 이응태의 아내가 이응태에게 쓴 편지의 일부분이다. 따라서 현대 국어의 '당신'에 대응되는 '자내'는 이응태의 아내가 자신의 남편을 가리키는 말로 사용한 것임을 알 수 있다.
② 현대어 풀이를 참고하면, '셰다'가 후대에 '세다'로 단모음화(이중 모음으로 쓰이던 표현이 현대 국어에서 단모음으로 바뀌는 것)되었음을 알 수 있다.
③ ⓒ과 '하시더니'에서는 모두 주체인 '자내(당신)'를 높이는 주체 높임 선어말 어미 '-시-'가 사용되었음을 확인할 수 있다.
⑤ ⓜ은 '뭄 + 을'로, '뭄을'이 아닌 '뭄으로' 적었다는 것에서 끊어 적기를 하지 않고 이어 적기를 하였음을 알 수 있다.

19. ④

정답 설명

'어엿비'가 현대에는 '가엾게'로 해석되는 것으로 보아, 의미가 전혀 다르게 변화했음을 알 수 있다. 그러므로 이 어휘는 현대에 오면서 의미가 확대된 어휘가 아니라, 의미가 이동한 어휘에 해당한다.

오답 설명

① '니르다'는 현대 국어의 '이르다'로, 현대와 달리 두음 법칙이 적용되지 않은 형태에 해당한다.
② ⓛ에서는 '뜯을'(끊어 적기의 형태)이 아닌 '뜨들'로 표기하였는데, 이는 이어 적기에 따른 표기이다.
③ ⓒ에서는 '펴지'가 아닌 '펴디'로 표기하였는데, '펴디'는 구개음화가 적용되기 이전의 형태이다.
⑤ '쑴' 다음에 '에'라는 조사가 결합하여 '뿌메'로 표기하였음을 고려하면, 음성 모음(ㅜ, ㅔ)끼리의 모음 조화에 따른 표기임을 알 수 있다.

20. ③

정답 설명

'눈물'과 '올' 사이에 앞말의 종성인 'ㄹ'을 내리 적으면 '눈물룰'로 표기하게 되고, '들'과 '올' 사이에 앞말의 종성인 'ㄹ'을 내리 적으면 '들룰'로 표기하게 된다. 이는 모두 거듭 적기에 의한 표기에 해당한다.

오답 설명

①, ②, ④, ⑤ '플와'는 끊어 적기, '뭄올'은 이어 적기에 의한 표기이며, '머리롤'이나 '빈혀롤'은 모두 앞말이 모음으로 끝났으므로 거듭 적기와는 상관이 없다.

21. ③

정답 설명

'원각'은 높임의 대상이 아닌 유정 명사이므로 모음 조화에 따라 관형격 조사로 '익(㉠)'를 취하며, 주어에 해당하는 '한아비'는 '이'로 끝나는 명사이므로 주격 조사로 'Ø(ⓛ)'를 취한다. 그리고 '원각'은 자음으로 끝나는 말이므로 주격 조사로 '이(ⓒ)'를 취한다.

22. ②

정답 설명

'듣좁고(배우고)'는 객체인 '스승님'을 높이기 위한 표현이므로 선지의 내용은 적절하지 않다. '-좁-'은 주체가 아니라 객체를 높이는 선어말 어미에 해당한다.

오답 설명

① '글'의 모음이 음성이므로 음성 모음을 지닌 조사 '을'을 결합한 후 '그를'로 이어 적기 한 것이므로, 이는 모음 조화를 준수한 표기에 해당한다.
③ '집'과 '의'의 결합형을 '지븨'로 이어 적은 것이므로 선지의 내용은 적절하다.
④ 초성 'ㅼ'은 'ㅅ'과 'ㄷ'이라는 서로 다른 자음을 나란히 적은 것이다.
⑤ 현대어 풀이를 참고할 때 '년구ᄒ기'는 '시 짓기'로 해석되며, 이때 어간 '년구ᄒ-' 뒤의 '-기'는 명사형 어미에 해당한다.

23. ⑤

정답 설명

ⓜ에 쓰인 주체 높임 선어말 어미 '-시-'는 주체인 '선혜'를 높이기 위한 것이다.

오답 설명

① ㉠은 양성 모음 'ㅏ', 'ㅐ'만 쓰였으므로 모음 조화를 준수한 표기임을 알 수 있다. 참고로 ㉠은 'ㅎ' 종성 체언 '나라ㅎ'과 부사격 조사 '애'가 결합한 형태이다.
② ㉡은 'ㄷ'이 'ㅈ'으로 구개음화되기 이전의 모습을 보여 준다.
③ ㉢의 '끠'는 현대어 풀이를 참고할 때 조사 '께'에 대응한다.
④ ㉣은 '들으시고'를 이어 적기 한 것이다.

24. ④

정답 설명

'다시'는 '닷+이'의 구성으로 분석되며, 여기서 '다시'는 서술어 '아니다' 앞에 쓰인 문장 성분이므로 주어가 아닌 보어이다. 따라서 '이'는 주격 조사가 아닌 보격 조사이다.

오답 설명

① '디위'는 '셜흔 여슷'이라는 수량을 나타내는 말의 수식을 받아 쓰이는 단위성 의존 명사이다. 현대어의 '번'과 대응된다는 것을 통해 명확하게 알 수 있다.
② '이여'는 체언 '덕'과 '복'을 이어 주는 접속 조사로 사용되었다. 현대어의 '과'와 대응된다는 것을 통해 명확하게 알 수 있다.
③ 'ᄇᄅ매'는 'ᄇᄅᆷ+애'의 구성으로 분석된다. 각 형태소의 원형을 구분하여 'ᄇᄅᆷ애'로 쓰지 않고, 'ᄇᄅ매'와 같이 소리 나는 대로 표기하였으니, 당대에는 이어 적기 표기법이 사용되었음을 알 수 있다.
⑤ 현대어 풀이를 참고할 때, '-고 잇거니'는 '-고 있거니'의 의미로, 본용언 '뷔우다(피우다)'에 결합되어 그 동작이 진행되고 있다는 의미를 더해 주는 보조 용언이다.

25. ③

정답 설명

ⓑ ㉠은 우리말의 접미사 '-님'을 표기한 것이므로 뜻을 빌린 것(훈차)이고, ㉡과 ㉢은 보조사 '은'을 표기한 것이므로 음을 빌린 것(음차)이다.
ⓒ ㉡과 ㉢은 모두 보조사 '은'이므로 형식 형태소이다.

오답 설명

ⓐ ㉠은 접미사이고 ㉡은 보조사이다.
ⓓ ㉢은 보조사 '은'을 표기한 것이다.

26. ③

정답 설명

'효도이'는 '효도의'로 해석된다. 이는 관형격 조사 '의'가 결합한 것으로, 부사격 조사를 탐구하는 자료로 적절하지 않다.

오답 설명

① '공ᄌ'에 주격 조사 'ㅣ'가 결합하여 '공지'가 되었고, '아니홈'에 주격 조사 '이'가 결합하여 '아니홈이'가 되었다. 이를 통해 주격 조사 앞에 모음이 오는지 자음이 오는지에 따라 주격 조사의 형태가 달라졌음을 확인할 수 있다.
② '거시라'는 '것+이라'의 구성으로서 서술격 조사가 앞말로부터 연철된 예인 반면, 'ᄆᆞᆷ이니라'는 'ᄆᆞᆷ+이니라'의 구성으로서 서술격 조사가 앞말로부터 분철된 예이다.
④ '부모'에 결합한 목적격 조사 '를'은 모음 조화에 맞게 양성 모음의 형태가 쓰였지만, '일홈'에 결합한 목적격 조사 '을'은 모음 조화에 맞지 않게 음성 모음의 형태가 쓰였다.
⑤ '부모'에 결합한 부사격 조사 '끠(께)'는 객체 높임을 실현하지만, '증자'에 결합한 'ᄃᆞ려(에게)'는 객체 높임을 실현하지 않는다.

27. ②

정답 설명

〈보기〉의 '다', '라'에 따르면, 자음 'ㅸ'은 어미 '-어' 앞에서는 반모음 'ㅜ'가 되고, 어미 '-아' 앞에서는 반모음 'ㅗ'가 되었다. 이를 통해, 자음의 변화가 모음 조화를 지키는 방향으로 진행되었음을 알 수 있다.

오답 설명

① 'ㄱ'을 통해 'ㅿ'은 완전히 소멸하였음을 알 수 있고, 'ㄴ'을 통해 'ㆍ'는 'ㅏ' 또는 'ㅡ'로 바뀌었음을 알 수 있다.
③ 'ㄱ'의 첫 번째 단계에서 두 번째 단계로 넘어갈 때 'ㆍ'는 여전히 있고 'ㅿ'만 없어졌으므로 'ㅿ'이 먼저 소실되었음을 알 수 있다.
④ 'ㄴ'의 두 번째 단계에서 두 번째 음절의 'ㆍ'가 'ㅡ'로 먼저 변화한 후, 마지막 단계에서 첫 번째 음절의 'ㆍ'가 'ㅏ'로 변화하였음을 알 수 있다.
⑤ 'ㅘ', 'ㅟ'는 반모음 'ㅗ', 'ㅜ'가 결합한 이중 모음에 해당한다. 자음 'ㅸ'이 'ㅗ', 'ㅜ'로 변화한 후 'ㅏ', 'ㅓ'와 결합해 이중 모음이 된 것으로 볼 때 'ㅸ'이 변화한 'ㅗ', 'ㅜ'는 반모음에 해당한다고 할 수 있다.

28. ②

정답 설명

〈보기〉를 통해 'ㅎ' 종성 체언이 'ㄱ'이나 'ㄷ'으로 시작하는 조사와 만나면 'ㅎ'은 뒤따르는 'ㄱ', 'ㄷ'과 어울려 'ㅋ', 'ㅌ'으로 나타남을 알 수 있다. 따라서 'ㅎ낳'이 '과'와 결합하면 'ㅎ나콰'로 나타나야 한다. 종성 'ㅎ'이 남아 있는 'ㅎ낳콰'는 적절하지 않다.

오답 설명

① 〈보기〉를 통해 'ㅎ' 종성 체언이 관형격 조사 'ㅅ'과 결합하면 'ㅎ'은 나타나지 않음을 알 수 있다. 따라서 '바닿'과 관형격 조사 'ㅅ'이 결합하면 '바닷'으로 나타나야 한다.
③ 〈보기〉를 통해 'ㅎ' 종성 체언이 모음으로 시작하는 조사와 결합하면 'ㅎ'은 뒤따르는 모음에 이어 적음을 알 수 있다. 따라서 '숳'과 '은'이 결합하면 '수ᄒᆞᆫ'으로 나타나야 한다.
④ 〈보기〉를 통해 'ㅎ' 종성 체언이 모음으로 시작하는 조사와 결합하면 'ㅎ'은 뒤따르는 모음에 이어 적음을 알 수 있다. 따라서 '않'과 '으로'가 결합하면 '안ᄒᆞ로'로 나타나야 한다.
⑤ 〈보기〉를 통해 'ㅎ' 종성 체언이 관형격 조사 'ㅅ'과 결합하면 'ㅎ'은 나타나지 않음을 알 수 있다. 따라서 '긿'과 관형격 조사 'ㅅ'이 결합하면 '긼'로 나타나야 한다.

29. ④

정답 설명

ㄹ은 의문사 '어듸'가 실현되어 그에 대한 설명을 요구하는 설명 의문문이며, 용언의 어간에 '-오' 계열의 의문형 종결 어미 '-뇨'가 붙어서 의문문이 실현되고 있다.

오답 설명

① ㄱ은 의문사 '엇던'이 실현된 설명 의문문이며, 명사 '사름' 뒤에 의문 보조사 '고'가 결합하고 있다.
② ㄴ은 의문사 없이 '예' 또는 '아니요'로 대답할 수 있는 판정 의문문이며, 명사 '죵' 뒤에 의문 보조사 '가'가 결합하고 있다.
③ ㄷ은 판정 의문문이며, 용언의 어간에 '-아' 계열의 의문형 종결 어미 '-녀'가 붙어서 의문문이 실현되고 있다.
⑤ ㅁ은 의문사 없이 '예' 또는 '아니요'로 대답할 수 있는 판정 의문문이며, 용언의 어간에 '-아' 계열의 의문형 종결 어미 '-가'가 붙어서 의문문이 실현되고 있다.

30. ⑤

정답 설명

'듥(닭)'은 동물이며, 끝 음절의 모음인 'ㆍ'가 양성 모음이기 때문에 관형격 조사 '인'와 결합해야 한다. 따라서 '듥긔'가 아닌 '듥기(듥+인)'로 나타나야 한다. 이때, 'ㆍ'가 양성 모음인지의 여부는 〈보기〉에 제시된 사례 '도즈기(도즉+인)'를 통해서 확인할 수 있다.

오답 설명

① '거붑(거북)'은 동물이며, 끝 음절의 모음인 'ㅜ'가 음성 모음이기 때문에 관형격 조사 '의'와 결합해야 한다. 따라서 '거부븨(거붑+의)'로 나타난다. 이때, 'ㅜ'가 음성 모음인지의 여부는 〈보기〉에 제시된 사례 '大衆의(대중+의)'를 통해서 확인할 수 있다.
② '술위(수레)'는 사람도 아니고 동물도 아니기 때문에 관형격 조사 'ㅅ'과 결합해야 한다. 따라서 '술윗(술위+ㅅ)'으로 나타나야 한다.
③ '사슴(사슴)'은 동물이며, 끝 음절의 모음인 'ㆍ'가 양성 모음이기 때문에 관형격 조사 '인'와 결합해야 한다. 따라서 '사ㅅ미(사슴+인)'로 나타나야 한다.
④ '나모(나무)'는 사람도 아니고 동물도 아니기 때문에 관형격 조사 'ㅅ'과 결합해야 한다. 따라서 '나못(나모+ㅅ)'으로 나타나야 한다.

31. ⑤

정답 설명

'내히'는 'ㅎ'을 끝소리로 가지는 체언('ㅎ' 종성 체언)인 '내ㅎ'에 주격 조사 '이'가 결합하여 이루어진 형태이다. 15세기에 주격 조사 '히'가 있었던 것이 아니므로 적절하지 않다.

오답 설명

① '불휘(뿌리)'와 같이 'ㅣ' 모음으로 끝나는 경우, 뒤에 따르는 주격 조사는 영형태(∅)로 실현되어 표기상 드러나지 않는다.
② '움직이다(흔들리다)'라는 의미를 나타내는 '뮈다'라는 어휘는 오늘날 쓰이지 않고 있다.
③ '시미(샘이)'는 '심+이'를 이어 적은 표기이다. 즉, 앞말의 종성 'ㅁ'을 뒷말 '이'

의 초성으로 옮겨 적은 것이다.
④ '아니 그츨씨(아니 그치므로)'를 통해 15세기에는 부사어 '아니'를 서술어 앞에 둠으로써 부정을 표현했음을 알 수 있다.

32. ④

정답 설명

㉠은 '돼지'를 뜻하는 단어 '돝'에 관형격 조사 '익'가 결합한 다음 명사 '고기'가 결합한 구조이므로 동물 이름인 명사 '돼지'에 관형격 조사 없이 바로 '고기'가 결합한 현대어 '돼지고기'의 구조와는 다르다.

오답 설명

① ㉠을 현대 국어로 풀이하면 '돼지의 고기'라는 뜻이다.
② '돝익고기'와 같이 분철 표기하지 않고 ㉠과 같이 연철 표기했음을 알 수 있다.
③ 오늘날의 '돼지고기'가 중세 국어에서는 ㉠이라고 했으므로 '돝'이 '돼지'임을 알 수 있다.
⑤ ㉠과 동일하게 '동물의 이름+관형격 조사+고기'가 결합한 구조로 '둙익고기'라는 표현을 만들 수 있고, 이를 연철 표기하면 '둘기고기'가 된다.

33. ③

정답 설명

(가)의 '녀코'는 '넣- + -고'를 발음할 때 나타나는 음운 변동인 축약 현상을 표기에 그대로 반영한 형태이다. 그러나 (나)의 '넣고'는 [너코]로 발음되어 음운의 축약이 여전히 일어나지만 표기에는 반영하지 않은 형태이다. 즉 음운의 축약이 표기에 반영되었다가 반영되지 않는 방향으로 변화하였다고 볼 수 있다.

오답 설명

① '볼라 〉 발라', '그ᄅ시 〉 그릇이(그릇 〉 그릇)'의 변화를 관찰할 수 있으므로 적절하다. 'ㆍ'는 첫 번째 음절에서는 주로 'ㅏ'로, 두 번째 음절에서는 주로 'ㅡ'로 변화하였다.
② '쏘 〉 또', '딸고 〉 깔고'에서 'ㅅ'계 합용 병서 표기가 'ㄸ, ㄲ'의 각자 병서 표기로 변화하였음을 관찰할 수 있으므로 적절하다. 참고로 'ㅅ'계 합용 병서는 된소리 표기로 정착되었다.
④ (가)에서는 '독의'와 같이 분철된 예도 찾아볼 수 있으나, '더퍼'와 같이 연철도 여전히 함께 쓰이고 있다. (나)에서는 '더퍼'를 '덮어'로 적음으로써 분철의 표기법이 더욱 확대된 모습을 보이므로 적절하다.
⑤ (가)의 '겨울헤'는 '겨울ㅎ+에'로, 이는 'ㅎ' 종성 체언 '겨울ㅎ'에 부사격 조사 '에'가 결합한 형태이다. (나)에서는 'ㅎ'이 사라진 '겨울에'로 표기되고 있으므로 적절하다.

34. ①

정답 설명

㉠ '짐승'은 중세 국어에서는 '사람'을 포함한 '동물' 전체를 가리키는 표현이었으나, 현대 국어에서는 '사람'을 제외한 '동물'을 가리키는 표현으로 지시 대상이 좁아졌으므로 의미의 축소에 해당한다.
㉡ '얼굴'은 중세 국어에서 얼굴과 몸을 포함한 '신체'의 의미로 쓰이다가 현대 국어에서는 '얼굴'의 의미로만 쓰이게 되었으므로 의미의 축소에 해당한다.
㉢ '바가지'는 중세 국어에서는 '박'으로 만든 것만을 가리키는 표현이었으나, 현대 국어에서는 '박' 이외에 나무나 플라스틱 등으로 만든 것도 가리킬 수 있게 되

었으므로 의미의 확대에 해당한다.
ⓔ '어여쁘다'는 단어의 의미가 '불쌍하다'에서 '예쁘다'로 바뀌었으므로 의미의 이동에 해당한다.
ⓜ '세수하다'는 중세 국어에서는 '손을 씻는 행위'만을 가리키는 표현이었으나, 현대 국어에서는 '손이나 얼굴을 씻는 행위'를 가리키게 되었으므로 의미의 확대에 해당한다.

35. ④

정답 설명

ⓔ의 '공슌호ᄆᆞᆯ'은 '공슌홈+ᄋᆞᆯ'을 이어 적은 것이다. 따라서 ⓔ을 통해 중세 국어에서 끊어 적기 방식이 사용되었음을 알 수 있다는 것은 적절하지 않다.

오답 설명

① ㉠의 '스믈히어든'은 '스므ᇙ + 이어든'을 이어 적은 것이므로 '스므ᇙ'을 통해 'ㅎ' 종성 체언이 존재하였음을 알 수 있다.
② ㉡의 어두에는 'ㅄ'이 사용되었는데, 이를 통해 어두에 합용 병서가 사용되었음을 알 수 있다.
③ ㉢은 '효도ᄒᆞ- + -옴'의 구성으로, 명사형 어미 '-옴'이 사용되었음을 알 수 있다.
⑤ ⓜ의 '가ᄅᆞ치디'의 '-디'는 구개음화가 일어나지 않은 표기가 사용되었음을 보여 준다.

36. ②

정답 설명

㉠ 'ᄠᅳ들(ᄠᅳᆮ을)'은 음성 모음 'ㅡ' 뒤에서 조사 'ᄋᆞᆯ'이 아닌 '을'이 쓰였다. 'ᄡᅮ메(ᄡᅮᆷ에)'는 음성 모음 'ㅜ' 뒤에서 조사 '애'가 아닌 '에'가 쓰였다. 이는 모두 모음 조화를 시킨 사례이다.
㉡ 'ᄠᅳ들'과 'ᄡᅮ메'의 'ㅲ'과 'ㅄ'은 모두 어두에서 발음되는 어두 자음군이면서, 서로 다른 자음을 나란히 적은 합용 병서에 해당한다.
ⓜ 'ᄠᅳᆮ을'과 'ᄡᅮᆷ에'를 이어 적기 한 것이므로 옳은 진술이다.

오답 설명

㉢ 'ᄡᅮᆷ'에는 명사형 어미 '-움'이 사용되었지만, 'ᄠᅳᆮ'에는 명사형 어미가 나타나지 않았다.
ⓔ 'ᄠᅳ들'과 'ᄡᅮ메'에는 객체 높임 선어말 어미가 나타나지 않았다.

37. ④

정답 설명

'치ᄫᅳ니'의 'ㅸ'은 'ㅡ' 앞에 있으므로, 'ㅡ'와 합쳐져 'ㅜ'로 바뀐다. 따라서 '치ᄫᅳ니 〉 치우니'가 된다. 이는 ㉢이 아니라 ㉡에 해당하는 예이다.

오답 설명

① '글ᄫᅡᆯ'의 'ㅸ'은 'ㅏ' 앞에 있으므로 반모음 'ㅗ'로 바뀌어 '글ᄫᅡᆯ 〉 글왈'이 되는데, 이는 ㉠에 해당하는 예이다.
② '더ᄫᅥ'의 'ㅸ'은 'ㅓ' 앞에 있으므로 반모음 'ㅜ'로 바뀌어 '더ᄫᅥ 〉 더워'가 되는데, 이는 ㉠에 해당하는 예이다.
③ '사오나ᄫᆞᆫ'의 'ㅸ'은 'ㆍ' 앞에 있으므로 'ㆍ'와 합쳐져 'ㅗ'로 바뀐다. 따라서 '사오나ᄫᆞᆫ 〉 사오나온'이 되는데, 이는 ㉡에 해당하는 예이다.

⑤ '고ᄫᅵ'는 '고ᇦ다'의 어간에 부사 파생 접미사 '-이'가 결합하여 파생된 부사이다. 'ㅸ'은 부사 파생 접미사 '-이' 앞에서 탈락하여 '고이'가 되는데, 이는 ㉢에 해당하는 예이다.

38. ②

정답 설명

'聖孫(성손)ᄋᆞᆯ', '聖子(성자)ᄅᆞᆯ'의 목적격 조사 'ᄋᆞᆯ'과 'ᄅᆞᆯ'은 둘 다 양성 모음에 해당하므로 모음 조화에 따라 달리 쓰인 것이 아니다. 앞 음절이 자음으로 끝나면 'ᄋᆞᆯ'이, 모음으로 끝나면 'ᄅᆞᆯ'이 쓰인 것이므로 앞 음절의 말음에 따라 달리 쓰였음을 확인할 수 있다.

오답 설명

① '블근'과 '므러'는 '븕은'과 '믈어'를 이어 적기 한 것이다.
③ '뵈ᅀᆞᄫᆞ니'를 통해 알 수 있듯이 중세 국어에서는 현대 국어에서 사용하지 않는 'ㅿ', 'ㅸ', 'ㆍ'와 같은 글자를 사용하였다.
④ 중세 국어에서는 현대 국어와 달리 'ᄠᅳ디'의 'ㅲ'와 같은 어두 자음군이 존재하였다. 참고로, 어두 자음군은 단어의 처음에 나오는 둘 또는 그 이상의 자음의 연속체이다.
⑤ '내시니이다'의 '-시-'는 생략된 주체인 '하ᄂᆞᆯ'을 높이기 위해 사용된 주체 높임 선어말 어미이다.

39. ④

정답 설명

'ᄋᆡ'는 '와'를 제외한 모음으로 시작하는 조사에 해당하기 때문에 '나모'가 아닌 '낡'으로 실현된다. 따라서 '남ᄀᆡ(낡+ᄋᆡ)'로 실현되어야 한다.

오답 설명

① '이'는 '와'를 제외한 모음으로 시작하는 조사에 해당하기 때문에 '나모'가 아닌 '낡'으로 실현되어 '남기'가 된다.
② 조사 '와'와 결합할 때는 '낡'이 아닌 '나모'로 실현되기 때문에 '나모와'의 형태가 된다.
③ '을'은 '와'를 제외한 모음으로 시작하는 조사에 해당하기 때문에 '나모'가 아닌 '낡'으로 실현되어 '남글'이 된다.
⑤ '마다'는 자음으로 시작하는 조사이기 때문에 '낡'이 아닌 '나모'로 실현되어 '나모마다'가 된다.

40. ⑤

정답 설명

'ᄒᆡ오'는 'ᄒᆡ + -오'로 자음으로 끝나는 형태소 뒤에 모음으로 시작하는 형식 형태소가 오는 구성이 아니므로 연철의 예로 볼 수 없다.

오답 설명

① 'ᄀᆞᄅᆞ미'는 'ᄀᆞᄅᆞᆷ' 뒤에 조사 '이'가 결합할 때 'ᄀᆞᄅᆞᆷ'의 'ㅁ'을 연철한 경우이므로 올바른 예이다.
② '비치'는 '빛' 뒤에 조사 '이'가 결합할 때 '빛'의 'ㅊ'을 연철한 경우이므로 올바른 예이다.
③ '옰보미'는 '옰봄' 뒤에 조사 '이'가 결합할 때 '봄'의 'ㅁ'을 연철한 경우이므로 올바른 예이다.

④ '나리'는 '날' 뒤에 조사 '이'가 결합할 때 '날'의 'ㄹ'을 연철한 경우이므로 올바른 예이다.

41. ①

정답 설명

'ㅆ'의 초성자 'ㅆ'는 동일한 초성자 'ㅅ' 두 개가 나란히 적혀 있으므로 ㉠에 속한다. '뿛'의 초성자 'ㅄ'는 서로 다른 초성자인 'ㅂ'과 'ㅅ'이 나란히 적혀 있으므로 ㉡에 속한다. '봐'의 초성자 'ㅸ'은 'ㅂ'과 'ㅇ'이 세로로 적혀 있으므로 ㉢에 속한다. '첫'은 초성자를 합쳐서 적은 글자가 없으므로, ㉠~㉢ 중 어디에도 속하지 않는다.

42. ⑤

정답 설명

㉤의 '받ᄌᆞᄫᆞ리라'에는 객체를 높이는 '-ᄌᆞᇦ-'이 포함되어 있으며, 이때 객체는 '부텻긔(부처께)'의 '부텨(부처)'이다. 따라서 ㉤에는 '선혜'를 높이는 표현이 들어 있지 않다.

오답 설명

① ㉠의 '니ᄅᆞ샤ᄃᆡ'에는 주체를 높이는 '-샤-'가 포함되어 있으며, 그 주체는 '선혜'이다.

② ㉡의 '묻ᄌᆞᄫᆞ샤ᄃᆡ'에는 주체를 높이는 '-샤-'와 객체를 높이는 '-ᄌᆞᇦ-'이 포함되어 있으며, 그 주체는 '구이'이고 객체는 '선혜'이다. 따라서 ㉡에는 '선혜'를 높이는 표현이 들어 있다.

③ ㉢의 '쓰시리'에는 주체를 높이는 '-시-'가 포함되어 있으며, 그 주체는 '선혜'이이다.

④ ㉣의 '대답ᄒᆞ샤ᄃᆡ'에는 주체를 높이는 '-샤-'가 포함되어 있으며, 그 주체는 '선혜'이다.

43. ②

정답 설명

어간의 형태가 변화하는 것은 ㉠이 아니라 ㉡이다. ㉠은 〈보기〉의 용례에서 어간이 언제나 '곱-'으로만 실현되므로, 어간이 변화한다고 볼 수 없다. '고ᄫᆞᆯ(곱- + -ᄋᆞᆯ)'과 '고바(곱- + -아)'은 어간이 변화한 것이 아니라 받침이 연음된 것이다. 그러나 ㉡의 어간은 모음으로 시작하는 어미 앞에서는 '곻-', 자음으로 시작하는 어미 앞에서는 '곱-'으로 실현되고 있으므로 어간의 형태가 변화한다고 볼 수 있다.

오답 설명

① 방점은 음절의 왼쪽에 찍는다. ㉠의 '곱-'은 어간의 성조가 평성(점X, 낮은 소리)이지만 ㉡의 '곱-'은 어간의 성조가 상성(점2, 낮았다가 높아지는 소리)이다. 성조를 지켜 발음했던 15세기에는 두 단어의 소리가 달랐을 것이다. 동음이의어는 소리가 같으나 뜻이 다른 단어이므로, ㉠과 ㉡은 동음이의어가 아니었을 것이다.

③ 자음으로 시작하는 어미 앞에서 ㉠과 ㉡의 어간 끝 자음은 모두 'ㅂ'으로 나타나고 있다.

④ 자음으로 시작하는 어미 앞에서는 ㉠, ㉡의 받침이 'ㅂ'으로 같지만, 모음으로 시작하는 어미 앞에서의 어간 받침은 ㉠은 'ㅂ', ㉡은 'ㅸ'으로 나타나고 있다.

⑤ 용례의 현대어 풀이를 보면, ㉠은 어간이 변하지 않는 규칙 활용을 하지만 ㉡은 그렇지 않다는 것을 알 수 있다. '고ᄫᆞᆫ 〉 고운', '고ᄫᆞ시고 〉 고우시고'를 통해, ㉡이 모음으로 시작하는 어미와 활용할 경우 불규칙 활용을 한다는 것을 알 수 있다. 이는 'ㅸ'이 자음 체계에서 소멸하였기 때문이다.

44. ②

정답 설명

중세 국어에서도 주체를 높이기 위해 주체 높임 선어말 어미 '-시-'를 사용하였다. 하지만 '선혜가 왕명을 들으시고'라는 현대어 풀이를 고려했을 때, '드르시고'의 주체는 '왕'이 아니라 '선혜'임을 알 수 있다.

오답 설명

① '좋은'을 '됴ᄒᆞᆫ'으로 쓴 것을 통해, 중세 국어에는 아직 구개음화가 일어나지 않았다는 것을 알 수 있다.

③ 중세 국어에서는 한자의 음을 적을 때 초성, 중성, 종성을 모두 갖춰 적는 동국정운식 한자음 표기 방법이 사용되었다. 동국정운식 표기에서 종성 'ㅇ'은 실질적인 음가를 지니지 않는다. ㉢은 한자 '구이'의 음에 음가 없는 'ㅇ'을 종성으로 쓴 것이다. 실제 음가가 있을 때에는 'ㆁ(옛이응)'으로 표기하였다.

④ '곶+이(꽃이)'를 '고지'로 적은 것으로 보아, 소리 나는 대로 적었음을 알 수 있다. 현대 국어에서는 소리 나는 대로 적거나(표음주의), 의미 전달에 장애가 생길 경우 형태소의 원형을 밝혀 적는다(표의주의). 하지만 중세 국어에서는 원형을 밝히지 않고 소리 나는 대로 표기하는 방식(표음주의)을 택하였다.

⑤ 현대 국어와 달리 중세 국어에서는 문장에서 부사어로 표현되는 객체를 높이기 위해 객체 높임 선어말 어미 '-ᅀᆞᆸ/ᄌᆞᆸ/ᄉᆞᆸ(ᅀᆞᇦ/ᄌᆞᇦ/ᄉᆞᇦ)-'을 사용하였다.

45. ①

정답 설명

'도와-'는 어간 '돕-'과 어미 '-아'가 결합한 것이므로, 모음 조화에 따라 양성 모음끼리 어울린 것이다. '고마워'는 양성 모음 어간 '고맙-'과 음성 모음 어미 '-어'가 어울리고 있어 모음 조화가 파괴된 예이다. 하지만 '어려워'는 음성 모음으로 끝난 어간 '어렵-'에 음성 모음 어미 '-어'가 쓰였으므로 모음 조화 파괴의 사례가 아니다.

오답 설명

② ㉡의 의태어 '졸졸'은 양성 모음끼리, '줄줄'은 음성 모음끼리 어울려 모음 조화가 지켜진 반면, ㉠의 의태어 '깡충깡충'은 양성 모음과 음성 모음이 어울리고 있으므로 모음 조화가 파괴된 예다.

③ ㉡의 '나의', '너의'는 앞의 체언이 양성 모음이든 음성 모음이든 관형격 조사 '의'를 사용하고 있다. 반면 ⓐ의 '사ᄅᆞᄆᆡ'는 양성 모음 뒤에 관형격 조사 'ᄋᆡ'를 사용하고 있으므로 모음 조화 현상을 고려했다고 볼 수 있다.

④ ㉠의 '뛰었'은 음성 모음끼리, ㉡의 '보았'과 ⓑ의 'ᄀᆞᄐᆞ'는 양성 모음끼리 어울리고 있는 예다.

⑤ ⓑ의 'ᄀᆞᄂᆞᆫ'에서 'ᄂᆞᆫ'은 양성 모음이 사용된 조사이므로 'ㄱ'의 발음에 양성 모음이 있었을 것이라 추측할 수 있다. 현대 국어에서와 같이 '기역'이었다면 음성 모음이 사용된 조사를 사용해야 하는데, ⓑ에서는 'ᄂᆞᆫ'을 사용하였으므로 'ㄱ'이 '기역'이 아니라 다르게 읽혔을 가능성이 크다.

46. ④

정답 설명

현대어 풀이에 따르면 ㉣ '제(저+ㅣ)'는 '제(저의)'로 해석되므로, 여기서의 'ㅣ'는 관형격 조사임을 알 수 있다.

오답 설명

① ㉠ '말쓰미(말씀+이)'의 '이'는 '말씀'을 서술어 '달아'의 주어가 될 수 있게 하는 주격 조사이다.
② ㉡ '百빅姓셩이'의 '이'는 '百빅姓셩'이 서술어 '니르고져'의 주어가 될 수 있게 하는 주격 조사이다.
③ ㉢ '훓 배(바ㅣ)'는 현대어 풀이를 참고해 볼 때, '훓(하는)+바(바)+ㅣ(가)'로 분석할 수 있다. 여기서 'ㅣ'는 현대 국어 주격 조사 '가'와 동일한 기능을 하는 주격 조사이다.
⑤ ㉤ '내(나+ㅣ)'의 현대어 풀이를 보면 '내가'라고 되어 있으므로, 여기서 'ㅣ'는 현대 국어 주격 조사 '가'와 동일한 기능을 하는 주격 조사임을 알 수 있다.

47. ②

정답 설명

구개음화는 'ㄷ, ㅌ'이 모음 'ㅣ' 또는 반모음 'ㅣ'로 시작하는 형식 형태소 앞에서 'ㅈ, ㅊ'으로 바뀌는 현상이다. '스뭇디'는 현대 국어 '통하지'에 대응하므로 구개음화 현상이 실현되지 않았음을 알 수 있다. 두음 법칙은 어두에 'ㄴ, ㄹ'이 오는 것에 대한 제약으로, 한자로 이루어진 단어의 첫머리에 'ㄴ'과 'ㄹ'이 올 경우 'ㄴ'은 'ㅇ'으로, 'ㄹ'은 'ㄴ'으로 발음되는 현상이다. '니르고져'는 현대 국어 '이르고자'에 대응하므로 두음 법칙이 실현되지 않은 예가 될 수 있다. 연철 표기는 종성(받침)이 있는 말 뒤에 모음으로 시작하는 말이 왔을 때, 앞말의 종성을 뒷말의 초성으로 이어 적는 방식이다. '쁘들'은 현대 국어 '뜻을'에 대응하므로 '뜯'과 '을'을 연철 표기했음을 알 수 있다.

오답 설명

① '아니홀씨'는 현대 국어 '아니하여서'에 대응하며, 두음 법칙과 관련이 없다. 또한 '서르'는 현대 국어 '서로'에 대응하며, 받침이 없으므로 연철 표기와 관련이 없다.
③ '펴디'는 현대 국어 '펴지'에 대응하므로 구개음화 현상이 실현되지 않은 사례가 될 수 있다. 그러나 '이셔도'는 현대 국어 '있어도'에 대응하므로 두음 법칙과 관련이 없다. 또한 '어엿비'는 받침 뒤에 모음으로 시작하는 말이 오지 않았으므로 연철 표기와 무관하다.
④ '니겨'는 현대 국어 '익혀'에 해당하므로, 두음 법칙이 실현되지 않은 사례이다. 그러나 '사름마다'는 현대 국어 '사람마다'에 대응하며, 받침 뒤에 모음으로 시작하는 말이 오지 않았으므로 연철 표기와 무관하다.
⑤ 현대 국어의 '날마다'에 대응하는 '날로'는 받침 뒤에 모음으로 시작하는 말이 오지 않았으므로 연철 표기와 관련이 없다.

48. ③

정답 설명

〈보기〉에서 현재 시제를 표현하기 위해 동사에는 '-ᄂ-'를 사용했다고 하였다. '묻ᄂ다'는 현대어 '묻는다'에 대응하는 것으로 보아, '묻다'라는 동사에 '-ᄂ-'를 사용하여 현재 시제를 표현한 것임을 알 수 있다.

오답 설명

① '오라다'라는 형용사에 선어말 어미를 사용하지 않고 현재 시제를 표현하고 있다.
② '득ᄒ다'에 '-리-'를 사용하여 미래 시제를 표현하고 있다.
④ '묭담ᄒ라'라는 동사에 '-다-(-더- + -오-)'를 사용하여 과거 시제를 표현하

고 있다.
⑤ '주그니라'는 '죽- + -으니라'로 분석되므로, 동사에 선어말 어미를 쓰지 않고 과거 시제를 표현한 것이다.

49. ⑤

정답 설명

이어 적기는 소리 나는 대로 적는 방법으로, 앞 음절이 자음으로 끝나고 뒤 음절이 모음으로 시작할 때 앞 음절의 종성이 뒤 음절의 초성으로 표기된다. '블·러(불러)'는 뒤 음절이 자음이므로 이어 적기가 적용된 예로 볼 수 없다.

오답 설명

① 왼쪽에 찍혀 있는 방점의 개수가 다른 것으로 보아, 둘의 성조가 같지 않았음을 알 수 있다. 참고로, '·:소'는 상성(:)으로 낮았다가 높아지는 소리를, '·배'는 거성(·)으로 높은 소리를 표시한다.
② 두음 법칙이란, 일부 소리(ㄴ, ㄹ)가 단어의 첫머리에 발음되는 것을 꺼려 다른 소리로 발음되는 현상을 말한다. 예를 들어, '녀, 뇨, 뉴, 니'가 단어 첫머리에 올 때 '여, 요, 유, 이'로 변하는 것을 말한다. '니르·샤·디'가 현대어 풀이에서 '이르시되'에 대응되는 것으로 보아, 두음 법칙이 적용되지 않았음을 알 수 있다.
③ 구개음화란 'ㄷ', 'ㅌ'이 모음 'ㅣ'나 반모음 'ㅣ'를 만나면 그것이 구개음 'ㅈ', 'ㅊ'이 되거나, 'ㄷ' 뒤에 형식 형태소 '히'가 올 때 'ㅎ'과 결합하여 이루어진 'ㅌ'이 'ㅊ'이 되는 현상을 말한다. '부텨'의 'ㅌ'이 'ㅊ'으로 바뀌지 않았기 때문에 구개음화가 일어나지 않은 것으로 볼 수 있다.
④ 현대 국어에서 'ㆍ'와 'ㅸ'의 모습은 찾아볼 수 없다.

50. ⑤

정답 설명

ㅁ의 '나랏 말쓰미'는 '나라의 말이'로 풀이되므로, 이때 'ㅅ'은 현대 국어의 관형격 조사 '의'에 대응된다는 것을 알 수 있다. 'ㅅ' 앞에 온 명사 '나라'는 유정 명사(사람이나 동물을 가리키는 명사)가 아니라 무정 명사(식물이나 무생물을 가리키는 명사)에 해당한다. 중세 국어에서 관형격 조사 'ㅅ'은 앞에 오는 명사가 무정 명사이거나 높임의 대상인 경우에 쓰였다.

오답 설명

① ㄱ의 '아당ᄒ기'에서 명사형 어미 '-기'가 사용되었다.
② ㄴ의 '광명고'에서 체언 '광명' 뒤에 '고'가 결합한 것으로 보아 의문문에 '오' 계열의 의문 보조사가 사용되었음을 알 수 있다.
③ ㄷ의 주어는 '네'로 2인칭이며, 이때 '빅혼다'에서는 의문형 어미 '-ㄴ다'가 사용되었다. 이를 통해 주어가 2인칭인 경우에 의문형 어미 '-ㄴ다'가 사용되었다는 것을 알 수 있다.
④ ㄹ의 '야수ㅣ'는 '야수가'로 풀이된다. 이를 통해 'ㅣ' 이외의 모음(ㅜ)으로 끝난 체언 '야수' 뒤에서 주격 조사 'ㅣ'가 사용되었음을 알 수 있다.

51. ③

정답 설명

'받ᄌ온'에 포함된 '-ᄌ(줗)-'은 주체를 높이는 형태소가 아니라 목적어나 부사어와 같은 객체를 높이는 형태소이다. 이 문장에서는 '받ᄌ온'이 부사어인 '父母(부모)쯰'를 높이고 있다.

오답 설명

① '孔子(공ᄌᆞ)ㅣ'는 현대 국어라면 '공자가'와 같이 주격 조사 '가'가 쓰여야 할 자리에 'ㅣ'가 쓰였음을 보여 준다. 따라서 이 자료는 중세 국어에 주격 조사 '가'가 없었다는 사례로 제시할 수 있다.

② 'ᄉᆞᆯᄒᆞᆫ'은 'ㅎ'으로 끝나는 체언 'ᄉᆞᆶ' 뒤에 조사 'ᄋᆞᆫ'이 결합된 말로, 말음 'ㅎ'을 다음 음절 첫 소리로 이어서 적은 경우이다. 따라서 이 단어는 중세 국어에 'ㅎ'으로 끝나는 체언이 있었다는 사례로 제시할 수 있다. 참고로 현대 국어에는 'ㅎ'으로 끝나는 체언이 없지만 '살코기(ᄉᆞᆯㅎ+고기)', '머리카락(머리ㅎ+가락)', '수탉(수ㅎ+닭)' 등과 같이 흔적으로 남아 있다.

④ '거시라'는 '것' 뒤에 조사 '이라'가 결합된 말로, '것'의 'ㅅ'을 다음 음절 첫 소리로 이어서 적은 경우이다. 현대 국어에서는 '것이라'와 같이 분리해서 적으므로 이 자료는 중세 국어의 이어 적기 사례로 제시할 수 있다.

⑤ 중세 국어에는 'ㅄ, ㅶ, ㅷ, ㅺ', 'ㅺ, ㅼ' 등과 같이 'ㅂ'이나 'ㅅ'으로 시작하는 어두 자음군이 존재했으며, ⓔ을 통해서 그 사실을 확인할 수 있다. 따라서 이 자료는 중세 국어 시기에 초성에 두 개의 자음이 놓일 수 있었다는 사례로 제시할 수 있다.

52. ④

정답 설명

현대 국어의 '빌어먹-'은 '어간(빌-)+어미(-어)+어간(먹-)'으로 구성된 것이므로 ㉠의 예로 적절하고, 중세 국어의 '빌먹-'은 '어간(빌-)+어간(먹-)'으로 구성된 것이므로 ㉡의 예로 적절하다.

오답 설명

① 현대 국어의 '나아가-'는 '어간(나-)+어미(-아)+어간(가-)'으로 구성된 것이므로 ㉠의 예로 적절하지만, 중세 국어의 '나ᅀᅡ가-'는 '어간(나ᇫ-)+어미(-아)+어간(가-)'으로 구성된 것이므로 ㉡의 예로 적절하지 않다.

② 현대 국어의 '돌아오-'는 '어간(돌-)+어미(-아)+어간(오-)'으로 구성된 것이므로 ㉠의 예로 적절하지만, 중세 국어의 '도라오-'는 '어간(돌-)+어미(-아)+어간(오-)'으로 구성된 것이므로 ㉡의 예로 적절하지 않다.

③ 중세 국어의 '듣보-'는 '어간(듣-)+어간(보-)'으로 구성된 것이므로 ㉡의 예로 적절하지만, 현대 국어의 '듣보-'는 '어간(듣-)+어간(보-)'으로 구성된 것이므로 ㉠의 예로 적절하지 않다.

⑤ 중세 국어의 '오ᄅᆞᄂᆞ리-'는 '어간(오ᄅᆞ-)+어간(ᄂᆞ리-)'으로 구성된 것이므로 ㉡의 예로 적절하지만, 현대 국어의 '오르내리-'는 '어간(오르-)+어간(내리-)'으로 구성된 것이므로 ㉠의 예로 적절하지 않다.

53. ②

정답 설명

'곶'에 격 조사가 결합되지 않은 것은 맞으나, 현대어 풀이 '꽃 좋고'로 미루어 보아 ㄴ에서 '곶'은 목적어가 아니라 주어이다.

오답 설명

① 체언 '太子(태자)'에 목적격 조사 'ᄅᆞᆯ'이 붙어 목적어가 실현되었다.

③ 체언 '곶'에 목적격 조사(을/를, ᄋᆞᆯ/ᄅᆞᆯ, ㄹ) 없이 보조사 'ᄋᆞ란'이 붙어 목적어가 실현되었다.

④ 명사구 '뎌 부텻 像(저 부처의 형상)'에 목적격 조사 'ᄋᆞᆯ'이 붙어 목적어가 실현되었다.

⑤ 명사절 'ᄇᆡ ᄐᆞ기(배 타기)'에 목적격 조사 'ㄹ'이 붙어 목적어가 실현되었다. 해당 문장은 '(주어가) ~를 알지 못하다.'라는 문장 안에 '(주어가) 배(를) 타다.'라는 문장이 명사절로 안긴 것이다.

54. ②

정답 설명

'블븐ᄂᆞᆫ'에 비음화가 적용되면 '블븐ᄂᆞᆫ'이 되어야 하므로, '블븐ᄂᆞᆫ'이라는 형태에서는 비음화를 확인할 수 없다.

오답 설명

① [현대어 풀이]에서 'ᄀᆞᄅᆞ미'가 '강이'에 대응됨을 확인할 수 있다. 'ᄀᆞᄅᆞ미'는 명사 'ᄀᆞᄅᆞᆷ'에 주격 조사 '이'가 결합된 것으로, 'ᄀᆞᄅᆞᆷ'은 한자어 '강(江)'의 고유어이다.

③ [현대어 풀이]에서 '옰'이 '올해의'에 대응됨을 확인할 수 있다. '옰'은 명사 '올'에 'ㅅ'이 결합한 것으로, 이를 통해 15세기에 관형격 조사로 'ㅅ'이 쓰였음을 확인할 수 있다.

④ [현대어 풀이]에서 '나리'가 '날이'에 대응됨을 확인할 수 있다. '나리'는 명사 '날'에 주격 조사 '이'가 결합된 것으로, '날이'를 소리 나는 대로 이어 적은 것이다.

⑤ [현대어 풀이]에서 '도라갈'이 '돌아갈'에 대응됨을 확인할 수 있다. 현대 국어의 '돌아가다'와 같이 '도라가다' 역시 '돌다'와 '가다'가 결합한 합성어임을 알 수 있다. '돌아'를 소리 나는 대로 이어 적어 '도라가다'의 형태가 된 것이다.

55. ②

정답 설명

'ᄯᆞᄅᆞᆷ'은 단어의 첫째 음절에서의 'ㆍ 〉 ㅏ' 변화(가), 둘째 음절 이하에서의 'ㆍ 〉 ㅡ' 변화(나)에 의해 '따름'이 되었다. 따라서 'ᄯᆞᄅᆞᆷ 〉 따름'에는 (가), (나)의 변화가 적용되었다. 발문에서 적용된 음운 변화를 〈보기〉에서 '모두' 찾으라고 하였으므로 선지의 '적용된 음운 변화'에 (가)와 (나)가 모두 제시되어야 한다.

오답 설명

① 'ᄃᆞᆯ'은 단어의 첫째 음절에서의 'ㆍ 〉 ㅏ' 변화(가)에 의해 '달'이 되었다.

③ '두ᅀᅥ'는 'ㅿ'의 소멸(다)에 의해 '두어'가 되었다.

④ 'ᄉᆞᅀᅵ'는 단어의 첫째 음절에서의 'ㆍ 〉 ㅏ' 변화(가)와 'ㅿ'의 소멸(다)에 의해 '사이'가 되었다.

⑤ 'ᄆᆞᅀᆞᆷ'은 단어의 첫째 음절에서의 'ㆍ 〉 ㅏ' 변화(가)와 둘째 음절 이하에서의 'ㆍ 〉 ㅡ' 변화(나)와 'ㅿ'의 소멸(다)에 의해 '마음'이 되었다.

56. ④

정답 설명

'ᄡᅮ메'는 동사 'ᄡᅳ다'에 명사형 전성 어미 '-움'이 결합한 동사의 명사형 'ᄡᅮᆷ'에 부사격 조사 '에'가 결합되어 있는 부사어이다. 여기서 'ᄡᅮᆷ'이 명사가 아니라 용언의 명사형인 것은 'ᄡᅮᆷ'이 '날로'라는 부사어의 수식을 받고 있는 것을 통해 알 수 있다.

오답 설명

① '나랏'은 '나라의'의 뜻으로, 명사 '나라'에 관형격 조사 'ㅅ'이 결합된 관형어이다. 이 'ㅅ'은 현대 국어에서는 관형격 조사로 쓰이지 않지만, 중세 국어에서는 무정 명사나 존칭의 유정 명사 뒤에서 관형격 조사로 기능했다.

② '배'는 '바가'의 뜻으로, 명사 '바'에 주격 조사 'ㅣ'가 결합된 주어이다.

③ '뜨들'은 '뜻을'의 뜻으로, 명사 '뜯'에 목적격 조사 '을'이 결합된 목적어이다.
⑤ '쪼롭미니라'는 '따름이니라'의 뜻으로, 명사 '쪼롭'에 서술격 조사 '이니라'가 결합한 형태이다.

57. ②

정답 설명

'ㄱ룺(ㄱ롭+ㅅ)'이 현대 국어의 '강의(강+의)'에 대응하고 있으므로 'ㅅ'은 부사격 조사가 아닌 관형격 조사 '의'의 역할을 했음을 알 수 있다.

오답 설명

① '믉근'이 현대 국어의 '맑은'에 대응하는 것으로 볼 때, 중세 국어에는 '-은'이라는 어미가 사용되었음을 알 수 있다. '믉근'은 '믉- + -은'을 이어 적은 것이다.
③ 'ㅁ솔'에 쓰인 모음 'ㆍ'와 자음 'ㅿ'은 현대 국어에서 쓰이지 않는 음운들이다.
④ 'ㅁ솔홀'이 현대 국어의 '마을을'에 대응하는 것으로 볼 때, '마을'을 뜻하는 옛말은 모음으로 시작하는 조사와 결합할 때 'ㅎ'이 그대로 유지되는 'ㅎ' 종성 체언이었음을 알 수 있다. 'ㅁ솔홀'은 'ㅁ솔ㅎ + 올'을 이어 적은 것이다.
⑤ '아나'가 현대 국어의 '안아'에 대응하는 것으로 볼 때, 중세 국어에서는 이어 적기 표기를 했음을 알 수 있다.

58. ③

정답 설명

㉠ : 현대 국어의 '젊은'과 대응되므로, '졈 + 은'을 이어 적은 것으로 파악할 수 있다. 따라서 ⓑ에 해당한다.
㉡ : 현대 국어의 '배움을'과 대응되므로, '비홈 + 을'을 이어 적은 것으로 파악할 수 있다. 따라서 ⓑ에 해당한다.
㉢ : 현대 국어의 '걸음을'과 대응되므로, '거름(걸- + -음) + 을'을 이어 적은 것으로 파악할 수 있다. 따라서 ⓑ에 해당한다.
㉣ : 현대 국어의 '이르시되'와 대응되므로, 주체 높임의 선어말 어미 '-샤-'가 사용된 것으로 파악할 수 있다. 중세 국어에서는 주체 높임 선어말 어미 '-시-'가 모음 어미 앞에서 '-샤-'의 형태로 바뀌기도 하였다. 따라서 ⓒ에 해당한다.
㉤ : 현대 국어의 '꽃'과 대응되므로, '곶'의 형태가 '꽃'의 형태로 변화했다는 것을 파악할 수 있다. 하지만 이는 ⓐ~ⓒ 어디에도 해당하지 않는다.
㉥ : 현대 국어의 '좋고'와 대응되므로, 'ㄷ'과 반모음 'ㅣ'로 시작하는 모음이 인접할 때 'ㄷ'이 'ㅈ'으로 교체되는 구개음화가 아직 일어나지 않았음을 확인할 수 있다. 따라서 ⓐ에 해당한다.

59. ③

정답 설명

어두 자음군은 음절의 초성에 두 개 이상의 서로 다른 자음이 위치하는 현상으로, '가온딧소리'에는 어두 자음군이 나타나지 않음을 확인할 수 있다. '딧'은 초성 'ㄷ'에 중성 'ㅣ', 종성 'ㅅ'이 결합되어 있는 글자이다.

오답 설명

① 'ㄱ토니라'의 현대어 표기가 '같으니라'이므로, 연철 표기(이어 적기)를 확인할 수 있다.
② '처섬'에서 현재는 쓰이지 않는 자음 'ㅿ'이 쓰였음을 확인할 수 있다.

④ 모음 조화 현상은 뒤 음절의 모음이 앞 음절의 모음과 가깝거나 같은 소리로 결정되는 언어 현상으로, 'ㅏ', 'ㅗ' 따위의 양성 모음은 양성 모음끼리, 'ㅓ', 'ㅜ' 따위의 음성 모음은 음성 모음끼리 어울리는 현상이다. 'ㅏㄴ'의 경우 'ㅏ'가 양성 모음이므로 'ㄴ'과 결합하였고, 'ㅓㄴ'의 경우 'ㅓ'가 음성 모음이므로 'ㄴ'과 결합하였음을 확인할 수 있다.
⑤ 점이 없는 것은 낮은 소리인 평성을, 점이 하나 찍힌 것은 높은 소리인 거성을, 점이 두 개 찍힌 것은 처음이 낮고 끝이 높은 소리인 상성을 나타낸다. 'ㄲ:냉終중ㄱ소·리'의 경우 '終중'과 '소'에는 평성의 성조가, '·리'에는 거성의 성조가, 'ㄲ:냉'에는 상성의 성조가 사용되고 있다. 이를 통해 평성, 거성, 상성의 성조를 방점으로 구분하였음을 확인할 수 있다.

60. ②

정답 설명

'쓰다'에 해당하는 중세 국어는 '쓰다'이며, ㉠이 들어가 있는 의문문에서 '구이'가 높이고자 하는 것은 주체인 '선혜'이다. 뒤에 자음으로 시작되는 어미 '-리'가 결합되어 있으므로, 주체 높임 선어말 어미는 '-시-'가 쓰여야 한다. 따라서 ㉠에는 '쓰시리'가 들어가야 한다.
㉡이 들어가 있는 의문문에서 '선혜'가 높이고자 하는 것은 객체인 '부텨(부처)'이다. 앞에 어간 '받-'의 받침이 'ㄷ'이므로 객체를 높이는 선어말 어미로 '-즙-'이 오고, 그 뒤에 모음으로 시작하는 어미 '-오리라'가 사용되므로 'ㅂ'이 'ㅸ'으로 바뀌어 '받즈ᄫᅩ리라'와 같이 활용된다.

61. ③

정답 설명

ㄱ에서 연결 어미 '-아'와 보조 용언 '잇다'를 사용하여 '안자 잇다(앉아 있다)'라는 동작상을 구현한 것은 맞지만, 이때의 동작상은 진행상이 아니라 완료상이다. 이는 '앉다'라는 행위가 끝나고 그것이 지속되고 있는 상태를 나타내는 표현이다.

오답 설명

① ㄱ에서는 '앉아'를 '안자'로 표기하였다. 이는 자음으로 끝난 어간 '앉-'에 모음으로 시작하는 어미 '-아'가 결합할 때 현대 국어와 달리 이어 적기를 한 것임을 알 수 있다.
② [현대어 풀이]의 '비구가'를 통해 ㄱ의 '比丘(비구)ㅣ'는 모음으로 끝난 체언 '比丘(비구)'의 뒤에 주격 조사 'ㅣ'가 결합된 형태임을 알 수 있다. 이러한 주격 조사는 현대 국어에서 쓰이는 주격 조사 '가'와는 다른 형태이다.
④ ㄴ의 '듣즈ᄫᅳ며'는 [현대어 풀이]의 '들으며'에 대응한다는 점을 통해, 객체 높임의 선어말 어미 '-즙-'을 이용하여 객체 '부텨(부처)'를 높이는 표현임을 알 수 있다. 따라서 중세 국어에서는 현대 국어와 달리 선어말 어미에 의해서도 객체 높임이 실현되었음을 알 수 있다.
⑤ ㄴ의 '몯 듣즈ᄫᅳ며'는 부정 부사 '몯'을 용언 '듣즈ᄫᅳ며'의 앞에 놓아 짧은 부정을 만든 것이다. [현대어 풀이]의 '못 들으며'를 통해 알 수 있듯이 현대 국어에서도 부정 부사 '못'을 용언 '들으며' 앞에 놓음으로써 짧은 부정문을 만들고 있으므로 선지의 내용은 적절하다.

62. ③

정답 설명

'나모'는 주격 조사와 결합할 때 '남기'로, 목적격 조사와 결합할 때 '남골'로 표기된다. 주격 조사는 '이', 목적격 조사는 '올'이므로, 주격 조사나 목적격 조사와 결합할 때 단독형 '나모'는 '남' 이 아닌 '남ㄱ'의 형태로 바뀌었음을 알 수 있다.

06 | 중세 국어

오답 설명

① '나모, 아ᅀᆞ, 노ᄅᆞ'는 15세기와는 달리 현대어에서 '나무, 아우, 노루'로 표기함을 알 수 있다.

② '나모, 아ᅀᆞ, 노ᄅᆞ'는 부사격 조사나 보조사와 결합할 때 '나모와/나모도, 아ᅀᆞ와/아ᅀᆞ도, 노ᄅᆞ와/노ᄅᆞ도'로 표기되어 있는데, 이를 통해 단독형과 그 형태가 동일함을 알 수 있다.

④ '아ᅀᆞ'는 주격 조사나 목적격 조사와 결합할 때는 '앗이, 앗을'로 표기하는데, 이를 통해 단독형과 달리 '앗'으로 그 형태가 변했음을 알 수 있다.

⑤ '노ᄅᆞ'는 주격 조사나 목적격 조사와 결합할 때는 '놀이, 놀을'로 표기하는데 이를 통해 단독형과는 달리 '놀'로 그 형태가 변했음을 알 수 있다.

63. ①

정답 설명

두음 법칙이란 일부 소리가 단어의 첫머리에 발음되는 것을 꺼려 나타나지 않거나 다른 소리로 발음되는 것으로, 'ㅣ, ㅑ, ㅕ, ㅛ, ㅠ' 앞에서 'ㄹ'과 'ㄴ'이 'ㅇ'이 되거나, 'ㅏ, ㅓ, ㅗ, ㅜ, ㅡ, ㅐ, ㅔ, ㅚ' 앞의 'ㄹ'이 'ㄴ'으로 변하는 현상을 의미한다. 16세기 중세 국어의 '닐러'가 현대어 '일러'에 대응되는 것으로 보아, 16세기 중세 국어에서는 두음 법칙이 적용되지 않았으며 현대 국어로 오는 과정에서 적용된 것임을 확인할 수 있다.

오답 설명

② 16세기 중세 국어의 '숣흔'은 '숣+은'으로 분석되므로 16세기에 '숣'과 같이 'ㅎ'을 말음으로 가지는 체언이 존재하였음을 확인할 수 있다. 현대어 '살코기(살ㅎ+고기)', '머리카락(머리ㅎ+가락)' 등에서 'ㅎ' 종성 체언의 영향을 확인할 수 있다.

③ 16세기 중세 국어의 '받ᄌᆞ온'은 '받- + -ᄌᆞᇦ- + -은'으로 분석되며, 이때 '-ᄌᆞᇦ-'은 부사어에 해당하는 대상 '부모'를 높이기 위해 사용된 객체 높임의 선어말 어미이다. 객체 높임 선어말 어미의 받침 'ㅸ' 뒤에 모음으로 시작하는 어미가 오면 'ㅸ'이 되는데, 시간이 흐르며 'ㅸ'은 반모음 'ㅗ' 혹은 'ㅜ'로 바뀌면서 소멸되는 양상을 보인다. '받ᄌᆞ온' 역시 'ㅸ'이 반모음 'ㅗ'로 변화한 후, 'ㆍ'와 충돌한 결과 '받ᄌᆞᄫᆞᆫ 〉 받ᄌᆞ온'과 같이 변화한 것이다.

④ '비르소미오'는 '비롯- + -옴 + 이- + -오'로 분석된다. '비롯다'의 어간 '비롯-'에 명사형 어미 '-옴'이 결합된 것인데, 어간 말 음절의 중성 'ㅡ'가 음성 모음인데도 명사형 어미로 '-움'이 아닌 '-옴'이 결합하였으므로 모음 조화 현상이 지켜지지 않은 사례로 볼 수 있다.

⑤ 'ᄆᆞ춤이니라'는 'ᄆᆞ치미니라'로 이어 적기 한 것이 아니라 용언의 명사형 'ᄆᆞ춤'과 서술격 조사 '이니라'를 끊어 적기 하여 'ᄆᆞ춤이니라'로 적은 것이다. 이를 통해 16세기 중세 국어에서 끊어 적기가 사용되는 경우도 있었음을 알 수 있다.

1. ②

정답 설명

㉠의 '밥 먹는대[밤멍는다]'에서 첫 번째 음절의 종성 'ㅂ'은 피동화음이고 두 번째 음절의 초성 'ㅁ'은 동화음이다. 그리고 두 번째 음절의 종성 'ㄱ'은 피동화음, 세 번째 음절의 초성 'ㄴ'은 동화음이다. ㉡의 '국민[궁민]'에서 첫 번째 음절의 종성 'ㄱ'은 피동화음이고 두 번째 음절의 초성 'ㅁ'은 동화음이다. ㉢의 '접는[점는]'에서 첫 번째 음절의 종성 'ㅂ'은 피동화음이고 두 번째 음절의 초성 'ㄴ'은 동화음이다. ㉣의 '듣는[든는]'에서 첫 번째 음절의 종성 'ㄷ'은 피동화음이고 두 번째 음절의 초성 'ㄴ'은 동화음이다. ㉤의 '막내[망내]'에서 첫 번째 음절의 종성 'ㄱ'은 피동화음이고 두 번째 음절의 초성 'ㄴ'은 동화음이다. 즉, ㉠도 ㉡, ㉢, ㉣, ㉤처럼 피동화음이 동화음의 앞에 위치하므로 선지의 내용은 적절하지 않다.

오답 설명

① ㉠의 명사 '밥'과 동사 '먹는다'는 별개의 단어인데 '밥'의 종성인 'ㅂ'과 '먹'의 초성인 'ㅁ' 사이에서 비음화가 일어나 '밥'의 종성 'ㅂ'이 비음 'ㅁ'으로 동화되었으므로, 비음화는 단어와 단어 사이에서 적용되기도 하는 것을 알 수 있다. 이처럼 두 단어를 이어서 한 마디로 발음할 때에도 동화 현상을 적용할 수 있다.

③ ㉡의 '국민[궁민]'에서 피동화음은 '국'의 종성인 파열음 'ㄱ'이고 동화음은 '민'의 초성인 'ㅁ'이다. ㉤의 '막내[망내]'에서 피동화음은 '막'의 종성인 파열음 'ㄱ'이고 동화음은 '내'의 초성인 'ㄴ'이다. 그러므로 ㉡과 ㉤은 피동화음은 'ㄱ'으로 동일하지만, 동화음은 각각 'ㅁ', 'ㄴ'으로 서로 다른 음운임을 알 수 있다.

④ ㉢, ㉣, ㉤의 동화음은 모두 'ㄴ'으로 같지만 피동화음은 ㉢에서 'ㅂ', ㉣에서 'ㄷ', ㉤에서 'ㄱ'으로 서로 다른 음운임을 알 수 있다.

⑤ ㉠의 '밥 먹는대[밤멍는다]'에서 동화음은 두 번째 음절의 초성 'ㅁ'과 세 번째 음절의 초성 'ㄴ'으로 모두 비음이다. 피동화음은 첫 번째 음절의 종성 'ㅂ', 두 번째 음절의 종성 'ㄱ'으로 모두 파열음이다. ㉡의 '국민[궁민]'에서 동화음은 두 번째 음절의 초성 'ㅁ'으로 비음이고 피동화음은 첫 번째 음절의 종성 'ㄱ'으로 파열음이다. ㉢의 '접는[점는]'에서 동화음은 두 번째 음절의 초성 'ㄴ'으로 비음이고 피동화음은 첫 번째 음절의 종성 'ㅂ'으로 파열음이다. ㉣의 '듣는[든는]'에서 동화음은 두 번째 음절의 초성 'ㄴ'으로 비음이고 피동화음은 첫 번째 음절의 종성 'ㄷ'으로 파열음이다. ㉤의 '막내[망내]'에서 동화음은 두 번째 음절의 초성 'ㄴ'으로 비음이고 피동화음은 첫 번째 음절의 종성 'ㄱ'으로 파열음이다. 이렇듯 ㉠~㉤은 모두 동화음이 비음이고 피동화음이 파열음임을 알 수 있다.

2. ④

정답 설명

ⓓ의 '굳이[구지]'는 'ㄷ'이 뒤에 위치한 모음 'ㅣ'의 영향을 받아 구개음 'ㅈ'으로 변하는 구개음화 현상이 일어난 경우로, 동화의 방향으로 볼 때는 역행 동화에 속한다. 3문단에서 구개음화는 "동화음인 모음 'ㅣ'의 조음 위치에 따라 피동화음인 자음 'ㅌ'이 'ㅊ'이 되는데, 이는 'ㅣ'와 같은 음운이 아니므로 부분 동화에 속한다."라고 하였으므로 조음 위치라는 음운의 일부 특성만 닮은 부분 동화임을 알 수 있다.

오답 설명

① ⓐ의 '겁내다[검내다]'에서 동화음은 두 번째 음절의 초성 'ㄴ'이고 피동화음이 첫 번째 음절의 종성 'ㅂ'이므로 동화의 방향으로 볼 때는 역행 동화에 속한다. 그리고 피동화음인 'ㅂ'이 동화음인 비음 'ㄴ'의 조음 방식만 닮아 비음 'ㅁ'으로 동화되므로 부분 동화에 속한다.

② ⓑ의 '발놀림[발롤림]'에서 동화음은 첫 번째 음절의 종성 'ㄹ'이고 피동화음이 두 번째 음절의 초성 'ㄴ'이므로 동화의 방향으로 볼 때는 순행 동화에 속한다. 그리고 피동화음인 두 번째 음절의 초성 'ㄴ'이 동화음인 첫 번째 음절의 종성 'ㄹ'과 같아지므로 완전 동화에 속한다.

③ ⓒ의 '맏며느리[만며느리]'에서 동화음은 두 번째 음절의 초성 'ㅁ'이고 피동화음은 첫 번째 음절의 종성 'ㄷ'이므로 동화의 방향으로 볼 때는 역행 동화에 속한다. 그리고 피동화음인 'ㄷ'이 동화음인 비음 'ㅁ'의 조음 방식만 닮아 비음 'ㄴ'으로 동화되므로 부분 동화에 속한다.

⑤ ⓔ의 '불난리[불랄리]'는 두 번째 음절의 초성과 종성이 모두 'ㄴ'에서 'ㄹ'로 교체되는데, 이는 첫 번째 음절의 종성과 세 번째 음절의 초성에 동화된 것이다. 따라서 순행 동화와 역행 동화가 모두 일어난다.

3. ⑤

정답 설명

2문단에 따르면, 중세 국어의 객체 높임 선어말 어미 중 '-ᄉᆞᆸ-'은 자음으로 시작하는 어미와 결합할 때 나타나는 형태이며, '-ᄉᆞᇦ-'은 모음으로 시작하는 어미와 결합할 때 나타나는 형태이다. 따라서 어간의 끝소리에 따라 형태가 달라졌다는 선지의 내용은 적절하지 않다.

오답 설명

① 1문단에서 알 수 있듯이, 중세 국어와 현대 국어의 객체 높임은 모두 문장의 목적어나 부사어가 지시하는 대상을 높인다.

② 현대 국어의 객체 높임은 선어말 어미가 아니라 '모시다, 뵙다, 여쭈다, 드리다'와 같은 특수 어휘를 통해 실현된다.

③ (가)의 '보ᄉᆞᇦ면'과 (다)의 '보ᄉᆞᇦ'은 각각 현대 국어의 객체 높임 특수 어휘인 '뵈면, 뵌'으로 바꿀 수 있지만 '듣ᄌᆞᇦ며'는 대응되는 현대 국어의 객체 높임 특수 어휘가 없다.

④ (가)의 '보ᄉᆞᇦ면'과 같이, 용언의 연결형에서도 객체 높임 선어말 어미가 사용되고 있음을 알 수 있다. 따라서 객체 높임 선어말 어미가 용언의 관형사형 이외의 활용형에서도 실현된 것으로 이해할 수 있다.

4. ④

정답 설명

어간 '돕-'은 'ㅂ'으로 끝나고, 어말 어미 '-ᄋᆞ니'는 모음으로 시작하기 때문에 객체 높임 선어말 어미로는 '-ᄉᆞᇦ-'이 와야 하고, 활용형은 이어 적기를 적용하여 '돕ᄉᆞᇦ니'가 되어야 한다.

오답 설명

① 어간 '듣-'은 'ㄷ'으로 끝나고, 어말 어미 '-고'는 자음으로 시작하기 때문에 객체 높임 선어말 어미로는 '-ᄌᆞᆸ-'이 오고, 활용형은 '듣ᄌᆞᆸ고'가 되어야 하므로 적절하다.

② 어간 'ᄎᆞ-'는 모음인 'ᆞ'로 끝나고, 어말 어미 '-고'는 자음으로 시작하기 때문에 객체 높임 선어말 어미로는 '-ᄉᆞᆸ-'이 오고, 활용형은 'ᄎᆞᇫᄉᆞᆸ고'가 되어야

하므로 적절하다.

③ 어간 '얻-'은 'ㄷ'으로 끝나고, 어말 어미 '-아'는 모음으로 시작하기 때문에 객체 높임 선어말 어미로는 '-ᄌᆞᇦ-'이 오고, 활용형은 이어 적기를 하여 '얻ᄌᆞᇦ아'가 되어야 하므로 적절하다.

⑤ 어간 '막-'은 'ㄱ'으로 끝나고, 어말 어미 '-거늘'은 자음으로 시작하기 때문에 객체 높임 선어말 어미로는 '-ᄉᆞᆸ-'이 오고, 활용형은 '막ᄉᆞᆸ거늘'이 되어야 하므로 적절하다.

5. ①

정답 설명

〈자료〉의 1문단에서 '명사화 접미사가 붙은 말은 국어사전에 새로운 단어(명사)로 등재'된다고 하였으며, 〈대화〉에서 ㉮(믿음)는 국어사전에 실려 있다고 하였으므로, ㉮의 '-(으)ㅁ'은 명사화 접미사임을 알 수 있다. 하지만 같은 1문단에서 명사화 접미사는 특정 단어에만 선택적으로 붙는다고 하였으므로 선지의 내용은 적절하지 않다.

오답 설명

② 〈대화〉에서 ㉯(얻음)는 국어사전에 실려 있지 않다고 하였으므로 ㉯의 '-(으)ㅁ'은 명사형 어미임을 알 수 있다. ㉯의 품사는 동사이지만 명사처럼 쓰이기 때문에 주격 조사 '이/가'와 결합 시 문장에서 주어 역할을 할 수 있다.

③ ㉮(믿음)의 '-(으)ㅁ'은 명사화 접미사로 새로운 단어를 파생시키는 역할을 하기 때문에 '믿음'이 국어사전에 등재된 것이다.

④ 〈대화〉에서 ㉯(얻음)는 국어사전에 실려 있지 않다고 하였으므로 ㉯의 '-(으)ㅁ'은 명사형 어미임을 알 수 있다. 따라서 ㉯(얻음)는 용언 '얻다'가 활용되는 형태 중 하나에 해당한다.

⑤ ㉮(믿음)의 '-(으)ㅁ'과 '먹이'의 '-이'는 모두 명사화 접미사이므로 문법적인 성격이 같다.

6. ⑤

정답 설명

ⓛ '기쁨'은 관형어 '승리의(체언+관형격 조사)'의 수식을 받고 있으므로 명사이다.

ⓔ '꿈'은 관형어 '놀라운(용언의 관형사형)'의 수식을 받고 있으므로 명사이다.

ⓜ '크기'는 관형어 '어미의(체언+관형격 조사)'의 수식을 받고 있으므로 명사이다.

오답 설명

㉠ '떠나기'는 부사어 '바로(부사)'의 수식을 받고 있으므로 용언(동사)이다.

ⓒ '빼기'는 부사어 '효율적으로(체언+부사격 조사)'의 수식을 받고 있으므로 용언(동사)이다.

7. ⑤

정답 설명

'굳세게'의 '굳-'은 용언 '굳다'의 어간으로, 형식 형태소가 아니라 실질 형태소이다. 또한 어근 '굳-'은 '세다'와 결합하여 파생어가 아닌 합성어를 형성한다. 따라서 선지의 설명은 적절하지 않다.

오답 설명

① 2문단에 따르면, 학교 문법에서는 일정 정도 어휘적인 의미를 지닌다고 하더라도 '-답-'과 같은 접사는 형식 형태소로 분류한다.

② 3문단에 따르면, 학교 문법에서는 다소간 어휘적인 의미를 지니더라도 '만'과 같은 보조사는 형식 형태소에 포함시킨다. 또한 4문단에서 조사는 단어이자 의존 형태소에 해당한다고 하였으므로 선지의 설명은 적절하다.

③ '-추-'는 사동의 의미를 지니는 접사이다. 3문단에 따르면, 학교 문법에서는 단어를 파생하는 기능을 하는 이러한 파생 접사를 형식 형태소로 분류한다.

④ 2문단에 따르면, 학교 문법에서는 일정 정도 어휘적인 의미를 지닌다고 하더라도 '-개'와 같은 접사는 형식 형태소로 분류한다.

8. ③

정답 설명

㉠ 명사 '사람' 뒤에 쓰인 '은'은 화제를 나타내는 기능을 하는 보조사에 해당한다. ㉢ 명사 '라이벌' 뒤에 쓰인 '로'는 어떤 사물에 대하여 생각하는 바임을 나타내는 부사격 조사에 해당한다. ㉣ '고'는 간접 인용의 부사격 조사이다. '새로운 바람을 일으키겠다'라는 '그'의 말을 인용절로 안기게 해 준다.

오답 설명

㉡ '-은'은 관형사형 전성 어미이다. 형용사 '검붉다'의 어간 '검붉-' 뒤에 결합하여 명사 '피'를 수식할 수 있게 해 준다.

㉤ '-스럽-'은 형용사를 만드는 접미사이다. 어근 '자랑'에 붙어 형용사 '자랑스럽다'를 파생하였다.

9. ④

정답 설명

〈자료〉를 통해 알 수 있듯 단모음화 현상이 일어나면서 그에 따라 모음 체계에 변화가 일어난 것이다. 해당 선지에서는 모음 체계가 변화하면서 단모음화가 일어났다고 하였는데, 인과 관계를 뒤집어 설명한 내용이다. 또한 'ㅐ, ㅔ'의 단모음화는 (나)에 이미 적용되어 있기 때문에 (나)에서 (다)로의 변화에서 단모음화가 시작이 되었다는 선지의 내용은 적절하지 않다.

오답 설명

① 'ㆍ'의 소멸은 안정적이었던 (가) 체계가 불안정하게 된 내부 변화 요인으로, (나)는 안정된 체계를 향해 변화한 결과물이라 할 수 있다. 〈자료〉의 '(나)는 'ㆍ'의 소멸로 인한 체계의 불균형을 해소하기 위하여 변동된 체계' 부분을 통해 확인할 수 있다.

② 〈자료〉의 '음운의 체계는 고정 불변의 것이 아니어서 내부에 변화 요인이 발생하면 다시 안정된 체계를 향하여 변화의 길을 걷게 된다.'에서 확인할 수 있다.

③ 〈자료〉의 '이중 모음 'ㅟ[uy]', 'ㅚ[oy]'가 각각 [y], [ø]로 단모음화하여 현대 국어와 같은 (다)의 10모음 체계가 되었는데,' 부분을 통해 확인할 수 있다.

⑤ 〈자료〉의 '(나)는 'ㆍ'의 소멸로 인한 체계의 불균형을 해소하기 위하여 변동된 체계로, 대략 18세기 후기에 형성된 것으로 보인다. 이는 중세 국어에서 이중 모음이었던 'ㅐ[ay]'와 'ㅔ[əy]'가 각각 [æ], [e]로 단모음화하여 이루어진 8모음 체계이다.'에서 확인할 수 있다.

10. ④

정답 설명

〈자료〉의 (가)를 통해 알 수 있듯, 훈민정음 창제 당시에는 상형의 원리로 만들어진 기본자 'ㆍ, ㅡ, ㅣ'와 기본자들을 합성하여 만들어진 초출자 'ㅏ, ㅓ, ㅗ, ㅜ'까지 총 7자를 단모음으로 취급하였다. 초출자와 'ㆍ'를 합성하여 만든 재출자 'ㅑ, ㅕ, ㅛ, ㅠ'는 당시에도 이중 모음으로 취급되었으므로 선지의 내용은 적절하지 않다.

오답 설명

① 〈자료〉를 통해 훈민정음이 만들어진 15세기에는 (가)에 나와 있는 일곱 개 모음만이 단모음이고, 나머지는 이중 모음이었다는 것을 알 수 있다. 'ㅢ'는 단모음이 아닌 기본자 'ㆍ'에 'ㅣ'를 합한 'ㅣ' 합용 중성자이다.

② 현재는 단모음에 해당하는 'ㅔ'를 'ㅓ+ㅣ'로 발음하는 것은 'ㅔ'가 이중 모음이었던 예전의 습관이 그대로 이어진 것으로 이해할 수 있다.

③ 'ㅟ'의 경우 초출자 'ㅜ'와 'ㅣ'가 합용되어 만들어진 'ㅣ' 합용 중성자로, (다)에서 확인할 수 있듯 현재는 단모음에 해당한다. 〈자료〉의 '이중 모음 'ㅟ[uy]', 'ㅚ[oy]'가 각각 [y], [ø]로 단모음화하여 현대 국어와 같은 (다)의 10모음 체계가 되었는데, 대략 19세기 말에서 20세기 초에 걸쳐 형성되기 시작한 것으로 보인다.'를 통해 18세기 후기에는 이중 모음으로 발음했을 것임을 알 수 있다.

⑤ 'ㅐ'는 'ㅏ'와 'ㅣ'를 합용하여 적은 것으로, 학생들의 대화와 〈자료〉를 통해 당시 사람들은 초출자 'ㅏ'와 기본자 'ㅣ'를 각각 따로 인식하여 발음했음을 알 수 있다. 그러므로 현대 국어와 달리 [ay]와 같이 이중 모음으로 발음되었으리라 유추할 수 있는 것이다.

11. ④

정답 설명

〈보기〉 D-1의 '큰형'은 '맏형'을 나타내는 단어로, '배나무'와 같은 합성어이다. 따라서 '큰'과 '형' 사이에 휴지를 둘 수 없다.

오답 설명

① '바람'의 '바'와 '람' 사이에 숨을 넣어 발음하지 않는 것처럼 A의 '하늘' 역시 '하'와 '늘' 사이에 휴지를 두기 어려우므로 한 단어로 볼 수 있다.

② B의 '돌다리'는 '돌'과 '다리' 사이에 다른 단어가 끼어들기 어려우므로 한 단어로 볼 수 있다.

③ C의 '엄마의 얼굴'은 '엄마의 아름다운 얼굴'처럼 '엄마의'와 '얼굴' 사이에 다른 단어가 끼어들 수 있으므로 두 개의 단어로 봐야 한다.

⑤ D-2의 '큰 형'은 '키가 큰 철수의 형'처럼 분리성을 지녀 그 내부에 다른 단어가 끼어들 수 있으므로 한 단어로 보기 어렵다.

12. ②

정답 설명

'지금은'의 경우 '지금만은'처럼 '지금'과 '은' 사이에 다른 조사를 넣을 수 있다. 따라서 분리성을 인정하여 조사를 단어로 인정하는 것이다.

오답 설명

① 의존 명사 '수'는 '기다릴'과 같은 관형어의 꾸밈을 받아야만 쓰일 수 있으므로 자립성이 떨어진다.

③ 지문에서 '수'의 휴지성이 인정된다고 하였으므로 '기다릴'과 '수' 사이에 숨을 넣어서 발음할 수 있다.
④ '수가/수도/수는' 등 의존 명사 '수'는 조사를 자유롭게 취할 수 있다.
⑤ '은'은 조사이다. 조사는 자립성은 없지만 단어로 인정한다고 나와 있다.

13. ③

정답 설명

서술어 '되다'는 주어와 보어를 필수적으로 요구하는 두 자리 서술어이다. '사람이'는 주어, '교사가'는 '되다' 앞에 쓰인 보어이므로 '이'는 주격 조사, '가'는 보격 조사이다. 따라서 주격 조사와 보격 조사는 '이/가'로 형태는 동일하지만 그 기능은 다르므로 음운론적 이형태가 아니다. 음운론적 이형태는 기능은 동일하지만 음운론적 환경에 따라 형태를 달리한다는 것이므로, 주격 조사 '이'와 보격 조사 '가'는 이형태일 수 없다. 〈주격 조사 '이'/주격 조사 '가'〉, 〈보격 조사 '이'/보격 조사 '가'〉가 각각 음운론적 이형태 관계에 해당한다.

오답 설명

① '만'과 '도'는 체언에 붙어 특수한 의미를 더해 주는 보조사이다.
② 서술격 조사 '이다'는 다른 격 조사와 달리 '이고, 이며, 이니' 등과 같이 여러 형태로 활용된다.
④ 보조사는 특정 문장 성분에만 쓰일 수 있는 격 조사와 달리 여러 문장 성분에 두루 쓰일 수 있고, 결합할 수 있는 앞말이 체언으로 한정되지 않으므로 ㉣에 쓰인 '는'은 보조사이다. 또한 ㉣에서 '는'이 '강조'의 의미를 더하고 있으므로 선지의 진술은 적절하다.
⑤ '불굴'은 〈보기〉에 비문으로 제시된 '불굴에' 이외에도 '불굴이, 불굴을, 불굴도'와 같이 '의'가 아닌 다른 조사와 결합하였을 때 자연스럽지 않다. 따라서 조사와의 결합에 제약을 받는 체언임을 알 수 있다.

14. ④

정답 설명

접속 조사는 체언과 체언 사이에서 둘을 이어 주는 조사이다. 부사격 조사는 체언 사이에 위치하지 않거나, 체언 사이에 있더라도 둘을 이어 주지 않고 '비교, 동반, 상대'의 자격을 부여한다. ④의 '와'는 '아빠'와 '동생'을 동등한 자격으로 연결하는 것이 아니라 '아빠'가 '동생'의 외모와 비교되는 대상임을 나타내므로 부사격 조사에 해당한다.

15. ③

정답 설명

'그녀가 (그를) 사랑했다.'라는 문장의 서술어에 관형사형 전성 어미 '-던'을 결합해 만든 관형절이 '그는 많이 변했다.'라는 문장에 안겨 체언 '그'를 수식하는 관형어로 쓰였다.

오답 설명

① '발에 땀이 나다.'라는 문장의 서술어에 부사형 전성 어미 '-도록'을 결합해 만든 부사절이 '그는 뛰었다.'라는 문장에 안겨 서술어 '뛰었다'를 수식하는 부사어로 쓰였다.
② '그가 옳았다.'라는 문장의 서술어에 명사형 전성 어미 '-음'을 결합해 만든 명사절이 '우리는 ~을 깨달았다.'라는 문장에 안겨 목적어로 쓰였다.
④ '(~가) 밥을 먹다.'라는 문장의 서술어에 명사형 전성 어미 '-기'를 결합해 만

든 명사절이 '지금 시간은 ~에는 이르다.'라는 문장에 안겨 부사어로 쓰였다.
⑤ '(들국화가) 아름답다.'라는 문장의 서술어와 부사형 전성 어미 '-게'가 결합한 부사절이 '그곳에는 들국화가 피었다.'에 안겨 서술어를 수식하는 부사어로 쓰였다.

16. ④

정답 설명

㉣(서르)은 [현대어 풀이]와 비교해 보았을 때 '서로'에 대응된다. '서로'는 부사로, 서술어 '내어'를 수식하는 부사어에 해당하므로, ㉣은 관형사가 아닌 부사임을 알 수 있다.

오답 설명

① ㉠(이)에서는 현대 국어와 동일한 형태의 관형사인 '이'가 사용되어 명사 '약사유리광여래'를 수식하는 관형어의 역할을 하고 있다.
② ㉡(약사유리광여래ㅅ)은 [현대어 풀이]와 비교해 보았을 때 '약사유리광여래의'에 대응된다. 'ㅅ'은 현대 국어의 관형격 조사 '의'에 대응되므로, 현대 국어와는 다른 형태의 관형격 조사가 사용되었음을 알 수 있다. 참고로 현대 국어의 관형격 조사는 '의' 하나뿐이다.
③ ㉢(모단)은 형용사인 '모딜다'에 관형사형 어미인 '-ㄴ'이 결합한 형태로, 품사는 여전히 형용사이다. 형용사 '모딘'이 뒤에 오는 명사 '일'을 꾸미고 있으므로 선지의 설명은 적절하다.
⑤ ㉤(믹본)은 용언 어간 '밉-'에 관형사형 어미인 '-은'이 결합한 형태로, '밒은'을 이어 적기한 '믹븐'이 명사 'ㅁ슴'을 꾸미는 관형어의 역할을 하고 있다.

17. ④

정답 설명

'추적추적'은 '비니 진눈깨비가 지꾸 축축히게 내리는 모양'의 의미를 가진 부사이며, ⓓ에서 '내리는'을 수식하는 성분 부사어로 쓰였다.

오답 설명

① '매우'는 '보통 정도보다 훨씬 더'의 의미를 가진 부사이며, ⓐ에서 부사 '높이'를 수식하는 성분 부사어로 쓰였다.
② '아주'는 '보통 정도보다 훨씬 더 넘어선 상태로'의 의미를 가진 부사이며, ⓑ에서 형용사 '맛있는'을 수식하는 성분 부사어로 쓰였다.
③ '유난히'는 '언행이나 상태가 보통과 아주 다르게'의 의미를 가진 부사이며, ⓒ에서 형용사 '푸르다'를 수식하는 성분 부사어로 쓰였다.
⑤ '모름지기'는 '사리를 따져 보건대 마땅히'의 의미를 가진 부사이며, ⓔ에서 문장 전체의 당위성을 말하는 문장 부사어로 쓰였다.

18. ④

정답 설명

㉠의 '노래했다'는 동사로, 주어('그녀는') 하나만 요구하는 한 자리 서술어이다. 따라서 '우아하게'는 한 자리 서술어에 쓰인 수의적 부사어이다. ㉡의 '넣었다'는 주어('형이')와 목적어('손을'), 그리고 필수적 부사어('주머니에')를 요구하는 세 자리 서술어이다. 따라서 '주머니에'는 세 자리 서술어에 쓰인 필수적 부사어이다.

오답 설명

① ㉠의 '만들었다'는 주어('동생이')와 목적어('장난감을')를 필수적으로 요구하는

07 | 지문형

두 자리 서술어이다. 따라서 '멋있게'는 두 자리 서술어에 쓰인 수의적 부사어이다. ⓒ의 '맛없다'는 형용사로, 주어('음식이') 하나만 요구하는 한 자리 서술어이다. 따라서 '너무'는 생략 가능한 수의적 부사어이다.

② ㉠의 '간다'는 주어('누나가')와 필수적 부사어('도서관에')를 요구하는 두 자리 서술어이다. 따라서 '도서관에'는 두 자리 서술어에 쓰인 필수적 부사어이다. ⓒ의 '먹는다'는 주어('오빠가')와 목적어('밥을')를 필수적으로 요구하는 두 자리 서술어이다. 따라서 '천천히'는 생략해도 무방한 수의적 부사어이다.

③ ㉠의 '드렸다'는 주어('내가')와 필수적 부사어('엄마에게'), 그리고 목적어('생신 선물을')를 요구하는 세 자리 서술어이다. 따라서 '엄마에게'는 세 자리 서술어에 쓰인 필수적 부사어이다. ⓒ의 '같다'는 형용사로 주어('사랑은')와 필수적 부사어('보석과')를 요구하는 두 자리 서술어이다. 따라서 '보석과'는 두 자리 서술어에 쓰인 필수적 부사어이다.

⑤ ㉠의 '만났다'는 주어('나는')와 목적어('친구를')를 필수적으로 요구하는 두 자리 서술어이다. 따라서 '영화관에서'는 생략 가능한 수의적 부사어이다. ⓒ의 '잡았다'는 주어('포수가')와 목적어('멧돼지를')를 필수적으로 요구하는 두 자리 서술어이다. 따라서 '총으로'는 생략 가능한 수의적 부사어이다.

19. ④

> **정답 설명**
>
> 돕다 : '돕- + -아 〉 도와'와 같이 활용된다. 모음 어미 앞에서 어간의 'ㅂ'이 반모음 'ㅗ'로 변화하므로 어간의 형태가 바뀌는 불규칙 용언(㉠)이다.
> 푸르다 : '푸르- + -어 〉 푸르- + -러 〉 푸르러'와 같이 활용된다. 어미 '-어'가 '-러'로 변화하므로 어미의 형태가 바뀌는 불규칙 용언(ⓒ)이다.
> 빨갛다 : '빨갛- + -아 〉 빨개'와 같이 활용되므로, 어간과 어미의 형태가 모두 바뀌는 불규칙 용언(ⓒ)이다.

> **오답 설명**
>
> ① '묻다(問)'의 경우 '묻- + -어 〉 물- + -어 〉 물어'와 같이 모음 어미 앞에서 어간의 'ㄷ'이 'ㄹ'로 변화하므로 어간의 형태가 바뀌는 불규칙 용언이다. 따라서 ㉠에 해당하는 것이 맞다. 또한 '하얗다'의 경우 '하얗- + -아 〉 하얘'와 같이 어간과 어미의 형태가 모두 바뀌는 불규칙 용언이므로 ⓒ에 해당한다. 하지만 '아프다'는 '아프- + -아 〉 아ㅍ- + -아 〉 아파'와 같이 모음 어미 앞에서 어간의 'ㅡ'가 탈락하는 양상을 보이므로 ⓒ에 해당하지 않는다. 참고로 모음 어미를 취할 때 'ㅡ'가 탈락하는 양상은 규칙적으로 일어나는 현상이므로 ㉠~ⓒ 어디에도 속하지 않는다.
> ② '붓다'의 경우 '붓- + -어 〉 부- + -어〉 부어'와 같이 모음 어미 앞에서 어간의 'ㅅ'이 탈락하므로 어간의 형태가 바뀌는 불규칙 용언이다. 따라서 ㉠에 해당하는 것이 맞다. 또한 '이르다(至)'의 경우 '이르- + -어 〉 이르- + -러 〉 이르러'와 같이 어미 '-어'가 '-러'로 변화하므로 어미의 형태가 바뀌는 불규칙 용언이다. 따라서 ⓒ에 해당하는 것이 맞다. 하지만 '검다(黑)'는 '검- + -어 〉 검어'와 같이 모음 어미를 취하는 경우 어간과 어미의 형태가 모두 변화하지 않으므로 불규칙 활용이 아닌 규칙 활용에 해당한다.
> ③ '솟다'의 경우 '솟- + -아 〉 솟아'와 같이 모음 어미를 취하는 경우 어간과 어미의 형태가 모두 변화하지 않으므로 불규칙 활용이 아닌 규칙 활용에 해당한다. '흐르다(流)'의 경우 '흐르- + -어 〉 흐ㄹㄹ- + -어 〉 흘러'와 같이 모음 어미 앞에서 어간의 '르'가 'ㄹㄹ'로 변화하므로 어간의 형태가 바뀌는 불규칙 용언이다. 따라서 ㉠에 해당한다. 또한 '누르다(黃)'의 경우 '누르- + -어 〉 누르- + -러 〉 누르러'와 같이 어미 '-어'가 '-러'로 변화하므로 어미의 형태가 바뀌는 불규칙 용언이다. 따라서 ⓒ에 해당한다.
> ⑤ '자르다(斷)'의 경우 '자르- + -아 〉 자ㄹㄹ- + -아 〉 잘라'와 같이 모음 어미 앞에서 어간의 '르'가 'ㄹㄹ'로 변화하므로 어간의 형태가 바뀌는 불규칙

용언이다. 따라서 ㉠에 해당하는 것이 맞다. 하지만 '즐겁다'의 경우 '즐겁- + -어 〉 즐거워'와 같이 모음 어미 앞에서 어간의 'ㅂ'이 반모음 'ㅜ'로 변화하므로 어간의 형태가 바뀌는 불규칙 용언이다. 또한 '희다'의 경우 '희- + -어 〉 희어'와 같이 모음 어미를 취하는 경우 어간과 어미의 형태가 모두 변화하지 않으므로 불규칙 활용이 아닌 규칙 활용에 해당한다.

20. ③

> **정답 설명**
>
> ㄴ에 쓰인 '-고'는 본용언 '하다'와 보조 용언 '싶다'를 이어 주는 역할을 하는 보조적 연결 어미이다.

> **오답 설명**
>
> ① ㄱ에 쓰인 '-구나'는 문장을 끝맺어 주는 감탄형 종결 어미이다.
> ② ㄴ에 쓰인 '-면'은 앞의 문장인 '바람이 불다.'와 뒤의 문장인 '나는 외출을 하고 싶다.'를 연결해 주는 종속적 연결 어미이다.
> ④ ㄷ에 쓰인 '-는'은 용언을 관형어로 만들어 주는 관형사형 전성 어미이다. '(사람이) 최선을 다하다.'라는 문장의 서술어 '다하다'에 관형사형 전성 어미 '-는'을 결합하여 만든 관형절 '최선을 다하는'이 뒤에 오는 체언인 '사람'을 수식하고 있다.
> ⑤ ㄷ에 쓰인 '-기'는 용언을 명사처럼 쓰일 수 있게 하는 명사형 전성 어미이다. '네가 최선을 다하는 사람이 되다.'라는 문장의 서술어 '되다'에 명사형 전성 어미 '-기'를 결합하여 만든 명사절 '네가 최선을 다하는 사람이 되기'가 '나는 ~를 바란다.'라는 문장 안에서 명사처럼 기능하고 있다.

21. ②

> **정답 설명**
>
> 능동문인 '바람이 불을 끄다.'가 피동문인 '불이 바람에 꺼지다.'로 바뀔 때 행위의 주체인 주어(바람이)가 생략된 것이 아니라, 피동문의 부사어(바람에)로 교체되었다.

> **오답 설명**
>
> ① ㄱ은 피동문으로 '풀리다'는 한 자리 서술어이지만, 능동문의 서술어 '풀다'는 주어와 목적어를 필요로 하는 두 자리 서술어이다.
> ③ 피동사 '불리다'는 동사 '부르다'의 어간 '부르-'가 피동 파생 접미사 '-이-'와 결합함에 따라 '부르- + -이- 〉 불리-'와 같이 '르' 불규칙 활용 형태가 파생어 형성에 나타난 것이다.
> ④ '보태어졌다'의 기본형 '보태어지다'는 동사 '보태다'에 '-어지다'를 결합하여 만든 피동 표현이다.
> ⑤ '만들어지다'는 '만들다'의 어간 '만들-'에 '-어지다'를 결합하여 만든 피동 표현이다. 하지만 '만들다'는 피동 접사를 취하여 피동사를 만들 수 없는 단어이므로 선지의 설명은 적절하다.

22. ⑤

> **정답 설명**
>
> ⓐ의 '잡다'는 '잡히다'라는 피동사가 존재하지만, ⓐ를 '손잡이가 진희에게 일부러 잡혔다.'의 피동문으로 바꿀 수 없다. '손잡이'는 '전혀 의지를 가질 수 없어 의미가 통하지 않게 되는 경우'에 해당하기 때문에 '일부러'라는 부사와 어울리지 않는다. ⓑ의 '놓였다'는 피동사이지만, '(~가) 진희를 난처한 입장에 놓았다.'와 같은

능동문으로 바꿀 수 없다. 이는 마지막 문단에서 설명한 '변화를 표현하는 피동문'에 해당하기 때문이다.

오답 설명

① ⓐ의 '인부가 나무를 뽑았다.'는 '나무가 인부에 의해 뽑혔다.'의 피동문으로 바꿀 수 있으므로, 대응되는 피동문이 있는 능동문에 해당한다. ⓑ의 '날씨가 많이 풀렸다.'는 '(누가) 날씨를 풀었다.'의 능동문으로 바꿀 수 없으므로, 대응되는 능동문이 없는 피동문에 해당한다.
② ⓐ의 '손자는 할머니의 사랑을 받았다.'는 '할머니의 사랑이 손자에게 받혔다.'의 피동문으로 바꿀 수 없으므로, 대응되는 피동문이 없는 능동문에 해당한다. ⓑ의 '사냥꾼이 사슴에게 받혔다.'는 '사슴이 사냥꾼을 받았다.'의 능동문으로 바꿀 수 있으므로, 대응하는 능동문이 있는 피동문에 해당한다.
③ ⓐ의 '어부가 물고기를 잡았다.'는 '물고기가 어부에게 잡혔다.'의 피동문으로 바꿀 수 있으므로, 대응되는 피동문이 있는 능동문에 해당한다. ⓑ의 '나무가 사람들에게 꺾였다.'는 '사람들이 나무를 꺾었다.'의 능동문으로 바꿀 수 있으므로, 대응되는 능동문이 있는 피동문에 해당한다.
④ ⓐ의 '인부들이 구들장을 뜯었다.'는 '구들장이 인부들에 의해 뜯겼다.'의 피동문으로 바꿀 수 있으므로, 대응되는 피동문이 있는 능동문에 해당한다. ⓑ의 '그 사건이 김 형사에게 맡겨졌다.'는 '김 형사가 그 사건을 맡았다.'의 능동문으로 바꿀 수 있으므로, 대응되는 능동문이 있는 피동문에 해당한다.

23. ③

정답 설명

2문단에서 "15세기의 객체 높임 선어말 어미인 '-숩-'은 근대 국어에서 상대 높임 표현의 어미 일부가 되었"음을 알 수 있다. ㄴ의 '-습니다'는 현대 국어에서 상대 높임 표현을 실현하기 위해 사용되는 종결 어미이다. 따라서 현대 국어의 '습'은 15세기 국어의 '-숩-'이 아니라 근대 국어의 '-습-'과 같은 기능을 한다고 할 수 있다.

오답 설명

① ㄱ의 '주무시다'는 주체인 '할머니'를 높이는 특수 어휘이다. 마지막 문단에서 15세기 국어에도 주체를 높이는 특수 어휘가 쓰였다고 하였으므로 선지의 설명은 적절하다.
② ㄴ의 '여쭙다'는 객체인 '선생님'을 높이는 특수 어휘로, 마지막 문단에서 15세기 국어에도 객체를 높이는 특수 어휘가 쓰였다고 하였으므로 선지의 설명은 적절하다.
④ ㄷ의 '-십시오'는 현대 국어의 '하십시오체'에 해당하는 종결 어미이다. 4문단에 따르면 15세기 국어에서는 '하십시오체'에 해당하는 상대 높임 표현으로 청자를 아주 높이는 'ㅎ쇼셔체'가 사용되었다.
⑤ ㄹ의 '오신 거니?'에서 '-시-'는 주체 높임 선어말 어미로, 1문단에 따르면 15세기에도 이와 같은 형태의 주체 높임 선어말 어미가 쓰였다.

24. ④

정답 설명

㉮에 쓰인 객체 높임 선어말 어미 '-줍-'은 생략되어 있는 객체인 '선혜'를 높이고, 주체 높임 선어말 어미 '-샤-'는 주체인 '구이'를 높이고 있다. 한편, ㉯에 쓰인 부사격 조사 '끠', 객체 높임 선어말 어미 '-줍-'은 모두 객체인 '부처'를 높이고 있다.

25. ②

정답 설명

보어는 서술어가 '되다' 또는 '아니다'일 경우 보격 조사 '이/가'를 통해 나타나는 문장 성분으로, 해당 문장에서는 보어가 쓰이지 않았다. '잘못되다'는 '어떤 일이 그릇되거나 실패로 돌아가다'라는 의미의 동사로 '되다'와는 별개의 단어이다. 따라서 ⓑ의 '이'를 보격 조사로 볼 수 없다. '무엇이'는 '잘못되다'에 대응하는 주어로, '이'는 주격 조사에 해당한다.

오답 설명

① '불평이니?'의 '이니'는 명사 '불평' 뒤에 결합한 서술격 조사 '이다'의 의문형이다. 서술격 조사 '이다'는 예외적인 조사로, 동사나 형용사처럼 활용할 수 있다.
③ '야'는 받침이 없는 음절 뒤에 쓰는 호격 조사이다. 받침이 있는 음절 뒤에는 '아'를 쓴다.
④ '에서는' '운동장'에 붙어서 이를 처소를 나타내는 부사어로 만드는 부사격 조사이다.
⑤ '의'는 관형격 조사로, '표범'과 '치타'가 뒤에 오는 '무늬'를 수식하는 관형어가 되도록 하고 있다.

26. ①

정답 설명

'말ᄊᆞᆷ·미'는 자음으로 끝나는 주어 '말ᄊᆞᆷ'에 주격 조사 '이'를 붙인 다음 이어 적은 것이다. [현대 국어]에서도 주격 조사 '이'가 쓰임을 알 수 있다.

오답 설명

② '百·빅姓·셩'은 끝소리가 자음인 'ㆁ'으로 끝이 났으므로 중세 국어에서는 주격 조사 '이'를 사용하였고 [현대 국어]에서도 '이'를 사용한다.
③ '·바'는 끝소리가 'ㅣ' 모음 외의 모음인 'ㅏ'로 끝이 났으므로 중세 국어에서는 주격 조사 'ㅣ'를 사용하였고 [현대 국어]에서는 '가'를 사용한다.
④ '불·휘'는 끝소리가 'ㅣ' 모음으로 끝이 났으므로 중세 국어에서는 주격 조사를 표기하지 않았지만 [현대 국어]에서는 '가'를 사용한다.
⑤ '孔·공子·ᄌᆞ'는 끝소리가 'ㅣ' 모음 외의 모음인 'ㆍ'로 끝이 났으므로 중세 국어에서는 주격 조사 'ㅣ'를 사용하였다. [현대 국어]에서는 '말씀하시기를'에서 주체 높임 선어말 어미 '-시-'를 결합해 주체 높임을 표현하고 있으므로 주격 조사 '께서'를 사용한다.

27. ④

정답 설명

마지막 문단의 '대체적으로 합성어의 품사는 가장 나중에 오는 어근의 품사에 따라 결정'된다는 내용과 일치하는 내용이다. '척척'이라는 부사와 '박사'라는 명사가 결합되어 '척척박사'라는 명사가 되었으므로, 나중에 오는 어근 '박사'의 품사에 따라 합성어의 품사가 결정된 것으로 보아야 한다.

오답 설명

① '접칼'은 '접을 수 있게 만든 칼'이란 뜻의 단어이다. 그러므로 어근은 '접-'과 '칼'로 볼 수 있다. '접-'이 '접을 수 있는'의 의미로 '칼'을 수식하고 있으므로 의미 관계에 따라 분류하면 '종속 합성어'로 볼 수 있다.
② '돌부처'는 어근 '돌'과 어근 '부처'로 이루어진 합성어로, '명사+명사'의 구조인 '통사적 합성어'이다. 3문단에 제시된 '밤낮'은 '밤'과 '낮'으로 이루어진 합성어

이며, '명사+명사'로 이루어졌는데 이를 우리말 배열법과 일치하는 통사적 합
성어로 분류한다는 것을 통해 '돌부처'도 통사적 합성어라는 점을 알 수 있다.
③ '날아가다'는 '동사+동사'로 이루어진 '합성 동사'이다. 마지막 문단의 '대체적으
로 합성어의 품사는 가장 나중에 오는 어근의 품사에 따라 결정'된다는 것에
근거해 보더라도 '날아가다'는 '합성 동사'인 것이 분명하다.
⑤ '오가다'는 '일정한 곳을 오고 가다.'라는 의미로, '오다'와 '가다'의 의미가 모두
살아 있다. 따라서 한쪽의 어근이 다른 한쪽의 어근을 꾸며 주는 합성어가
아니라, '어근이 각각 본래의 의미를 유지하면서 대등하게 붙어서 된 합성어',
즉 '대등 합성어'임을 알 수 있다.

28. ③

> **정답 설명**
>
> '덮밥'은 동사의 어간 '덮-'과 명사 '밥'이 결합된 합성어이므로 '동사+명사'인 ㉠
> 과 단어 배열이 같다. '힘내서'는 '힘'과 '내다'가 결합하여 이루어진 합성어이다.
> '힘'은 명사이고 '내다'는 동사이므로 '명사+동사'인 ㉡과 단어 배열이 같다.

> **오답 설명**
>
> ① 동사인 '늙다'의 관형형인 '늙은'에 명사 '이'를 결합한 형태이므로 ㉠과 단어
> 배열이 같은 예로 볼 수 있다. 그러나 '여닫는'은 '열다'와 '닫다'라는 두 동사
> 가 결합한 형태이므로 ㉡과 단어 배열이 다르다.
> ② '검버섯'은 형용사 '검다'의 어간인 '검-'과 명사 '버섯'이 결합된 형태이므로 ㉠
> 과 단어 배열이 다르다. '갈아입다'는 '갈다'와 '입다'라는 두 동사가 결합된 형
> 태이므로 ㉡과 단어 배열이 다르다.
> ④ '작은형'은 형용사인 '작다'와 명사 '형'이 결합된 형태이므로 ㉠과 단어 배열이
> 다르다. '배부르다'는 명사 '배'와 형용사 '부르다'가 결합한 형태이므로 ㉡과
> 단어 배열이 다르다.
> ⑤ '새해'는 관형사 '새'와 명사인 '해'가 결합한 형태이므로 ㉠과 단어 배열이 다
> 르다. '정들다'는 명사인 '정'과 동사인 '들다'가 결합된 형태이므로 ㉡과 단어
> 배열이 같은 예로 볼 수 있다.

29. ③

> **정답 설명**
>
> ㉢은 '진주는 집에 왔다.'라는 문장과 '(진주는) 어제 남긴 밥을 먹었다.'라는 문장
> 이 앞뒤로 이어져 있는 문장이다. 뒤 문장의 경우 '(진주는) 밥을 먹었다.'라는 문
> 장 안에 '(진주는) 어제 (밥을) 남겼다.'라는 문장이 관형절로 안겨 '밥'을 수식하고
> 있다. 즉, ㉢에는 서술어로 '오자마자', '남긴', '먹었다' 세 개가 사용되었는데 주어
> 로 제시된 말은 '진주는' 하나이므로 두 개의 주어가 생략되어 있음을 알 수 있
> 다.
> ㉣은 '(너는) 사실을 아니?'라는 문장 안에 '언니가 내년에 유학 가기를 바란다.'라
> 는 문장이 관형절로 안겨 '사실'을 수식하고 있는 문장이다. 관형절의 경우 '언니
> 가 ~를 바란다.'라는 문장 안에 '(언니가) 내년에 유학 가다.'라는 문장이 명사절로
> 안겨 목적어의 역할을 하고 있다. 즉, ㉣에는 서술어로 '가기', '바란다', '아니' 세
> 개가 사용되었는데 주어로 제시된 말은 '언니가' 하나이므로 두 개의 주어가 생략
> 되어 있음을 알 수 있다.

> **오답 설명**
>
> ㉠은 '그 친구는 (어떠하다).'라는 문장 안에 '일을 처리할 때에 빈틈이 없다.'라는
> 문장이 서술절로 안겨 서술어로 기능하고 있는 문장이다. 서술절의 경우 '~
> 때에 빈틈이 없다.'라는 문장 안에 '(그 친구가) 일을 처리하다.'라는 문장이

관형절로 안겨 '때'를 수식하고 있다. 즉, ㉠에는 서술어로 '처리할', '빈틈이
없다', '없다' 세 개가 사용되었는데 주어로 제시된 말은 '그 친구는', '빈틈이'
두 개이므로 한 개의 주어가 생략되어 있음을 알 수 있다.
㉡은 '식당은 마침 휴업 중이었다.'라는 문장 안에 '그날 명희가 (식당에) 갔다.'라
는 문장이 관형절로 안겨 '식당'을 수식하고 있는 문장이다. 즉, ㉡에는 서술
어로 '간', '휴업 중이었다' 두 개가 사용되었는데 주어로 제시된 말 역시 '명
희가', '식당은' 두 개이므로 생략된 주어가 없음을 알 수 있다.

30. ③

> **정답 설명**
>
> 지문 내용을 통해, 문장의 주어와 서술어의 개수는 일치해야 함을 알 수 있다.
> 만약 서술어의 개수보다 주어의 개수가 적으면 주어 중 일부가 생략된 것이고,
> 주어의 개수보다 서술어의 개수가 적으면 서술 중 일부가 생략된 것이다. '정수
> 는 피자를, 지수는 냉면을 먹는다.'에서는 주어가 '정수는'과 '지수는'으로 두 개
> 제시되어 있으나 서술어는 '먹는다' 하나만 나타나 있다. 따라서 '정수는 피자를
> 먹고, 지수는 냉면을 먹는다.'는 서술어 '먹고'가 생략된 문장으로 볼 수 있다.

> **오답 설명**
>
> ① 해당 문장은 '진희는 책을 또 읽었다.'라는 문장 안에 '(진희는) (책을) 이미 읽
> 었다.'라는 문장이 관형절로 안겨 '책'을 수식하고 있는 문장이다. 즉, 서술어
> 로 '읽은'과 '읽었다' 두 개가 사용되었는데 주어로 제시된 말은 '진희는' 하나
> 이므로 주어 하나가 생략되어 있음을 파악할 수 있다.
> ② 해당 문장은 '철주는 성격이 좋다.'라는 문장과 '(철주는) 남을 잘 돕는다.'라는
> 문장이 앞뒤로 이어져 있는 문장이다. 앞 문장의 경우 '철주는 (어떠하다).'라
> 는 문장 안에 '성격이 좋다.'라는 문장이 서술절로 안겨 서술어로 기능하고 있
> 다. 즉, 서술어로 '성격이 좋아', '좋아', '돕는다' 세 개가 사용되었는데 주어로
> 제시된 말은 '철주는', '성격이' 두 개이므로 주어 하나가 생략되어 있음을 파
> 악할 수 있다.
> ④ 해당 문장은 '지금 밖에는 비가 오겠다.'라는 문장과 '(지금) (밖에는) 바람이
> 불겠다.'라는 문장이 앞뒤로 이어져 있는 문장이다. 즉, 서술어로 '오고'와 '불
> 겠다' 두 개가 사용되었는데 주어로 제시된 말 역시 '비가', '바람이' 두 개이
> 므로 생략된 주어나 서술어가 없음을 파악할 수 있다.
> ⑤ 해당 문장은 '봄이 왔다.'라는 문장과 '그는 밭을 갈고 씨를 뿌렸다.'라는 문장
> 이 앞뒤로 이어져 있는 문장이다. 이때, 뒤 문장의 경우 '그는 밭을 갈았다.'
> 라는 문장과 '(그는) 씨를 뿌렸다.'라는 문장이 앞뒤로 이어져 있는 문장임을
> 알 수 있다. 즉, 서술어로 '오자', '갈고', '뿌렸다' 세 개가 사용되었는데 주어
> 로 제시된 말은 '봄이', '그는' 두 개이므로 주어 하나가 생략되어 있음을 파악
> 할 수 있다.

31. ④

> **정답 설명**
>
> '이파리'는 '잎'에 접미사 '-아리'가 결합되면서 어근과 접미사를 분리하지 않고 발
> 음대로 이어서 적은 것이므로 소리대로 적은 예에 속한다.

> **오답 설명**
>
> ① '밥이(밥+이)'와 같이 체언과 조사를 분리해서 적는 것은 어법에 맞도록 적은
> 경우에 해당한다.
> ② '버들'과 '나무'가 결합한 합성어를 표기할 때 '버들나무'와 같이 어근을 그대로
> 밝히지 않고 '버드나무'로 적는 것은 소리대로 적은 경우에 해당한다.

③ '老人'의 '老'는 원래 음이 '로'인데, 첫음절일 때 '노'로 소리 난다는 점을 반영해 '노인'으로 적은 것이므로 소리대로 적은 경우에 해당한다.

⑤ 어간 '읽-' 뒤에 어떤 어미가 오든 항상 어간을 '읽'으로 고정시키는 것은 형태소의 원형을 밝혀 적는 것이므로 어법에 맞도록 적은 경우에 해당한다.

32. ①

정답 설명

중세 국어의 '도방'는 용언의 어간 '돕-'과 어미 '-아'가 결합할 때 어간의 종성 자음을 어미에 이어서 적은 것이므로 소리대로 적은 예에 속한다. 현대 국어의 '도와' 역시 불규칙 용언인 '돕다'의 활용형을 소리 대로 적은 예에 속한다. 따라서 '도방'와 '도와' 모두 소리대로 적은 경우에 해당하므로 ㉠의 사례로 볼 수 없다.

오답 설명

② 중세 국어의 '어러'는 용언의 어간 '얼-'과 어미 '-어'가 결합할 때 어간의 종성 자음을 어미에 이어서 적은 것이므로 소리대로 적은 예에 속한다. 반면 현대 국어의 '얼어'는 용언의 어간과 어미를 분리해서 적었으므로 어법에 맞도록 적은 예에 속한다. 따라서 ㉠을 보여 주는 사례로 적절하다.

③ 중세 국어의 '사ㄹ미'는 체언 '사름'과 조사 '이'가 결합할 때 체언 끝 음절의 종성 자음을 조사에 이어서 적은 것이므로 소리대로 적은 예에 속한다. 반면 현대 국어의 '사람이'는 체언과 조사를 분리해서 적었으므로 어법에 맞도록 적은 예에 속한다. 따라서 ㉠을 보여 주는 사례로 적절하다.

④ 중세 국어의 '더프며'는 용언의 어간 '덮-'과 어미 '-으며'가 결합할 때 어간의 종성 자음을 어미에 이어서 적은 것이므로 소리대로 적은 예에 속한다. 반면 현대 국어의 '덮으며'는 용언의 어간과 어미를 분리해서 적었으므로 어법에 맞도록 적은 예에 속한다. 따라서 ㉠을 보여 주는 사례로 적절하다.

⑤ 중세 국어의 '얼구른'은 체언 '얼굴'과 조사 '은'이 결합할 때 체언 끝 음절의 종성 자음을 조사에 이어서 적은 것이므로 소리대로 적은 예에 속한다. 반면 현대 국어의 '얼굴은'은 체언과 조사를 분리해서 적었으므로 어법에 맞도록 적은 예에 속한다. 따라서 ㉠을 보여 주는 사례로 적절하다.

33. ③

정답 설명

4문단에서 "국어사의 시기를 막론하고 사동법에는 접미사에 의한 것과 '-게 하-(-게 ㅎ-)'에 의한 것이 있다."라고 하였으므로, 중세 국어에서 '-게 ㅎ-'에 의한 사동법이 있었음을 알 수 있다.

오답 설명

① 마지막 문단의 "중세 국어에서 현대 국어로 오면서 선어말 어미 '-었-'이나 '-겠-'이 쓰이게 된 것도 문법 현상이 새로이 나타난 예이다."에서 확인할 수 있다.

② 2문단의 "중세 국어에서 객체 높임법은 주로 선어말 어미 '-습-'에 의해 실현되었다."에서 확인할 수 있다.

④ 5문단의 "주어가 2인칭인 의문문에는 의문사 사용 여부와 관계없이 '네 엇뎨 안다?'처럼 '-ㄴ다'가 사용되었다."에서 확인할 수 있다.

⑤ 5문단의 "'아' 계열 어미는 '西京(서경)은 편안ㅎ가 몯 ㅎ가?'와 같이 의문사가 없는 의문문에 사용되었고, '오' 계열 어미는 '古園(고원)은 이제 엇더ㅎ고?'와 같이 의문사가 있는 의문문에 사용되었다."에서 확인할 수 있다.

34. ②

정답 설명

'듣다'는 어간의 끝소리가 'ㄷ'이므로 객체 높임법의 선어말 어미로 '-줍-'이나 '-줗-'이 올 수 있는데, '-줍-'은 자음으로 시작하는 어미 앞에, '-줗-'은 모음으로 시작하는 어미 앞에 온다. 모음으로 시작하는 어미 '-아'가 결합되는 경우 '-줗-'으로 실현되므로 '듣ㅈ방'가 적절하다.

오답 설명

① '듣다'의 어간 끝소리가 'ㄷ'이고 어미는 자음으로 시작하는 '-고'이므로 '-줍-'이 사용되어 '듣줍고'의 형태로 활용된다.

③ '막다'의 어간 끝소리가 'ㄱ'이고 어미는 모음으로 시작하는 '-아'이므로 '-ᅀᆞᆸ-'이 사용되어 '막ᄉ방'의 형태로 활용된다.

④ '막다'의 어간 끝소리가 'ㄱ'이고 어미는 자음으로 시작하는 '-고'이므로 '-ᄉᆞᆸ-'이 사용되어 '막ᄉᆞᆸ고'의 형태로 활용된다.

⑤ '막다'의 어간 끝소리가 'ㄱ'이고 어미는 자음으로 시작하는 '-거늘'이므로 '-ᄉᆞᆸ-'이 사용되어 '막ᄉᆞᆸ거늘'의 형태로 활용된다.

35. ③

정답 설명

3문단에서 음절 끝의 파찰음은 같은 위치에서 조음되는 파열음이 없기 때문에 가장 가까운 위치인 '혀끝-윗잇몸' 위치의 파열음인 음절 끝소리 'ㄷ'으로 교체된다고 하였다. 그리고 조음 위치가 뚜렷하지 않은 마찰음 'ㅎ'도 음절 끝에서 음절 끝소리 'ㄷ'으로 교체된다고 하였으므로 선지의 내용은 적절하지 않다.

오답 설명

① 4문단에서 울림소리인 'ㄴ, ㄹ, ㅁ, ㅇ'은 음운 특성상 음절 끝에서 개방 단계를 거치지 않더라도 공기의 흐름이 완전히 차단되지 않기 때문에 제 소릿값대로 조음된다고 하였다. 따라서 유음과 비음은 음절 끝에서 파열음의 예사소리로 바뀌지 않는다.

② 2문단에서 파열음은 일반적으로 '폐쇄→지속→개방'의 세 단계를 거쳐 소리 나게 되는데, 음절 끝에서는 이러한 과정 중 개방 단계가 생략되는 현상이 나타난다고 하였다.

④ 1문단에서 음절 끝소리로 발음될 수 있는 자음은 'ㄱ, ㄴ, ㄷ, ㄹ, ㅁ, ㅂ, ㅇ' 일곱 개뿐이며, 음절 끝에 이 일곱 자음 이외의 것이 있을 때는 이 일곱 자음 중 하나로 바뀌어 발음된다고 하였다. 이러한 현상이 일어나는 이유는 자음이 음절 끝에서는 닫혀서 발음되기 때문이다.

⑤ 2문단에서 우리말의 예사소리, 된소리, 거센소리는 개방 단계에서 구별된다고 하였다. 따라서 동일한 위치의 된소리 파열음과 거센소리 파열음이 개방 단계 없이 조음된다면 둘을 구별할 수 없게 되어 같은 음운으로 교체된다.

36. ③

정답 설명

제13항에 따르면, 뒤 음절이 모음으로 시작되는 형식 형태소인 경우 앞 음절의 끝소리가 제 음가대로, 즉 파열음의 예사소리로 바뀌지 않고 뒤 음절의 첫소리로 연음되어 발음됨을 알 수 있다. 따라서 제9항에 열거된 자음들도 뒤 음절이 모음으로 시작하는 형식 형태소인 경우, 뒤 음절의 첫소리로 이동하여 발음될 것이다. 이는 '음절 끝'에서 '음절 끝소리'로 발음되는 것과는 다르므로 선지의 내용은 적절하지 않다. 우리말의 자음은 음절 끝에서 닫혀서 발음되기 때문에, 제9항에 열

거된 자음들은 파열음의 예사소리로 바뀌지 않고는 '음절 끝소리'로 발음될 수 없다.

오답 설명

① 제8항에 열거된 자음들을 보면, 'ㄱ, ㄷ, ㅂ'은 파열음의 예사소리, 'ㄴ, ㅁ, ㅇ'은 비음, 'ㄹ'은 유음임을 알 수 있다.
② 제9항을 보면, 파열음의 거센소리인 'ㅋ'은 [ㄱ]으로, 'ㅌ'은 [ㄷ]으로, 'ㅍ'은 [ㅂ]으로 각각 바뀌므로, 음절 끝 파열음의 거센소리가 모두 파열음의 예사소리로 바뀐다는 것을 알 수 있다.
④ 제15항을 보면, 'ㅏ, ㅓ' 등의 모음으로 시작하는 실질 형태소 앞에서 음절 끝소리 자음은 대표음, 즉 파열음의 예사소리로 바뀐 후 뒤 음절의 첫소리로 연음된다는 것을 알 수 있다.
⑤ 제13항과 제15항을 통해, 뒤 음절이 모음이라고 하더라도 그것의 문법적 성질이 실질 형태소인지 형식 형태소인지에 따라 음절 끝소리가 파열음의 예사소리로 바뀌는지의 여부가 달라진다는 것을 알 수 있다. 따라서 음절 끝소리 자음의 교체 현상이 조음상의 특징 외에 다른 요인에 의해서도 영향을 받는다는 것을 알 수 있다.

37. ⑤

정답 설명

ㅁ에서 주어는 '학교에서 축구를 하는 것이'로, 명사구 뒤에 주격 조사 '이'가 결합하여 주어로 사용된 것이다. 이때 '학교에서'는 관형절 '학교에서 축구를 하는'에서 행위가 일어나는 장소를 나타내는 부사어로 활용되고 있다. 따라서 ㅁ은 명사 뒤에 '에서'가 결합하여 주어로 기능할 수 있음을 나타내는 예가 아니다.

오답 설명

① 체언 '우리'에 보조사 '는'이 결합한 '우리는'이 주어로 기능하고 있다.
② '철수와 영희'라는 명사구에 주격 조사 '가'가 결합한 '철수와 영희가'가 주어로 기능하고 있다.
③ 높임의 대상이 되는 '부모님'에 주격 조사 '께서'가 결합한 '부모님께서'가 주어로 기능하고 있다.
④ 명사절 '그가 잘못을 저질렀음'에 주격 조사 '이'가 결합한 '그가 잘못을 저질렀음이'가 안은문장의 주어로 기능하고 있다. '그가'는 명사절의 주어이다.

38. ①

정답 설명

[A]의 '싀미'에서 확인할 수 있듯, 조사에 선행되는 체언의 끝소리가 자음인 경우에는 주격 조사 '이'를 결합한 후 이어 적기를 하므로, '사룸' 뒤에 주격 조사가 결합하면 '사루미'의 형태가 될 것임을 알 수 있다. 또한 [A]에 제시된 '불휘'와 같이, 조사에 선행되는 체언의 끝소리가 모음 '이'나 반모음 'ㅣ[j]'인 경우에는 주격 조사가 생략되므로 '다리' 뒤에 주격 조사가 결합하면 '다리'의 형태가 될 것이다. 끝으로 [A]에서 설명한 '배'를 통해, 조사에 선행되는 체언의 끝소리가 모음 '이'나 반모음 'ㅣ[j]' 이외의 모음인 경우에는 주격 조사 'ㅣ'가 사용되므로 '젼ᄎ' 뒤에 주격 조사가 결합하면 '젼ᄎㅣ'의 형태가 될 것임을 알 수 있다.

39. ③

정답 설명

'눈요기'의 경우 '눈'과 '요기'가 결합해 합성어가 되면서 두 형태소 사이에 'ㄴ'이

첨가되는 현상이 일어나 [눈뇨기]로 발음되므로, 음운의 탈락이 아닌 첨가 현상이 일어난 것으로 파악해야 한다.

오답 설명

① '굳이'는 '굳'의 종성 'ㄷ'이 형식 형태소 'ㅣ' 앞에서 [ㅈ]으로 바뀌어 [구지]로 발음되므로, 음운의 교체 현상이 일어난 것으로 볼 수 있다.
② '축하'는 'ㄱ'과 'ㅎ'이 [ㅋ]으로 합쳐져 [추카]로 발음되므로, 음운의 축약 현상이 일어난 것으로 볼 수 있다.
④ '칼날'은 비음인 'ㄴ'이 인접한 음운인 유음 'ㄹ'의 영향을 받아 [ㄹ]로 같아지는 동화 현상이 일어난 것으로 볼 수 있다.
⑤ '국민[궁민]'은 파열음인 'ㄱ'이 비음인 'ㅁ' 앞에서 'ㅁ'과 같은 조음 방법의 비음인 [ㅇ]으로 바뀌었으므로, 인접 음운인 'ㅁ'과 비슷해지는 동화 현상이 일어난 것으로 볼 수 있다.

40. ②

정답 설명

쌍자음 'ㄲ'은 두 개의 음운이 아니라 하나의 음운이다. 따라서 'ㄲ'이 'ㄱ'으로 바뀌는 현상은 탈락이 아닌 교체 현상이다. '꺾고'는 음절의 끝소리 규칙을 적용받아 [꺽고]가 되고, 교체된 'ㄱ'에 의해 뒤 음절의 초성 'ㄱ'에 된소리되기 현상이 일어나 [꺽꼬]로 발음된다.

오답 설명

① '낯다'는 음절의 끝소리 규칙을 적용받아 [낟다]가 되고, 교체된 'ㄷ'에 의해 뒤 음절의 초성 'ㄷ'에 된소리되기 현상이 일어나 [낟따]로 발음된다.
③ '색연필'은 '색'과 '연필'이 결합해 합성어가 되면서 두 형태소 사이에 'ㄴ'이 첨가되는 현상이 일어나 [색년필]이 되고, 첨가된 'ㄴ'에 의해 앞 음절의 종성 'ㄱ'이 [ㅇ]으로 교체되는 비음화 현상이 일어나 [생년필]로 발음된다.
④ '꽃망울'은 음절의 끝소리 규칙을 적용받아 [꼳망울]이 되고, 교체된 'ㄷ'이 인접한 'ㅁ'에 의해 [ㄴ]으로 교체되는 비음화 현상이 일어나 [꼰망울]로 발음된다.
⑤ '닫히다'는 'ㄷ'과 'ㅎ'이 [ㅌ]으로 축약되는 거센소리되기(자음 축약)가 일어나 [다티다]가 되고, 'ㅌ'이 'ㅣ'와 인접하여 [ㅊ]으로 변하는 구개음화 현상이 일어나 [다치다]로 발음된다.

41. ⑤

정답 설명

'우리는 급히 부대로 돌아오라는 명령을 받았다.'에서 관형절은 '급히 부대로 돌아오라는'이며, 관형절의 본래 문장은 '(여러분은) 급히 부대로 돌아와라.'이다. 관형절의 내용이 꾸밈을 받는 체언 '명령'의 내용과 동일하므로 해당 문장은 ㉠(동격 관형절)의 사례로 볼 수 있다.
반면 '버드나무가 서 있는 언덕에 올라가 들판을 바라본다.'에서 관형절은 '버드나무가 서 있는'이며, 관형절의 본래 문장은 '버드나무가 (언덕에) 서 있다.'이다. 이때, 꾸밈을 받는 체언인 '언덕'이 관형절의 부사어로 사용되었음을 알 수 있다. 관형절로 안길 때 꾸밈을 받는 체언과 중복되는 '언덕에'가 생략되어 '버드나무가 서 있는'의 형태로 안기게 된 것이므로 해당 문장은 ㉡(관계 관형절)의 사례로 볼 수 있다.

오답 설명

① '나는 이마에 흐르는 땀을 씻었다.'에서 관형절은 '이마에 흐르는'이며, 관형절의 본래 문장은 '(땀이) 이마에 흐른다.'이다. 이때, 꾸밈을 받는 체언인 '땀'이

관형절의 주어로 사용되었음을 알 수 있다. 관형절로 안길 때 꾸밈을 받는 체언과 중복되는 '땀이'가 생략되어 '이마에 흐르는'의 형태로 안기게 된 것이므로 해당 문장은 ㉠이 아닌 ㉡의 사례이다.

'충무공이 만든 거북선은 세계 최초의 철갑선이다.'에서 관형절은 '충무공이 만든'이며, 관형절의 본래 문장은 '충무공이 (거북선을) 만들었다.'이다. 이때, 꾸밈을 받는 체언인 '거북선'이 관형절의 목적어로 사용되었음을 알 수 있다. 관형절로 안길 때 꾸밈을 받는 체언과 중복되는 '거북선을'이 생략되어 '충무공이 만든'의 형태로 안기게 된 것이므로 해당 문장은 ㉡의 사례로 볼 수 있다.

② '내가 책을 산 서점은 바로 우리 집 옆에 있다.'에서 관형절은 '내가 책을 산'이며, 관형절의 본래 문장은 '내가 (서점에서) 책을 샀다.'이다. 이때, 꾸밈을 받는 체언인 '서점'이 관형절의 부사어로 사용되었음을 알 수 있다. 관형절로 안길 때 꾸밈을 받는 체언과 중복되는 '서점에서'가 생략되어 '내가 책을 산'의 형태로 안기게 된 것이므로 해당 문장은 ㉠이 아닌 ㉡의 사례이다.

'선생님께서는 우리가 친구를 학교에 추천하자는 제안을 하셨다.'에서 관형절은 '우리가 친구를 학교에 추천하자는'이며, 관형절의 본래 문장은 '우리가 친구를 학교에 추천하자.'이다. 관형절의 내용이 꾸밈을 받는 체언 '제안'의 내용과 동일하므로 해당 문장은 ㉡이 아닌 ㉠의 사례이다.

③ '나는 그가 매우 착하다는 생각을 했다.'에서 관형절은 '그가 매우 착하다는'이며, 관형절의 본래 문장은 '그가 매우 착하다.'이다. 관형절의 내용이 꾸밈을 받는 체언 '생각'의 내용과 동일하므로 해당 문장은 ㉠의 사례로 볼 수 있다.

'나에게는 내가 그를 직접 만난 기억이 없다.'에서 관형절은 '내가 그를 직접 만난'이며, 관형절의 본래 문장은 '내가 그를 직접 만나다.'이다. 관형절의 내용이 꾸밈을 받는 체언 '기억'의 내용과 동일하므로 해당 문장은 ㉡이 아닌 ㉠의 사례이다.

④ '그가 우리의 일을 도와주었던 것을 잊지 말자.'에서 관형절은 '그가 우리의 일을 도와주었던'이며, 관형절의 본래 문장은 '그가 우리의 일을 도와주었다.'이다. 관형절의 내용이 꾸밈을 받는 체언 '것'의 내용과 동일하므로 해당 문장은 ㉠의 사례로 볼 수 있다.

'우리 선수가 경기를 하고 있다는 소식을 들었다.'에서 관형절은 '우리 선수가 경기를 하고 있다는'이며, 관형절의 본래 문장은 '우리 선수가 경기를 하고 있다.'이다. 관형절의 내용이 꾸밈을 받는 체언 '소식'의 내용과 동일하므로 해당 문장은 ㉡이 아닌 ㉠의 사례이다.

42. ②

> **정답 설명**

㉣의 [현대어 풀이]를 통해 '남기'가 '나무가'에 대응됨을 알 수 있다. 즉 '남기'는 체언+주격 조사(낡+이)로 이루어진 것이므로 '명사절'이라고 볼 수 없다.

> **오답 설명**

① ㉮의 '나랏 有情이 正覺 일우옴(나라의 유정이 정각 이룸)'은 명사형 어미 '-옴'으로 이루어진 명사절로, 목적격 조사 '올'과 함께 쓰여 목적어로 기능하고 있다.

③ ㉰의 '돈 업시(돈 없이)'는 접미사 '-이'로 이루어진 부사절로, 격 조사 없이 부사어의 역할을 하고 있다.

④ ㉲의 '바미 깁도록(밤이 깊도록)'은 부사형 어미 '-도록'으로 이루어진 부사절로, 격 조사 없이 부사어의 역할을 하고 있다.

⑤ ㉳의 경우 안은문장의 서술어가 '무로딕(묻되)'와 같이 연결형으로 나타나고, 안긴문장 '네 어느 고대 난다(너는 어느 곳에서 태어났느냐)'가 그 뒤에 안겨 있다. 이때 인용절 '네 어느 고대 난다'는 '선수'가 묻는 내용을 나타낸다.

43. ⑤

> **정답 설명**

'걷는'이 [건는]으로 발음되는 것은, 'ㄷ'이 'ㄴ' 앞이라는 음운 환경에서 [ㄴ]으로 교체된다는 비음화 규정에 따른 것이므로 '전통성'이 아닌 '합리성'과 관련이 있다고 보는 것이 적절하다.

> **오답 설명**

① '벼훑이[벼훌치]'에서 일어난 현상은 'ㅌ' 뒤에 'ㅣ'로 시작하는 형식 형태소가 올 경우 [ㅊ]으로 발음된다는 구개음화 규정에 따른 것이므로 '합리성'과 관련이 있다.

② '목거리'라는 말이 만들어질 때의 형태소 분석 내용이 '[←목+걸-+-이]'인 것으로 보아 형태소를 구분하여 적지 않은 사례로 볼 수 있으므로 '소리대로 적되'와 관련이 있다.

③ '걷어, 걷으니'는 '걷-'에 각각 어미 '-어, -으니'가 결합된 것으로, 어간과 어미를 구분하여 적고 있으므로 형태소의 원형을 지켜 적는 '어법에 맞도록 함'과 관련이 있다.

④ '걷다2'는 '걷다1'과 달리 어간을 길게 발음하도록 규정되어 있다. 이는 음운의 장단을 통해 의미를 구분해 온 전통이 있기 때문이므로, '전통성'과 관련이 있다.

44. ④

> **정답 설명**

'국수'의 경우 '같은 음절(딱딱하다)이나 비슷한 음절(씁쓸하다, 쌉쌀하다)이 겹쳐 나는 경우'가 아니기에, [국쑤]와 같이 된소리로 발음되더라도 어법에 맞도록 원형을 밝혀 적는 '제5항 다만'의 예로 적절하다. 이와 비슷한 사례로 '접시[접씨]' 등이 있다.

> **오답 설명**

① '없어'는 'ㅄ'이 모음으로 시작하는 어미 앞에 위치하므로 '어말 또는 자음 앞'이라는 음운 환경에 어긋나기에 '제10항'과 무관하다. 게다가 [업세]는 잘못된 발음이며, 정확한 발음은 [업써]다.

② '밟는'은 [밥는(제10항 다만) → 밤는(비음화)]의 과정을 거쳐 발음된다. 따라서 '제10항 다만'의 예로 '밟는'을 드는 것은 적절하다. 하지만 이는 발음을 규정함으로써 사람들의 혼동을 줄이겠다는 합리성에 따른 규칙이라고 볼 수 있다.

③ '칼날'이 [칼랄]로 발음되는 것은 유음화 규정에 따른 것으로 '제20항'의 예로는 적절하지만, 이는 국어의 전통성이 아닌 합리성을 따른 규정이라 할 수 있다.

⑤ '넘어지다'는 앞말(넘다)의 본뜻이 유지되고 있어 어간과 어미를 구분하여 적었으므로 어법에 맞게 적은 것으로 보아야 한다.

45. ①

> **정답 설명**

'먹을 대로 먹어라.'에서 의존 명사 '대로' 앞에는 '먹을' 외에도 '먹은, 먹는, 먹던' 등의 관형사형이 올 수 있으므로 ㉠의 예로 적절하지 않다.

> **오답 설명**

② ㉠ : '그는 웃고만 있을 뿐이었다.'에서 의존 명사 '뿐' 앞에 올 수 있는 관형

사형으로는 '있을'만 허용되고 '있은, 있는'은 허용되지 않는다.
③ ㉠ : '그를 만난 지 너무 오래되었다.'에서 의존 명사 '지' 앞에 올 수 있는 관형사형으로는 '만난'만 허용되고 '만나는, 만날'은 허용되지 않는다.
④ ㉡ : '그 애가 이 일을 알 턱이 없지.'에서처럼 의존 명사 '턱'은 서술어 '있다, 없다'와 주로 어울린다.
⑤ ㉡ : '기분이 더할 나위 없이 좋다.'에서처럼 의존 명사 '나위'는 서술어 '없다'와 주로 어울린다.

46. ④

정답 설명

'살다 보면 그럴 수도 있다.'의 '수'는 '있다'의 주어이다. 이와 같이 '수'는 주로 '있다, 없다' 따위와 어울려 그 주어로 사용되는 주어성 의존 명사이다.

오답 설명

① '리'는 주로 서술어 '있다, 없다'와 어울리며 해당 서술어의 주어로 사용되는 주어성 의존 명사이다.
② '따름'은 주로 '~을 따름이다'의 구성으로 쓰여 문장의 서술어로 실현되는 서술어성 의존 명사이다.
③ '줄'은 주로 서술어 '알다, 모르다' 따위와 어울리며 해당 서술어의 목적어로 사용되는 목적어성 의존 명사이다.
⑤ '것'은 '그녀는 나에게 먹을 것을 주었다.'에서는 목적어로, '이 우산은 언니 것이다.'에서는 서술어로, '예쁜 것이 가장 좋다.'에서는 주어로 사용되었다. 이를 통해 '것'은 여러 문장 성분에 쓰이는 보편성 의존 명사라고 판단할 수 있다.

47. ③

정답 설명

사잇소리 현상이 나타나기 위해서는 음운론적 조건과 의미론적 조건을 모두 충족해야 한다. '소낙비'가 [소낙삐]로 발음되는 것은 맞지만, 이는 안울림소리 'ㄱ' 뒤에서 'ㅂ'이 된소리로 교체되는 된소리되기 현상이 일어났기 때문이다. 사잇소리 현상이 일어나기 위한 음운론적 조건은 선행 요소가 울림소리여야 하는 것이다. 하지만 '소낙비'는 이러한 음운론적 조건을 만족하지 않는다. 또한 '소낙비'는 '소낙(소나기)+비'의 구성으로, 선행 요소가 후행 요소의 시간적 혹은 공간적 배경이거나, 귀속 대상이거나, 용도나 목적인 것이 아니다. 따라서 사잇소리 현상이 일어나는 의미론적 조건도 충족하지 못한다.
한편, '이슬비'는 명사 '이슬'과 명사 '비'가 합쳐져 만들어진 합성 명사이며, 울림소리 뒤에 안울림 예사소리가 위치하지만, 선행 요소가 후행 요소의 시간적 혹은 공간적 배경이거나, 귀속 대상이거나, 용도나 목적인 것이 아니므로 의미론적 조건을 충족하지 못해 사잇소리 현상이 일어나지 않는 것이다.

오답 설명

① '비+물'은 명사 '비'와 명사 '물'이 합쳐져 합성 명사가 만들어지는 과정에서, 선행 요소가 모음으로 끝나고 후행 요소가 'ㅁ'으로 시작하며, 선행 요소가 후행 요소의 귀속 대상이라는 음운론적·의미론적 조건을 모두 충족하기 때문에 사잇소리 현상이 일어나 [빈물]로 발음된다. 사잇소리 현상이 일어나며 구성 요소 모두가 고유어이고 선행 요소가 모음으로 끝나므로 사잇소리 현상을 반영해 사이시옷을 표기한 '빗물'로 적는 것이 원칙이다.
② '물고기'를 [물꼬기]로 발음하는 것은 명사 '물'과 명사 '고기'가 합쳐져 합성 명사가 만들어지는 과정에서, 울림소리 뒤에 안울림 예사소리가 위치하고, 선행 요소가 후행 요소의 공간적 배경이라는 음운론적·의미론적 조건을 모두 충족했기

48. ⑤ *(오른쪽 단)*

때문이다. '불고기' 역시 명사 '불'과 명사 '고기'가 합쳐져 만들어진 합성 명사이며 울림소리 뒤에 안울림 예사소리가 위치하지만, 선행 요소가 후행 요소의 시간적 혹은 공간적 배경이거나, 귀속 대상이거나, 용도나 목적인 것이 아니므로 의미론적 조건을 충족하지 못해 사잇소리 현상이 일어나지 않는 것이다.
④ 곤충인 '잠자리'는 단일어이므로 [잠자리]로 발음한다. 하지만 잠을 자는 곳을 가리키는 '잠자리'는 '잠+자리' 구성의 합성어로, 울림소리 뒤에 안울림 예사소리가 위치하고, 선행 요소가 후행 요소의 목적이라는 음운론적·의미론적 조건을 충족하므로 사잇소리 현상이 일어나 [잠짜리]로 발음한다.
⑤ '전세+방'은 명사 '전세'와 명사 '방'이 합쳐져 합성 명사가 만들어지는 과정에서, 울림소리 뒤에 안울림 예사소리가 위치하고, 선행 요소가 후행 요소의 용도라는 음운론적·의미론적 조건을 충족하므로 [전세빵]으로 발음된다. 하지만 합성어의 구성 요소 모두가 한자어이므로 사잇소리 현상을 표기에 반영하지 않는 것이다. 사잇소리 현상을 표기에 반영하기 위해서는 합성어의 구성 요소 중 하나 이상이 고유어이고 선행 요소가 모음으로 끝나야 한다.

48. ⑤

정답 설명

[A]에서는 중세 국어의 관형격 조사 'ㅅ'이 선행 요소의 음운 환경에 따라 나타난다고 하면서, 이 음운 환경이 오늘날 사잇소리 현상의 음운론적 조건과 같다고 하였다. '앓+기와'의 경우 선행 요소가 'ㅎ'으로 끝나고, 후행 요소가 'ㄱ'으로 시작하므로 제시된 사잇소리 현상의 음운론적 조건에 해당하지 않는다. '암키와'는 'ㅎ' 종성 체언이 다른 체언과 결합하여 합성어를 형성할 때 거센소리가 되는 걸 보여 주는 사례이다. 따라서 '앓+기와'는 [A]를 설명할 때 활용할 수 있는 사례로 적절하지 않다.

오답 설명

① '비+믈'은 선행 요소가 울림소리 'ㅣ'로 끝나고 후행 요소가 'ㅁ'으로 시작하므로 관형격 조사 'ㅅ'을 표기하여 '빗믈'로 적는 것이 적절하다.
② '발+둥'은 선행 요소가 울림소리 'ㄹ'로 끝나고 뒤의 안울림 예사소리가 된소리로 변하므로 관형격 조사 'ㅅ'을 표기하여 '밠둥'으로 적는 것이 적절하다.
③ '믈+새'는 선행 요소가 울림소리 'ㄹ'로 끝나고 뒤의 안울림 예사소리가 된소리로 변하므로 관형격 조사 'ㅅ'을 표기하여 '믌새'로 적는 것이 적절하다.
④ '뫼+기슭'은 선행 요소가 울림소리 'ㅚ'로 끝나고 뒤의 안울림 예사소리가 된소리로 변하므로 관형격 조사 'ㅅ'을 표기하여 '묏기슭'으로 적는 것이 적절하다.

49. ③

정답 설명

'할아버지께서는 귀가 밝으시다.'는 높여야 할 대상인 '할아버지'의 신체 부분인 '귀'를 선어말 어미 '-(으)시-'로 높임으로써 결과적으로 주체 '할아버지'를 간접적으로 높이고 있다.

오답 설명

① 서술어에 '계시다'라는 높임의 어휘를 사용하고, 주체에 해당하는 말에 접미사 '-님'을 붙여 '선생님'으로 표현하고, 높임의 주격 조사 '께서'를 사용하여 주체인 '선생님'을 직접적으로 높이고 있다.
② 서술어에 주체 높임 선어말 어미 '-시-'를 결합하고, 주체에 해당하는 말에 접미사 '-님'을 붙여 '교장 선생님'으로 표현하고, 높임의 주격 조사 '께서'를 사용하여 주체인 '교장 선생님'을 직접적으로 높이고 있다.
④ 서술어에 '드리다'라는 높임의 어휘를 사용하고, 높임의 부사격 조사 '께'를 사

용하여 객체인 '어머니'를 높이고 있다.
⑤ 서술어에 '모시다'라는 높임의 어휘를 사용하여 객체인 '아버지'를 높이고 있다.

50. ③

정답 설명

'닙고'는 어간 '닙-'의 끝소리가 'ㅂ'이고 자음 어미 '-고' 앞이므로 객체 높임 선어말 어미로 '-습-'이 들어가야 한다. 따라서 ⓐ에 들어갈 말은 '닙습고'가 된다. 'ㄱ초아'는 어간 'ㄱ초-'의 끝소리가 모음이고 모음 어미 '-아' 앞이므로, 객체 높임 선어말 어미 '-ᅀᆞᆸ-'이 이어 적기 형태로 들어가야 한다. 따라서 ⓑ에 들어갈 어휘는 'ㄱ초ᅀᆞᄫᅡ'가 된다.

51. ④

정답 설명

3문단의 "시간의 흐름에 따라 어두 자음군이 더는 쓰이지 않게 되면서 단일어에서는 'ㅂ'이 탈락하고 합성어에는 그 흔적이 남아 있는 것이다.", '과거 ㅎ 종성 체언이었던 말들이 현대 국어에서 어근이나 접두사로 쓰일 때'라는 내용으로 보아 현대 국어에서 음운으로 덧나는 것들이 과거에는 어떤 어근에 포함되는 것이었을 뿐 따로 분석되는 형태소가 아니기도 했다는 점을 알 수 있다.

오답 설명

① 2문단의 "합성 명사 '볍씨'의 'ㅂ'은 분명 특정한 형태를 가지고는 있으나 어떠한 의미도, 문법적 기능도 갖고 있지 않다. 이는 사이시옷과 마찬가지로 형태소로 분류할 수 없는 것이다."를 통해 확인할 수 있다.
② 2문단의 '사이시옷은 사잇소리 현상이 일어남을 알리기 위해 앞말이 모음으로 끝날 때, 그 받침 자리에 적는 것이므로 특별한 의미를 지니지 않고, 조사나 어미, 접사와 같은 문법적 기능 역시 갖지 않는다.'를 통해 확인할 수 있다.
③ 2문단의 '실질적인 의미를 지니는 실질 형태소와 조사, 어미, 접사 등과 같이 문법적 기능을 주로 담당하는 형식 형태소로 구분된다.'를 통해 확인할 수 있다.
⑤ 3문단의 "'볍씨'의 한 어근인 '씨' 역시 중세 국어 시기에는 'ᄡᅵ'였는데, 시간의 흐름에 따라 어두 자음군이 더는 쓰이지 않게 되면서 단일어에서는 'ㅂ'이 탈락하고 합성어에는 그 흔적이 남아 있는 것이다."를 통해 확인할 수 있다.

52. ⑤

정답 설명

'나뭇잎'과 '예삿일'의 'ㅅ'은 모두 합성 과정에서 나타난 것으로서 'ㅅ'이라는 형태는 가지고 있으나 형태소로서의 의미나 문법적인 기능은 갖지 않으므로 선지의 내용은 적절하다.

오답 설명

① 윗글의 2문단에서 설명하고 있듯이, 합성이나 파생의 과정에서 덧나는 'ㅂ'은 특정한 형태는 가지고 있으나 어떠한 의미도, 문법적 기능도 갖고 있지 않으므로 형태소로 분류할 수 없다.
② '촛불'과 '등불'은 각각 [초뿔]과 [등뿔]로 발음되므로 사잇소리 현상이 일어나는데, 2문단의 '사이시옷은 사잇소리 현상이 일어남을 알리기 위해 앞말이 모음으로 끝날 때, 그 받침 자리에 적는 것이므로'라는 내용으로 보아 '등불'은 '등'이 자음으로 끝나기에 'ㅅ'을 적지 않았을 뿐, '등'과 '불'의 관계는 '초'와 '불'의 관계와 같다고 할 수 있다. 그러므로 중세 국어 시기에 '등불'은 '등ㅅ

불'이었음을 추론할 수 있다.
③ '살코기'는 명사 어근 '살'과 명사 어근 '고기'의 결합으로서 합성어로 이해할 수 있지만, ㅎ 종성 체언에서 'ㅎ'이 덧나는 현상은 합성어와 파생어 모두에서 일어날 수 있으므로 이를 통해 ㄷ의 '수캉아지'와 '살코기'가 합성어라고 파악할 수 있는 것은 아니다. 또한 '수캉아지'는 접두사 '수-'와 명사 어근 '강아지'의 결합으로서 파생어이다. 과거 실질 형태소인 ㅎ 종성 체언이었다고 하더라도 3문단의 '과거 ㅎ 종성 체언이었던 말들이 현대 국어에서 어근이나 접두사로 쓰일 때,'로 보아 현대 국어에서는 접사로 사용되는 경우가 있음을 알 수 있다.
④ '내 〉 내가', '배 〉 바가'로 보아 중세 국어 시기에 주격 조사였던 'ㅣ'는 문법적 기능을 가지고 있으니 형태소로 볼 수 있다.

53. ⑤

정답 설명

'첫눈(첫+눈)'은 '관형사+체언'의 구성 방식이고, '빛나다(빛+나다)'는 '체언+용언'의 구성 방식이다.

오답 설명

① '새집(새+집)'은 '관형사+체언'의 구성 방식이고, '이것저것(이것+저것)'은 '체언+체언'의 구성 방식이다.
② '큰집(큰+집)'은 '용언의 관형사형+체언'의 구성 방식이고, '짊어지다(짊어+지다)'는 '용언의 연결형+용언'의 구성 방식이다.
③ '땅콩(땅+콩)'은 '체언+체언'의 구성 방식이고, '힘쓰다(힘+쓰다)'는 '체언+용언'의 구성 방식이다.
④ '젊은이(젊은+이)'는 '용언의 관형사형+체언'의 구성 방식이고, '돌아오다(돌아+오다)'는 '용언의 연결형+용언'의 구성 방식이다.

54. ⑤

정답 설명

'접칼'은 용언 '접다'와 체언 '칼'이 결합하는 과정에서 용언의 어간이 관형사형 전성 어미를 취하지 않고 체언 앞에 바로 결합한 경우이다.

오답 설명

① '우짖다'는 선행 용언 '울다'의 어간 '울-'이 연결 어미를 취하지 않고 뒤 용언인 '짖다'에 바로 결합하였으므로 비통사적 합성어에 해당한다.
② '덮밥'은 용언 '덮다'와 체언 '밥'이 결합하는 과정에서 용언의 어간이 관형사형 전성 어미를 취하지 않고 체언 앞에 바로 결합한 경우로, 비통사적 합성어에 해당한다.
③ '산들바람'은 부사 '산들'이 체언 '바람'을 수식하는 양상을 보이고 있다. 부사가 체언을 수식하는 것은 일반적인 통사 구조에 어긋나므로 비통사적 합성어에 해당한다. '척척박사' 역시 부사 '척척'이 체언 '박사'를 수식하는 양상을 보이고 있으므로, 비통사적 합성어에 해당한다.
④ '보살피다'는 선행 용언 '보다'의 어간 '보-'가 연결 어미를 취하지 않고 뒤 용언인 '살피다'에 바로 결합하였으므로 비통사적 합성어에 해당한다.

55. ③

정답 설명

ㄱ의 '있다'는 '사람이 어떤 직장에 계속 다니다.'라는 의미를 지닌 단어로, 명령형

종결 어미 '-아라'와 결합하였으므로 동사임을 알 수 있다. 한편, ㄴ의 '있다'는 '어떤 상태를 계속 유지하다.'라는 의미를 지닌 단어로, '약을 먹고 조금 있어라.'와 같이 명령형 종결 어미 '-아라'와 결합하여 사용 가능하다. 따라서 ㄴ의 '있다' 역시 동사임을 알 수 있다.

오답 설명

① ㄱ의 '밝다'는 '밤이 지나고 환해지며 새날이 오다.'의 의미를 지닌 단어로, 현재 시제 선어말 어미 '-는-'과 결합하였으므로 동사임을 알 수 있다. ㄴ의 '밝다'는 '불빛 따위가 환하다.'의 의미를 지닌 단어로, '해가 매우 밝는다.'라는 문장이 성립되지 않으므로 형용사임을 알 수 있다.
② ㄱ의 '크다'는 '길이가 자라다.'의 의미를 지닌 단어로, 현재 시제를 나타내는 관형사형 전성 어미로 '-는'을 취하였으므로 동사임을 알 수 있다. ㄴ의 '크다'는 대상의 외형적 길이가 보통 정도를 넘는다는 의미를 지닌 단어로, 현재 시제를 나타내는 관형사형 전성 어미로 '-ㄴ'을 취하였으므로 형용사임을 알 수 있다.
④ ㄱ의 '막다'는 의도를 나타내는 어미 '-(으)려고'와 결합하였으므로 동사임을 알 수 있다. ㄴ의 '크려고'에 쓰인 '-(으)려고'는 의도나 목적을 나타내는 어미가 아니라 의심과 반문을 나타내는 어미이다. '가구가 방보다 큰다.', '방보다 크는 가구' 등과 같이 현재 시제 선어말 어미 '-ㄴ-'이나 현재 시제를 나타내는 관형사형 전성 어미 '-는'과 결합할 수 없으므로 이때의 '크다'는 동사가 아닌 형용사임을 알 수 있다.
⑤ ㄱ의 '자라다'는 감탄형 종결 어미로 '-는구나'를 취하였으므로 동사임을 알 수 있다. ㄴ의 '아름답다'는 감탄형 종결 어미로 '-구나'를 취하였으므로 형용사임을 알 수 있다.

56. ②

정답 설명

'의사인'은 체언 '의사'에 서술격 조사 '이다'가 결합한 '의사이다'에 관형사형 전성 어미(어말 어미) '-ㄴ'이 붙어 체언 '현지'를 수식하는 관형어가 된 것이다. 즉, '의사인'은 현재 시제 선어말 어미 '-ㄴ-'을 취한 형태가 아니므로 선지의 내용은 적절하지 않다.

오답 설명

① 형용사에 청유형 종결 어미가 결합할 수 없듯, 서술격 조사 '이다' 역시 형용사처럼 청유형 종결 어미 '-자'가 결합할 수 없음을 알 수 있다.
③ 형용사에 명령형 종결 어미가 결합할 수 없듯, 서술격 조사 '이다' 역시 형용사처럼 명령형 종결 어미 '-아라'가 결합할 수 없음을 알 수 있다.
④ 2문단에 따르면 동사는 감탄형 종결 어미로 '-는구나'를 취하지만 형용사는 '-구나'를 취한다고 하였다. '네가 벌써 대학생이구나.'에서 확인할 수 있듯 '이다'는 '-는구나'가 아니라 '-구나'를 취하므로 형용사와 같은 특성을 지님을 알 수 있다.
⑤ 형용사에 현재 시제 선어말 어미가 결합할 수 없듯, 서술격 조사 '이다' 역시 형용사처럼 현재 시제 선어말 어미 '-ㄴ-'이 결합할 수 없음을 알 수 있다.

57. ②

정답 설명

3문단의 "현대 국어의 높임의 주격 조사 '께서'에 해당하는 격 조사는 존재하지 않지만, 높임의 부사격 조사 '께'에 해당하는 말로 '끠'가 사용되었다. '끠'는 관형격 조사 'ㅅ'과 부사성 의존 명사 '긔'가 결합한 말이다."를 통해, 중세 국어에는 현대 국어와 달리 높임의 주격 조사가 존재하지 않았으며, 부사격 조사 '께'에 해당하는 말로 '끠'가 쓰였음을 알 수 있다.

오답 설명

① 4문단을 통해 존경의 자질을 부여하는 접미사 '-님'은 현대 국어뿐만 아니라 중세 국어에도 쓰였음을 확인할 수 있다.
③ 3문단을 통해 중세 국어에서는 관형격 조사 'ㅅ'을 사용하여 그 앞에 놓인 체언을 높였음을 확인할 수 있다.
④ 2문단을 통해 현대 국어에는 주체 높임 선어말 어미 '-(으)시-'가 존재하지만, 객체 높임 선어말 어미는 존재하지 않음을 알 수 있다.
⑤ 마지막 문단을 통해 '드리다, 뵈다'는 현대 국어뿐만 아니라 중세 국어에서도 객체를 높이는 어휘로 사용되었음을 확인할 수 있다.

58. ⑤

정답 설명

ⓛ의 '겨신(겨시다)'과 ⓒ의 '뫼시고(뫼시다)'는 모두 '如來(여래)'를 높이는 높임의 어휘들이다. 이를 사용하여 ⓛ에서는 주체 높임을 실현하고 ⓒ에서는 객체 높임을 실현하고 있으므로 선지의 내용은 적절하지 않다. 한편 ⓛ에서는 높임의 어휘가 아닌 객체 높임 선어말 어미 '-ᅀᆞᆸ-'을 사용해(모ᄅᆞᆸ뷔이다) 객체 높임을 실현하고 있다.

오답 설명

① ㉠에서는 선어말 어미 '-ᄋᆞ시-'를 사용하여 '님긊 일'을 높이고 있다. 이는 '일'을 높여 표현함으로써 실제 높임의 대상인 '님금'을 간접적으로 높이고 있는 것이다. '선생님께서는 시간이 없으시다.'에서도 이와 마찬가지로 선어말 어미 '-으시-'를 사용하여 '시간'을 높여 표현함으로써 실제 높임의 대상인 '선생님'을 간접적으로 높이고 있다.
② ⓛ에서는 호격 조사 '하'를 사용하여 '大王(대왕)'을, 주체 높임의 어휘 '겨신(겨시다)'을 사용하여 '如來(여래)'를 높이고 있다.
③ ⓒ에서는 객체 높임의 어휘 '뫼시고(뫼시다)'를 통해 객체인 '如來(여래)'를, '가시ᄂᆞ(가시다)'에 쓰인 주체 높임 선어말 어미 '-시-'를 통해 주체인 '聖人(성인)'을 높이고 있다. '삼촌께서 할머니께 약을 드리셨다.'에서도 이와 마찬가지로 주격 조사 '께서'와 선어말 어미 '-시-'를 통해 주체인 '삼촌'을, 부사격 조사 '께'와 높임의 어휘 '드리다'를 통해 객체인 '할머니'를 높이고 있다.
④ ㉠에서는 관형격 조사 'ㅅ'을 사용하여 선행 체언 '님금'을, ⓛ에서는 호격 조사 '하'를 사용하여 선행 체언 '大王(대왕)'을 높이고 있다.

59. ③

정답 설명

2문단에서 형태 음소적 원리는 '단어의 형태를 고정하여 항상 동일한 형태로 표기하는' 것이라고 하였다. 〈보기〉의 ⓒ('됴코')가 이 원리를 따랐다면 어간의 원형 '둏-'과 같은 형태가 표기에 그대로 반영되어 있어야 한다. 그러나 어간 '둏-'에 어미 '-고'가 함께 발음할 때 소리 나는 대로의 음절 단위인 [됴코]를 그대로 밝혀 적고 있으므로, ⓒ는 형태 음소적 원리에 따른 표기가 아닌 음절적 원리에 따른 표기로 볼 수 있다.

오답 설명

① 1문단에서 음절적 원리는 '개별 음소들을 실제 소리 나는 음절 단위로 모아서 나타내는 원리'이며, 이어 적기 표기는 '음절적 원리를 따른 표기'라고 하였다. 따라서 어간 '깊-'에 어미 '-은'이 함께 발음할 때 소리 나는 대로의 음절 단

위인 [기픈]을 그대로 밝혀 적은 ⓐ('기픈')는 음절적 원리에 따른 표기로 볼 수 있다.
② ⓑ('ᄇᆞᄅᆞ매')는 체언 'ᄇᆞᄅᆞᆷ'을 뒤에 이어진 조사 '애'와 함께 발음할 때 소리 나는 [ᄇᆞᄅᆞ매] 그대로 이어 적기를 한 것으로 볼 수 있다.
④ 체언 '봄'에 조사 '이'가 함께 발음할 때 소리 나는 대로의 음절 단위인 [보미]를 그대로 밝혀 적은 ⓓ('보미')는 음절적 원리에 따른 표기로 볼 수 있다.
⑤ ⓔ('플와')는 체언 '플'을 뒤에 이어진 조사 '와'와 함께 발음할 때 소리 나는 [프롸] 그대로 표기하지 않고 원형인 '플'과 '와' 각각을 밝혀 적었으므로 끊어 적기를 한 것으로 볼 수 있다.

60. ③

'뻐드렁니'는 '밖으로 벋은 앞니'라는 의미를 나타내는 합성어로, '뻐드렁+니'로 분석된다. '뻐드렁'의 경우 동사 '벋다'에서 파생된 것으로, 어간 '벋-'의 뜻과 멀어진 말이 아니다. '뻐드렁'에서 어간의 원형 '벋-'을 밝혀 적지 않는 이유는, 어간에 '-이'나 '-음' 이외의 모음으로 시작된 접미사('-으렁')가 결합하여 다른 품사로 바뀐 것은 그 어간의 원형을 밝히어 적지 아니한다는 제19항의 [붙임]에 따른 것이다.

① '익히'는 '익다'의 어간 '익-'에 '-히'가 붙어서 부사가 된 것으로, 제19항에 따라 그 어간의 원형을 밝혀 적는다.
② '넓이'는 '넓다'의 어간 '넓-'에 '-이'가 붙어서 명사가 된 것으로, 제19항에 따라 그 어간의 원형을 밝혀 적는다.
④ '마중'은 '맞다'의 어간 '맞-'에 접미사 '-웅'이 붙어서 된 것으로, 제19항 [붙임]에 따라 그 어간의 원형을 밝혀 적지 않는다.
⑤ '틈틈이'는 명사 '틈'이 중복으로 사용된 어근 '틈틈' 뒤에 '-이'가 붙어서 부사가 된 것으로, 제20항에 따라 그 명사의 원형을 밝혀 적는다.

memo.

문법
N제

memo.

문법
N제